Generative
Deep Learning

만들면서 배우는 생성 AI 2판

| 표지 설명 |

이 책의 표지 그림은 붉은꼬리비늘무늬앵무(학명: *Pyrrhura picta*)입니다. 피루라^{Pyrrhura}는 앵무과 아래의 속으로 세 종류의 앵무새 중 하나입니다. 아리네^{Arinae} 아과^{subfamily} 안에는 서반구의 마코 앵무새와 잉꼬 종이 있습니다. 붉은꼬리비늘무늬앵무는 남아메리카 북동부의 해안가 숲과 산에서 서식합니다.

붉은꼬리비늘무늬앵무의 깃털은 대부분 밝은 녹색이지만, 부리 윗부분은 파란색이고 얼굴은 갈색이며 가슴과 꼬리는 붉은색을 띱니다. 가장 눈에 띄는 것은 비늘처럼 보이는 목 깃털입니다. 깃털의 가운데는 갈색이고 테두리는 옅은 하얀색입니다. 이런 색의 조합은 열대우림에서 새를 보호합니다.

붉은꼬리비늘무늬앵무는 녹색 깃털을 가장 잘 가려 주는 숲의 꼭대기에서 먹이를 먹는 경향이 있습니다. 5~12마리가 떼를 지어 다양한 과일, 씨앗, 꽃 등 먹이를 찾습니다. 이따금 숲 아래에서 먹이를 먹을 때는 숲 웅덩이에 있는 해조류를 먹습니다. 약 22센티까지 자라고 13~15년을 삽니다. 붉은꼬리비늘무늬앵무는 일반적으로 약 5개의 알을 낳습니다. 부화할 때 크기는 2.5센티 미만입니다.

오라일리 표지의 동물들은 대부분 멸종 위기 종입니다. 이 동물들은 모두 우리에게 중요합니다. 표지는 조지 쇼의 작품을 기반으로 캐런 몽고메리가 그린 그림입니다.

만들면서 배우는 생성 AI

트랜스포머부터 GPT, DALL · E 2, 스테이블 디퓨전, 플라밍고까지

초판 1쇄 발행 2019년 11월 15일
2판 1쇄 발행 2023년 09월 15일
2판 3쇄 발행 2024년 04월 24일

지은이 데이비드 포스터 / **옮긴이** 박해선 / **펴낸이** 전태호
펴낸곳 한빛미디어(주) / **주소** 서울시 서대문구 연희로2길 62 한빛미디어(주) IT출판2부
전화 02-325-5544 / **팩스** 02-336-7124
등록 1999년 6월 24일 제25100-2017-000058호 / **ISBN** 979-11-6921-143-7 93000

총괄 송경석 / **책임편집** 서현 / **기획 · 편집** 정지수 / **교정** 김가영
디자인 표지 · 내지 박정화 / **전산편집** 김민정
영업 김형진, 장경환, 조유미 / **마케팅** 박상용, 한종진, 이행은, 김선아, 고광일, 성화정, 김한솔 / **제작** 박성우, 김정우

이 책에 대한 의견이나 오탈자 및 잘못된 내용은 출판사 홈페이지나 아래 이메일로 알려주십시오.
파본은 구매처에서 교환하실 수 있습니다. 책값은 뒤표지에 표시되어 있습니다.
한빛미디어 홈페이지 www.hanbit.co.kr / **이메일** ask@hanbit.co.kr

지금 하지 않으면 할 수 없는 일이 있습니다.
책으로 펴내고 싶은 아이디어나 원고를 메일(writer@hanbit.co.kr)로 보내주세요.
한빛미디어(주)는 여러분의 소중한 경험과 지식을 기다리고 있습니다.

Generative
Deep Learning

만들면서 배우는 생성 AI 2판

O'REILLY® 한빛미디어 Hanbit Media, Inc.

가장 사랑스러운 잡음 벡터,

소중한 알리나에게 이 책을 바칩니다.

지은이 · 옮긴이 소개

지은이 데이비드 포스터 David Foster

크리에이티브 AI 애플리케이션을 전문으로 다루는 데이터 과학자이자 기업가, 교육자. ADSP^{Applied} Data Science Partners의 공동 창립자이며 조직이 데이터와 AI의 혁신적 힘을 활용하도록 영감을 주고 역량을 강화하는 일을 합니다. 영국의 케임브리지 대학교 트리니티 칼리지에서 수학 석사 학위를, 워릭 대학교에서 운영 연구 석사 학위를 받았습니다. 머신러닝 연구소^{Machine Learning Institute}의 교수진으로 실용적인 AI 애플리케이션과 실전 문제 해결에 중점을 두고 있습니다. AI 알고리즘의 투명성과 해석 가능성을 높이는 데 관심이 있으며, 의료 분야에서 설명 가능한 머신러닝에 관한 논문을 발표했습니다.

옮긴이 박해선 haesun.park@tensorflow.blog

기계공학을 전공했지만 졸업 후엔 줄곧 코드를 읽고 쓰는 일을 했습니다. Microsoft AI MVP, GCP Champion Innovator입니다. 텐서 플로우 블로그(tensorflow.blog)를 운영하고 있고, 머신러닝과 딥러닝에 관한 책을 집필하고 번역하면서 소프트웨어와 과학의 경계를 흥미롭게 탐험하고 있습니다.

『스티븐 울프럼의 챗GPT 강의』(한빛미디어, 2023), 『챗GPT로 대화하는 기술』(한빛미디어, 2023), 『혼자 공부하는 데이터 분석 with 파이썬』(한빛미디어, 2023), 『혼자 공부하는 머신러닝+딥러닝』(한빛미디어, 2020), 『Do it! 딥러닝 입문』(이지스퍼블리싱, 2019)을 집필했습니다.

『머신 러닝 교과서: 파이토치 편』(길벗, 2023), 『핸즈온 머신러닝(3판)』(한빛미디어, 2023), 『코딩 뇌를 깨우는 파이썬』(한빛미디어, 2023), 『트랜스포머를 활용한 자연어 처리』(한빛미디어, 2022), 『케라스 창시자에게 배우는 딥러닝 2판』(길벗, 2022), 『개발자를 위한 머신러닝&딥러닝』(한빛미디어, 2022), 『XGBoost와 사이킷런을 활용한 그레이디언트 부스팅』(한빛미디어, 2022), 『구글 브레인 팀에게 배우는 딥러닝 with TensorFlow.js』(길벗, 2022), 『파이썬 라이브러리를 활용한 머신러닝(번역개정2판)』(한빛미디어, 2022), 『머신러닝 파워드 애플리케이션』(한빛미디어, 2021), 『파이토치로 배우는 자연어 처리』(한빛미디어, 2021), 『머신 러닝 교과서 with 파이썬, 사이킷런, 텐서플로(개정3판)』(길벗, 2021)를 포함하여 여러 권의 책을 우리말로 옮겼습니다.

옮긴이의 말

학창 시절 종종(!) 연애편지를 쓰곤 했습니다. 알록달록한 편지지에 한 글자 한 글자 정성스럽게 써서 편지 봉투에 잘 접어 넣고 우표를 붙여 우체통에 넣었습니다. 아, 답장이 오는 순간을 얼마나 기다렸던지요.

그땐 연습이나 계획도 없이 그냥 생각나는 대로 편지를 썼습니다. 가끔 접미사를 잘못 쓰면 지운 흔적이 남는 게 싫어 곤란해진 맥락을 바꿀 다음 단어를 골똘히 생각하곤 했습니다. 돌이켜 생각해 보니 이 얼마나 자기회귀적autoregressive이었던가요!

우리의 인생도 비슷한 것 같습니다. 내일은 지난 며칠을 바탕으로 랜덤하게 생성되는 일련의 타임 시퀀스가 아닐까요? 그런데도 우리는 매일매일 더 많은 것을 얻으려고만 합니다. 하지만 그러다 보면 다른 사람과 구분되지 않은 잡음으로 가득 찰지 모릅니다. 오히려 디퓨전diffusion처럼 손에 움켜쥔 잡음을 조금씩 내어놓을 때 진짜 나의 모습을 드러낼 수 있을 거예요. 어느 노랫말처럼 우리는 늙어가는 것이 아니라 익어가는 것이니까요.

챗GPT와 스테이블 디퓨전에서 시작된 생성 AI의 열풍이 정말 뜨겁습니다. 반년 만에 온 세상을 바꾸어 놓았죠. 때마침 생성 AI의 최신 기술과 미래 전망을 다룬 이 책이 출간되어 정말 반가웠습니다. 1판은 GAN에 중점을 두었지만, 2판은 트랜스포머와 스테이블 디퓨전을 자세히 다룹니다. 많은 독자가 이 책을 기대하고 있어 특별히 원서 출간 전부터 미리 번역서를 준비했습니다. 좋은 책을 믿고 빠른 출간을 지원해주신 한빛미디어와 정지수 편집자님에게 감사드립니다.

언제나 격려해주시는 니트머스 김용재 대표님과 좋은 글을 쓸 수 있도록 집필 공간을 제공해주신 마포중앙도서관 교육 센터 팀에 깊이 감사드립니다. 언제나 명랑한 우리 가족 주연이와 진우에게도 고맙고 사랑한다는 말을 전합니다.

이 책의 정오표는 블로그(https://bit.ly/gen-dl-home)에 등록해 놓겠습니다. 책을 보기 전에 꼭 확인해주세요. 번역서의 코드는 깃허브(https://bit.ly/gen-dl-git)에서 주피터 노트북으로 제공합니다. 이 책에 관한 이야기라면 무엇이든 환영합니다. 언제든지 블로그나 이메일로 알려주세요.

2023년 8월, 박해선

생성 모델링용 딥러닝 도구를 소개하는 훌륭한 책입니다. 여러분이 코드를 다룰 줄 아는 크리에이티브 기술자이고 현재 작업에 딥러닝을 접목하고 싶다면 이 책을 읽어보세요.

데이비드 하 David Ha, 스태빌리티Stability AI 전략 책임자

최신 생성 AI의 중요한 기술을 모두 설명하는 굉장한 책입니다. 유용하고 가독성이 높은 예제 코드와 함께 직관적인 설명과 영리한 비유가 담겨 있습니다. AI에서 가장 매력적인 영역을 흥미롭게 탐험해보세요!

프랑소와 숄레 Fran ois Chollet, 케라스 창시자

데이비드 포스터는 복잡한 개념을 명확하고 간결하게 설명합니다. 이 책은 직관적인 시각 자료, 예제 코드, 연습 문제를 풍부하게 제공합니다. 학생과 실무자를 위한 훌륭한 책입니다!

수잔나 일릭 Suzana Ilić, 마이크로소프트 애저 오픈AI의 책임 있는Responsible AI 수석 프로그램 관리자

생성 AI는 전 세계에 큰 영향을 미칠 AI 기술 분야의 차세대 혁신입니다. 이 책은 이 분야를 훌륭하게 소개하며 놀라운 잠재력과 잠재적 위험도 설명합니다.

코너 레이히 Connor Leahy, Conjecture CEO 겸 EleutherAI 공동 창립자

세상을 예측한다는 것은 모든 모달리티modality로 세상을 이해하는 것을 의미합니다. 그런 의미에서 생성 AI는 지능의 핵심을 풀고 있습니다.

조나스 안드룰리스 Jonas Andrulis, Aleph Alpha 창립자 겸 CEO

생성 AI는 수많은 산업을 재편하고 크리에이티브 도구의 새로운 시대를 열고 있습니다. 이 책은 생성 모델링을 알아보고 혁신적인 기술을 직접 활용하는 방법을 완벽하게 알려줍니다.

에드 뉴턴-렉스 Ed Newton-Rex, 스태빌리티 AI 오디오 부문 부사장 겸 작곡가

제 머신러닝 지식은 모두 데이비드가 가르쳐주었습니다. 데이비드는 능숙하게 기본 개념을 설명합니다. 이 책은 제가 즐겨 찾는 생성 AI 도서이며, 책상 옆 선반에 제가 가장 좋아하는 기술 서적과 함께 꽂혀 있습니다.

잭 사우트 Zack Thoutt, CPO, AutoSalesVelocity

생성 AI는 사회에 큰 영향을 미칠 겁니다. 이 책은 기술적 세부 사항을 간과하지 않으면서도 이 분야를 이해하기 쉽게 소개합니다.

라자 하비브 Raza Habib, Humanloop 공동창업자

사람들이 생성 AI를 시작하는 방법을 물어볼 때 저는 항상 데이비드의 책을 추천합니다. 2판은 확산 모델과 트랜스포머 같은 가장 강력한 모델을 다루는 정말 훌륭한 책입니다. 컴퓨터를 활용한 창작에 관심이 있다면 반드시 읽어야 할 책입니다!

트리스탄 베렌스 Tristan Behrens,
AI 전문가이자 KI 살롱 하일브론Salon Heilbronn의 상주 AI 음악 아티스트

생성 AI에 관한 아이디어가 떠오를 때면 기술 지식으로 가득한 이 책을 가장 먼저 찾게 됩니다. 모든 데이터 과학자의 책꽂이에 꼭 있어야 할 책입니다.

마틴 무시올 Martin Musiol, generativeAI.net 설립자

생성 모델의 전체 분류 체계를 매우 상세하게 다루는 책입니다. 이 책의 가장 좋은 점은 모델 이면의 중요한 이론을 다룰 뿐만 아니라 실용적인 예제로 독자를 확실하게 이해시킨다는 점입니다. 특히 GAN을 다루는 장의 설명은 최고였으며 모델을 미세 튜닝하는 직관적인 방법을 알려줍니다. 이 책은 텍스트, 이미지, 음악 등 다양한 생성 AI를 다룹니다. 생성 AI를 시작하는 모든 사람에게 훌륭한 자료입니다.

아시와리아 스리니바산 Aishwarya Srinivasan, 구글 클라우드 데이터 과학자

이 책은 제 삶의 일부가 되고 있습니다. 거실에서 책을 발견하고 아들에게 "이거 언제 샀어?"라고 물었더니 "아빠가 저에게 주셨잖아요"라고 말하면서 제 건망증에 당황하더군요. 함께 여러 장을 읽었고, 저는 이 책을 생성 AI의 『그레이 아나토미Gray's Anatomy』[1]라고 생각했습니다.

데이비드는 놀라울 정도로 명쾌하고 설득력 있게 생성 AI를 해부합니다. 실용적인 예시, 흥미로운 이야기, 참고 문헌을 활용해 빠르게 변화하는 이 분야에 관한 놀라운 설명을 제공하며, 마치 살아 있는 역사를 읽는 것처럼 느껴질 정도의 최신 내용을 이 책에 담았습니다.

데이비드는 이 책을 풀어가는 내내 생성 AI의 잠재력에 대한 경이로움과 흥분을 감추지 못하는데, 이는 특히 결말에서 더욱 두드러지게 나타납니다. 이런 기술을 소개함으로써 생성 AI가 인간의 언어, 예술, 창의성을 비추는 거울이 되는 새로운 지능의 시대가 시작되고 있음을 상기시킵니다. 생성 AI는 인간이 창조한 것뿐만 아니라 인간이 창조할 수 있는 것을 반영합니다. 즉, 제약 사항은 '인간의 상상력'뿐입니다.

인공지능에서 생성 모델의 핵심 주제는 저에게 깊은 공감을 불러일으킵니다. 자연과학에서도 똑같은 주제, 즉 우리 자신을 우리가 사는 세계의 생성 모델로 보는 관점이 등장하고 있기 때문입니다. 다음 판에서는 인공지능과 자연 지능의 융합에 관해 읽을 수 있을지도 모릅니다. 그때까지 이 책을 『그레이 아나토미』 같은 다른 걸작들과 함께 제 책장에 보관할 겁니다.

칼 프리스턴 Karl Friston, FRS
유니버시티 칼리지 런던University College London 신경 과학 교수

---

1 옮긴이_ 1858년 헨리 그레이(Henry Gray)가 쓴 인체 해부학 교과서를 말합니다.

만들 수 없다면 이해하지 못한 것이다.

리처드 파인만 Richard Feynman

생성 AI는 우리 시대의 매우 혁신적인 기술로, 우리가 기계와 상호작용하는 방식을 변화시키고 있습니다. 우리가 생활하고 일하고 노는 방식을 혁신할 수 있는 이 기술의 잠재력은 수많은 대화와 토론, 그리고 많은 추측을 양산했습니다. 하지만 이 강력한 기술에 더 큰 잠재력이 있다면 어떨까요? 생성 AI의 가능성이 현재의 상상을 뛰어넘는다면 어떨까요? 생성 AI의 미래는 우리의 생각보다 훨씬 더 흥미진진할지도 모릅니다.

인류는 초기부터 독창적이고 아름다운 창작물을 만들어낼 기회를 모색해왔습니다. 초기 인류는 바위에 안료를 조심스럽고 체계적으로 칠해 야생 동물과 추상적인 패턴을 묘사한 동굴 벽화를 그렸습니다. 낭만주의 시대에는 음표를 엮어 만든 아름다운 선율과 하모니로 승리와 비극의 감정을 불러일으키는 차이콥스키 교향곡을 만들었습니다. 그리고 최근에는 글자를 조합하여 만든 이야기 때문에 판타지 소설 속 영웅에게 무슨 일이 일어날지 궁금해서 다음 편을 사려고 한밤중에 서점으로 달려가기도 합니다.

따라서 '인류가 창의적인 무언가를 만들 수 있을까?'라는 창의성에 관한 궁극적인 질문을 던지기 시작한 것은 놀라운 일이 아닙니다.

이것이 바로 생성 AI가 답하고자 하는 질문입니다. 최근 방법론과 기술의 발전으로 이제 주어진 스타일로 독창적인 예술 작품을 그리고, 장기적인 구조의 일관된 텍스트 문단을 작성하고, 듣기 좋은 음악을 작곡하고, 미래의 가상 시나리오를 만들어 복잡한 게임에서 승리하는 전략을 개발하는 기계를 만들 수 있습니다. 이는 창의성의 메커니즘과 궁극적으로 인간답다는 것에 대한 커다란 질문의 답을 찾게 되는 생성 혁명의 시작에 불과합니다.

간단히 말해서 지금이 생성 AI를 배우기에 가장 좋은 시기입니다. 지금 바로 시작해보죠!

목표와 방법

이 책은 여러분이 생성 AI에 관한 사전 지식이 없다고 가정합니다. 모든 핵심 개념을 직관적이고 따라 하기 쉬운 방식으로 처음부터 차근차근 설명하므로 생성 AI를 접해본 경험이 없더라도 걱정하지 마세요. 제대로 찾아오셨습니다!

이 책은 현재 유행하는 기술뿐만 아니라 다양한 모델을 포함하여 생성 모델링의 완벽한 가이드 역할을 합니다. 객관적으로 다른 기법보다 더 우수하거나 더 나쁜 기법은 없으며, 실제로 많은 최신 모델에는 다양한 생성 모델링 접근 방식에서 나온 아이디어가 혼합되어 있습니다. 따라서 특정 기법 한 가지에 집중하기보다는 생성 AI의 모든 영역에 걸친 개발 동향을 파악해야 합니다. 확실히 생성 AI 분야는 빠르게 발전하고 있으며, 획기적인 다음 아이디어가 어디에서 나올지 아무도 모릅니다!

이를 염두에 두고, 미리 훈련된 모델에 의존하지 않고 자신의 데이터로 생성 모델을 학습하는 방법을 제시합니다. 몇 줄의 코드로 다운로드해 실행할 수 있는 인상적인 오픈 소스 생성 모델이 많지만, 이 책의 목표는 이러한 모델의 구조와 설계를 기본 원리부터 자세히 살펴봄으로써 작동 방식을 완전히 이해하고 파이썬과 케라스를 사용하여 각 기법의 예제를 처음부터 코딩하는 것입니다.

요약하자면 이 책은 이론과 실용적인 애플리케이션을 모두 다루는 생성 AI 분야의 지도라고 할 수 있으며, 주요 논문의 모델을 모두 다룹니다. 각 기술을 뒷받침하는 이론을 코드로 어떻게 구현하는지 명확하게 설명하며 단계별로 하나씩 코드를 살펴볼 것입니다. 이 책은 처음부터 끝까지 읽거나 중간중간 참고용으로 활용할 수 있습니다. 무엇보다도 유용하고 즐겁게 읽으셨으면 좋겠습니다!

> **NOTE_** 책 곳곳에 일부 모델의 메커니즘을 이해하는 데 유용한 짧은 우화가 있습니다. 기술적인 설명에 들어가기 전에 먼저 이야기와 같이 구체적인 예시를 사용하는 방법은 새로운 추상적인 이론을 가르치는 데 유용하다고 생각합니다. 이야기와 모델 설명은 서로 다른 두 영역에서 동일한 메커니즘을 설명하므로, 각 모델의 기술적 세부 사항을 배우면서 관련 이야기를 다시 참조하면 도움이 될 것입니다!

필요한 기술

이 책은 여러분이 파이썬 코딩 경험이 있다고 가정합니다. 파이썬에 익숙하지 않다면 LearnPython.org에서 시작하는 것이 가장 좋습니다. 이 책의 예제를 따라 하는 데 필요한 파이썬 지식을 익힐 수 있는 무료 온라인 자료가 많습니다.[2]

일부 모델은 수학을 사용해 설명하므로 선형 대수학(예: 행렬 곱셈)과 일반 확률 이론을 잘 안다면 도움이 됩니다. 온라인에서 무료로 제공하는 『Mathematics for Machine Learning』(https://mml-book.com) 책도 유용합니다.

이 책은 생성 모델링이나 텐서플로, 케라스에 관한 사전 지식이 없다고 가정합니다. 1장에서 생성 모델링의 핵심 개념을 살펴보고 2장에서 텐서플로와 케라스를 소개합니다.

이 책의 구성

이 책은 세 부분으로 나눕니다.

1부에서는 생성 모델링과 딥러닝에 대한 일반적인 소개를 다루며, 책의 후반부에 나오는 모든 기법의 기반이 되는 핵심 개념을 살펴봅니다.

- 1장에서는 생성 모델링을 정의하고 간단한 예제를 활용해 모든 생성 모델에서 중요한 몇 가지 핵심 개념을 알아봅니다. 또한 2부에서 살펴볼 생성 모델의 분류 체계도 설명합니다.
- 2장에서는 케라스를 사용해 다층 퍼셉트론multilayer perceptron(MLP) 예제를 만들면서 딥러닝과 신경망 탐구를 시작합니다. 그런 다음 합성곱 층과 다른 개선 사항을 적용하여 성능의 차이를 관찰합니다.

2부에서는 생성 모델을 구축하는 데 사용할 여섯 가지 핵심 기법을 실제 예제와 함께 살펴봅니다.

- 3장에서는 변이형 오토인코더variational autoencoder(VAE)를 살펴보고 이를 사용하여 얼굴 이미지를 생성합니다. 그다음 모델의 잠재 공간에서 두 얼굴 사이를 전환하는 방법을 알아봅니다.
- 4장에서는 이미지 생성을 위한 생성적 적대 신경망generative adversarial network(GAN)을 살펴보고 심층 합성곱

---

2 옮긴이_ 파이썬 학습서로 『코딩 뇌를 깨우는 파이썬』(한빛미디어, 2023)과 『혼자 공부하는 파이썬』(한빛미디어, 2022)을 추천합니다.

GAN, 조건부 GAN, 그리고 훈련 과정을 더욱 안정적으로 만들어주는 와서스테인Wasserstein GAN과 같은 개선 사항을 소개합니다.

- 5장에서는 텍스트 생성을 위한 LSTM과 같은 순환 신경망과 이미지 생성을 위한 PixelCNN과 같은 자기회귀 모델을 살펴봅니다.

- 6장에서는 노멀라이징 플로normalizing flow 기법의 이론을 직관적으로 살펴보고 이미지 생성을 위한 RealNVP 모델을 구축하는 예제를 소개합니다.

- 7장에서는 에너지 기반 모델을 다루며 대조 발산contrastive divergence을 사용해 훈련하는 방법과 랑주뱅 역학Langevin dynamics을 사용하여 샘플링하는 방법을 설명합니다.

- 8장에서는 DALL·E 2 및 스테이블 디퓨전Stable Diffusion과 같은 많은 최신 이미지 생성 모델을 탄생시킨 확산 모델을 구축하는 데 필요한 실용적인 가이드를 제공합니다.

마지막으로 3부에서는 이를 기반으로 이미지 생성, 글쓰기, 음악 작곡, 모델 기반 강화 학습을 위한 최신 모델의 작동 방식을 살펴봅니다.

- 9장에서는 트랜스포머Transformer 구조를 알아보고 텍스트 생성을 위한 GPT 모델을 만드는 실용적인 방법을 살펴봅니다.

- 10장에서는 StyleGAN 모델의 계보와 기술적 세부 사항, 그리고 VQ-GAN과 같은 이미지 생성을 위한 다른 최신 GAN을 살펴봅니다.

- 11장에서는 음악 데이터를 다루는 방법과 트랜스포머 및 MuseGAN과 같은 기법을 적용하는 음악 생성에 관해 살펴봅니다.

- 12장에서는 월드 모델World Model과 트랜스포머 기반 방법을 적용하여 생성 모델을 강화 학습에 어떻게 사용하는지 살펴봅니다.

- 13장에서는 텍스트 투 이미지 생성을 위한 DALL·E 2, Imagen, 스테이블 디퓨전, 시각 언어 모델인 플라밍고Flamingo 등 두 가지 이상의 데이터 유형을 통합하는 네 가지 최신 멀티모달multimodal 모델의 내부 작동 방식을 설명합니다.

- 14장에서는 지금까지의 생성 AI의 주요 이정표를 요약하고 향후 몇 년 동안 생성 AI가 우리의 일상을 어떻게 혁신할지 논의합니다.

2판의 변경 사항

이 책의 초판을 읽어주신 모든 분께 감사드립니다. 많은 분께서 2판에 추가했으면 하는 내용을 피드백해주었습니다. 2019년 초판이 출간된 이후 생성 딥러닝 분야가 크게 발전했기 때문에 기존 내용을 수정하는 동시에 새로운 장을 몇 개 추가하여 최신 기술 현황에 맞게 내용을 업데이트했습니다.

각 장에서 개선한 내용을 요약하면 다음과 같습니다.

- 1장은 다양한 생성 모델을 소개하고 이들의 연관성을 나타내는 분류 체계를 담았습니다.
- 2장은 그림을 개선했으며 주요 개념을 더 자세하게 설명합니다.
- 3장은 새로운 예제와 설명을 담았습니다.
- 4장은 조건부 GAN 구조를 설명합니다.
- 5장은 이미지를 위한 자기회귀 모델(예: PixelCNN)을 설명합니다.
- 6장은 완전히 새로운 장으로, RealNVP 모델을 설명합니다.
- 7장 역시 새로운 장이며, 랑주뱅 역학 및 대조 발산과 같은 기법에 초점을 맞춥니다.
- 8장은 오늘날 많은 최신 애플리케이션의 기반이 되는 잡음 제거 확산 모델을 위해 새로 작성한 장입니다.
- 9장은 초판의 마지막 장 내용을 확장한 것으로, 다양한 StyleGAN 모델 구조와 VQ-GAN에 관한 새로운 내용을 심층적으로 다룹니다.
- 10장은 트랜스포머 아키텍처를 자세히 살펴보는 새로운 장입니다.
- 11장은 초판의 LSTM 모델을 대신하여 최신 트랜스포머 아키텍처를 다룹니다.
- 12장은 그림과 설명을 업데이트했으며 이 접근 방식이 오늘날의 최신 강화 학습에 어떻게 영향을 미치는지 소개합니다.
- 13장은 새로운 장으로 DALL · E 2, Imagen, 스테이블 디퓨전, 플라밍고와 같은 인상적인 모델이 어떻게 작동하는지 자세히 설명합니다.
- 14장은 초판 이후 생성 AI의 놀라운 발전 현황을 반영하고 앞으로 나아갈 방향에 관한 더욱 완벽하고 상세한 시각을 제공합니다.

그 밖의 주요 업데이트는 다음과 같습니다.

- 초판의 피드백으로 전달된 (제가 아는 한!) 모든 의견을 반영하고 오타를 수정했습니다.
- 각 장에서 다루는 주요 주제를 먼저 확인할 수 있도록 모든 장의 시작 부분에 목표를 추가했습니다.
- 일부 우화적인 이야기를 더 간결하고 명확하게 재작성했습니다. 여러 독자가 이야기 덕분에 핵심 개념을 더 잘 이해할 수 있었다고 말해주어서 기쁩니다! 각 장의 제목과 부제목을 정리해 어느 부분이 설명에 중점을 두고 어느 부분이 모델 구축에 중점을 두는지 명확하게 표현했습니다.

그 외 자료

머신러닝과 딥러닝 입문서로 다음 책을 적극 추천합니다.[3]
- 『핸즈온 머신러닝(3판)』(한빛미디어, 2023)
- 『케라스 창시자에게 배우는 딥러닝 개정 2판』(길벗, 2022)

이 책에 수록된 논문은 대부분 과학 연구 논문을 무료로 호스팅하는 arXiv(`https://arxiv.org`)에서 볼 수 있습니다. 이제는 일반적으로 논문을 동료들에게 심사받기 전에 먼저 arXiv에 올립니다. 최근 제출된 논문을 검토하면 해당 분야의 최신 연구 동향을 파악할 수 있습니다.

또한 다양한 머신러닝 작업에 대한 최신 결과와 논문, 공식 깃허브GitHub 저장소 링크를 찾을 수 있는 웹사이트인 Papers with Code(`https://paperswithcode.com`)를 적극 추천합니다. 다양한 작업에서 현재 어떤 방법이 가장 높은 성능을 내는지 빠르게 파악하기 좋습니다. 이 책에 어떤 기법을 포함할지 결정할 때도 도움을 받았습니다.

----

3 옮긴이_ 머신러닝과 딥러닝을 처음 배운다면 『혼자 공부하는 머신러닝+딥러닝』(한빛미디어, 2020)을 추천합니다.

예제 코드

이 책의 예제 코드는 깃허브 저장소(https://bit.ly/gen-dl-git)에 있습니다.[4] 모든 모델을 훈련하는 데 엄청나게 많은 양의 컴퓨팅 리소스가 필요하지 않도록 만들었습니다.[5] 따라서 고가의 하드웨어를 구하느라 많은 비용과 시간을 들이지 않고도 자신만의 모델을 훈련할 수 있습니다.

초판 이후 코드의 변경 사항은 다음과 같습니다.

- 모듈에서 일부 코드를 가져오지 않고 단일 노트북 내에서 모든 예제를 실행할 수 있도록 개선했습니다. 이렇게 하면 각 예제를 셀cell 단위로 실행하고 각 모델이 어떻게 구축되는지 하나하나 자세히 살펴볼 수 있습니다.
- 각 노트북의 절은 예제마다 거의 일치하도록 했습니다.
- 이 책의 많은 예제는 이제 케라스 온라인 문서에서 제공하는 예제 코드(https://oreil.ly/1UTwa)를 활용합니다. 이미 케라스 웹사이트에 훌륭한 구현이 있으므로 케라스 생성 AI 예제를 담은 별도의 오픈 소스 저장소를 만들지 않았습니다. 이 책 전체와 깃허브 저장소에 케라스 웹사이트에서 참고한 코드의 원저자를 명시했습니다.
- 새로운 데이터 소스를 추가하고 초판의 데이터 수집 프로세스를 개선했습니다. 이제 캐글Kaggle API(https://oreil.ly/8ibPw)와 같은 도구를 사용해 예제를 훈련하는 데 필요한 데이터를 쉽게 다운로드할 수 있는 스크립트를 제공합니다.

---

4 옮긴이_ 원서의 깃허브 저장소는 https://github.com/davidADSP/Generative_Deep_Learning_2nd_Edition입니다.
5 옮긴이_ 번역서의 노트북에는 구글 코랩(Google Colab)에서 실행할 수 있는 링크가 있습니다.

감사의 말

이 책을 집필하는 데 도움을 준 많은 분에게 감사의 말씀을 전합니다.

먼저 시간을 내어 이 책을 기술적으로 검토해준 모든 분에게 감사합니다. 특히 비슈웨쉬 라비 슈리말리Vishwesh Ravi Shrimali, 리피 디파크시 파트나크Lipi Deepaakshi Patnaik, 루바 엘리엇Luba Elliot, 로나 바클리Lorna Barclay에게 감사의 말을 전합니다. 예제 코드를 검토하고 테스트해준 사미르 비코Samir Bico에게도 감사합니다. 모든 의견이 도움이 되었습니다.

또한 Applied Data Science Partners(https://adsp.ai)의 동료인 로스 비테슈차크Ross Witeszczak, 아미 불Amy Bull, 알리 파란데Ali Parandeh, 진 에딘Zine Eddine, 조 로Joe Rowe, 그레타 살릴라리 Gerta Salillari, 알레시아 파크스Aleshia Parkes, 에블리나 키레일리테Evelina Kireilyte, 리카르도 톨리Riccardo Tolli, 마이 도Mai Do, 칼릴 사이드Khaleel Syed, 윌 홈스Will Holmes에게도 큰 감사를 표합니다. 제가 책을 완성하는 동안 인내심을 갖고 기다려 주신 여러분께 진심으로 감사드리며, 앞으로 함께 완성해나갈 모든 머신러닝 프로젝트가 매우 기대됩니다! 특히 로스에게 감사드립니다. 함께 사업을 시작하지 않았다면 이 책은 결코 나오지 못했을 것입니다. 사업 파트너로 믿어준 점에 감사합니다!

수학을 가르쳐 주신 모든 분에게도 감사드립니다. 학교에서 수학에 대한 흥미를 키워주고 대학에서 더 공부하도록 격려해주신 훌륭한 수학 선생님들을 만나게 되어 정말 행운이었습니다. 수학 지식을 나눠주신 선생님들의 헌신과 노력에 감사드립니다.

이 책의 집필 과정을 안내해준 오라일리 직원들에게도 큰 감사를 드립니다. 단계마다 유용한 피드백을 제공하고 각 장을 완성할 수 있도록 친절한 알림을 보내준 미셸 크로닌Michele Cronin에게 특별한 감사를 표합니다! 또한 책을 출간할 수 있도록 도와준 니콜 버터필드Nicole Butterfield, 크리스토퍼 파우커Christopher Faucher, 찰스 루멜리오티스Charles Roumeliotis, 수잰 휴스턴Suzanne Huston, 그리고 책을 집필하는 데 관심이 있는지 먼저 연락해준 마이크 루키데스Mike Loukides에게도 감사의 마음을 전합니다. 이 프로젝트 초기부터 많은 지원을 해주었고 제가 좋아하는 것에 관한 글을 쓸 수 있는 플랫폼을 마련해주었기에 감사의 말을 전합니다.

집필 과정 내내 가족은 끊임없는 격려와 응원의 원천이었습니다. 제게 처음으로 덧셈하는 법을 가르쳐 주셨으며, 문장 하나하나에 오타가 없는지 확인해주신 어머니 질리언 포스터Gillian Foster께 감사드립니다! 이 책을 교정하는 동안 세세한 부분까지 신경 써주셔서 큰 도움이 되었습니다. 어머니와 아버지께서 제게 주신 모든 기회에 정말 감사드립니다. 아버지 클라이브 포스터Clive Foster께서 컴퓨터 프로그래밍을 처음 제게 가르쳐 주셨습니다. 덕분에 이 책은 실용적인 예제로 채워졌습니다. 10대 시절 풋볼 게임을 만들려고 베이식BASIC을 만지작거리던 저를 일찍부터 인내심을 갖고 기다려 주셨습니다. 언어학 분야에서 가장 겸손한 천재인 동생 롭 포스터Rob Foster와 AI와 텍스트 기반 머신러닝의 미래에 관해 나눈 이야기가 큰 도움이 되었습니다. 항상 우리 모두에게 영감과 즐거움을 주는 원천이 되어 주신 할머니께도 감사드립니다. 할머니의 문학 사랑은 제가 책을 쓰는 작업이 흥미로울 것이라고 생각한 계기가 되었습니다.

아내인 로나 바클리Lorna Barclay에게도 감사의 말을 전하고 싶습니다. 집필 과정 내내 끊임없는 응원과 차를 제공했을 뿐만 아니라 이 책의 모든 단어를 꼼꼼하고 세심하게 점검해줬습니다. 그녀가 없었다면 할 수 없었을 것입니다. 항상 제 곁에 있어 주고 여정을 훨씬 더 즐겁게 만들어주어 감사합니다. 이 책이 출간된 후 적어도 며칠 동안은 저녁 식탁에서 생성 AI에 관해 이야기하지 않겠다고 약속하겠습니다.

마지막으로 책을 쓰는 긴 밤 동안 끝없는 즐거움을 선사해준 예쁜 딸 알리나Alina에게 고마움을 전합니다. 딸아이의 사랑스러운 웃음소리는 타이핑하는 동안 완벽한 배경음악이었습니다. 제 영감이 되어주고 항상 긴장의 끈을 놓지 않게 해줘서 고맙습니다. 이 책을 쓴 진짜 주인공은 알리나입니다.

데이비드 포스터

CONTENTS

PART **1** 생성 딥러닝 소개

CHAPTER **1** 생성 모델링

CHAPTER **2 딥러닝**

PART **2 6가지 생성 모델링 방식**

CHAPTER **3 변이형 오토인코더**

CONTENTS

CHAPTER **5 자기회귀 모델**

CONTENTS

CHAPTER 6 노멀라이징 플로 모델

CHAPTER **7** 에너지 기반 모델

CHAPTER **8** 확산 모델

CONTENTS

PART **3** 생성 모델링의 응용 분야

CHAPTER **9** 트랜스포머

CONTENTS

CHAPTER **12 월드 모델**

CHAPTER **13 멀티모달 모델**

CONTENTS

CHAPTER **14** 결론

생성 딥러닝 소개

1부에서는 생성 모델링과 딥러닝을 소개합니다.

먼저 1장에서 생성 모델링을 정의하고 간단한 예제를 사용해 모든 생성 모델에서 중요한 몇 가지 핵심 개념을 설명합니다. 또한 이 책의 2부에서 살펴볼 생성 모델을 분류해봅니다.

2장에서는 복잡한 생성 모델을 만드는 데 필요한 딥러닝 도구와 기법을 제공합니다. 특히 케라스를 사용해 첫 번째 심층 신경망으로 다층 퍼셉트론(MLP)을 만듭니다. 그다음 여기에 합성곱 층과 기타 개선점을 적용하고 성능의 차이를 확인해봅니다.

1부를 마치면 책 후반에 나오는 모든 기법의 바탕이 되는 개념을 잘 이해하게 될 것입니다.

Part I

생성 딥러닝 소개

CHAPTER 1

생성 모델링

이 장의 목표

- 생성 모델과 판별 모델의 주요 차이점을 배웁니다.
- 간단한 예제를 통해 생성 모델의 바람직한 속성을 이해합니다.
- 생성 모델을 뒷받침하는 핵심적인 확률 개념을 배웁니다.
- 다양한 생성 모델 종류를 살펴봅니다.
- 이 책과 함께 제공되는 코드를 사용하여 첫 번째 생성 모델을 만듭니다.

1장에는 생성 모델링 분야에 관한 일반적인 소개를 담았습니다.

먼저 생성 모델링에 관한 간단한 이론을 소개하고 더 폭넓게 연구되고 있는 판별 모델링과 어떻게 대응되는지 살펴봅니다. 그런 다음 좋은 생성 모델이 가져야 할 바람직한 속성을 설명하는 프레임워크를 구축하겠습니다. 또한 생성 모델링 문제를 해결하는 다양한 접근 방식을 잘 이해하려면 알아야 할 핵심적인 확률 개념을 소개하겠습니다.

그다음 오늘날 이 분야를 지배하고 있는 여섯 가지 생성 모델을 소개합니다. 마지막 절에서는 이 책과 함께 제공되는 코드를 사용하는 방법을 설명합니다.

1.1 생성 모델링이란?

생성 모델링generative modeling은 거시적으로 다음과 같이 정의할 수 있습니다.

> 생성 모델링은 주어진 데이터셋과 유사한 새로운 데이터를 생성하도록 모델을 훈련하는 머신러닝의 한 분야입니다.

이는 실제로 어떤 의미일까요? 말 사진이 포함된 데이터셋이 있다고 가정해보겠습니다. 이 데이터셋에서 생성 모델을 **훈련**^{train}하여 말 이미지에 있는 픽셀 간의 복잡한 관계를 정의하는 규칙을 포착할 수 있습니다. 그다음 이 모델에서 **샘플링**^{sampling}하여 원본 데이터셋에 없는 새롭고 사실적인 말 이미지를 만들 수 있습니다. 이 과정이 [그림 1-1]에 나타나 있습니다.

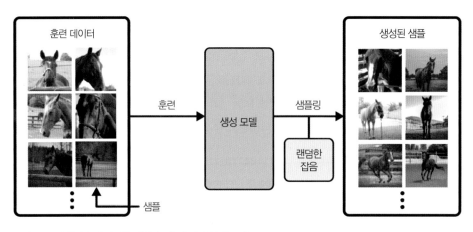

그림 1-1 사실적인 말 사진을 생성하도록 훈련된 생성 모델

생성 모델을 만들려면 생성하려는 개체의 샘플이 많은 데이터셋이 필요합니다. 이를 **훈련 데이터**^{training data}라고 하며 데이터 포인트 하나를 **샘플**^{sample[1]}이라고 부릅니다.

각 샘플은 많은 **특성**^{feature}으로 이루어집니다. 이미지 생성 문제에서 특성은 일반적으로 개별 픽셀 값입니다. 텍스트 생성 문제에서 특성은 개별 단어 또는 문자의 그룹일 수 있습니다. 목표는 일련의 새로운 특성을 생성하는 모델을 만드는 것입니다. 이 모델은 원본 데이터와 동일한 규칙으로 생성된 것처럼 보이는 특성을 만듭니다. 개념적으로, 이미지 생성에서 이는 아주 어려운 작업입니다. 개별 픽셀 값이 가질 수 있는 경우의 수가 매우 많습니다. 이 중에 아주 작은 수의 조합이 생성하려는 개체에 대한 이미지를 구성하기 때문입니다.

생성 모델은 또한 결정적^{deterministic}이 아니고 확률적^{probabilistic}이어야 합니다. 매번 동일한 값을 출력하는 것이 아니라 다양한 출력 결과를 샘플링할 수 있어야 하기 때문입니다. 모델이 데이터셋에 있는 모든 픽셀의 평균값을 구하는 일처럼 고정된 계산만 수행한다면 생성 모델이 아닙니다. 생성 모델은 생성되는 개별 샘플에 영향을 미칠 수 있는 랜덤한 요소를 포함해야 합

---

1 옮긴이_ 원문에서는 observation(관측)을 사용했지만, 번역서에는 이해하기 쉽도록 일반적으로 더 널리 사용하는 '샘플'로 옮깁니다.

니다.

다른 말로 하면 어떤 이미지는 훈련 데이터셋에 있을 것 같고, 다른 이미지는 그렇지 않은 이유를 설명하는 알려지지 않은 확률분포가 있다고 가정합니다. 해야 할 일은 최대한 이 분포에 가깝게 흉내 내는 모델을 만드는 것입니다. 그다음 이 분포에서 샘플링하여 원본 훈련 세트^{training set}에 있을 것 같은 새롭고 완전히 다른 샘플을 생성합니다.

1.1.1 생성 모델링과 판별 모델링

생성 모델링이 달성하려는 목적과 이것이 중요한 이유를 잘 이해하려면 반대 개념인 **판별 모델링**discriminative modeling과 비교해보면 좋습니다. 여러분이 머신러닝을 배우면서 다루는 문제는 대부분 판별 문제였을 가능성이 높습니다. 예를 들어 두 개념의 차이점을 이해해보겠습니다.

반 고흐^{Van Gogh}의 그림과 다른 화가의 그림으로 이루어진 그림 데이터셋이 있다고 가정해보죠. 데이터가 충분히 많다면 어떤 그림을 반 고흐가 그렸는지 예측하는 판별 모델을 훈련할 수 있습니다. 모델은 이 네덜란드 거장이 그린 그림임을 나타내는 특정 색깔, 형태, 질감을 학습합니다. 이런 특성을 바탕으로 모델은 그림의 예측 지수를 높입니다. [그림 1-2]는 판별 모델링 과정을 보여줍니다. [그림 1-1]의 생성 모델링 과정과 무엇이 다른지 확인해보세요.

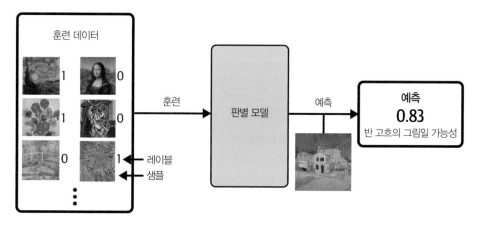

그림 1-2 주어진 이미지가 반 고흐의 그림인지 예측하도록 훈련된 판별 모델

판별 모델링을 수행할 때는 훈련 데이터의 각 샘플에 **레이블**label이 있어야 합니다. 앞에서 본 그림 판별기와 같은 이진 분류binary classification[2] 문제에서 반 고흐 그림의 레이블은 1이고, 다른 그림의 레이블은 0입니다. 모델은 이 두 그룹을 판별하는 방법을 배우고 새로운 샘플의 레이블이 1일 확률(즉, 반 고흐의 그림일 확률)을 출력합니다.

반면 생성 모델링은 주어진 이미지의 레이블을 예측하는 것이 아니라 완전히 새로운 이미지를 생성하는 데 관심이 있기 때문에 데이터셋에 레이블을 지정할 필요가 없습니다.

수학적으로 생성 모델링과 판별 모델링을 정의해보죠.

판별 모델링은 $p(y \mid \mathbf{x})$를 추정estimation합니다.

즉, 판별 모델링은 샘플 $\mathbf{x}$가 주어졌을 때 레이블 y의 확률을 모델링하는 것이 목표입니다.

생성 모델링은 $p(\mathbf{x})$를 추정합니다.

즉, 생성 모델링은 샘플 $\mathbf{x}$를 관측할 확률을 모델링하는 것이 목표입니다.

NOTE_ 조건부 생성 모델
특정 레이블 y의 샘플 $\mathbf{x}$를 관측할 확률인 조건부 확률 $p(\mathbf{x} \mid y)$를 모델링하는 생성 모델을 만들 수도 있습니다. 예를 들어 여러 종류의 과일이 있는 데이터셋이 있다면 생성 모델에 사과 이미지를 생성하도록 요청할 수 있습니다.

반 고흐 그림을 완벽하게 구별하는 판별 모델을 만들더라도 반 고흐 그림처럼 보이는 그림을 만드는 방법은 알지 못합니다. 판별 모델링은 훈련한 대로 기존 이미지에 대한 확률을 출력할 수 있을 뿐입니다. 우리가 원하는 것은 생성 모델을 훈련하고 이 모델에서 샘플링하여 원본 훈련 데이터셋에 속할 가능성이 높은 이미지를 생성하는 것입니다.

---

2 옮긴이_ 이진 분류는 2개의 레이블을 분류하는 작업입니다. 3개 이상의 레이블을 분류하는 것은 다중 분류(multiclass classification)라고 부릅니다.

1.1.2 생성 모델의 등장

최근까지 판별 모델링은 머신러닝 분야에서 대부분의 발전을 이끈 원동력이었습니다. 그 이유는 판별 문제에 상응하는 생성 모델링 문제가 일반적으로 훨씬 해결하기 어렵기 때문입니다. 예를 들어 반 고흐 스타일의 그림을 생성하는 모델을 훈련하는 것보다 반 고흐의 그림인지를 예측하는 모델을 훈련하기가 훨씬 쉽습니다. 마찬가지로 찰스 디킨스Charles Dickens 스타일의 문장을 생성하는 모델을 만드는 것보다 찰스 디킨스의 글인지 예측하는 모델을 훈련하기가 훨씬 쉽습니다. 최근까지만 해도 대부분의 생성 문제는 근접할 수 없는 영역이었으며 이를 해결할 수 있을지에 대한 의구심이 많았습니다. 창의성을 AI가 따라올 수 없는 순수한 인간의 능력으로 여겼기 때문입니다.

하지만 머신러닝 기술이 발전함에 따라 이러한 가정은 점차 약해지고 있습니다. 지난 10년 동안 이 분야에서 가장 흥미로운 발전은 생성 모델링 작업에 머신러닝을 새롭게 적용하면서 일어났습니다. 예를 들어 [그림 1-3]은 2014년 이후 얼굴 이미지 생성 분야에서 일어난 놀라운 발전 과정을 보여줍니다.

그림 1-3 지난 10년간 크게 발전한 생성 모델링을 사용한 얼굴 생성 기술[3]

---

3 출처: Miles Brundage et al., "The Malicious Use of Artificial Intelligence: Forecasting, Prevention, and Mitigation," February 20, 2018, https://www.eff.org/files/2018/02/20/malicious_ai_report_final.pdf.

판별 모델링은 다루기 쉬울 뿐만 아니라 역사적으로 생성 모델링보다 산업 전반의 실제 문제에 적용하기 용이했습니다. 예를 들어 의사는 망막 이미지가 녹내장의 징후를 보이는지 예측하는 모델의 도움을 받을 수 있습니다. 하지만 새로운 망막 사진을 생성하는 모델의 도움은 필요하지 않습니다.

하지만 특정 비즈니스 문제에 도움을 주는 생성 서비스를 제공하는 기업이 늘어나면서 상황이 변하기 시작했습니다. 예를 들어 특정 주제에 관한 독창적인 블로그 게시물을 생성하거나, 원하는 설정으로 다양한 제품 이미지를 만들거나, 브랜드와 타깃 메시지에 맞는 소셜 미디어 콘텐츠와 광고 문구를 작성하는 API를 사용할 수 있습니다. 또한 게임 디자인이나 영화 촬영과 같은 산업 분야에서도 비디오와 음악 생성을 위해 훈련된 모델이 가치를 창출하기 시작하면서 생성 AI의 긍정적인 활용 사례가 뚜렷하게 나타나고 있습니다.

1.1.3 생성 모델링과 AI

생성 모델링을 실용적으로 사용하는 것(아직 발견되지 않은 것이 많습니다) 외에도 생성 모델을 아주 복잡한 인공지능^{artificial intelligence} 문제를 푸는 열쇠로 생각하는 세 가지 이유가 있습니다. 이런 문제는 판별 모델링이 홀로 해결할 수 없습니다.

첫째, 순전히 이론적인 관점에서 단순히 데이터를 분류하도록 기계를 훈련하는 데 그쳐서는 안됩니다. 특정 레이블을 넘어 데이터 분포를 완전히 이해하는 모델을 훈련하는 데도 관심을 기울여야 합니다. 출력 가능한 공간은 매우 고차원이고 데이터셋에 속할 수 있는 샘플은 비교적 적기 때문에 풀기 더 어려운 문제임에는 의심의 여지가 없습니다. 그러나 앞에서 봤듯이 판별 모델링의 발전을 이끌어온 딥러닝 같은 많은 기술을 생성 모델에도 동일하게 사용할 수 있습니다.

둘째, 생성 모델은 강화 학습^{reinforcement learning} 같은 다른 AI 분야의 발전을 주도하고 있습니다 (12장 참조). 강화 학습은 시행착오를 통해 주어진 환경^{environment}에서 목표를 최적화하도록 에이전트^{agent}를 가르치는 연구를 수행합니다. 예를 들어 주어진 지형을 가로질러 걷는 로봇을 훈련한다고 생각해보세요. 에이전트가 이 지형에서 다양한 전략을 시도하도록 많은 실험을 실행하거나 컴퓨터로 이 지형을 시뮬레이션하는 것이 전형적인 방법입니다. 시간이 지나면 에이전트가 어떤 전략이 더 나은지 학습하게 되므로 점차 성능이 향상됩니다. 이 방식은 특정 작업의 정책을 최적화하도록 훈련되기 때문에 유연성이 많이 떨어진다는 문제점이 있습니다. 최근에는 생성 모델을 사용해 특정 작업에 독립적으로 환경의 월드 모델world model을 학습하는 에이전트를 훈련하는 방식이 주목받고 있습니다. 에이전트는 실제 환경이 아니라 자신의 월드 모델에서 전략을 테스트하여 새로운 작업에 빠르게 적응할 수 있습니다. 새로운 작업을 할 때마다 처음부터 다시 훈련할 필요가 없고 계산적으로 매우 효율적입니다.

마지막으로 인간과 견줄 만한 지능을 보유한 머신machine을 진짜로 만든다면 생성 모델이 확실히 그 솔루션의 일부가 되어야 합니다. 자연계에 있는 생성 모델의 좋은 사례는 책을 읽는 사람입니다. 왜 여러분이 훌륭한 생성 모델인지 잠시 생각해보세요. 눈을 감으면 코끼리의 다양한 모습을 상상할 수 있습니다. 좋아하는 TV 드라마의 결말을 그럴듯하게 바꾸어 얼마든지 상상할 수 있습니다. 여러 가지 미래를 상상하여 일을 시작하기 전에 한 주간을 계획하고 그에 따라 행동을 합니다. 현대 신경 과학 이론에 따르면 사람의 현실 인지 능력은 감각 정보로부터 경험한 것을 예측하는 복잡한 판별 모델이 아닙니다. 태어났을 때부터 미래와 정확히 맞는 주위 환경을 시뮬레이션하기 위해 훈련된 생성 모델입니다. 심지어 어떤 이론은 우리가 현실이라고 인지하는 것이 이 생성 모델의 출력이라고 주장합니다. 분명한 것은 이런 능력을 가진 기계를 만드는 방법을 안다면 뇌의 작동 원리와 인공 일반 지능artificial general intelligence을 이해하는 데 핵심적인 도구가 될 것입니다.

1.2 첫 번째 생성 모델

이런 점을 기억하면서 생성 모델링의 흥미로운 세계로 떠나는 여행을 시작해보죠. 간단한 생성 모델의 예제와 개념부터 살펴보겠습니다. 나중에 이 책에 등장하는 복잡한 구조를 다루는 데 도움이 될 것입니다.

1.2.1 간단한 생성 모델

2차원에 있는 생성 모델링 게임을 시작해보죠. 특정한 규칙을 선택하여 [그림 1-4]에 있는 포인트 집합 $\mathbf{X}$를 생성했습니다. 이 규칙을 p_{data}라고 부르겠습니다. 그리고 같은 규칙으로 생성된 것 같은 이 공간의 다른 포인트 $\mathbf{x} = (x_1, x_2)$를 선택하는 것이 목표입니다.

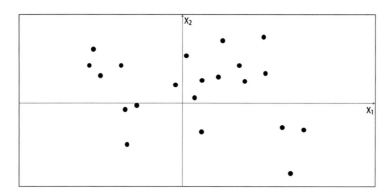

그림 1-4 알려지지 않은 규칙인 p_{data}로 생성한 2차원 상의 포인트 집합

어디를 선택할까요? 기존 데이터 포인트의 정보를 사용해 마음속으로 어떤 모델 p_{model}을 구성할 수 있습니다. 이 모델은 포인트가 이 공간에서 발견될 가능성이 높은 위치입니다. 이런 점에서 p_{model}은 p_{data}의 추정입니다. 아마 p_{model}을 [그림 1-5]와 같이 포인트가 놓인 사각형 상자와 같다고 결정했을 것입니다. 이 상자 바깥에서는 어떤 포인트도 발견될 가능성이 없습니다.

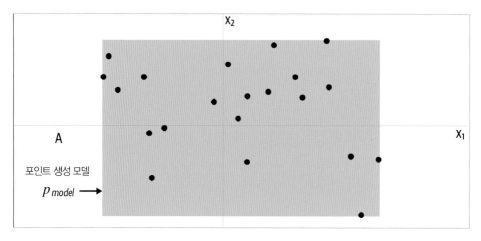

그림 1-5 주황색 상자 p_{model}은 실제 데이터 생성 분포인 p_{data}의 추정

새로운 샘플을 생성하려면 이 상자 안에서 간단하게 랜덤한 포인트를 선택하면 됩니다. 조금 더 이론적으로 말하면 p_{model} 분포로부터 샘플링합니다. 축하합니다. 첫 번째 생성 모델을 만들었습니다! 훈련 데이터(검은색 포인트)를 사용해 (훈련 데이터에 속하지 않은) 다른 포인트를 생성할 수 있는 모델(주황색 영역)을 만들었습니다.

이를 바탕으로 생성 모델링의 목표를 이해하는 데 도움이 되는 프레임워크를 구성해보겠습니다.

1.2.2 생성 모델링 프레임워크

다음 프레임워크에서 생성 모델 구축의 동기와 목표를 파악할 수 있습니다.

생성 모델링 프레임워크

- 샘플 데이터셋 $\mathbf{X}$를 가지고 있습니다.

- 샘플이 알려지지 않은 어떤 p_{data} 분포로 생성되었다고 가정합니다.

- p_{data}를 흉내 내는 생성 모델 p_{model}을 만들려고 합니다. 이 목표를 달성하면 p_{model}에서 샘플링하여 p_{data}에서 뽑은 것 같은 샘플을 생성할 수 있습니다.

- 따라서 p_{model}의 바람직한 속성은 다음과 같습니다.

    - 정확도

      생성된 샘플의 p_{model}이 높으면 p_{data}에서 뽑은 것처럼 보여야 합니다. 생성된 샘플의 p_{model}이 낮으면 p_{data}에서 뽑은 것처럼 보여서는 안 됩니다.

    - 생성

      p_{model}에서 새로운 샘플을 쉽게 샘플링할 수 있어야 합니다.

    - 표현

      데이터의 다양한 고수준 특성이 p_{model}로 어떻게 표현되는지 이해할 수 있어야 합니다.

이제 실제 데이터 생성 분포인 p_{data}를 공개하고 이 프레임워크가 예제에 어떻게 적용되는지 알아보겠습니다. [그림 1-6]에서 보듯이 데이터 생성 규칙은 전 세계 대륙에 걸쳐서 선택된 단순한 균일 분포입니다. 바다에는 이런 포인트가 없습니다.

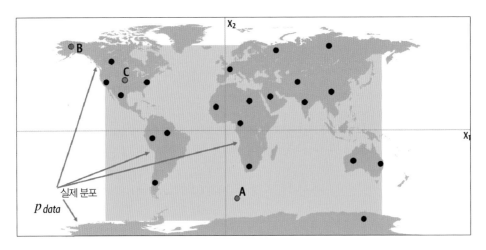

그림 1-6 주황색 상자 p_{model}은 실제 데이터 생성 분포 p_{data}(회색 영역)의 추정입니다.

확실히 모델 p_{model}은 p_{data}를 과도하게 단순화했습니다. 포인트 A, B, C를 조사하여 얼마나 정확하게 p_{data}를 흉내 내는지로 모델의 성공과 실패를 가늠할 수 있습니다.

- **포인트 A**는 모델이 생성한 샘플이지만 바다 가운데 있기 때문에 p_{data}에서 생성한 것으로 보이지 않습니다.
- **포인트 B**는 주황색 상자 밖에 있기 때문에 p_{model}이 생성한 것이 아닙니다. 따라서 이 모델은 가능한 모든 영역에서 샘플을 생성하는 능력에 약간 헛점이 있습니다.
- **포인트 C**는 p_{model}로 생성하고 p_{data}에도 속한 샘플입니다.

완벽하지 않지만 이 모델은 주황색 상자에 대한 균등 분포이기 때문에 샘플링하기 쉽습니다. 샘플링하려면 간단히 이 상자 안에서 랜덤하게 한 포인트를 선택할 수 있습니다.

또한 이 모델은 복잡한 분포의 단순 표현이라고 말할 수 있습니다. 이 표현은 내재된 고수준 특성을 일부 포착할 수 있습니다. 실제 분포는 많은 육지 지역(대륙)과 육지가 없는 지역(바다)으로 구분됩니다. 이는 모델에도 해당되는 고수준 특성이지만 모델은 여러 개의 대륙이 아니라 하나의 큰 대륙만 가집니다.

이 예제는 생성 모델링의 기본 개념을 보여줍니다. 이 책에서 다루게 될 문제는 훨씬 더 복잡하고 고차원적이지만 문제에 접근할 때 사용하는 기본 프레임워크는 같습니다.

1.2.3 표현 학습

고차원 데이터의 **표현**representation을 배운다는 것이 무엇을 의미하는지는 이 책 전체에 걸쳐 반복되는 주제이므로 조금 더 자세히 살펴볼 필요가 있습니다.

당신의 외모를 모르면서 군중 속에서 당신을 찾고 있는 사람이 있습니다. 이 사람에게 당신 외모를 설명한다고 가정해봅시다. 당신 사진에 있는 픽셀 1의 색상부터 픽셀 2, 픽셀 3 등의 색상을 말하는 식으로 설명하지 않을 것입니다. 대신 상대방이 평균적인 사람의 외모를 안다는 합리적인 가정을 합니다. 그다음 '나는 금발이다' 또는 '안경을 쓰고 있다'와 같이 픽셀의 그룹에 해당하는 특성으로 이 가정을 개선해갑니다. 이런 설명이 10개 정도만 있으면 상대방은 이를 다시 픽셀로 매핑하여 머릿속에 당신의 이미지를 생성할 수 있습니다. 이 이미지가 완벽하지는 않겠지만 당신을 본 적이 없는 사람도 수백 명의 사람 중에서 당신을 찾을 수 있을 정도로 실제 모습과 비슷할 것입니다.

이것이 **표현 학습**representation learning 이면의 핵심 아이디어입니다. 고차원 표본 공간을 직접 모델링하는 방식이 아니라 대신 저차원의 **잠재 공간**latent space을 사용해 훈련 세트의 각 샘플을 표현하고 이를 원본 공간의 포인트에 매핑합니다. 다른 말로 하면, 잠재 공간의 각 포인트는 어떤 고차원 이미지에 대한 표현입니다.

실제로 이것은 무엇을 의미할까요? 회색 비스킷 깡통 이미지로 이루어진 훈련 세트가 있다고 가정해보죠(그림 1-7).

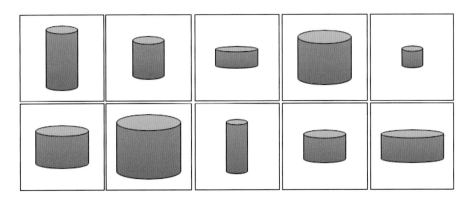

그림 1-7 비스킷 깡통 데이터셋

깡통의 높이와 너비라는 두 가지 특성으로 각 깡통을 고유하게 표현할 수 있습니다. 즉, 훈련 세트의 이미지가 고차원 픽셀 공간으로 주어지더라도 각 깡통 이미지를 2차원 잠재 공간의 한 포인트로 변환할 수 있습니다. 특히 [그림 1-8]에서처럼 적절한 매핑 함수 f를 잠재 공간의 새로운 포인트에 적용하여 훈련 세트에 없는 깡통 이미지를 생성할 수도 있다는 의미입니다.

원본 데이터셋을 간단한 잠재 공간으로 설명할 수 있음을 기계가 깨닫기는 쉽지 않습니다. 먼저 높이와 너비가 이 데이터셋을 가장 잘 설명하는 두 개의 잠재 공간 차원임을 알아야 합니다. 그다음 이 공간의 한 포인트를 회색 비스킷 깡통 이미지에 매핑하는 매핑 함수 f를 학습해야 합니다. 머신러닝(특히 딥러닝)을 사용하면 사람의 개입 없이 이런 복잡한 관계를 찾도록 기계를 훈련시킬 수 있습니다.

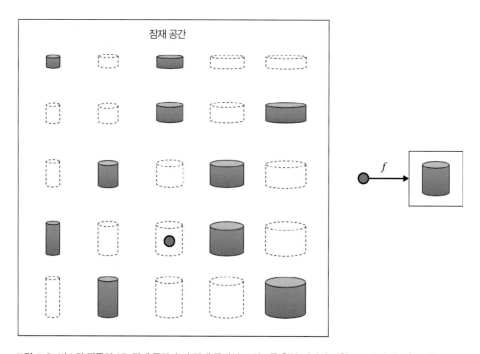

그림 1-8 비스킷 깡통의 2D 잠재 공간과 이 잠재 공간의 포인트를 원본 이미지 차원으로 매핑하는 함수 f

잠재 공간을 활용하는 모델을 훈련하는 장점 중 하나는 의미 있는 잠재 공간에서 표현 벡터를 조작하여 이미지의 고수준 속성에 영향을 미치는 연산을 수행할 수 있다는 것입니다. 비스킷 깡통 이미지가 주어졌을 때 높이를 크게 하려면 개별 픽셀을 어떻게 조정해야 할지 알지 못합니다. 하지만 잠재 공간에서는 간단히 잠재 공간의 높이 차원에 1을 더하고 매핑 함수를 적용해 이미지를 얻을 수 있습니다. 이어지는 장에서 비스킷 깡통 대신 얼굴 이미지에 적용한 구체적인 예제를 보겠습니다.

이 책의 뒷부분에서 살펴보겠지만 훈련 데이터셋을 잠재 공간으로 인코딩하고 이 공간에서 샘플링한 다음 디코딩하여 원래 도메인으로 되돌아가는 개념은 많은 생성 모델링 기법에서 널리 사용합니다. 수학적으로 **인코더-디코더**encoder-decoder 기법은 (예를 들면 픽셀 공간에) 데이터가 놓여 있는 고차원 비선형 **매니폴드**manifold[4]를 샘플링 가능한 단순한 잠재 공간으로 변환합니다. [그림 1-9]와 같이 이 잠재 공간의 모든 포인트가 잘 구성된 이미지의 표현이 됩니다.

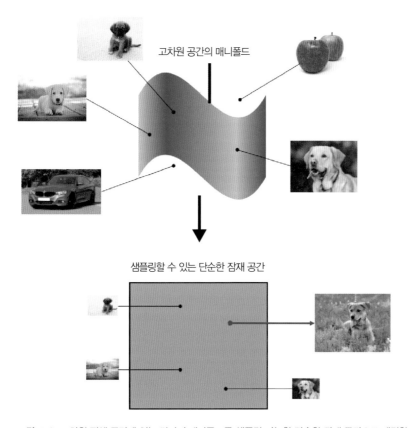

그림 1-9 고차원 픽셀 공간에 있는 강아지 매니폴드를 샘플링 가능한 단순한 잠재 공간으로 매핑할 수 있음

----

4 옮긴이_ 매니폴드는 국부적으로는 저차원의 유클리드 거리로 볼 수 있는 고차원 공간을 말합니다

1.3 핵심 확률 이론

생성 모델링이 확률분포의 통계적 모델링과 밀접하게 연관되어 있음을 이미 살펴보았습니다. 이제 각 모델의 이론적 배경을 설명할 때 이 책 전체에서 사용할 몇 가지 핵심 확률 개념과 통계 개념을 소개하겠습니다.

확률이나 통계를 공부한 적이 없더라도 걱정하지 마세요. 통계 이론을 깊이 이해해야 이 책의 뒷부분에서 살펴볼 많은 딥러닝 모델을 만들 수 있는 것은 아닙니다. 하지만 이 책에서 다루는 문제를 완전히 이해하려면 기본적인 확률 이론을 익히는 편이 좋습니다. 이렇게 하면 이 장의 뒷부분에서 소개할 다양한 생성 모델을 이해하는 데 도움이 됩니다.

먼저 다섯 가지 핵심 용어를 정의하고 각 용어를 앞서 2차원 세계 지도를 모델링하는 생성 모델 예제와 연결해보겠습니다.

표본 공간

표본 공간sample space은 샘플 $\mathbf{x}$가 가질 수 있는 모든 값의 집합입니다.

> **NOTE_** 이전 예에서 표본 공간은 세계 지도에서 위도와 경도가 $\mathbf{x} = (x_1, x_2)$인 모든 포인트로 구성됩니다. 예를 들어 $\mathbf{x} = (40.7306, -73.9352)$는 표본 공간에 있으며 실제 데이터 생성 분포에 속한 포인트(뉴욕시)입니다. $\mathbf{x} = (11.3493, 142.1996)$는 표본 공간에 있지만 실제 데이터 생성 분포에 속하지 않습니다(이 위치는 바다입니다).

확률 밀도 함수

확률 밀도 함수probability density function (또는 간단히 **밀도 함수**density function)는 포인트 $\mathbf{x}$를 0과 1 사이의 숫자로 매핑하는 함수 $p(\mathbf{x})$입니다. 표본 공간에 있는 모든 포인트에 대해 밀도 함수를 적분했을 때 1이 되어야 잘 정의된 확률분포입니다.

> **NOTE_** 세계 지도 예제에서 생성 모델의 밀도 함수는 주황색 상자 밖은 0이고 상자 안은 일정합니다. 따라서 전체 표본 공간에 대해 이 밀도 함수를 적분하면 1이 됩니다.

관측 데이터셋을 생성한 실제 밀도 함수 $p_{data}(\mathbf{x})$는 하나이지만 $p_{data}(\mathbf{x})$를 추정하는 데 사용할 수 있는 밀도 함수 $p_{model}(\mathbf{x})$는 무수히 많습니다.

모수 모델링

모수 모델링parametric modeling은 안정적인 $p_{model}(\mathbf{x})$를 찾는 데 사용할 수 있는 기법입니다. **모수 모델** parametric model은 유한한 개수의 파라미터 θ를 사용해 기술할 수 있는 밀도 함수 $p_\theta(\mathbf{x})$의 한 종류입니다.

> **NOTE_** 가능한 모델을 균등 분포라 가정하면 [그림 1-5]에 그릴 수 있는 모든 상자 집합이 모수 모델의 한 예입니다. 이 상자의 왼쪽 아래 모서리 좌표는 (θ_1, θ_2)이고 오른쪽 위 모서리 좌표는 (θ_3, θ_4)입니다. 따라서 이 모수 모델의 밀도 함수인 각 $p_\theta(\mathbf{x})$(즉, 각 상자)는 네 개의 숫자 $\theta = (\theta_1, \theta_2, \theta_3, \theta_4)$로 고유하게 나타낼 수 있습니다.

가능도

파라미터 집합 θ의 **가능도**likelihood $L(\theta \mid \mathbf{x})$는 관측된 포인트 x가 주어졌을 때 θ의 타당성을 측정하는 함수입니다. 이는 다음과 같이 정의됩니다.

$$L(\theta \mid \mathbf{x}) = p_\theta(\mathbf{x})$$

즉, 관측 포인트 $\mathbf{x}$가 주어졌을 때 θ의 가능도는 포인트 $\mathbf{x}$에서 θ를 파라미터로 가진 밀도 함수의 값으로 정의합니다. 독립된 샘플로 구성된 전체 데이터셋 $\mathbf{X}$가 있다면 다음과 같이 쓸 수 있습니다.

$$L(\theta \mid \mathbf{X}) = \prod_{x \in X} p_\theta(\mathbf{x})$$

> **NOTE_** 세계 지도 예제에서 맵의 왼쪽 절반을 덮는 주황색 상자의 가능도가 0이 될 수 있습니다. 이 상자는 오른쪽 절반에 나타난 포인트와 같은 데이터를 생성할 수 없기 때문입니다. [그림 1-5]의 주황색 상자는 모든 데이터 포인트에서 밀도 함숫값이 양수이므로 양의 가능도를 가집니다.

0과 1 사이의 숫자를 곱하는 일은 계산 비용이 많이 들기 때문에 **로그 가능도**log-likelihood l을 대신 사용하는 경우가 많습니다.

$$l(\theta \mid \mathbf{X}) = \sum_{\mathbf{x} \in \mathbf{X}} \log p_\theta(\mathbf{x})$$

가능도를 이런 식으로 정의하는 데는 통계적인 이유가 있지만 이 정의를 식관적으로 이해할 수 있습니다. 실제 데이터 생성 분포가 θ를 파라미터로 가진 모델이라면 파라미터 집합 θ의 가능도를 데이터가 발견될 확률이라고 정의합니다.

> **WARNING_** 가능도는 데이터가 아니라 파라미터의 함수입니다. 이를 주어진 파라미터 집합이 올바른지에 대한 확률로 해석해서는 안 됩니다. 다른 말로 하면 파라미터 공간의 확률분포가 아닙니다(즉, 파라미터에 대해 적분(합)하면 1이 되지 않습니다).

당연히 모수 모델링의 관심은 데이터셋 $\mathbf{X}$가 관측될 가능도를 최대화하는 파라미터 $\hat\theta$의 최적 값을 찾는 것입니다.

최대 가능도 추정

최대 가능도 추정maximum likelihood estimation(MLE)은 $\hat\theta$를 추정할 수 있는 기법입니다. 여기서 $\hat\theta$는 관측된 데이터 $\mathbf{X}$를 가장 잘 설명하는 밀도 함수 $p_\theta(\mathbf{x})$의 파라미터 집합 θ입니다. 공식으로 나타내면 다음과 같습니다.

$$\hat\theta = \underset{\theta}{\mathrm{argmax}}\, \ell(\theta \mid \mathbf{X})$$

$\hat\theta$를 **최대 가능도 추정**이라고도 부릅니다.

> **NOTE_** 세계 지도 예제에서 MLE는 훈련 세트에 있는 모든 포인트를 담은 가장 작은 사각형입니다.

신경망은 일반적으로 손실 함수를 최소화합니다. 따라서 **음의 로그 가능도**negative log-likelihood를 최소화하는 파라미터 집합을 찾는 것과 같다고 말할 수 있습니다.

$$\hat\theta = \underset{\theta}{\mathrm{argmin}}\big(-\ell(\theta \mid \mathbf{X})\big) = \underset{\theta}{\mathrm{argmin}}\big(-\log p_\theta(\mathbf{X})\big)$$

생성 모델링을 최대 가능도 추정의 형태로 생각할 수 있습니다. 여기에서 θ는 모델에 담긴 신경망의 가중치입니다. 주어진 데이터를 관측할 가능도를 최대화하는 (또는 음의 로그 가능도를 최소화하는) 파라미터 값을 찾습니다.

하지만 일반적으로 고차원 문제에서 $p_\theta(\mathbf{x})$를 직접 계산하기는 매우 어렵습니다. 다음 절에서 보겠지만 생성 모델마다 다른 방법으로 이 문제를 해결합니다.

1.4 생성 모델 분류

모든 생성 모델은 궁극적으로 동일한 작업을 해결하는 것이 목표이지만 밀도 함수 $p_\theta(\mathbf{x})$를 모델링하는 방식이 조금씩 다릅니다. 크게 세 가지 방식이 있습니다.

1. 명시적으로 밀도 함수를 모델링하지만 밀도 함수를 다루기 쉽도록 (즉, 계산할 수 있도록) 어떤 식으로 모델을 제약합니다.
2. 다루기 쉬운 밀도 함수의 근사치를 명시적으로 모델링합니다.
3. 데이터를 직접 생성하는 확률적 과정을 통해 밀도 함수를 암묵적으로 모델링합니다.

[그림 1-10]에 2부에서 살펴볼 여섯 가지 생성 모델 종류와 분류 체계가 있습니다. 이러한 모델들은 상호 배타적이지 않습니다. 서로 다른 두 가지 방식이 혼합된 모델도 많습니다. 이런 분류를 명시적인 모델 구조가 아니라 생성 모델의 일반적 접근법이라고 생각하세요.

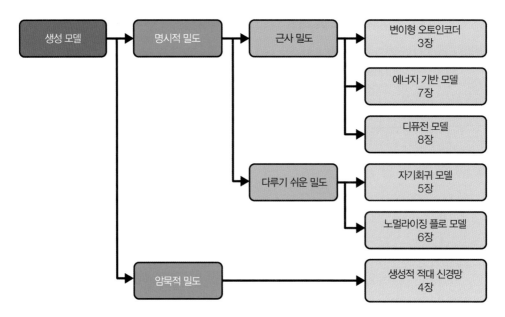

그림 1-10 생성 모델링 방식 분류

먼저 확률 밀도 함수 $p(\mathbf{x})$를 명시적으로 모델링하는 모델과 암묵적으로 모델링하는 모델을 나눌 수 있습니다.

암묵적 밀도 모델implicit density model은 확률 밀도를 추정하는 것이 목적이 아니라 데이터를 직접 생성하는 확률적 과정을 만드는 데에만 집중합니다. 암묵적 생성 모델의 가장 잘 알려진 예는 **생성적 적대 신경망**generative adversarial network입니다. **명시적 밀도 모델**explicit density model은 (다루기 쉬운) 밀도 함수를 직접 최적화하는 모델과 밀도 함수의 근사치를 최적화하는 모델로 더 나눌 수 있습니다.

다루기 쉬운 모델tractable model은 모델 구조에 제약을 가하므로 밀도 함수가 쉽게 계산되는 형태입니다. 예를 들어 **자기회귀 모델**autoregressive model은 입력 특성에 순서를 부과하므로 출력이 순차적(예: 단어 또는 픽셀 단위)으로 생성될 수 있습니다. **노멀라이징 플로 모델**normalizing flow model은 복잡한 분포를 생성할 때 단순한 분포에 다루기 쉽고 역전 가능한 함수를 연속적으로 적용합니다.

근사 밀도 모델approximate density model에는 잠재 변수를 도입하고 결합 밀도 함수joint density function의 근사치를 최적화하는 **변이형 오토인코더**variational autoencoder가 있습니다. **에너지 기반 모델**energe-based model도 근사적인 방법을 활용하지만, 변분 방법variational method이 아닌 마르코프 연쇄Markov chain 샘플링을 사용합니다. **확산 모델**diffusion model은 오염된 이미지에서 점진적으로 잡음을 제거하도록 모델을 훈련하여 밀도 함수를 근사합니다.

모든 생성 모델의 공통점은 **딥러닝**deep learning입니다. 거의 모든 정교한 생성 모델의 핵심은 심층 신경망입니다. 사전에 정보를 하드코딩하지 않고 밑바닥부터 훈련하여 데이터 구조를 결정하는 복잡한 관계를 학습할 수 있기 때문입니다. 2장에서는 심층 신경망을 구축하는 예제와 함께 딥러닝에 관해 알아보겠습니다.

1.5 생성 딥러닝 예제 코드

이 장의 마지막 절에서는 책과 함께 제공되는 예제 코드를 소개하여 생성 딥러닝 모델을 구축할 준비를 하겠습니다.

> **TIP_** 이 책의 많은 예제는 케라스Keras 웹사이트(https://oreil.ly/1UTwa)에 있는 훌륭한 오픈 소스 구현을 참고했습니다. 새로운 모델과 예제가 지속해서 추가되므로 이 웹사이트를 확인해보길 적극 권장합니다.

1.5.1 깃허브 저장소 복제

시작하려면 먼저 깃Git 저장소를 복제clone해야 합니다. 오픈 소스 버전 관리 시스템인 깃을 사용하면 로컬로 코드를 복사해 자신의 컴퓨터나 클라우드 기반 환경에서 노트북을 실행할 수 있습니다. 깃을 아직 설치하지 않았다면 운영체제에 따른 설치 가이드(https://oreil.ly/tFOdN)를 참고하세요.

이 책의 저장소를 복제하려면 파일을 저장할 폴더로 이동해 터미널에 다음 명령을 입력합니다.[5]

```
git clone https://github.com/rickiepark/Generative_Deep_Learning_2nd_Edition.git
```

---

5 옮긴이_ 원서의 깃허브 저장소는 https://github.com/davidADSP/Generative_Deep_Learning_2nd_Edition.git입니다.

이제 컴퓨터의 폴더에서 복제된 파일을 볼 수 있습니다.

1.5.2 도커 사용하기

이 책의 코드는 **도커**^{Docker}와 함께 사용하도록 설계되었습니다. 도커는 구조나 운영체제와 관계없이 매우 쉽게 새로운 예제 코드를 시작할 수 있는 무료 컨테이너화 기술입니다. 도커를 사용해본 적이 없더라도 걱정하지 마세요. 책 저장소에 있는 README 파일에 시작 방법에 관한 설명이 있습니다.[6]

1.5.3 GPU에서 실행하기

GPU가 없어도 문제없습니다! GPU 컴퓨터를 사용할 때보다 오래 걸리겠지만 이 책의 모든 예제를 CPU에서 훈련할 수 있습니다. 또한 README 파일에 종량제 방식으로 GPU를 사용하는 구글 클라우드 환경 설정에 관한 설명이 있습니다.

1.6 요약

이 장에서는 생성 모델링 분야를 소개했습니다. 생성 모델링은 널리 연구되고 있는 판별 모델링을 보완하는 머신러닝의 중요한 한 분야입니다. 생성 모델링은 현재 AI 연구 분야에서 매우 활발하고 흥미로운 분야이며 이론과 응용 분야에서 최근 많은 발전이 일어나고 있습니다.

간단한 예제로 시작해서 어떻게 생성 모델링이 데이터에 내재된 분포를 모델링하는 데 초점을 맞추는지 살펴봤습니다. 생성 모델링에는 복잡하고 흥미로운 도전 과제가 많습니다. 이를 생성 모델의 바람직한 속성을 이해하기 위한 프레임워크로 요약해보았습니다.

그다음 생성 모델링 방식의 이론적 토대를 완전히 이해하는 데 도움이 되는 핵심 확률 개념을 살펴보았습니다. 이 책의 2부에서 알아볼 여섯 가지 생성 모델을 소개했습니다. 또한 깃 저장

---

6 옮긴이_ 도커 설치에 대한 내용은 원서 저장소를 참고해주세요. 번역서 저장소에서 제공하는 주피터 노트북은 구글 코랩(Colab)을
   사용하여 테스트되었습니다.

소에서 예제 코드를 복제하는 법도 살펴봤습니다.

2장에서 딥러닝에 관해 알아보고 판별 모델링 작업을 위한 모델을 케라스로 어떻게 만드는지 배웁니다. 이를 통해 이어지는 장에서 생성 모델을 다루는 데 꼭 필요한 기초 지식을 갖추게 될 것입니다.

CHAPTER 2

딥러닝

이 장의 목표

- 딥러닝을 사용해 모델링할 수 있는 다양한 유형의 비정형 데이터를 알아봅니다.
- 심층 신경망을 정의하고 이를 사용하여 복잡한 데이터셋을 모델링하는 방법을 이해합니다.
- 이미지 내용을 예측하는 다층 퍼셉트론을 만듭니다.
- 합성곱 층, 드롭아웃, 배치 정규화 층을 사용하여 모델의 성능을 높입니다.

딥러닝의 기본적인 정의부터 시작해보죠.

> 딥러닝은 머신러닝 알고리즘의 한 종류입니다. 데이터 처리 유닛unit의 층layer을 여러 개 쌓아 구조적이
> 지 않은 데이터에서 고수준 표현을 학습합니다.

딥러닝을 완전히 이해하려면 이 정의를 좀 더 자세히 살펴봐야 합니다. 먼저 딥러닝으로 모델
링할 수 있는 다양한 종류의 비정형 데이터를 살펴봅니다. 그다음 분류 작업을 해결하기 위해
데이터 처리 유닛을 여러 층으로 쌓는 메커니즘을 자세히 알아보겠습니다. 이는 향후 생성 딥
러닝에 초점을 맞춘 장을 이해하는 데 도움을 줄 것입니다.

2.1 딥러닝용 데이터

많은 머신러닝 알고리즘은 테이블 형태의 **정형 데이터**structured data를 입력으로 사용합니다. 이 데
이터에서는 각 샘플을 설명하는 특성이 열로 표현됩니다. 예를 들면 어떤 사람의 나이, 소득,
지난달 웹사이트 방문 횟수 등입니다. 이런 특성을 사용하여 이 사람이 다음 달에 특정 온라인
서비스를 구독할지 예측할 수 있습니다. 이런 특성으로 형태가 갖춰진 테이블 데이터를 사용하

여 로지스틱 회귀logistic regression (랜덤 포레스트random forest), XGBoost 모델을 훈련하여 이진 응답 변수binary response variable[1]를 예측할 수 있습니다. 예를 들어 이 변수는 이 사람이 구독할지(1) 또는 구독하지 않을시(0)를 나타냅니다. 여기에서 개별 특성은 샘플에 관한 일부 정보를 담습니다. 모델은 이런 특성이 출력에 어떻게 영향을 미치는지 학습합니다.

비정형 데이터unstructured data는 이미지, 오디오, 텍스트와 같이 태생적으로 특성의 열로 구성할 수 없는 데이터를 말합니다. 물론 이미지에는 공간 구조, 오디오와 텍스트에는 시간 구조, 영상에는 공간과 시간 구조가 있습니다. 하지만 이런 데이터가 특성의 열로 만들어져 있지 않기 때문에 [그림 2-1]에서 보듯이 비정형 데이터로 간주합니다.

정형 데이터				
아이디	나이	성별	키(cm)	도시
0001	54	남자	186	런던
0002	35	여자	166	뉴욕
0003	62	여자	170	암스테르담
0004	23	남자	164	런던
0005	25	남자	180	카이로
0006	29	여자	181	베이징
0007	46	남자	172	시카고

그림 2-1 정형 데이터와 비정형 데이터의 차이점

비정형 데이터인 픽셀, 진동수, 문자 하나하나에는 정보가 거의 없습니다. 예를 들어 이미지의 234번째 픽셀이 황토색이라는 사실은 이 이미지가 집인지 강아지인지 구별하는 데 전혀 도움이 안 됩니다. 문장에서 24번째 문자가 'e'라는 것도 이 텍스트가 축구에 관한 내용인지 정치에 관한 내용인지 구분하는 데 도움이 되지 않습니다.

픽셀이나 문자는 전체 그림의 한 점일 뿐입니다. 이 점들이 모여 굴뚝 이미지나 'striker' 단어 같은 정보가 담긴 고수준 특성을 구성합니다. 이미지 속에 굴뚝이 집의 반대편에 놓여 있다면, 여전히 굴뚝이 담긴 이미지겠지만 이 정보는 완전히 다른 픽셀이 제공합니다. 'striker' 단어가 텍스트에서 조금 앞쪽이나 뒤쪽에 나타난다면, 여전히 축구에 관한 텍스트겠지만 다른 문자 위

---

1 옮긴이_ 통계학에서는 출력을 '응답 변수(response variable)', '종속 변수(dependant variable)' 등으로 부릅니다. 머신러닝 분야에서는 '타깃(target)'을 즐겨 사용합니다. 번역서는 쉽게 이해할 수 있도록 모델이 만드는 결과를 '출력'이라 하고 훈련 데이터에 있는 정답을 '타깃'이라 부르겠습니다.

치에서 이 정보를 얻을 수 있습니다. 데이터의 구성 요소가 고차원 공간에서 의존성을 띠며 연결되므로 픽셀이나 문자를 독자적인 정보를 가진 특성으로 사용할 수 없습니다.

이런 이유로 원시 픽셀 값에서 로지스틱 회귀, 랜덤 포레스트, XGBoost 알고리즘을 훈련하면 아주 간단한 분류 작업을 제외하고는 모두 성능이 낮은 모델이 만들어집니다. 이런 모델은 정보가 있지만 공간 의존성은 없는 입력 특성을 기대합니다. 반면 딥러닝 모델은 비정형 데이터에서 직접 고수준 정보를 가진 특성을 만드는 방법을 스스로 학습합니다.

딥러닝을 정형 데이터에 적용할 수도 있지만, 딥러닝의 진정한 힘은 비정형 데이터를 다루는 능력입니다. 특히 생성 모델링에서는 더욱더 그렇습니다. 대부분 새로운 이미지나 텍스트와 같은 비정형 데이터를 생성하는 것이 관심 대상이기 때문에 딥러닝이 생성 모델 분야에 큰 영향을 주고 있습니다.

2.2 심층 신경망

대부분의 딥러닝 시스템은 여러 **은닉 층**$^{\text{hidden layer}}$을 쌓은 **인공 신경망**$^{\text{artificial neural network}}$(ANN)(또는 간단하게 신경망)입니다. 이런 이유로 딥러닝이 심층 신경망$^{\text{deep neural network}}$과 거의 동의어가 되었습니다. 하지만 여러 층을 사용하여 입력 데이터에서 고수준 표현을 학습하는 어떤 시스템(예: 심층 신뢰 신경망$^{\text{deep belief network}}$)도 딥러닝의 한 형태입니다.

먼저 신경망이 무엇을 의미하는지 자세하게 알아보겠습니다. 그다음 신경망을 사용해 어떻게 비정형 데이터에서 고수준 특성을 학습하는지 살펴보겠습니다.

2.2.1 신경망이란?

심층 신경망은 **층**을 연속하여 쌓아 구성합니다. 층은 **유닛**[2]을 가지며, 이전 층의 유닛과 **가중치**^{weight}로 연결됩니다. 앞으로 보겠지만 여러 종류의 층이 있습니다. 널리 사용하는 종류로는 층의 모든 유닛이 이전 층의 모든 유닛과 연결되는 **완전 연결 층**$^{\text{fully connected layer}}$(또는 **밀집 층**$^{\text{dense layer}}$)이 있습니다.

---

2   옮긴이_ 뉴런(neuron)이라고도 합니다.

인접한 모든 층이 완전히 연결된 신경망을 **다층 퍼셉트론**multilayer perception (MLP)이라고 합니다. 이 것이 우리가 살펴볼 첫 번째 신경망입니다. [그림 2-2]는 MLP의 예입니다.

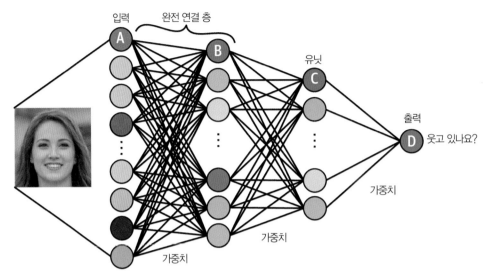

그림 2-2 웃는 얼굴인지 예측하는 다층 퍼셉트론의 예

입력(예: 이미지)은 출력 층에 도달할 때까지 각 층에서 순서대로 변환됩니다. 이를 네트워크를 관통하는 **정방향 계산**forward pass이라고 부릅니다. 구체적으로 각 유닛은 입력의 가중치 합에 비선형 변환을 적용하고 이 출력을 다음 층으로 전달합니다. 최종 출력 층은 이 과정의 정점에 해당하며 하나의 유닛을 사용해 원래 입력이 특정 카테고리(예: 웃고 있음)에 속할 확률을 출력합니다.

심층 신경망의 마술은 정확한 예측을 만드는 데 필요한 각 층의 가중치 조합을 찾는 것에 있습니다. 이런 가중치를 찾는 과정을 네트워크를 **훈련**training한다고 말합니다.

훈련 과정 동안 이미지의 배치batch[3]가 네트워크에 전달되고 출력된 예측값을 정답과 비교합니다. 예를 들어 이 네트워크가 실제 웃고 있는 사람의 이미지에서는 80%의 확률을 출력하고, 웃지 않는 사람의 이미지에서는 23%의 확률을 출력할 수 있습니다. 100%와 0%를 출력하면 완벽한 예측이 됩니다. 따라서 네트워크 출력에는 약간 오차가 있습니다. 예측 오류는 네트워크

---

3 옮긴이_ 머신러닝에서 배치는 데이터셋 전체를 의미하거나 데이터셋을 동일한 개수로 나누어 놓은 것을 말합니다. 전자와 구별하려고 후자를 미니 배치(mini-batch)라고도 부릅니다. 이 책에서 배치는 미니 배치를 말합니다.

를 통해 거꾸로 전파되어 예측을 가장 많이 향상하는 방향으로 가중치를 조금씩 수정합니다. 이 과정을 **역전파**backpropagation라고 부릅니다. 각 유닛은 점진적으로 특정한 특성을 구별하는 기술을 갖추게 되고 궁극적으로는 네트워크가 더 나은 예측을 만들도록 돕습니다.

2.2.2 고수준 특성 학습

신경망을 강력하게 만드는 핵심 속성은 사람의 개입 없이도 입력 데이터에서 특성을 학습하는 능력입니다. 즉, 특성 공학feature engineering을 수행할 필요가 없습니다. 이것이 신경망이 매우 유용한 이유입니다! 예측의 오차를 최소화하기 위해 가중치를 어떻게 조정할지 모델이 결정합니다.

예를 들어 [그림 2-2]에 표시된 네트워크가 입력 얼굴이 웃고 있는지를 정확하게 예측하도록 이미 훈련되었다고 가정해보죠.

1. 유닛 A는 입력 픽셀의 개별 채널에 대한 값을 받습니다.
2. 유닛 B는 입력값을 결합하여 에지edge와 같이 특정한 저수준 특성이 존재할 때 가장 큰 값을 출력합니다.
3. 유닛 C는 저수준 특성을 결합하여 이미지에 치아와 같은 고수준 특성이 보일 때 가장 큰 값을 출력합니다.
4. 유닛 D는 고수준 특성을 결합하여 원본 이미지에 있는 사람이 웃고 있을 때 가장 큰 값을 출력합니다.

후속 층의 유닛은 이전 층의 저수준 특성을 결합하여 원본 입력의 점점 더 정교한 측면을 표현할 수 있습니다. 놀랍게도 이러한 동작은 학습 과정에서 자연스럽게 일어납니다. 각 유닛에 무엇을 찾아야 하는지 또는 고수준의 특성을 찾아야 하는지 저수준의 특성을 찾아야 하는지를 알려줄 필요가 없습니다.

입력 층[4]과 출력 층 사이의 층을 **은닉 층**이라고 합니다. 이 예제에는 은닉 층이 두 개뿐이지만 심층 신경망에는 더 많은 은닉 층이 있을 수 있습니다. 많은 층을 쌓으면 신경망은 이전 층에 있는 저수준 특성으로부터 점진적으로 정보를 구축하여 고수준의 특성을 학습할 수 있습니다.

---

4 옮긴이_ 신경망에서 입력 층은 입력값 자체입니다. 따라서 실제로 입력 층에 별도의 유닛이 있지는 않지만, 이해하기 쉽도록 입력 층의 값을 유닛이라고 부르기도 합니다.

예를 들어 이미지 인식용으로 설계된 ResNet[5]은 152개의 층으로 구성됩니다.

다음으로 딥러닝의 실용적인 측면으로 넘어가서 케라스와 텐서플로를 설치하고 심층 신경망을 만들어보겠습니다.

2.2.3 텐서플로와 케라스

텐서플로^{TensorFlow} (`https://www.tensorflow.org`)는 구글에서 만든 오픈 소스 파이썬 머신러 닝 라이브러리입니다. 머신러닝 솔루션을 만들 때 널리 사용하는 프레임워크입니다. 특히 텐서^{tensor} 조작에 강점이 있습니다(여기서 이름이 유래되었습니다). 텐서플로는 신경망을 훈련하는 데 필요한 저수준 기능을 제공합니다. 예를 들면 임의의 미분 가능한 표현식의 그레이디언트를 계산하고 텐서 연산을 효율적으로 실행할 수 있습니다.

케라스^{Keras} (`https://keras.io`)는 신경망을 만들기 위해 텐서플로 위에 구축된 고수준 API입 니다(그림 2-3). 케라스는 매우 유연하고 사용하기 쉽기 때문에 딥러닝을 시작할 때 사용하기 안성맞춤입니다. 또한 케라스는 다양한 신경망의 구성 요소를 제공하며 함수형 API^{functional API} 를 사용하면 매우 복잡한 딥러닝 구조를 만들 수 있습니다.

그림 2-3 심층 딥러닝 솔루션을 구축하는 훌륭한 도구인 텐서플로와 케라스

이제 막 딥러닝을 배우기 시작했다면 텐서플로와 케라스를 사용하는 것이 좋습니다. 이 두 라 이브러리로 실제 제품에 필요한 어떤 네트워크도 만들 수 있습니다. 또한 배우기 쉬운 API를 제공하기 때문에 새로운 아이디어나 개념을 빠르게 구현할 수 있습니다. 그럼, 케라스로 다층 퍼셉트론을 얼마나 쉽게 만들 수 있는지 알아보죠.

---

5 Kaiming He et al., "Deep Residual Learning for Image Recognition," December 10, 2015, `https://arxiv.org/abs/1512.03385`.

2.3 다층 퍼셉트론

이 절에서는 **지도 학습**supervised learning을 사용해 이미지를 분류하는 MLP를 훈련하겠습니다. 지도 학습은 레이블이 있는 데이터셋에서 컴퓨터를 훈련시키는 머신러닝 알고리즘을 말합니다. 즉, 훈련에 사용하는 데이터셋에는 입력 데이터와 이에 상응하는 출력 레이블이 포함됩니다. 알고리즘의 목표는 입력 데이터와 출력 레이블 사이의 매핑을 학습하여 이전에 본 적 없는 새로운 데이터에서 예측을 만드는 것입니다.

MLP는 (생성 모델이 아니라) 판별 모델이지만, 이 책의 뒷부분에서 살펴볼 여러 유형의 생성 모델에서 지도 학습이 여전히 중요한 역할을 하므로 맨 처음 배우기에 좋은 주제입니다.

> **NOTE_ 예제 코드 실행하기**
> 이 예제 코드는 책 저장소에 있는 주피터 노트북 notebooks/02_deeplearning/01_mlp/mlp.ipynb에 있습니다.

2.3.1 데이터 준비하기

이 예제에서는 케라스에서 기본적으로 제공하는 60,000개의 32×32 픽셀 컬러 이미지 데이터인 CIFAR-10 데이터셋을 사용하겠습니다. 각 이미지는 [그림 2-4]에 표시된 10개의 클래스[6] 중 정확히 하나로 분류됩니다.

---

6 옮긴이_ 머신러닝에서 클래스는 레이블의 범주(category)를 의미합니다.

그림 2-4 CIFAR-10 데이터셋의 샘플 이미지[7]

기본적으로 이미지 데이터는 각 픽셀 채널에 대해 0에서 255 사이의 정수로 구성됩니다. 신경망은 각 입력의 절댓값이 1보다 작을 때 가장 잘 작동하므로 먼저 이미지를 전처리하여 이 정숫값을 0과 1 사이로 만들어야 합니다.

또한 신경망 출력은 이미지가 각 클래스에 속할 확률이기 때문에 이미지의 정수 레이블을 원핫 인코딩one-hot encoding된 벡터로 변경해야 합니다. 어떤 이미지의 정수 레이블이 i라면 원핫 인코딩은 길이가 10(클래스 수)이고 i번째 원소는 1이고 나머지는 모두 0인 벡터입니다. 이 단계가 [예제 2-1]에 있습니다.

---

7 출처: Alex Krizhevsky, "Learning Multiple Layers of Features from Tiny Images," April 8, 2009, https://www.cs.toronto.edu/~kriz/learning-features-2009-TR.pdf.

예제 2-1 CIFAR-10 데이터셋 전처리

```
import numpy as np
from tensorflow.keras import datasets, utils

(x_train, y_train), (x_test, y_test) = datasets.cifar10.load_data() ❶

NUM_CLASSES = 10

x_train = x_train.astype('float32') / 255.0 ❷
x_test = x_test.astype('float32') / 255.0

y_train = utils.to_categorical(y_train, NUM_CLASSES) ❸
y_test = utils.to_categorical(y_test, NUM_CLASSES)
```

❶ CIFAR-10 데이터셋을 로드합니다. x_train과 x_test는 각각 [50000, 32, 32, 3] 와 [10000, 32, 32, 3] 크기의 넘파이 배열입니다. y_train과 y_test는 각각 [50000, 1]과 [10000, 1] 크기의 넘파이 배열로, 각 이미지의 클래스에 대해 0~9 범위의 정수 레이블을 담습니다.

❷ 픽셀 채널 값이 0과 1 사이가 되도록 이미지의 스케일을 조정합니다.

❸ 레이블을 원핫 인코딩합니다. y_train과 y_test의 크기는 각각 [50000, 10]과 [10000, 10]이 됩니다.

훈련 이미지 데이터(x_train)가 [50000, 32, 32, 3] 크기의 텐서 형태로 저장됩니다. 이 데이터셋에는 열이나 행이 없는 4차원 텐서입니다. 텐서는 다차원 배열로서 행렬을 2차원 이상으로 확장한 것입니다. 이 텐서의 첫 번째 차원은 데이터셋에 있는 이미지의 인덱스를 참조하고, 두 번째와 세 번째 차원은 이미지의 크기와 관련이 있으며, 마지막 차원은 채널(RGB 이미지이므로 빨강, 녹색, 파랑)입니다.

예를 들어 [예제 2-2]는 이미지에서 특정 픽셀의 채널 값을 찾는 방법을 보여줍니다.

예제 2-2 인덱스가 54인 이미지의 (12,13) 위치에 있는 픽셀의 녹색 채널(1) 값

```
x_train[54, 12, 13, 1]
# 0.36862746
```

2.3.2 모델 만들기

케라스에서 Sequential 모델이나 함수형 API를 사용해 신경망 구조를 정의할 수 있습니다.

Sequential 모델은 일렬로 층을 쌓은 네트워크를 빠르게 만들 때 사용하기 좋습니다(즉, 분기 없이 이전 층이 그대로 다음 층으로 연결됩니다). [예제 2-3]처럼 Sequential 클래스를 사용해 MLP 모델을 정의할 수 있습니다.

예제 2-3 Sequential 모델을 사용하여 MLP 만들기

```
from tensorflow.keras import layers, models

model = models.Sequential([
    layers.Flatten(input_shape=(32, 32, 3)),
    layers.Dense(200, activation = 'relu'),
    layers.Dense(150, activation = 'relu'),
    layers.Dense(10, activation = 'softmax'),
])
```

이 책의 많은 모델에서는 한 층의 출력이 여러 개의 후속 층으로 전달됩니다. 또는 그 반대로 한 층이 여러 개의 이전 층으로부터 입력받습니다. 이런 모델에는 Sequential 클래스가 적합하지 않으며, 훨씬 더 유연한 함수형 API를 사용해야 합니다.

> **TIP_** 케라스로 처음 선형 모델을 만들 때도 **Sequential** 모델보다는 함수형 API를 사용하는 것이 좋습니다. 신경망의 구조가 점점 복잡해짐에 따라 장기적으로 더 나은 선택이 됩니다. 함수형 API를 사용하면 심층 신경망의 설계를 완전히 자유롭게 할 수 있습니다.

[예제 2-4]는 함수형 API를 사용하여 만든 동일한 MLP를 보여줍니다. 함수형 API를 사용할 때는 Model 클래스를 사용하여 모델의 입력과 출력 층을 정의합니다.

예제 2-4 함수형 API를 사용하여 MLP 만들기

```
from tensorflow.keras import layers, models

input_layer = layers.Input(shape=(32, 32, 3))
x = layers.Flatten()(input_layer)
x = layers.Dense(units=200, activation = 'relu')(x)
```

```
x = layers.Dense(units=150, activation = 'relu')(x)
output_layer = layers.Dense(units=10, activation = 'softmax')(x)
model = models.Model(input_layer, output_layer)
```

두 방법 모두 동일한 모델을 만들며 이 모델의 구조를 그림으로 나타내면 [그림 2-5]와 같습니다.

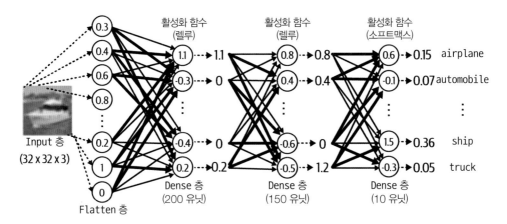

그림 2-5 MLP 구조

이제 이 MLP에서 사용되는 다양한 층과 활성화 함수를 자세히 살펴보겠습니다.

층

이 MLP를 만들 때 세 종류의 층을 사용했습니다. Input, Flatten, Dense 층입니다.

Input 층은 네트워크의 시작점입니다. 네트워크가 기대하는 입력 데이터 크기를 튜플로 알려주어야 합니다. 배치 크기는 지정하지 않습니다. Input 층에 임의의 이미지 개수를 전달할 수 있기 때문에 배치 크기는 필요하지 않습니다. 따라서 Input 층을 정의할 때 배치 크기를 입력하지 않습니다.

그다음 Flatten 층은 입력을 하나의 벡터로 펼칩니다.[8] 결과 벡터의 길이는 3,072($32 \times 32 \times 3$)입니다. 이렇게 하는 이유는 뒤따르는 Dense 층이 다차원 배열이 아니라 평평한 입력을 기

---

8 옮긴이_ Flatten 클래스의 객체를 만든 다음 이 객체를 매개변수 input_layer로 호출했습니다. 파이썬의 객체는 함수처럼 호출할 수 있습니다. 이때 이 객체에 정의된 __call__() 메서드가 호출됩니다. 케라스에서는 이런 식의 객체 호출을 즐겨 사용합니다.

대하기 때문입니다. 나중에 보겠지만 다른 종류의 층은 입력으로 다차원 배열을 사용해야 합니다. 언제 Flatten 층을 사용하는지 이해하려면 층마다 필요한 입력과 출력의 크기를 알아야 합니다.

Dense 층은 기본적인 신경망 구성 요소입니다. 이 층에는 이전 층과 완전하게 연결fully connected 되는 유닛이 있습니다. 즉, 이 층의 각 유닛은 이전 층의 모든 유닛과 연결됩니다. 연결마다 하나의 (양수 또는 음수인) 가중치가 동반됩니다. 유닛의 출력은 이전 층에서 받은 입력과 가중치를 곱하여 더한 것입니다.[9] 그다음 **비선형 활성화 함수**nonlinear activation function를 통과하여 다음 층으로 전달됩니다. 활성화 함수는 신경망이 복잡한 함수[10]를 학습하는 데 아주 중요한 역할을 합니다. 그렇지 않으면 입력을 선형적으로 조합한 값만 출력할 것입니다.

활성화 함수

활성화 함수의 종류가 많습니다. 가장 대표적인 세 개의 활성화 함수는 렐루, 시그모이드, 소프트맥스입니다.

렐루rectified linear unit (ReLU) 활성화 함수는 입력이 음수이면 0이고 그 외에는 입력과 동일한 값을 출력합니다. **리키렐루**LeakyReLU 활성화 함수는 한 가지만 빼고 렐루와 매우 비슷합니다. 렐루 활성화 함수는 입력이 0보다 작으면 0을 반환하지만 리키렐루 함수는 입력에 비례하는 작은 음수를 반환합니다. 편향bias이 이미 큰 음숫값이라서 렐루 함수가 항상 0을 출력한다면 이 유닛은 아무것도 학습할 수 없기 때문입니다. 이 경우 그레이디언트gradient[11]가 0이 되어 어떤 오류도 이 유닛을 통해 전파되지 않습니다. 리키렐루 활성화 함수는 그레이디언트가 0이 되지 않도록 하여 이 문제를 해결합니다. 렐루 기반의 함수는 심층 신경망의 층을 안정적으로 훈련할 수 있는 믿을 만한 활성화 함수 중 하나입니다.

----

9 옮긴이_ 입력과 가중치를 곱한 다음 상수 항에 해당하는 편향을 더한 것이 유닛의 출력입니다. 신경망을 설명하거나 [그림 2-5]와 같은 도식에서 편의상 편향을 생략하는 경우가 많습니다.

10 옮긴이_ 신경망은 커다란 하나의 함수로 나타낼 수 있습니다. 신경망 모델을 훈련한다는 것은 이런 함수의 최적 가중치와 편향을 찾는 과정입니다.

11 옮긴이_ 신경망 훈련은 모델 출력과 정답 사이의 오차를 측정하는 손실 함수가 최소가 되도록 가중치를 조정해야 합니다. 이 함수를 가중치에 대해 미분하여 가중치를 조정할 방향과 양을 결정합니다. 이 과정을 오차 역전파라고도 부릅니다. 전파된다는 표현과 어울리도록 '경사'나 '기울기' 대신 '그레이디언트'라고 썼습니다. '그래디언트'로 쓰는 경우가 많지만 이 책에서는 외래어 표기법에 맞추었습니다. 검색 엔진에서 자료를 찾을 때 참고하세요.

시그모이드sigmoid 활성화 함수는 층의 출력을 0에서 1 사이로 조정하고 싶을 때 유용합니다. 예를 들어 출력 유닛이 하나인 이진 분류binary classification 문제나 샘플이 하나 이상의 클래스에 속할 수 있는 다중 레이블 분류multilabel classification 문제에서 사용합니다.[12] [그림 2-6]에서 렐루, 리키렐루, 시그모이드 활성화 함수를 나란히 비교해서 보여줍니다.

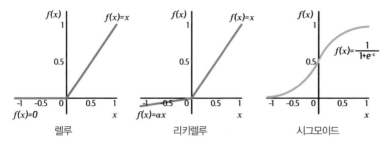

그림 2-6 렐루, 리키렐루, 시그모이드 활성화 함수

소프트맥스softmax 활성화 함수는 층의 전체 출력 합이 1이 되어야 할 때 사용합니다. 예를 들어 샘플이 정확히 하나의 클래스에만 속해야 하는 다중 분류multiclass classification 문제입니다. 이 함수는 다음과 같이 정의합니다.

$$y_i = \frac{e^{x_i}}{\sum_{j=1}^{J} e^{x_j}}$$

여기에서 J는 층에 있는 전체 유닛의 개수입니다. 앞선 예제에서 소프트맥스 함수를 사용하여 마지막 층의 합이 1인 10개의 확률을 출력했습니다. 이 값을 이미지가 10개의 클래스에 속할 확률로 이해할 수 있습니다.

케라스에서는 활성화 함수를 층 안에 정의하거나(예제 2-5) 별도의 층으로 정의할 수 있습니다(예제 2-6).

예제 2-5 Dense 층의 일부로 정의된 렐루 활성화 함수

```
x = layers.Dense(units=200, activation = 'relu')(x)
```

---

12 옮긴이_ 다중 레이블 분류에서는 일정 임곗값 이상인 레이블을 모두 선택해야 합니다. 이를 위해 소프트맥스 함수로 출력을 정규화하지 않고 시그모이드 함수를 사용합니다.

```
x = layers.Dense(units=200)(x)
x = layers.Activation('relu')(x)
```

이 예제에서는 입력을 두 개의 **Dense** 층에 통과시킵니다. 첫 번째 층에는 유닛이 200개, 두 번째 층에는 150개 있습니다. 둘 다 렐루 활성화 함수를 사용합니다.

모델 조사하기

model.summary() 메서드를 사용해 [표 2-1]처럼 각 층의 크기를 조사할 수 있습니다.

표 2-1 model.summary() 메서드의 출력

층 (타입)	출력 크기	파라미터 개수
InputLayer	(None, 32, 32, 3)	0
Flatten	(None, 3072)	0
Dense	(None, 200)	614,600
Dense	(None, 150)	30,150
Dense	(None, 10)	1,510
총 파라미터 개수		646,260
훈련되는 파라미터 개수		646,260
훈련되지 않는 파라미터 개수		0

Input 층의 크기는 x_train의 크기와 맞아야 하고 Dense 출력 층의 크기는 y_train의 크기와 맞아야 합니다. 케라스는 첫 번째 차원에 None을 사용하여 아직 네트워크에 전달될 샘플의 개수를 모른다는 것을 표시합니다. 실제로 샘플의 개수를 지정할 필요가 없습니다. 네트워크에 하나의 샘플을 전달하거나 1,000개의 샘플을 전달할 수도 있습니다. 텐서 연산은 선형 대수학을 사용해 동시에 모든 샘플에 수행되기 때문입니다. 텐서플로가 이런 작업을 처리합니다. 심층 신경망을 CPU 대신 GPU에서 훈련할 때 훈련 성능이 향상되는 이유이기도 합니다. GPU는 텐서 곱셈에 최적화되어 있는데, 이런 계산이 복잡한 그래픽 조작에도 필요하기 때문입니다.

summary 메서드는 각 층에서 훈련될 파라미터(가중치)의 수도 알려줍니다. 모델이 너무 느리게 훈련된다면 summary 메서드를 확인해서 너무 많은 가중치가 있는 층을 확인하세요. 만약 이런 층이 있다면 이 층의 유닛의 개수를 줄여서 훈련 속도를 높일 수 있을지 검토해야 합니다.

> TIP_ 각 층의 파라미터 개수가 어떻게 계산되는지 이해해야 합니다. 기본적으로 층의 각 유닛은 항상 1을 출력하는 편향 유닛 하나에 추가로 연결됩니다. 이렇게 하면 이전 층에서 온 모든 입력이 0인 경우에도 해당 유닛의 출력이 0이 아닐 수 있습니다.
> 따라서 유닛이 200개인 **Dense** 층의 파라미터 개수는 200 × (3,072 + 1) = 614,600입니다.

2.3.3 모델 컴파일

이 단계에서는 [예제 2-7]처럼 손실 함수^{loss function}와 옵티마이저^{optimizer}로 모델을 컴파일합니다.

예제 2-7 옵티마이저와 손실 함수 정의하기

```
from tensorflow.keras import optimizers

opt = optimizers.Adam(learning_rate=0.0005)
model.compile(loss='categorical_crossentropy', optimizer=opt,
              metrics=['accuracy'])
```

손실 함수와 옵티마이저를 조금 더 자세히 알아보죠.

손실 함수

손실 함수^{loss function}는 신경망이 예측 출력과 정답을 비교하는 데 사용합니다. 이 함수는 샘플마다 하나의 수치를 반환합니다. 이 값이 클수록 이 샘플에 대한 네트워크의 수행 결과가 좋지 않다는 뜻입니다.

케라스는 많은 손실 함수를 기본으로 제공하며 자신만의 손실 함수를 정의할 수도 있습니다. 가장 많이 사용하는 세 개의 손실 함수는 **평균 제곱 오차**^{mean squared error}, **범주형 크로스 엔트로피**^{categorical cross-entropy}와 **이진 크로스 엔트로피**^{binary cross-entropy}입니다. 언제 이런 함수를 사용하는지 아는 것이 중요합니다.

신경망이 회귀regression 문제(즉, 연속적인 값을 예측합니다)를 풀기 위해 설계되었다면 평균 제곱 오차 손실을 사용합니다. 이 함수는 각 샘플의 정답 y_i와 예측값 p_i 사이 차이를 제곱하고 모든 샘플에 대해 평균한 것입니다.

$$\mathrm{MSE} = \frac{1}{n} \sum_{i=1}^{n} (y_i - p_i)^2$$

만약 샘플이 여러 클래스 중 하나에 속해야 하는 분류 문제라면 범주형 크로스 엔트로피가 알맞은 손실 함수입니다. 이 함수는 다음과 같이 정의합니다.

$$-\sum_{i=1}^{n} y_i \log(p_i)$$

마지막으로 출력 유닛이 하나인 이진 분류 문제이거나 샘플이 여러 클래스에 속할 수 있는 나중 레이블 분류 문제라면 이진 크로스 엔트로피를 사용해야 합니다.

$$-\frac{1}{n} \sum_{i=1}^{n} (y_i \log(p_i) + (1 - y_i) \log(1 - p_i))$$

옵티마이저

옵티마이저optimizer는 손실 함수의 그레이디언트를 기반으로 신경망의 가중치를 업데이트할 때 사용하는 알고리즘입니다. 널리 사용하고 안정적인 옵티마이저 중 하나는 AdamAdaptive Moment Estimation[13]입니다. 학습률learning rate을 제외하면, 일반적으로 Adam 옵티마이저의 기본 매개변수를 바꿀 필요가 없습니다. 학습률이 클수록 한 번의 훈련 스텝step[14]에서 가중치를 크게 바꿉니다. 학습률이 크면 초기에 훈련 속도가 빠르지만 훈련이 조금 불안정한 단점이 있고 손실 함수의 전역 최솟값을 찾지 못할 수도 있습니다. 이 매개변수는 훈련 과정에서 튜닝하고 조정해야 합니다.

널리 사용하는 다른 옵티마이저는 RMSPropRoot Mean Squared Propagation입니다. 이 옵티마이저의 매

....

13 Diederik Kingma and Jimmy Ba, "Adam: A Method for Stochastic Optimization," December 22, 2014. https://arxiv.org/abs/1412.6980v8.

14 옮긴이_ 훈련 스텝은 배치 데이터가 네트워크에 주입되는 것부터 가중치가 업데이트되기까지 과정을 말합니다.

개변수도 조정할 필요가 없습니다. 하지만 케라스 문서(https://keras.io/optimizers/)를 읽어보고 각 매개변수의 역할을 이해해두면 좋습니다.

모델의 compile 메서드에 손실 함수와 옵티마이저를 전달합니다. metrics 매개변수에는 정확도 같이 훈련 과정에서 기록하고 싶은 지표를 추가로 지정할 수 있습니다.

2.3.4 모델 훈련

아직 모델에 어떤 데이터도 전달하지 않았습니다. 네트워크의 구조를 정의하고 모델에 손실 함수와 옵티마이저를 연결했습니다.

데이터로 모델을 훈련하려면 [예제 2-8]처럼 fit 메서드를 호출합니다.

예제 2-8 모델 훈련을 위한 fit 메서드 호출

```
model.fit(x_train,   ❶
          y_train,   ❷
          batch_size = 32,   ❸
          epochs = 10,   ❹
          shuffle = True   ❺
)
```

❶ 원본 이미지 데이터입니다.

❷ 원핫 인코딩된 클래스 레이블입니다.

❸ batch_size는 훈련 스텝마다 네트워크에 전달될 샘플의 개수를 결정합니다.

❹ epochs는 네트워크가 전체 훈련 데이터에 대해 반복하여 훈련할 횟수를 결정합니다.

❺ shuffle = True이면 훈련 스텝마다 배치를 훈련 데이터에서 중복을 허용하지 않고 랜덤하게 추출합니다.[15]

이 코드는 CIFAR-10 데이터셋의 이미지 범주를 예측하기 위해 심층 신경망 훈련을 시작합니다. 훈련 과정은 다음과 같습니다.

먼저, 네트워크의 가중치를 작고 랜덤한 수로 초기화합니다. 그다음 네트워크는 연속된 훈련

---

15 옮긴이_ shuffle 매개변수의 기본값이 True입니다. batch_size의 기본값은 32이고 epochs의 기본값은 1입니다.

스텝을 수행합니다. 훈련 스텝마다 한 이미지 배치가 네트워크를 통과하고 오차가 역전파되어 가중치를 업데이트합니다. `batch_size`는 훈련 스텝마다 몇 개의 이미지로 배치를 만들지 결정합니다. 배치 크기가 클수록 그레이디언트 계산은 안정적이지만 각 훈련 스텝의 속도는 느려집니다.

> **TIP_** 전체 데이터셋을 사용해 훈련 스텝마다 그레이디언트를 계산하는 작업은 너무 시간이 오래 걸리고 계산 비용이 많이 듭니다. 일반적으로 32에서 256 사이의 배치 크기를 사용합니다. 요즘엔 훈련이 진행됨에 따라 배치 크기를 증가시키는 방식을 권장합니다.[16]

이는 데이터셋의 모든 샘플이 사용될 때까지 계속됩니다. 이것이 완료되면 첫 번째 **에폭**epoch이 됩니다. 데이터는 이제 다시 두 번째 에폭을 위해 배치로 나뉘어 네트워크에 전달됩니다. 이런 과정이 지정한 횟수의 에폭만큼 수행될 때까지 반복됩니다.

훈련하는 동안 케라스는 [그림 2-7]처럼 진행 과정을 출력합니다. 훈련 데이터셋이 (각각 32개 이미지를 담은) 1,563개 배치로 나뉘어져 네트워크에 10번(즉, 10 에폭) 노출되었습니다. 스텝마다 약 2밀리초가 걸렸습니다. 범주형 크로스 엔트로피 손실은 1.8377에서 1.3696으로 감소했고, 정확도는 첫 번째 에폭에서 33.69%였고 10번째 에폭에서 51.67%로 증가했습니다.

---

16 Samuel L. Smith et al., "Don't Decay the Learning Rate, Increase the Batch Size," November 1, 2017, https://arxiv.org/abs/1711.00489. 옮긴이_ Adam, RMSProp과 같은 옵티마이저는 훈련이 진행됨에 따라 최솟값을 찾기 쉽도록 학습률을 줄여갑니다. 이 논문은 학습률을 줄이는 대신 배치 크기를 늘리는 방식으로 훈련 반복 횟수를 줄이면서 동일한 정확도를 얻을 수 있다고 소개합니다. 케라스 훈련 과정에서 배치 크기를 조정하려면 `fit` 메서드 대신 `train_on_batch` 메서드를 사용하세요.

```
model.fit(x_train, y_train, batch_size=32, epochs=10, shuffle=True)    ⎘ ↑ ↓ 占 ⊡ 🗑

Epoch 1/10
1563/1563 [==============================] - 3s 2ms/step - loss: 1.8377 - accuracy: 0.3369
Epoch 2/10
1563/1563 [==============================] - 3s 2ms/step - loss: 1.6552 - accuracy: 0.4076
Epoch 3/10
1563/1563 [==============================] - 3s 2ms/step - loss: 1.5743 - accuracy: 0.4396
Epoch 4/10
1563/1563 [==============================] - 3s 2ms/step - loss: 1.5288 - accuracy: 0.4549
Epoch 5/10
1563/1563 [==============================] - 3s 2ms/step - loss: 1.4888 - accuracy: 0.4706
Epoch 6/10
1563/1563 [==============================] - 2s 2ms/step - loss: 1.4542 - accuracy: 0.4851
Epoch 7/10
1563/1563 [==============================] - 3s 2ms/step - loss: 1.4332 - accuracy: 0.4908
Epoch 8/10
1563/1563 [==============================] - 2s 2ms/step - loss: 1.4094 - accuracy: 0.4992
Epoch 9/10
1563/1563 [==============================] - 2s 2ms/step - loss: 1.3896 - accuracy: 0.5045
Epoch 10/10
1563/1563 [==============================] - 3s 2ms/step - loss: 1.3696 - accuracy: 0.5167
```

그림 2-7 fit 메서드의 출력

2.3.5 모델 평가

모델이 훈련 세트에서 51.67% 정확도를 달성했습니다. 하지만 본 적 없는 데이터에서는 성능이 어떨까요?

[예제 2-9]처럼 케라스의 evaluate 메서드를 사용해서 이 질문의 답을 얻어보죠.

예제 2-9 테스트 세트에서 모델 성능 평가하기

```
model.evaluate(x_test, y_test)
```

[그림 2-8]은 이 메서드의 출력입니다.

```
10000/10000 [==============================] - 1s 55us/step

[1.4358007415771485, 0.4896]
```

그림 2-8 evaluate 메서드의 출력

이 메서드의 출력은 모니터링한 측정값의 리스트입니다. 여기에서는 범주형 크로스 엔트로피 손실값과 정확도입니다. 이전에 본 적 없는 이미지에서도 49%의 정확도를 달성했습니다. 이

모델이 무작위로 예측하면 약 10%의 정확도를 얻을 것입니다(10개의 클래스가 있기 때문입니다). 아주 기본적인 신경망을 사용해서 49%의 정확도를 달성한 것은 꽤 좋은 결과입니다.

[예제 2-10]처럼 predict 메서드를 사용해서 테스트 세트에 대한 예측 결과를 확인해볼 수 있습니다.

예제 2-10 predict 메서드를 사용해 테스트 세트에 대한 예측 만들기

```
CLASSES = np.array(['airplane', 'automobile', 'bird', 'cat', 'deer', 'dog',
                    'frog', 'horse', 'ship', 'truck'])

preds = model.predict(x_test)  ❶
preds_single = CLASSES[np.argmax(preds, axis = -1)]  ❷
actual_single = CLASSES[np.argmax(y_test, axis = -1)]
```

❶ preds는 [10000, 10] 크기의 배열입니다. 즉, 샘플마다 10개의 클래스 확률을 담은 벡터가 반환됩니다.

❷ 이 확률 배열을 numpy의 argmax 함수를 사용해 하나의 예측 결과로 바꿉니다. 여기에서 axis = -1은 마지막 차원(클래스 차원)으로 배열을 압축하라는 뜻입니다. 결국 preds_single의 크기는 [10000, 1]이 됩니다.

[예제 2-11] 코드에서 이미지와 예측값, 실제 레이블을 나란히 출력합니다. 예상대로 절반 정도만 정확히 맞습니다.

예제 2-11 MLP의 예측과 실제 레이블 출력하기

```
import matplotlib.pyplot as plt

n_to_show = 10
indices = np.random.choice(range(len(x_test)), n_to_show)

fig = plt.figure(figsize=(15, 3))
fig.subplots_adjust(hspace=0.4, wspace=0.4)

for i, idx in enumerate(indices):
    img = x_test[idx]
    ax = fig.add_subplot(1, n_to_show, i+1)
    ax.axis('off')
```

```
        ax.text(0.5, -0.35, 'pred = ' + str(preds_single[idx]), fontsize=10,
                ha='center', transform=ax.transAxes)
        ax.text(0.5, -0.7, 'act = ' + str(actual_single[idx]), fontsize=10,
                ha='center', transform=ax.transAxes)
        ax.imshow(img)
```

[그림 2-9]는 무작위로 선택한 모델의 예측과 실제 레이블을 보여줍니다.

그림 2-9 모델이 만든 예측과 실제 레이블

축하합니다! 방금 케라스를 사용해 다층 퍼셉트론을 만들고 이를 사용해 새로운 데이터에서 예측을 수행했습니다. 이 예제는 지도 학습 문제이지만 이어지는 장에서 생성 모델을 만들 때 이 네트워크에서 사용한 핵심 개념(손실 함수, 활성화 함수, 층의 크기 등)이 매우 중요합니다. 이제 다음 절에서 새로운 종류의 층으로 모델의 성능을 개선해보겠습니다.

2.4 합성곱 신경망

앞선 네트워크가 더 높은 성능을 내지 못하는 한 가지 이유는 입력 이미지의 공간 구조를 다루는 요소가 네트워크에 없기 때문입니다. 사실 첫 번째 Dense 층에 전달하려고 첫 단계에서 이미지를 하나의 벡터로 펼쳤습니다!

이를 해결하려면 **합성곱 층**convolution layer을 사용해야 합니다.

2.4.1 합성곱 층

먼저 딥러닝 분야에서 **합성곱**convolution이 무엇을 의미하는지 이해해야 합니다.[17]

[그림 2-10]은 흑백 이미지에서 3×3×1 크기의 두 영역이 3×3×1 **필터**filter (또는 **커널**kernel[18])
로 합성곱되는 모습을 보여줍니다. 합성곱은 필터를 이미지의 일부분과 픽셀끼리 곱한 후 결과
를 더하는 것입니다. 이미지 영역이 필터와 비슷할수록 큰 양수가 출력되고 필터와 반대일수록
큰 음수가 출력됩니다. 위쪽의 합성곱은 필터에 크게 반응하므로 큰 양숫값을 출력합니다. 아
래쪽 합성곱은 필터에 많이 반응하지 않기 때문에 0에 가까운 값을 출력합니다.

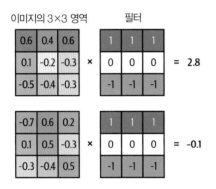

그림 2-10 흑백 이미지의 두 영역에 적용한 3×3 합성곱 필터

필터를 전체 이미지에 대해서 왼쪽에서 오른쪽으로 위에서 아래로 이동하면서 합성곱의 출력
을 기록합니다. 이를 통해 필터의 값에 따라 입력에서 어떤 특성을 골라낸 새로운 배열을 얻을
수 있습니다. 예를 들어 [그림 2-11]에서는 수평 모서리와 수직 모서리를 찾기 위해 두 개의
필터를 사용합니다.

이것이 합성곱 층이 하는 일입니다. 보통 필터를 하나가 아니라 여러 개를 사용합니다. 예를 들
어 [그림 2-11]에서는 필터 두 개를 사용해서 수평 모서리와 수직 모서리를 찾습니다.

---

17 옮긴이_ 합성곱은 원래 계산하기 전에 필터를 뒤집습니다. 필터를 뒤집지 않고 계산하는 것은 교차 상관(cross correlation)입니다.
합성곱 층은 처음에 필터를 랜덤하게 초기화하기 때문에 뒤집는 것이 의미가 없습니다. 실제로 합성곱 층은 교차 상관을 수행하지만
관례적으로 합성곱이라 부릅니다.

18 옮긴이_ 케라스에서는 필터 개수를 `filters` 매개변수에 지정하고 합성곱 윈도우 크기를 `kernel_size` 매개변수에 지정합니다.
원서에서는 '필터'와 '커널'을 같이 사용했지만, 번역서는 혼동을 줄이기 위해 '필터'로 통일하여 옮겼습니다.

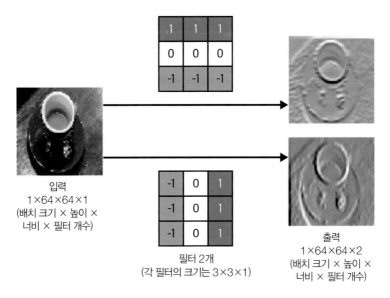

그림 2-11 흑백 이미지에 적용된 두 개의 합성곱 필터

합성곱 층은 단순히 필터의 모음입니다. 필터에 저장된 값은 훈련하는 동안 신경망이 학습하는 가중치입니다. 랜덤하게 초기화되지만 점차 필터가 모서리나 특정 색깔의 조합같이 흥미로운 특성을 감지하도록 가중치를 조정해갑니다.

케라스에서는 **Conv2D** 층을 사용해 높이와 너비를 가진 입력 텐서에 (하나의 이미지처럼) 합성곱을 적용합니다. 예를 들어 [예제 2-12]의 코드는 [그림 2-11]과 같은 두 필터가 있는 합성곱 층을 만듭니다.

예제 2-12 흑백 이미지 입력에 적용한 Conv2D 층

```
from tensorflow.keras import layers

input_layer = layers.Input(shape=(64,64,1))
conv_layer_1 = layers.Conv2D(
```

```
    filters = 2,
    kernel_size = (3,3),
    strides = 1,
    padding = "same"
)(input_layer)
```

다음으로 Conv2D 층에 있는 두 개의 매개변수 strides와 padding을 자세히 알아보겠습니다.

스트라이드

strides 매개변수는 필터가 한 번에 입력 위를 이동하는 크기입니다. 스트라이드를 크게 하면 출력 텐서의 크기가 줄어듭니다. 예를 들어 strides = 2로 하면 출력 텐서의 높이와 너비는 입력 텐서의 절반이 됩니다. 네트워크를 통과하면서 채널의 수는 늘리고 텐서의 공간 방향 크기를 줄이는 데 사용할 수 있습니다.

패딩

padding = "same" 매개변수는 입력 데이터를 0으로 패딩하여 strides = 1일 때 출력의 크기를 입력 크기와 동일하게 만듭니다.

[그림 2-12]는 3×3 필터가 padding = "same"과 strides = 1로 5×5 입력 이미지 위를 이동하는 과정을 보여줍니다. 패딩으로 필터가 이미지 경계를 넘어서 이동할 수 있기 때문에 이 합성곱 층의 출력 크기는 동일하게 5×5가 됩니다. 패딩이 없다면 필터는 각 방향을 따라 세 번씩 이동되므로 출력 크기는 3×3 이 됩니다.

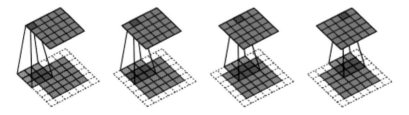

그림 2-12 3×3×1 필터(회색)가 padding="same"과 strides = 1로 5×5×1 입력 이미지(파랑)를 지나가면 5×5×1 출력(초록)을 만듦[19]

19 출처: Vincent Dumoulin and Francesco Visin, "A Guide to Convolution Arithmetic for Deep Learning," January 12, 2018, https://arxiv.org/pdf/1603.07285.pdf. 옮긴이_ 이 논문은 옮긴이의 블로그에 번역되어 있습니다(http://bit.ly/conv_guide).

padding = "same"으로 지정하면 여러 개의 합성곱 층을 통과할 때 텐서의 크기를 쉽게 파악할 수 있기 때문에 유용합니다. padding = "same"인 합성곱 층의 출력 크기는 다음과 같습니다.

$$\left(\frac{\text{입력 높이}}{\text{스트라이드}}, \ \frac{\text{입력 너비}}{\text{스트라이드}}, \ \text{필터 개수} \right)$$

합성곱 층 쌓기

Conv2D 층의 출력도 (batch_size, height, width, filters) 크기의 4차원 텐서이므로 이 위에 Conv2D 층을 쌓아 신경망의 깊이를 더 키우고 더 강력하게 만들 수 있습니다. 이를 확인하기 위해 CIFAR-10 데이터셋에 Conv2D 층을 적용하고 어떤 이미지의 레이블을 예측한다고 가정해보죠. 이 경우 입력 채널이 하나(흑백)가 아닌 세 개(빨강, 초록, 파랑)입니다.

[예제 2-13]은 이 작업을 위해 훈련할 간단한 합성곱 신경망을 만드는 방법을 보여줍니다.

예제 2-13 케라스를 사용해 합성곱 신경망 모델 만들기

```
from tensorflow.keras import layers, models

input_layer = layers.Input(shape=(32,32,3))
conv_layer_1 = layers.Conv2D(
    filters = 10,
    kernel_size = (4,4),
    strides = 2,
    padding = 'same'
)(input_layer)
conv_layer_2 = layers.Conv2D(
    filters = 20,
    kernel_size = (3,3),
    strides = 2,
    padding = 'same'
)(conv_layer_1)
flatten_layer = layers.Flatten()(conv_layer_2)
output_layer = layers.Dense(units=10, activation = 'softmax')(flatten_layer)
model = models.Model(input_layer, output_layer)
```

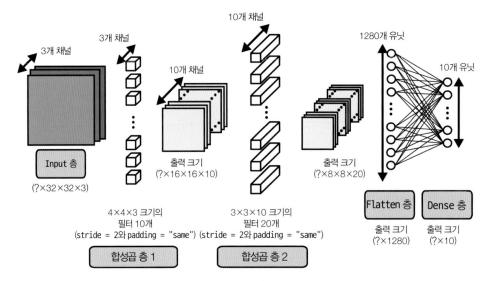

그림 2-13 합성곱 신경망 구성도

컬러 이미지를 다루고 있으므로 첫 번째 합성곱 층의 필터 깊이는 1이 아니라 3입니다(즉, 각 필터의 크기는 4×4×1이 아니라 4×4×3입니다). 입력 이미지에 있는 세 개의 채널(빨강, 초록, 파랑)에 맞추기 위해서입니다. 동일한 방식이 두 번째 합성곱 층의 필터에도 적용됩니다. 이 필터의 깊이는 10이며 첫 번째 합성곱 층의 출력에 있는 10개의 채널에 대응됩니다.

> **TIP_** 일반적으로 층에 있는 필터의 깊이는 항상 이전 층의 출력 채널 개수와 같습니다.

모델 조사하기

데이터가 합성곱 층 사이를 흐르면서 텐서 크기가 어떻게 바뀌는지 살펴보면 큰 도움이 됩니다. model.summary() 메서드를 사용해 네트워크를 통과하는 텐서의 크기를 확인할 수 있습니다(표 2-2).

표 2-2 합성곱 신경망의 summary 메서드 출력

층 (타입)	출력 크기	파라미터 개수
InputLayer	(None, 32, 32, 3)	0
Conv2D	(None, 16, 16, 10)	490
Conv2D	(None, 8, 8, 20)	1,820
Flatten	(None, 1280)	0
Dense	(None, 10)	12,810

총 파라미터 개수	15,120
훈련되는 파라미터 개수	15,120
훈련되지 않는 파라미터 개수	0

이 네트워크의 층을 하나씩 따라가며 텐서의 크기를 확인해보겠습니다.

1. 입력의 크기는 (None, 32, 32, 3)입니다. 케라스는 None을 사용해 한꺼번에 임의 개수의 이미지를 네트워크로 통과시킬 수 있음을 표현합니다. 네트워크는 텐서에 대해 대수학 계산을 수행하므로 이미지를 하나씩 전달할 필요가 없습니다. 대신 여러 개를 묶어 **배치**로 전달합니다.

2. 첫 번째 합성곱 층의 10개 필터 각각의 크기는 $4 \times 4 \times 3$ 입니다. 필터의 높이와 너비를 4로 선택(kernel_size = (4, 4))했고 이전 층의 채널이 3개(빨강, 초록, 파랑)이기 때문입니다. 이 층의 파라미터(또는 가중치) 수는 $(4 \times 4 \times 3 + 1) \times 10 = 490$개입니다. 여기에서 +1은 필터마다 편향 항이 포함되기 때문입니다. 각 필터의 출력은 필터 가중치와 이에 해당하는 이미지 $4 \times 4 \times 3$ 영역의 픽셀끼리 곱한 값입니다. strides = 2이고 padding = "same"이므로 출력의 높이와 너비는 반으로 줄어 16이 됩니다. 10개의 필터를 사용했으므로 배치 차원을 제외한 첫 번째 층의 출력 크기는 [16, 16, 10]이 됩니다.

3. 두 번째 합성곱 층에서는 필터 크기를 3×3으로 선택했고 이전 층의 채널 수와 맞추어서 깊이는 10이 됩니다. 이 층의 필터는 20개를 사용하기 때문에 전체 파라미터(가중치)의 수는 $(3 \times 3 \times 10 + 1) \times 20 = 1{,}820$개입니다. 여기에서도 strides = 2와 padding = "same"을 사용했으므로 높이와 너비가 절반으로 줄어듭니다. 따라서 최종 출력 크기는 (None, 8, 8, 20)이 됩니다.

4. 케라스의 **Flatten** 층을 사용해 텐서를 일렬로 펼쳐야 합니다. 이를 통해 $8 \times 8 \times 20 =$ 1,280 유닛이 만들어집니다. **Flatten** 층은 단순히 텐서를 재구성하는 연산이므로 학습되는 파라미터가 없습니다.

5. 마지막으로 이 유닛을 10개의 유닛과 소프트맥스 활성화 함수가 있는 **Dense** 층에 연결합니다. 이 층이 학습할 파라미터(가중치) 개수는 $(1,280+1) \times 10 = 12,810$개입니다.

이 예는 합성곱 층을 어떻게 연결하여 합성곱 신경망을 만드는지 보여줍니다. 완전 연결 신경망과 정확도 성능을 비교하기 전에 성능을 향상하기 위해 다른 두 개의 기법을 더 소개하겠습니다. 배치 정규화와 드롭아웃입니다.

2.4.2 배치 정규화

심층 신경망을 훈련할 때 대표적으로 어려운 한 가지는 네트워크의 가중치를 일정한 범위 안에서 유지해야 한다는 것입니다. 값이 커지기 시작한다면 네트워크에 **그레이디언트 폭주**gradient exploding 문제가 발생했다는 신호입니다. 오차가 네트워크를 통해 거꾸로 전파되면서 앞에 놓인 층의 그레이디언트 계산이 기하급수적으로 증가할 수 있습니다. 이는 가중칫값을 큰 폭으로 출렁이게 합니다.

> **WARNING_** 손실 함수가 NaN을 반환하기 시작하면 가중치가 오버플로overflow 오류를 발생시킬 만큼 커졌다는 신호입니다.

네트워크를 훈련하기 시작하자마자 바로 일어나는 일은 아닙니다. 네트워크가 안전하게 몇 시간 훈련되다가 갑자기 손실 함수가 NaN을 반환하고 폭주할 수 있습니다. 이런 일이 생기면 정말 화가 납니다. 이를 막으려면 그레이디언트 폭주 문제의 근본 원인을 이해해야 합니다.

공변량 변화

신경망에 주입되는 입력 데이터를 스케일 조정하는 이유 중 하나는 처음 몇 번의 반복 훈련을 안정적으로 시작하기 위해서입니다. 네트워크의 가중치가 랜덤하게 초기화되었기 때문에 스케일이 조정되지 않은 입력은 큰 활성화 출력을 만들어 그레이디언트 폭주로 바로 이어질 가능성이 있습니다. 그래서 입력 층으로 0~255 사이의 픽셀 값을 전달하는 대신 −1에서 1 사이의 값으로 스케일을 바꿉니다.

입력 스케일을 조정했기 때문에 모든 층의 활성화 출력도 비교적 스케일이 안정되리라 기대할 수 있습니다. 초기에는 맞는 말입니다. 하지만 네트워크가 훈련됨에 따라 가중칫값이 랜덤한 초깃값과 멀어지기 때문에 이런 가정이 무너지기 시작합니다. 이런 현상을 **공변량 변화**covariate shift 라고 부릅니다.

> **NOTE_ 공변량 변화에 관한 비유**
> 탑처럼 쌓인 책을 나르다가 돌풍을 만났다고 가정해보죠. 바람의 영향을 감쇠시키려고 반대 방향으로 책을 움직였습니다. 하지만 이렇게 하면 일부 책이 비스듬하게 쌓여서 탑이 이전보다 조금씩 불안해집니다. 처음에는 괜찮지만 돌풍이 계속되면 탑은 점점 더 비뚤어집니다. 결국 책이 너무 많이 이동해 탑이 무너집니다. 이것이 공변량 변화입니다.
> 신경망에 적용해보면 각 층이 탑에 있는 책입니다. 안정을 유지하려면 네트워크가 가중치를 업데이트할 때 각 층은 암묵적으로 이전 층에서 온 입력의 분포가 훈련 반복에 상관없이 일정하다고 가정합니다. 하지만 활성화 출력의 분포가 어떤 방향으로 심하게 이동할 수 있습니다. 이를 막는 장치가 없다면 이따금 가중칫값이 매우 커지고 네트워크가 전체적으로 망가지게 됩니다.

배치 정규화를 사용한 훈련

배치 정규화batch normalization는 이 문제를 극적으로 줄이는 해결책입니다. 방법은 놀랍게도 간단합니다. 훈련하는 동안 배치 정규화 층은 배치에 대해 각 입력 채널별로 평균과 표준 편차를 계산한 다음 평균을 빼고 표준 편차로 나누어 정규화합니다. 채널별로 학습되는 두 개의 파라미터가 있습니다. 스케일 파라미터(γ)와 이동 파라미터(β)입니다. 정규화한 입력을 γ로 스케일 조정하고 β로 이동시켜 출력합니다. [그림 2-14]는 전체 과정을 보여줍니다.

$$
\begin{aligned}
&\text{입력:} \quad \text{미니 배치에 포함된 } x \text{값}: \ = \{x_{1\ldots m}\}; \\
&\qquad\quad \text{학습 파라미터}: \ \gamma, \beta \\
&\text{출력:} \quad \{y_i = \text{BN}_{\gamma,\beta}(x_i)\}
\end{aligned}
$$

$$\mu_{\mathcal{B}} \leftarrow \frac{1}{m}\sum_{i=1}^{m} x_i \qquad\qquad \text{// 미니 배치 평균}$$

$$\sigma_{\mathcal{B}}^2 \leftarrow \frac{1}{m}\sum_{i=1}^{m}(x_i - \mu_{\mathcal{B}})^2 \qquad \text{// 미니 배치 분산}$$

$$\widehat{x}_i \leftarrow \frac{x_i - \mu_{\mathcal{B}}}{\sqrt{\sigma_{\mathcal{B}}^2 + \epsilon}} \qquad\qquad \text{// 정규화}$$

$$y_i \leftarrow \gamma \widehat{x}_i + \beta \equiv \text{BN}_{\gamma,\beta}(x_i) \qquad \text{// 스케일 조정과 이동}$$

알고리즘1: 미니 배치 활성화 x에 적용된 배치 정규화

그림 2-14 배치 정규화 처리 과정[20]

배치 정규화 층을 완전 연결 층이나 합성곱 층 직후에 두어 출력을 정규화합니다.

> **TIP_** 이전 예시로 비유하면 책 사이에 스프링을 연결해 시간이 지나도 위치가 크게 변하지 않도록 도와주는 방법과 비슷합니다.

배치 정규화를 사용한 예측

예측할 때는 이 층이 어떻게 동작하는지 궁금할 것입니다. 예측을 수행할 때는 하나의 샘플에 대해 예측을 만들기 때문에 평균과 표준 편차를 계산할 배치가 없습니다. 이 문제를 처리하기 위해 훈련 과정에서 배치 정규화 층이 채널별로 평균과 표준 편차의 **이동 평균**moving average을 계산하여 저장합니다. 테스트할 때 이 값을 사용하여 입력을 정규화합니다.

배치 정규화 층에는 몇 개의 파라미터가 필요할까요? 이전 층의 채널마다 스케일(γ)과 이동(β)을 위한 2개의 가중치가 학습되어야 합니다. 이 둘은 학습되는 파라미터입니다. 평균과 표준 편차의 이동 평균은 채널마다 계산되지만, 역전파를 통해 훈련되는 것이 아니라 층을 통

---

20 출처: Sergey Ioffe and Christian Szegedy, "Batch Normalization: Accelerating Deep Network Training by Reducing Internal Covariate Shift," February 11, 2015, https://arxiv.org/abs/1502.03167.

과하는 데이터에서 계산됩니다. 이 둘은 훈련되는 파라미터가 아닙니다. 종합해보면 채널마다 4개의 파라미터가 있고 2개는 훈련되고 2개는 훈련되지 않습니다.[21]

케라스에서는 [예제 2-14]에 있는 **BatchNormalization** 층이 배치 정규화를 구현합니다.

예제 2-14 케라스의 BatchNormalization 층

```
from tensorflow.keras import layers
layers.BatchNormalization(momentum = 0.9)
```

momentum 매개변수는 평균과 표준 편차의 이동 평균을 계산할 때 이전 값에 주는 가중치입니다.[22]

2.4.3 드롭아웃

학생이 시험공부를 할 때는 일반적으로 기출 문제와 예상 문제를 사용해서 공부한 내용을 확인합니다. 어떤 학생은 문제의 답을 외우기만 하고 제대로 이해하지 못해서 시험에 떨어집니다. 모범적인 학생은 일반적인 내용을 이해하는 데 연습 문제를 활용합니다. 이런 학생은 이전에 본 적이 없는 새로운 문제를 만나도 정확하게 답을 찾습니다.

머신러닝에도 동일한 원리가 적용됩니다. 성공적인 머신러닝 알고리즘이라면 훈련 데이터를 단순히 외우는 것이 아니라 본 적 없는 데이터에도 잘 일반화되어야 합니다. 알고리즘이 훈련 데이터셋에만 잘 작동하고 테스트 세트에서는 그렇지 않다면, 이를 **과대적합**overfitting 문제가 있다고 말합니다. 이 문제에 대응하려면 **규제**regularization 기법을 사용하여 모델이 과대적합되면 벌칙을 부여합니다.

머신러닝 알고리즘에 규제를 가하는 여러 가지 방법이 있지만 딥러닝에서 가장 널리 사용하는 것은 드롭아웃dropout 층입니다. 이 아이디어는 제프리 힌튼Geoffrey Hinton이 2012년[23]에 소개하였

---

21 옮긴이_ 여기에서 훈련되지 않는다는 것은 역전파를 사용하지 않는다는 뜻입니다. 이 두 파라미터도 배치 정규화 층에서 훈련하는 동안 값을 바꾸기 때문에 4개를 모두 훈련되는 파라미터로 부르는 경우도 많습니다.

22 옮긴이_ 이동 평균은 v = v × momentum + v_new × (1 - momentum)과 같이 계산됩니다. 이런 방식을 지수 이동 평균이라고 부릅니다. momentum이 클수록 이전 값(v)의 비중이 크며 새로운 값(v_new)이 미치는 영향이 적습니다. BatchNormalization 층의 momentum 매개변수 기본값은 0.99입니다.

23 Hinton et al., "Networks by Preventing Co-Adaptation of Feature Detectors," July 3, 2012, https://arxiv.org/abs/1207.0580.

고 스리바스타브^{Srivastava} 등이 2014년에 논문으로 발표하였습니다.[24]

드롭아웃 층은 매우 간단합니다. 훈련 과정에서 드롭아웃 층은 [그림 2-15]처럼 이전 층의 유닛 일부를 랜덤하게 선택하여 출력을 0으로 지정합니다.

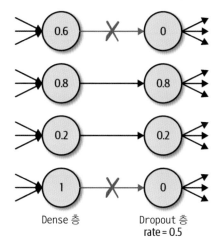

그림 2-15 드롭아웃 층

놀랍게도 이렇게 간단한 층을 추가하기만 해도 과대적합이 크게 줄어듭니다. 그 이유는 네트워크가 특정 유닛 하나 혹은 일부에 과도하게 의존하지 않기 때문입니다. 그렇지 않으면 훈련 세트의 샘플을 외워버릴 수도 있습니다. 드롭아웃 층을 사용하면 네트워크는 하나의 유닛에 너무 의존할 수 없으므로 학습된 지식이 전체 네트워크에 고르게 퍼질 것입니다.

이는 본 적 없는 데이터에 대한 모델의 성능을 크게 향상합니다. 랜덤하게 유닛을 끄는 식으로 돌발적인 상황에서도 네트워크가 정확한 예측을 만들도록 훈련되기 때문입니다. 드롭아웃 층에는 훈련되는 가중치가 없습니다. 드롭되는 유닛은 랜덤하게 결정됩니다. 예측할 때는 드롭아웃 층이 어떤 유닛도 드롭하지 않고 전체 네트워크를 사용하여 예측을 만듭니다.[25]

24 Nitish Srivastava et al., "Dropout: A Simple Way to Prevent Neural Networks from Overfitting," Journal of Machine Learning Research 15 (2014): 1929–1958), http://jmlr.org/papers/volume15/srivastava14a/srivastava14a.pdf.

25 옮긴이_ p의 확률로 유닛을 드롭아웃하여 모델을 훈련하면 테스트할 때는 모든 유닛을 사용하기 때문에 1/(1−p)배 만큼 더 큰 출력이 만들어집니다. 이를 보완하려고 테스트할 때 출력에 (1−p)를 곱하여 감소시킵니다. 케라스와 같은 구현에서는 테스트할 때 출력을 보정하지 않고 훈련할 때 드롭아웃 층의 출력을 (1−p)로 나누어 증폭시킵니다. 두 방식이 완전히 같지는 않지만 잘 작동합니다.

케라스에서는 [예제 2-15]와 같이 Dropout 층에 드롭아웃이 구현되어 있습니다. rate 매개변수는 이전 층에서 드롭아웃할 유닛의 비율을 지정합니다.

예제 2-15 케라스의 Dropout 층

```
from tensorflow.keras import layers
layers.Dropout(rate = 0.25)
```

Dropout 층은 가중치 개수가 많아 과대적합되기 가장 쉬운 Dense 층 다음에 주로 사용됩니다. 하지만 합성곱 층 다음에 사용할 수도 있습니다.

> **TIP_** 배치 정규화도 과대적합을 감소시킨다고 알려져 최신 딥러닝 구조에서는 드롭아웃을 전혀 사용하지 않고 규제를 위해 배치 정규화만 사용합니다. 많은 다른 딥러닝의 원리처럼 항상 통용되는 황금률은 없습니다. 무엇이 최선인지 확인하는 방법은 여러 가지 구조를 테스트해보고 어떤 구조가 검증 세트[26]에서 가장 뛰어난 성능을 내는지 확인하는 것입니다.

2.4.4 CNN 만들기

이제 세 개의 새로운 케라스 층을 배웠습니다. Conv2D, BatchNormalization, Dropout 층입니다. 이를 사용해 CNN 모델을 만들고 CIFAR-10 데이터셋에서 성능을 확인해보겠습니다.

---

26 옮긴이_ 원문에서는 'holdout set'을 사용했습니다. 전체 데이터셋을 훈련 세트, 검증 세트, 테스트 세트로 나눈 후 훈련 세트에서 모델을 훈련하고 검증 세트에서 모델 선택(하이퍼파라미터 튜닝)을 수행합니다. 이 책은 검증 세트를 자세히 다루지 않고 대부분 훈련 세트와 테스트 세트를 사용합니다. 여기서는 문맥에 맞게 '검증 세트'라고 옮겼습니다.

시험해볼 모델 구조는 [예제 2-16]과 같습니다.

예제 2-16 케라스를 사용해 CNN 모델 만들기

```python
from tensorflow.keras import layers, models

input_layer = layers.Input((32,32,3))

x = layers.Conv2D(filters = 32, kernel_size = 3,
                  strides = 1, padding = 'same')(input_layer)
x = layers.BatchNormalization()(x)
x = layers.LeakyReLU()(x)

x = layers.Conv2D(filters = 32, kernel_size = 3, strides = 2, padding = 'same')(x)
x = layers.BatchNormalization()(x)
x = layers.LeakyReLU()(x)

x = layers.Conv2D(filters = 64, kernel_size = 3, strides = 1, padding = 'same')(x)
x = layers.BatchNormalization()(x)
x = layers.LeakyReLU()(x)

x = layers.Conv2D(filters = 64, kernel_size = 3, strides = 2, padding = 'same')(x)
x = layers.BatchNormalization()(x)
x = layers.LeakyReLU()(x)

x = layers.Flatten()(x)

x = layers.Dense(128)(x)
x = layers.BatchNormalization()(x)
x = layers.LeakyReLU()(x)
x = layers.Dropout(rate = 0.5)(x)

output_layer = layers.Dense(10, activation = 'softmax')(x)

model = models.Model(input_layer, output_layer)
```

LeakyReLU 층과 BatchNormalization 층이 뒤따르는 4개의 Conv2D 층을 쌓았습니다. 만들어진 텐서를 일렬로 펼치고 유닛이 128개인 Dense 층에 통과시키고 다시 한번 BatchNormalization 층과 LeakyReLU 층을 거칩니다. 규제를 위해 이 뒤에 바로 Dropout 층이 뒤따릅니다. 이 네트워크는 유닛이 10개인 Dense 층이 최종 출력을 만듭니다.

> TIP_ 배치 정규화 층과 활성화 층의 순서는 취향에 따라 다릅니다. 일반적으로 활성화 층 이전에 배치 정규화 층을 놓지만 다른 모델에서는 이와 반대로 두고 좋은 결과를 만들기도 합니다. 활성화 함수 이전에 배치 정규화 층을 놓으려면 BAD(배치 정규화, 활성화 그리고 드롭아웃)를 기억하세요!

이 모델의 구조가 [표 2-3]에 있습니다.

표 2-3 CIFAR-10을 위한 합성곱 신경망(CNN)

층 (타입)	출력 크기	파라미터 개수
InputLayer	(None, 32, 32, 3)	0
Conv2D	(None, 32, 32, 32)	896
BatchNormalization	(None, 32, 32, 32)	128
LeakyReLU	(None, 32, 32, 32)	0
Conv2D	(None, 16, 16, 32)	9,248
BatchNormalization	(None, 16, 16, 32)	128
LeakyReLU	(None, 16, 16, 32)	0
Conv2D	(None, 16, 16, 64)	18,496
BatchNormalization	(None, 16, 16, 64)	256
LeakyReLU	(None, 16, 16, 64)	0
Conv2D	(None, 8, 8, 64)	36,928
BatchNormalization	(None, 8, 8, 64)	256
LeakyReLU	(None, 8, 8, 64)	0
Flatten	(None, 4096)	0
Dense	(None, 128)	524,416
BatchNormalization	(None, 128)	512
LeakyReLU	(None, 128)	0

층 (타입)	출력 크기	파라미터 개수
Dropout	(None, 128)	0
Dense	(None, 10)	1290
총 파라미터 개수		592,554
훈련되는 파라미터 개수		591,914
훈련되지 않는 파라미터 개수		640

> **TIP_** 그다음을 진행하기 전에 출력 크기와 각 층의 파라미터 개수를 직접 계산해보세요. 각 층이 어떻게 구성되는지 이전 층과 어떻게 연결되는지를 완전히 이해했는지 스스로 검증하는 좋은 방법입니다! Conv2D와 Dense 층에 있는 편향을 포함하는 것을 잊지 마세요.

2.4.5 CNN 훈련하고 평가하기

이전과 동일한 방식으로 모델을 컴파일하고 훈련합니다. 테스트 세트에서 정확도를 측정하기 위해 evaluate 메서드를 호출합니다(그림 2-16).

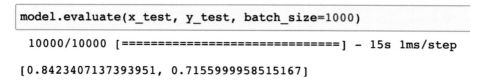

```
model.evaluate(x_test, y_test, batch_size=1000)

10000/10000 [==============================] - 15s 1ms/step

[0.8423407137393951, 0.7155999958515167]
```

그림 2-16 CNN 성능

여기에서 볼 수 있듯이 지난번 49.0%에서 크게 오른 71.5%의 정확도를 달성했습니다. 훨씬 좋아졌습니다! [그림 2-17]은 이 합성곱 신경망이 예측한 몇 가지 예시입니다.

예측 = 개 예측 = 개구리 예측 = 트럭 예측 = 배 예측 = 배
실제 = 개 실제 = 개구리 실제 = 트럭 실제 = 배 실제 = 배

예측 = 개 예측 = 고양이 예측 = 말 예측 = 비행기 예측 = 배
실제 = 개 실제 = 고양이 실제 = 사슴 실제 = 비행기 실제 = 비행기

그림 2-17 CNN 예측

간단하게 합성곱, 배치 정규화, 드롭아웃 층을 모델 구조에 추가하여 성능을 향상했습니다. 이전 모델보다 층의 개수는 늘었지만 파라미터 개수는 더 줄었다는 점을 주목하세요. 다양한 모델 구조를 실험하고 어떤 층이 도움이 될지 이해하는 것이 중요합니다. 생성 모델을 만들 때 네트워크의 중간 층에서 관심 대상인 고수준 특성을 잡아낼 수 있기 때문에 모델의 내부 작동 방식을 이해하는 것이 더 중요해집니다.

2.5 요약

이 장에서 딥러닝의 핵심 개념을 소개했습니다. 딥러닝으로 생성 모델을 만들려면 이런 개념을 알아야 합니다. 먼저 케라스로 다층 퍼셉트론(MLP)을 만들고 훈련하여 CIFAR-10 데이터셋의 이미지 카테고리를 예측했습니다. 그다음 이 구조를 향상하려고 합성곱, 배치 정규화, 드롭아웃 층을 추가하여 합성곱 신경망(CNN)을 만들었습니다.

이 장에서 꼭 기억해야 할 정말 중요한 점은 심층 신경망은 완전히 자유롭게 설계할 수 있다는 것입니다. 모델 구조에는 고정된 규칙이 없습니다. 가이드와 모범 사례가 있지만 다른 층을 사용하거나 순서를 바꿔가며 얼마든지 실험해도 좋습니다. 이 책이나 다른 곳에서 본 구조만 사용해야 한다고 생각하지 마세요. 집짓기 블록을 가지고 노는 아이처럼 신경망 설계는 여러분의 상상력에 달려 있습니다.

다음 장에서 이런 블록을 사용하여 어떻게 이미지를 생성하는 네트워크를 만드는지 알아보겠습니다.

6가지 생성 모델링 방식

2부에서는 여섯 가지 종류의 생성 모델을 자세히 살펴봅니다. 각 모델의 작동 원리와 모델을 만드는 실제 예제를 소개합니다.

3장에서는 첫 번째 생성 딥러닝 모델인 **변이형 오토인코더**variational autoencoder를 살펴봅니다. 이 기술을 사용하면 사실적인 얼굴을 생성할 수 있을 뿐만 아니라 기존 이미지를 변경할 수도 있습니다. 예를 들면 미소를 짓게 하거나 머리 색깔을 바꿀 수 있습니다.

4장에서는 최근 가장 성공적인 생성 모델링 기법의 하나인 **생성적 적대 신경망**generative adversarial network을 살펴봅니다. 생성 모델링이 달성할 수 있는 한계를 지속해서 확장하기 위해 GAN 훈련을 미세 조정하고 적용하는 방법을 알아보겠습니다.

5장에서는 LSTM과 PixelCNN을 포함하여 **자기회귀 모델**autoregressive model의 몇 가지 예를 살펴봅니다. 이러한 모델은 생성 과정을 시퀀스 예측 문제로 다룹니다. 오늘날 최신 텍스트 생성 모델의 기반이 되며 이미지 생성에도 사용할 수 있습니다.

Part II

6가지 생성 모델링 방식

6장에서는 RealNVP를 포함한 **노멀라이징 플로 모델**normalizing flow model을 다룹니다. 이 모델은 가우스 분포와 같은 단순한 분포를 추적 가능하도록 유지하면서 더 복잡한 분포로 변환할 수 있는 변수 변환을 기반으로 합니다.

7장에서는 **에너지 기반 모델**energy-based model을 소개합니다. 이런 모델은 스칼라 에너지 함수를 훈련하여 주어진 입력의 유효성을 평가합니다. 에너지 기반 모델을 훈련하는 기법인 대조 발산contrastive divergence과 새로운 관측값을 샘플링하는 기법인 랑주뱅 동역학langevin dynamics을 살펴봅니다.

마지막으로 8장에서는 **확산 모델**diffusion model을 살펴봅니다. 이 기법은 이미지에 잡음을 반복해서 추가한 다음 잡음을 제거하도록 모델을 훈련시켜 순수한 잡음을 사실적인 샘플로 변환할 수 있다는 아이디어를 기반으로 합니다.

2부를 마치면 여섯 가지 생성 모델링 방식을 사용한 실제 생성 모델 예제를 구축하고 이론적 관점에서 각 모델이 어떻게 작동하는지 설명할 수 있을 것입니다.

CHAPTER 3

변이형 오토인코더

이 장의 목표

- 오토인코더의 구조가 어떻게 생성 모델링에 완벽하게 적합한지 배웁니다.
- 케라스를 사용하여 오토인코더를 처음부터 만들고 훈련합니다.
- 오토인코더를 사용하여 새로운 이미지를 생성하고 이 방식의 한계를 이해합니다.
- 변이형 오토인코더의 구조를 배우고 표준 오토인코더의 여러 문제를 어떻게 해결하는지 알아봅니다.
- 케라스를 사용하여 변이형 오토인코더를 만듭니다.
- 변이형 오토인코더를 사용하여 새로운 이미지를 생성합니다.
- 변이형 오토인코더로 잠재 공간 연산을 사용하여 생성된 이미지를 조작합니다.

2013년, 디데리크 P. 킹마Diederik P. Kingma와 맥스 웰링Max Welling은 **변이형 오토인코더**variational autoencoder(VAE)라는 신경망에 관한 논문을 발표했습니다.[1] 이는 현재 생성 모델링 분야에서 가장 기본적이고 널리 알려진 딥러닝 구조이며 생성 딥러닝 여행의 출발점으로 좋습니다.

이 장에서는 먼저 표준 오토인코더를 만들어보고 이 프레임워크를 확장하여 변이형 오토인코더를 만드는 방법을 살펴보겠습니다. 이를 통해 두 모델의 차이점을 확인하고 세부적으로 어떻게 작동하는지 알아보겠습니다. 이 장이 끝나면 오토인코더 기반 모델을 만들고 조작하는 방법, 특히 변이형 오토인코더를 밑바닥부터 구축하여 자체 데이터셋을 기반으로 이미지를 생성하는 방법을 완전히 이해할 수 있을 것입니다.

---

1 Diederik P. Kingma and Max Welling, "Auto-Encoding Variational Bayes," December 20, 2013, https://arxiv.org/abs/1312.6114.

3.1 소개

오토인코더가 해결하려는 근본적인 문제를 설명하는 데 도움이 되는 이야기로 시작해보죠.

무한 옷장

바지, 윗도리, 신발, 코트 등 온갖 종류의 의류가 바닥에 쌓여 있다고 상상해보세요. 여러분의 스타일리스트인 브라이언은 필요한 옷을 찾는 데 걸리는 시간이 점점 더 늘어나자 기발한 계획을 세웁니다.

브라이언은 여러분에게 무한히 높고 넓은 옷장에 옷을 정리하자고 제안합니다(그림 3-1). 특정 옷이 필요할 때 브라이언에게 그 위치를 알려주기만 하면 그가 고성능 재봉틀을 사용하여 해당 옷을 새로 만듭니다. 따라서 브라이언이 위치를 바탕으로 새로운 옷을 만들 수 있도록 비슷한 옷을 서로 가까이 배치해야 합니다.

그림 3-1 무한한 2D 옷장 앞에 서 있는 남자(미드저니^{Midjourney}(https://midjourney.com)로 생성함)

몇 주간의 연습 끝에 여러분과 브라이언은 옷장 배치에 관한 서로의 이해에 적응했습니다. 이제 브라이언에게 원하는 옷의 위치를 알려주면 브라이언이 정확하게 새로 만들 수 있습니다!

브라이언에게 옷장에서 빈 곳의 위치를 알려주면 어떻게 될까요? 놀랍게도 브라이언은 이전에 존재하지 않았던 완전히 새로운 옷을 만들 수 있습니다! 이 과정이 완벽하지는 않지만 새로운 옷을 생성할 수 있는 무한한 옵션이 생겼습니다. 무한한 옷장에서 빈 위치를 선택하기만 하면 브라이언이 재봉틀로 마법을 부릴 것입니다.

이제 이 이야기가 오토인코더 구축과 어떤 관련이 있는지 살펴보겠습니다.

3.2 오토인코더

이 이야기에서 설명하는 과정이 [그림 3-2]에 있습니다. 여러분은 **인코더**encoder의 역할을 맡아 각 의류 아이템을 옷장의 특정 위치로 이동합니다. 이 과정을 **인코딩**encoding이라고 합니다. 브라이언은 **디코더**decoder의 역할을 맡아 옷장의 한 위치를 받아 해당 아이템을 다시 생성하려고 시도합니다. 이 과정을 **디코딩**decoding이라고 합니다.

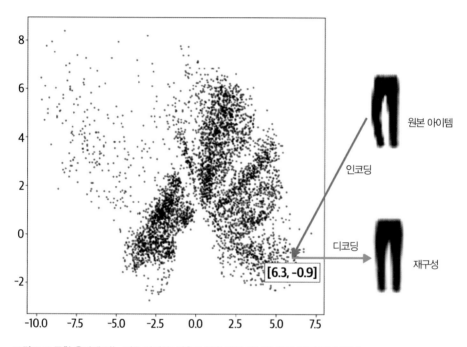

그림 3-2 무한 옷장에 있는 의류 아이템: 검은색 점은 각각 하나의 의류 아이템을 나타냄

옷장의 각 위치는 두 개의 숫자(즉, 2D 벡터)로 표현됩니다. 예를 들어 [그림 3-2]의 바지는 포인트 [6.3, -0.9]로 인코딩됩니다. 인코더는 디코더가 정확하게 재구성할 수 있도록 가능한 한 많은 정보를 내포시키려 하므로 이 벡터를 **임베딩**embedding이라고도 합니다.

오토인코더autoencoder는 단순히 어떤 항목의 인코딩과 디코딩 작업을 수행하도록 훈련된 신경망입니다. 이 과정을 통해 출력이 가능한 한 원본 아이템에 가까워지도록 합니다. 결정적으로 2D 공간에 있는 모든 포인트(특히 원본 아이템의 임베딩이 없는 위치)를 디코딩하여 새로운 의류 아이템을 생성할 수 있으므로 생성 모델로 사용할 수 있습니다.

이제 케라스를 사용하여 오토인코더를 구축하고 실제 데이터셋에 적용하는 방법을 살펴보겠습니다.

3.2.1 패션 MNIST 데이터셋

이 예제에서는 의류 아이템의 28×28 크기 흑백 이미지로 구성된 패션 MNIST 데이터셋(https://oreil.ly/DS4-4)을 사용하겠습니다. 이 데이터셋의 샘플 이미지는 [그림 3-3]과 같습니다.

그림 3-3 패션 MNIST 데이터셋에 있는 샘플 이미지

이 데이터셋은 텐서플로에 포함되어 있으므로 [예제 3-1]처럼 다운로드할 수 있습니다.

예제 3-1 패션 MNIST 데이터셋 로드하기

```
from tensorflow.keras import datasets
(x_train,y_train), (x_test,y_test) = datasets.fashion_mnist.load_data()
```

원본 이미지는 28×28 크기 흑백 이미지(픽셀 값이 0~255 사이)이므로 픽셀 값을 0~1 사이로 조정해야 합니다. 또한 [예제 3-2]처럼 이미지가 신경망을 통과할 때 텐서 크기를 쉽게 조작할 수 있도록 각 이미지에 패딩을 추가하여 32×32 크기로 만들겠습니다.

예제 3-2 데이터 전처리

```
def preprocess(imgs):
    imgs = imgs.astype("float32") / 255.0
    imgs = np.pad(imgs, ((0, 0), (2, 2), (2, 2)), constant_values=0.0)
    imgs = np.expand_dims(imgs, -1)
    return imgs

x_train = preprocess(x_train)
x_test = preprocess(x_test)
```

그다음 텐서플로와 케라스로 코딩할 수 있도록 전체적인 오토인코더 구조를 파악해보죠.

3.2.2 오토인코더 구조

오토인코더는 두 부분으로 구성된 신경망입니다.

- **인코더**: 네트워크는 이미지 같은 고차원 입력 데이터를 저차원 임베딩 벡터로 압축합니다.
- **디코더**: 네트워크는 임베딩 벡터를 원본 도메인으로 압축 해제합니다(예를 들어 이미지로 되돌립니다).

이 신경망의 구조가 [그림 3-4]에 있습니다. 입력 이미지는 잠재 임베딩 벡터 z로 인코딩되고 그다음 원본 픽셀 공간으로 디코딩됩니다.

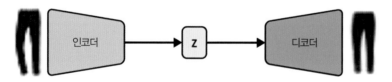

그림 3-4 오토인코더 구조

오토인코더는 인코더로 들어가서 디코더로 나오면서 이미지를 재구성하도록 훈련됩니다. 처음에는 이상하게 보일 수 있습니다. 이미 가지고 있는 이미지를 재구성할 이유가 없지 않을까요? 하지만 잠시 후에 보듯이 오토인코더에서 흥미로운 부분은 임베딩 공간(또는 **잠재 공간**latent space)입니다. 이 공간에서 샘플링하여 새로운 이미지를 생성할 수 있기 때문입니다.

먼저 임베딩을 정의해보죠. 임베딩(z)은 원본 이미지를 저차원 잠재 공간으로 압축하는 것입니다. 잠재 공간에서 임의의 포인트를 선택하여 디코더에 통과시키면 새로운 이미지를 생성할 수 있습니다. 디코더는 잠재 공간의 포인트를 유효한 이미지로 변환하는 방법을 학습했기 때문입니다.

이 예제에서는 이미지를 2차원 잠재 공간으로 임베딩하겠습니다. 이렇게 하면 포인트를 2D 화면에 그릴 수 있어서 잠재 공간을 시각화하는 데 도움이 됩니다. 실제로 오토인코더의 잠재 공간은 자유도를 높여 이미지에 있는 미묘한 점을 잘 포착하도록 일반적으로 2차원보다 큽니다.

> **NOTE_ 잡음 제거 오토인코더[2]**
> 오토인코더를 사용해 이미지에서 잡음을 제거할 수 있습니다. 원본을 재구성하기 위해 잠재 공간 안에 랜덤한 잡음을 인코딩하는 것이 도움이 되지 않음을 인코더가 학습하기 때문입니다. 이와 같은 작업을 할 때 2D 잠재 공간은 입력에서 관련 정보를 충분히 인코딩하기에 너무 작을 것입니다. 하지만 (앞으로 보겠지만) 오토인코더를 생성 모델로 사용하려는 경우 잠재 공간의 차원을 늘리면 근방 문제가 발생합니다.

그럼 이제 인코더와 디코더를 만드는 방법을 알아보죠.

3.2.3 인코더

오토인코더에서 인코더의 역할은 입력 이미지를 받아 잠재 공간 안의 임베딩 벡터에 매핑하는 것입니다. 여기서 만들 인코더의 구조는 [표 3-1]에 있습니다.

표 3-1 인코더 모델의 summary() 메서드 출력

층 (타입)	출력 크기	파라미터 개수
InputLayer	(None, 32, 32, 1)	0
Conv2D	(None, 16, 16, 32)	320
Conv2D	(None, 8, 8, 64)	18,496
Conv2D	(None, 4, 4, 128)	73,856
Flatten	(None, 2048)	0
Dense	(None, 2)	4,098

---

2 옮긴이_ 잡음 제거 오토인코더에 대한 자세한 내용은 『핸즈온 머신러닝(3판)』(한빛미디어, 2023)의 17장을 참고하세요.

총 파라미터 개수	96,770
훈련되는 파라미터 개수	96,770
훈련되지 않는 파라미터 개수	0

먼저 **Input** 층을 만들어 이미지를 받은 다음 세 개의 **Conv2D** 층에 통과시킵니다. 이 세 개의 합성곱 층에서 점진적으로 고수준 특성이 학습됩니다. 스트라이드 2를 사용해 각 층에서 출력의 크기를 절반으로 줄이고 반대로 채널 개수는 늘립니다. 마지막 합성곱 층의 출력을 펼친 후 2차원 잠재 공간에 해당하는 크기가 2인 **Dense** 층에 연결합니다.

[예제 3-3]은 케라스로 이 인코더를 만드는 방법입니다.

예제 3-3 인코더

```
encoder_input = layers.Input(
    shape=(32, 32, 1), name = "encoder_input"
) ❶
x = layers.Conv2D(32, (3, 3), strides = 2, activation = 'relu', padding="same")(
    encoder_input
) ❷
x = layers.Conv2D(64, (3, 3), strides = 2, activation = 'relu', padding="same")(x)
x = layers.Conv2D(128, (3, 3), strides = 2, activation = 'relu', padding="same")(x)
shape_before_flattening = K.int_shape(x)[1:]

x = layers.Flatten()(x) ❸
encoder_output = layers.Dense(2, name="encoder_output")(x) ❹

encoder = models.Model(encoder_input, encoder_output) ❺
```

❶ 인코더의 **Input** 층(이미지)을 정의합니다.

❷ 순서대로 **Conv2D** 층을 쌓습니다.

❸ 마지막 합성곱 층의 출력을 벡터로 펼칩니다.

❹ 이 벡터를 2D 임베딩에 해당하는 **Dense** 층에 연결합니다.

❺ 케라스 **Model** 클래스로 인코더를 정의합니다. 이 모델은 입력 이미지를 받아 이를 2D 임베딩에 인코딩합니다.

3.2.4 디코더

디코더는 인코더와 반대입니다. [표 3-2]처럼 합성곱 층 대신에 전치 합성곱 층transposed convolutional layer을 사용합니다.

표 3-2 디코더 모델의 summary( ) 메서드 출력

층 (타입)	출력 크기	파라미터 개수
InputLayer	(None, 2)	0
Dense	(None, 2048)	6,144
Reshape	(None, 4, 4, 128)	0
Conv2DTranspose	(None, 8, 8, 128)	147,584
Conv2DTranspose	(None, 16, 16, 64)	73,792
Conv2DTranspose	(None, 32, 32, 32)	18,464
Conv2D	(None, 32, 32, 1)	289
총 파라미터 개수		246,273
훈련되는 파라미터 개수		246,273
훈련되지 않는 파라미터 개수		0

전치 합성곱 층

`strides = 2`인 표준 합성곱 층은 입력 텐서의 높이와 너비를 모두 절반으로 줄입니다.

전치 합성곱 층은 (이미지 위를 필터가 지나가는) 표준 합성곱 층의 원리와 동일하지만 `strides = 2`로 지정하면 입력 텐서의 높이와 너비를 모두 두 배로 늘립니다.

[그림 3-5]에서처럼 전치 합성곱 층의 `strides` 매개변수는 이미지 픽셀 사이에 추가되는 제로 패딩zero padding을 결정합니다. $3 \times 3 \times 1$ 크기 필터(회색)가 `strides = 2`로 $3 \times 3 \times 1$ 크기 이미지(파랑)를 지나가면 $6 \times 6 \times 1$ 크기의 출력 텐서(초록)가 만들어집니다.

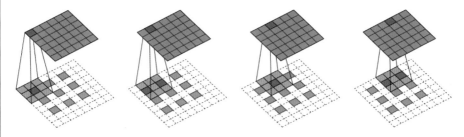

그림 3-5 전치 합성곱 층의 예[3]

케라스에서 Conv2DTranspose 층을 사용해 전치 합성곱 연산을 수행할 수 있습니다. 스트라이드를 2로 설정한 이 층을 쌓으면 점진적으로 텐서의 크기가 늘어나 원본 이미지 차원인 32×32를 얻을 수 있습니다.

[예제 3-4]는 케라스로 이 디코더를 만드는 방법입니다.

예제 3-4 디코더

```
decoder_input = layers.Input(shape=(2,), name="decoder_input") ❶
x = layers.Dense(np.prod(shape_before_flattening))(decoder_input) ❷
x = layers.Reshape(shape_before_flattening)(x) ❸
x = layers.Conv2DTranspose(
    128, (3, 3), strides=2, activation = 'relu', padding="same"
)(x) ❹
```

---

3 출처: Vincent Dumoulin and Francesco Visin, "A Guide to Convolution Arithmetic for Deep Learning," January 12, 2018. https://arxiv.org/abs/1603.07285.

```
x = layers.Conv2DTranspose(
    64, (3, 3), strides=2, activation = 'relu', padding="same"
)(x)
x = layers.Conv2DTranspose(
    32, (3, 3), strides=2, activation = 'relu', padding="same"
)(x)
decoder_output = layers.Conv2D(
    1,
    (3, 3),
    strides = 1,
    activation="sigmoid",
    padding="same",
    name="decoder_output"
)(x)

decoder = models.Model(decoder_input, decoder_output) ❺
```

❶ 디코더의 Input 층(임베딩)을 정의합니다.

❷ 입력을 Dense 층에 연결합니다.

❸ 첫 번째 Conv2DTranspose 층에 입력으로 주입할 수 있도록 Reshape 층으로 벡터의 크기를 바꿉니다.

❹ Conv2DTranspose 층을 연속으로 쌓습니다.

❺ 케라스 Model 클래스로 디코더를 정의합니다. 이 모델은 잠재 공간의 임베딩을 받아 원본 이미지 도메인으로 디코딩합니다.

3.2.5 인코더와 디코더 연결하기

인코더와 디코더를 동시에 훈련하려면 이미지가 인코더를 통과해 디코더로 나오는 모델을 정의해야 합니다. [예제 3-5]에서 볼 수 있듯이 다행히 케라스에서는 이렇게 정의하기가 매우 쉽습니다. 오토인코더의 출력은 인코더의 출력을 디코더에 통과시킨 것입니다.

예제 3-5 완전한 오토인코더

```
autoencoder = Model(encoder_input, decoder(encoder_output)) ❶
```

❶ 케라스 Model 클래스로 완전한 오토인코더를 정의합니다. 이 모델은 이미지를 입력으로

받아 인코더와 디코더를 통과시켜 원본 이미지의 재구성을 생성합니다.

모델을 정의했으므로 [예제 3-6]과 같이 손실 함수와 옵티마이저로 모델을 컴파일해야 합니다. 손실 함수는 일반적으로 원본 이미지와 재구성 이미지 픽셀 간의 평균 제곱근 오차root mean squared error(RMSE)나 이진 크로스 엔트로피binary cross-entropy를 사용합니다.

예제 3-6 오토인코더 컴파일하기

```
autoencoder.compile(optimizer="adam", loss="binary_crossentropy")
```

손실 함수 선택

RMSE 최적화는 생성된 출력이 평균 픽셀 값을 중심으로 대칭적으로 분포됨을 의미합니다(더 큰 값이나 더 작은 값이 모두 동일하게 불이익을 받기 때문입니다).

반면에 이진 크로스 엔트로피 손실은 비대칭입니다. 극단적인 오차가 0.5에 가까운 오차보다 훨씬 큰 손실을 만듭니다. 예를 들어 실제 픽셀 값이 0.7처럼 높을 때 0.8인 픽셀을 생성하면 0.6인 픽셀을 생성할 때보다 훨씬 손실이 큽니다. 실제 픽셀 값이 0.3처럼 낮을 때 0.2인 픽셀을 생성하면 0.4인 픽셀을 생성할 때보다 더 손실이 큽니다.

0.5에 가까운 예측이 낮은 손실을 만들기 때문에, 이진 크로스 엔트로피 손실이 RMSE보다 조금 흐릿한 이미지를 만드는 효과가 있습니다. 하지만 RMSE가 픽셀 격자가 뚜렷하게 드러나는 엣지를 만들 수 있기 때문에 이따금 흐릿한 효과가 도움이 됩니다.

옳고 그른 선택은 없습니다. 테스트를 해보고 가장 잘 맞는 방법을 선택해야 합니다.

이제 [예제 3-7]처럼 입력과 출력으로 이미지를 전달하여 오토인코더를 훈련할 수 있습니다.

예제 3-7 오토인코더 훈련하기

```
autoencoder.fit(
    x_train,
    x_train,
    epochs=5,
    batch_size=100,
```

```
        shuffle=True,
        validation_data=(x_test, x_test),
    )
```

오토인코더를 훈련하고 난 다음 가장 먼저 할 일은 입력 이미지를 정확히 재구성하는지 확인하는 것입니다.

3.2.6 이미지 재구성하기

테스트 세트에 있는 이미지를 오토인코더에 전달하고 출력을 원본 이미지와 비교하여 이미지 재구성 능력을 확인할 수 있습니다. 이 코드는 [예제 3-8]과 같습니다.

예제 3-8 오토인코더를 사용하여 이미지 재구성하기

```
example_images = x_test[:5000]
predictions = autoencoder.predict(example_images)
```

[그림 3-6]에는 원본 이미지(첫 번째 행), 인코딩된 2D 벡터(두 번째 행), 디코딩된 재구성 이미지(세 번째 행)가 있습니다.

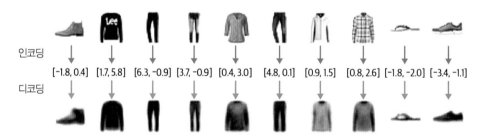

그림 3-6 의류 아이템의 인코딩과 디코딩 예

재구성이 완벽하지 않음을 알 수 있습니다. 로고와 같은 원본 이미지의 세부 사항이 디코딩 과정에서 포착되지 않았습니다. 이는 이미지를 두 개의 숫자로 축소하면 자연스럽게 일부 정보가 손실되기 때문입니다.

이제 인코더가 잠재 공간에서 이미지를 어떻게 표현하는지 살펴보죠.

3.2.7 잠재 공간 시각화하기

[예제 3-9]와 같이 테스트 세트를 인코더에 통과시켜 만들어진 임베딩을 그래프로 나타내면 이미지가 잠재 공간에 어떻게 임베딩되는지 시각화할 수 있습니다.

예제 3-9 인코더를 사용하여 이미지 임베딩하기

```
embeddings = encoder.predict(example_images)

plt.figure(figsize=(8, 8))
plt.scatter(embeddings[:, 0], embeddings[:, 1], c="black", alpha=0.5, s=3)
plt.show()
```

[그림 3-2]와 같은 산점도$^{scatter\ plot}$가 출력됩니다. 검은 포인트 하나는 잠재 공간에 임베딩된 이미지를 나타냅니다.

각 이미지의 의류 아이템을 설명하는 패션 MNIST 데이터셋의 레이블을 활용하면 이 잠재 공간의 구조를 더 잘 이해할 수 있습니다. [표 3-3]처럼 총 10개의 레이블이 있습니다.

표 3-3 패션 MNIST 레이블

ID	레이블
0	티셔츠/탑
1	바지
2	풀오버^{pullover}
3	드레스
4	코트
5	샌들
6	셔츠
7	스니커즈
8	가방
9	앵클부츠

이미지의 레이블을 기준으로 각 포인트에 색을 지정하여 [그림 3-7]의 그래프를 만들 수 있습니다. 이제 구조가 매우 명확해졌습니다! 훈련 중에 모델에 의류 레이블을 제공하지 않았지만

오토인코더는 비슷한 아이템을 잠재 공간의 같은 부분에 자연스럽게 그룹화했습니다. 예를 들어 잠재 공간의 오른쪽 아래 모서리에 있는 진한 파란색 포인트 그룹은 모두 여러 종류의 바지 이미지이고 중앙에 있는 빨간색 점 구름은 모두 앵클부츠입니다.

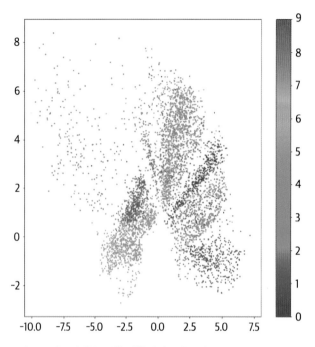

그림 3-7 의류 레이블로 색을 입힌 잠재 공간 그래프

3.2.8 새로운 이미지 생성하기

[예제 3-10]과 같이 잠재 공간의 일부 포인트를 샘플링하고 디코더를 사용하여 이를 다시 픽셀 공간으로 변환하면 새로운 이미지를 생성할 수 있습니다.

예제 3-10 디코더를 사용해 새로운 이미지 생성하기

```
mins, maxs = np.min(embeddings, axis=0), np.max(embeddings, axis=0)
sample = np.random.uniform(mins, maxs, size=(18, 2))
reconstructions = decoder.predict(sample)
```

[그림 3-8]에 생성된 이미지 몇 개와 잠재 공간의 임베딩이 함께 나타나 있습니다.

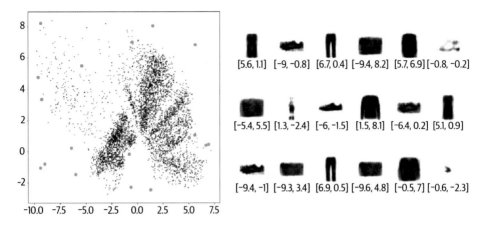

그림 3-8 생성된 의류 아이템

파란색 포인트는 그래프 오른쪽에 표시된 이미지 중 하나에 매핑되며, 그 아래에 임베딩 벡터가 있습니다. 생성된 아이템 중 일부가 다른 아이템보다 더 사실적임을 알 수 있습니다. 왜 그럴까요?

답을 찾기 위해 먼저 [그림 3-7]을 참조하여 잠재 공간의 전반적인 포인트 분포를 관찰해보겠습니다.

- 일부 의류 아이템은 매우 작은 영역에 모여있고 다른 의류 아이템은 훨씬 더 넓은 영역에 퍼져 있습니다.
- 포인트 (0, 0)에 대해 분포가 대칭이 아니고 경계가 정해져 있지 않습니다. 예를 들어 y축을 보면 음수보다 양수인 포인트가 훨씬 더 많으며 일부 포인트는 8이 넘어가기도 합니다.
- 포인트가 거의 없는 색상 사이에는 간격이 큽니다.

이러한 점이 실제로 잠재 공간에서 샘플링하는 작업을 상당히 어렵게 만듭니다. [그림 3-9]와 같이 일정한 간격으로 디코딩된 포인트의 이미지를 잠재 공간과 위에 나타내면 디코더가 항상 만족스러운 이미지를 생성하지 못하는 이유를 이해할 수 있습니다.

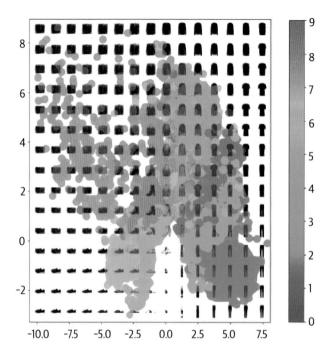

그림 3-9 일정 간격으로 임베딩을 디코딩하고, 데이터셋에 있는 원본 이미지의 임베딩을 아이템에 따라 색상을 달리하여 함께 출력함

첫째, 우리가 정의한 공간에서 균일하게 포인트를 선택하면 잠재 공간의 가방 영역(주황색)이 앵클부츠 영역(빨간색)보다 크기 때문에 앵클부츠(ID 9)보다 가방(ID 8)처럼 보이는 것을 디코딩할 가능성이 더 높습니다.

둘째, 이러한 포인트의 분포가 정의되지 않았기 때문에 잠재 공간에서 랜덤한 포인트를 어떻게 선택해야 하는지 명확하지 않습니다. 기술적으로는 2D 평면에서 아무 포인트나 선택할 수 있습니다. 포인트가 (0, 0) 주변에 있을 거라는 보장도 할 수 없습니다. 따라서 잠재 공간에서 샘플링하는 것이 문제가 됩니다.

마지막으로 잠재 공간에서 원본 이미지가 인코딩되지 않은 구멍을 볼 수 있습니다. 예를 들어 잠재 공간의 가장자리에 큰 공백이 있습니다. 훈련 세트에서 매우 적은 이미지가 여기에 인코딩되었기 때문에 오토인코더가 이 지역의 포인트를 적절한 의류 아이템으로 디코딩하지 못할 것입니다.

중앙에 있는 점이라도 제대로 된 형태의 이미지로 디코딩되지 않을 수 있습니다. 이는 오토인코더가 잠재 공간이 연속적인지 강제하지 않기 때문입니다. 예를 들어 포인트 $(-1, -1)$이 만족스러운 샌들 이미지로 디코딩될 수 있지만, 포인트 $(-1.1, -1.1)$도 만족스러운 샌들 이미지를 생성하도록 보장하는 메커니즘이 마련되어 있지 않습니다.

2차원에서는 이 문제가 미묘합니다. 오토인코더가 다룰 수 있는 차수가 적기 때문에 자연스럽게 의류 아이템끼리 서로 뭉쳐야 하고, 그 결과 의류 사이의 간격이 상대적으로 작아집니다. 하지만 얼굴과 같이 더 복잡한 이미지를 생성하려고 잠재 공간에 더 많은 차원을 사용하면 이 문제는 더욱 뚜렷해집니다. 오토인코더가 이미지 인코딩을 할 때 잠재 공간을 자유롭게 사용하면 비슷한 포인트가 모인 그룹 사이에 큰 간격이 생깁니다. 이런 빈 공간에서 잘 형성된 이미지를 생성할 가능성이 낮습니다.

이 세 가지 문제를 해결하려면 오토인코더를 변이형 오토인코더로 바꿔야 합니다.

3.3 변이형 오토인코더

무한 옷장 비유에 몇 가지 변경 사항을 적용해서 설명해보겠습니다.

무한 옷장 다시 살펴보기

이제 모든 의류 아이템을 옷장의 한 포인트에 배치하는 대신 아이템이 발견될 가능성이 높은 일반적인 지역을 할당한다고 가정해보겠습니다. 아이템 위치에 대한 이런 느슨한 접근 방식이 옷장의 국부적 불연속성과 관련된 문제를 해결하는 데 도움이 될 것 같습니다.

또한 브라이언 말에 의하면 새로운 배치 시스템에서 실수를 줄이려면 각 아이템 영역의 중앙을 최대한 옷장 가운데 가깝게 배치하고, 아이템 영역의 중앙에서부터 아이템까지 편차는 가능한 한 1미터에 가까워야(더 작지도, 크지도 않게) 합니다. 이 규칙에서 벗어날수록 브라이언에게 비용을 더 많이 지불해야 합니다.

이 두 가지를 간단하게 변경해서 몇 달 동안 운영한 후, 한 발짝 물러서서 새로운 옷장 레이아웃과 브라이언이 만든 새로운 의류 아이템을 감상해보세요. 훨씬 좋아졌네요! 생성된 아이템의 종류가 다양해졌고, 이번에는 품질이 좋지 않은 옷이 하나도 없습니다. 두 가지 변경 사항이 차이를 만든 것 같습니다!

이제 오토인코더 모델을 변이형 오토인코더로 바꾸어 더 정교한 생성 모델로 만들려면 어떻게 해야 하는지 알아보겠습니다.

인코더와 손실 함수를 바꾸어야 합니다.

3.3.1 인코더

오토인코더(AE)에서는 각 이미지가 잠재 공간의 한 포인트에 직접 매핑됩니다. VAE는 [그림 3-10]처럼 각 이미지가 잠재 공간에 있는 포인트 주변의 다변량 정규 분포^{multivariate normal distribution}에 매핑됩니다.

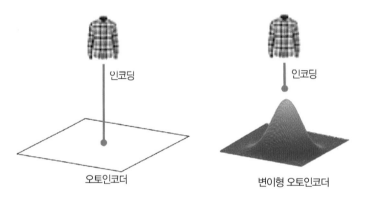

그림 3-10 오토인코더와 변이형 오토인코더에 있는 인코더의 차이점

다변량 정규 분포

정규 분포^{normal distribution}(또는 가우스 분포^{Gaussian distribution}) $N(\mu,\ \sigma)$는 **평균**^{mean}(μ)과 **분산** ^{variance}(σ^2) 2개의 변수로 정의되는 종 모양의 곡선이 특징인 확률분포입니다. **표준 편차**^{standard deviation}(σ)는 분산의 제곱근입니다.

1차원 정규 분포의 확률 밀도 함수^{probability density function}는 다음과 같습니다.

$$f(x \mid \mu, \sigma^2) = \frac{1}{\sqrt{2\pi\sigma^2}} e^{-\frac{(x-\mu)^2}{2\sigma^2}}$$

[그림 3-11]은 평균과 분산이 각기 다른 1차원 정규 분포 여러 개를 보여줍니다. 빨간색 곡선은 평균이 0이고 분산이 1인 **표준 정규 분포**^{standard normal distribution} $N(0, 1)$입니다.

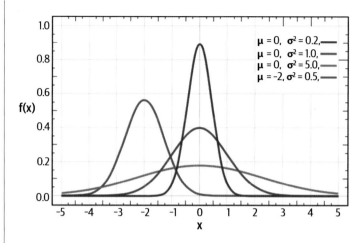

그림 3-11 1차원 정규 분포[4]

다음 공식을 사용해 평균이 μ이고 표준 편차가 σ인 정규 분포에서 포인트 z를 샘플링할 수 있습니다.

$$z = \mu + \sigma\epsilon$$

여기에서 ϵ는 표준 정규 분포에서 샘플링됩니다.

정규 분포 개념을 1차원 이상으로 확장할 수 있습니다. 평균 벡터가 μ이고 등방성isotropic 공분산 행렬이 Σ인 k 차원 다변량 정규 분포에 대한 확률 밀도 함수는 다음과 같습니다.

$$f(x_1, ..., x_k) = \frac{\exp\left(-\frac{1}{2}(\mathbf{x} - \mu)^T \Sigma^{-1}(\mathbf{x} - \mu)\right)}{\sqrt{(2\pi)^k |\Sigma|}}$$

이 책에서는 일반적으로 공분산 행렬이 대각행렬인 등방성 다변량 정규 분포를 사용할 것입니다. 이는 분포가 각 차원에서 독립적임을 의미합니다(즉, 벡터의 각 원소를 독립적인 평균과 분산을 가진 정규 분포에서 샘플링할 수 있습니다). 변이형 오토인코더에서 사용할 다변량 정규 분포가 바로 이러한 경우입니다.

다변량 표준 정규 분포multivariate standard normal distribution $N(0, \mathbf{I})$는 평균 벡터가 0이고 공분산 행렬이 단위 벡터인 다변량 분포입니다.

---

4 https://ko.wikipedia.org/wiki/정규_분포

인코더는 각 입력을 평균 벡터와 분산 벡터에 매핑하기만 하면 되며 차원 간 공분산을 신경 쓸 필요가 없습니다. 변이형 오토인코더는 잠재 공간에서 차원 간 상관관계가 없다고 가정합니다.

분산값은 항상 양수이어야 하므로 실제로는 분산의 로그에 매핑합니다. 분산의 로그는 $(-\infty, \infty)$ 범위의 모든 실수를 취할 수 있기 때문입니다. 이런 식으로 신경망을 인코더로 사용하여 입력 이미지를 평균 벡터와 로그 분산 벡터로 매핑할 수 있습니다.

요약하면 인코더는 입력 이미지를 받아 잠재 공간의 다변량 정규 분포를 정의하는 다음 2개의 벡터로 인코딩합니다.

z_mean

　　이 분포의 평균 벡터

z_log_var

　　차원별 분산의 로그 값

이런 값으로 정의된 분포에서 다음 식을 사용해 포인트 z를 샘플링할 수 있습니다.

```
z = z_mean + z_sigma * epsilon
```

여기에서 **z_sigma**와 **epsilon**은 다음과 같습니다.

```
z_sigma = exp(z_log_var * 0.5)
epsilon ~ N(0,I)
```

변이형 오토인코더의 디코더는 일반적인 오토인코더의 디코더와 동일합니다. 변이형 오토인코더의 전체 구조는 [그림 3-12]에 있습니다.

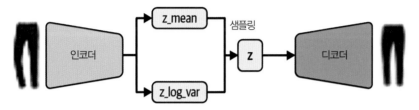

그림 3-12 변이형 오토인코더 구조

왜 이런 작은 변화로 인코더를 향상할 수 있을까요?

이전에는 잠재 공간을 연속적으로 만들 필요가 없었습니다. 예를 들어 포인트 (−2, 2)가 제대로 된 샘플 이미지로 디코딩하더라도 (−2.1, 2.1)이 비슷해야 할 필요가 없습니다. 이제는 z_mean 주변 영역에서 랜덤한 포인트를 샘플링하기 때문에 디코더는 재구성 손실이 작게 유지되도록 같은 영역에 위치한 포인트를 매우 비슷한 이미지로 디코딩해야 합니다. 이는 잠재 공간에서 본 적이 없는 포인트를 선택하더라도 디코더가 제대로 된 이미지로 디코딩할 가능성을 높이는 매우 훌륭한 성질입니다.

VAE 인코더 만들기

이제 케라스에서 이 새로운 버전의 인코더를 만드는 방법을 살펴보겠습니다.

먼저 [예제 3-11]과 같이 z_mean과 z_log_var로 정의된 분포에서 샘플링할 수 있는 Sampling 층을 만들어야 합니다.

예제 3-11 Sampling 층

```
class Sampling(layers.Layer): ❶
    def call(self, inputs):
        z_mean, z_log_var = inputs
        batch = tf.shape(z_mean)[0]
        dim = tf.shape(z_mean)[1]
        epsilon = K.random_normal(shape=(batch, dim))
        return z_mean + tf.exp(0.5 * z_log_var) * epsilon ❷
```

❶ 케라스의 Layer 층을 상속해 새로운 층을 만듭니다(하단의 'Layer 클래스 상속하기'를 참고하세요).

❷ 재매개변수화 트릭을 사용하여 z_mean과 z_log_var로 정의된 정규 분포에서 샘플을 만듭니다(다음 페이지의 '재매개변수화 트릭'을 참고하세요).

Layer 클래스 상속하기

케라스에서 추상 클래스 Layer를 상속하고 텐서를 어떻게 변형할지 기술하는 call 메서드를 정의하여 새로운 층을 만들 수 있습니다.

예를 들어 변이형 오토인코더에서는 파라미터 z_mean과 z_log_var로 정의된 정규 분포에서 z를 샘플링하기 위한 Sampling 층을 만듭니다.

이 방식은 케라스에서 제공하는 층에 포함되지 않은 변환을 텐서에 적용하고 싶을 때 유용합니다.

Sampling 층을 포함한 완전한 인코더 코드는 [예제 3-12]와 같습니다.

예제 3-12 인코더

```python
encoder_input = layers.Input(
    shape=(32, 32, 1), name="encoder_input"
)
x = layers.Conv2D(32, (3, 3), strides=2, activation="relu", padding="same")(
    encoder_input
)
x = layers.Conv2D(64, (3, 3), strides=2, activation="relu", padding="same")(x)
x = layers.Conv2D(128, (3, 3), strides=2, activation="relu", padding="same")(x)
shape_before_flattening = K.int_shape(x)[1:]

x = layers.Flatten()(x)
z_mean = layers.Dense(2, name="z_mean")(x) ❶
z_log_var = layers.Dense(2, name="z_log_var")(x)
z = Sampling()([z_mean, z_log_var]) ❷

encoder = models.Model(encoder_input, [z_mean, z_log_var, z], name="encoder") ❸
```

❶ Flatten 층을 2D 잠재 공간에 바로 연결하는 대신 z_mean과 z_log_var 층에 연결합니다.

❷ Sampling 층이 파라미터 z_mean과 z_log_var로 정의된 정규 분포에서 잠재 공간에 있는 z를 샘플링합니다.

❸ 케라스 Model 클래스로 인코더를 정의합니다. 이 모델은 입력 이미지를 받고 z_mean, z_log_var와 이런 파라미터로 정의된 정규 분포에서 샘플링된 포인트 z를 출력합니다.

인코더의 summary() 메서드 출력은 [표 3-4]와 같습니다.

표 3-4 VAE 인코더 모델의 summary() 출력

층 (타입)	출력 크기	파라미터 개수	상위 층
InputLayer (input)	(None, 32, 32, 1)	0	[]
Conv2D (conv2d_1)	(None, 16, 16, 32)	320	[input]
Conv2D (conv2d_2)	(None, 8, 8, 64)	18,496	[conv2d_1]
Conv2D (conv2d_3)	(None, 4, 4, 128)	73,856	[conv2d_2]
Flatten (flatten)	(None, 2048)	0	[conv2d_3]
Dense (z_mean)	(None, 2)	4,098	[flatten]
Dense (z_log_var)	(None, 2)	4,098	[flatten]
Sampling (z)	(None, 2)	0	[z_mean, z_log_var]
총 파라미터 개수		100,868	
훈련되는 파라미터 개수		100,868	
훈련되지 않는 파라미터 개수		0	

이제 원본 오토인코더에서 손실 함수만 바꾸면 됩니다.

3.3.2 손실 함수

이전에는 손실 함수가 원본 이미지와 인코더 및 디코더를 통과한 출력 사이의 **재구성 손실**
reconstruction loss로만 구성되었습니다. 재구성 손실은 VAE에도 사용됩니다. 하지만 VAE는 추가
로 쿨백–라이블러 발산Kullback – Leibler divergence (이하 KL 발산)을 사용합니다.[5]

KL 발산은 한 확률분포가 다른 분포와 얼마나 다른지를 측정하는 도구입니다. VAE에서 평균
이 z_mean이고 분산이 z_log_var인 정규 분포가 표준 정규 분포와 얼마나 다른지를 측정해야
합니다. 이런 경우에 KL 발산은 다음과 같이 계산됩니다.

---

5   옮긴이_ 이를 잠재 손실(latent loss)이라고도 부릅니다.

```
kl_loss = -0.5 * sum(1 + z_log_var - z_mean ^ 2 - exp(z_log_var))
```

수학적으로 나타내면 다음과 같습니다.

$$D_{KL}[N(\mu, \sigma) \| N(0, 1)] = -\frac{1}{2} \Sigma (1 + \log(\sigma^2) - \mu^2 - \sigma^2)$$

이 식의 덧셈은 잠재 공간의 모든 차원에 대해서 수행됩니다. 모든 차원의 z_mean = 0이고 z_log_var = 0일 때 kl_loss가 최소입니다. 이 두 항이 0에서 멀어지면 kl_loss는 증가합니다.

요약하면 KL 발산 항은 샘플을 표준 정규 분포(z_mean = 0, z_log_var = 0)에서 크게 벗어난 z_mean과 z_log_var 변수로 인코딩하는 네트워크에 벌칙을 가합니다.

왜 손실 함수에 KL 발산 항을 추가하면 도움이 될까요?

첫째, 잠재 공간에서 포인트를 선택할 때 사용할 수 있는 잘 정의된 분포(표준 정규 분포)를 가지게 됩니다. 둘째, 이 항이 모든 인코딩된 분포를 표준 정규 분포에 가깝게 되도록 강제합니다. 이에 따라 포인트 군집cluster 사이에 큰 간격이 생길 가능성이 적습니다. 대신 인코더는 원점 주변의 공간을 대칭적이고 효과적으로 사용하려고 합니다.

원본 VAE 논문에서 VAE의 손실 함수는 단순히 재구성 손실과 KL 발산 손실 항을 더한 것입니다. VAE의 한 변형(β-VAE)은 KL 발산에 가중치를 부여하는 요소를 포함해서 재구성 손실과 균형을 맞춥니다. 재구성 손실에 가중치를 너무 크게 주면 KL 손실이 만족할 만한 규제 효과를 내지 못하고 보통의 오토인코더에서 보았던 문제를 다시 겪게 됩니다. KL 발산 항에 너무 크게 가중치를 주면 KL 발산 손실에 압도되어 재구성 이미지 품질이 나빠집니다. 이 가중치는 VAE를 훈련할 때 튜닝해야 할 파라미터 중 하나입니다.

3.3.3 변이형 오토인코더 훈련

[예제 3-13]은 케라스의 추상 클래스인 Model 클래스를 상속하여 VAE 모델을 만드는 방법을 보여줍니다. 이렇게 하면 손실 함수의 KL 발산 항을 train_step 메서드에서 계산할 수 있습니다.

```python
class VAE(models.Model):
    def __init__(self, encoder, decoder, **kwargs):
        super(VAE, self).__init__(**kwargs)
        self.encoder = encoder
        self.decoder = decoder
        self.total_loss_tracker = metrics.Mean(name="total_loss")
        self.reconstruction_loss_tracker = metrics.Mean(
            name="reconstruction_loss"
        )
        self.kl_loss_tracker = metrics.Mean(name="kl_loss")

    @property
    def metrics(self):
        return [
            self.total_loss_tracker,
            self.reconstruction_loss_tracker,
            self.kl_loss_tracker,
        ]

    def call(self, inputs): ❶
        z_mean, z_log_var, z = encoder(inputs)
        reconstruction = decoder(z)
        return z_mean, z_log_var, reconstruction

    def train_step(self, data): ❷
        with tf.GradientTape() as tape:
            z_mean, z_log_var, reconstruction = self(data)
            reconstruction_loss = tf.reduce_mean(
                500
                * losses.binary_crossentropy(
                    data, reconstruction, axis=(1, 2, 3)
                )
            ) ❸
            kl_loss = tf.reduce_mean(
                tf.reduce_sum(
                    -0.5
                    * (1 + z_log_var - tf.square(z_mean) - tf.exp(z_log_var)),
                    axis = 1,
                )
            )
            total_loss = reconstruction_loss + kl_loss ❹
```

```
            grads = tape.gradient(total_loss, self.trainable_weights)
            self.optimizer.apply_gradients(zip(grads, self.trainable_weights))

            self.total_loss_tracker.update_state(total_loss)
            self.reconstruction_loss_tracker.update_state(reconstruction_loss)
            self.kl_loss_tracker.update_state(kl_loss)

            return {m.name: m.result() for m in self.metrics}

vae = VAE(encoder, decoder)
vae.compile(optimizer="adam")
vae.fit(
    train,
    epochs=5,
    batch_size=100
)
```

❶ 함수는 특정 입력 이미지에서 VAE를 호출했을 때 반환값을 기술합니다.

❷ 이 함수는 손실 함수 계산을 포함하여 VAE의 훈련 스텝을 수행합니다.

❸ 재구성 손실에 베타 값으로 500이 사용됩니다.

❹ 총손실은 재구성 손실과 KL 발산 손실의 합입니다.

> **NOTE_ 그레이디언트 테이프**
> 텐서플로의 **그레이디언트 테이프**^{Gradient Tape}는 모델의 정방향 계산 동안 실행된 연산의 그레이디언트를 계산하는 메커니즘입니다. 이를 사용하려면 미분하려는 연산을 담은 코드를 **tf.GradientTape()**로 감싸야 합니다. 연산이 기록된 다음에 **tape.gradient()**를 호출하여 어떤 변수에 대한 손실 함수의 그레이디언트를 계산할 수 있습니다. 이 그레이디언트를 사용해 옵티마이저의 변수를 업데이트합니다.
> 이 메커니즘은 (여기에서처럼) 사용자 정의 손실 함수의 그레이디언트를 계산하거나 사용자 정의 훈련 반복을 만들 때 유용합니다(4장 참조).

3.3.4 VAE 분석

이제 VAE를 훈련시켰으므로 인코더를 사용하여 테스트 세트의 이미지를 인코딩하고 z_mean 값을 잠재 공간에 나타낼 수 있습니다. 또한 표준 정규 분포에서 샘플링하여 잠재 공간에 포인트를 생성하고 디코더로 이런 포인트를 다시 픽셀 공간으로 디코딩하여 VAE의 성능을 확인할 수 있습니다.

[그림 3-13]은 새로운 잠재 공간의 구조와 샘플링된 일부 포인트, 디코딩된 이미지를 보여줍니다. 잠재 공간의 구조에서 몇 가지 변화를 즉시 확인할 수 있습니다.

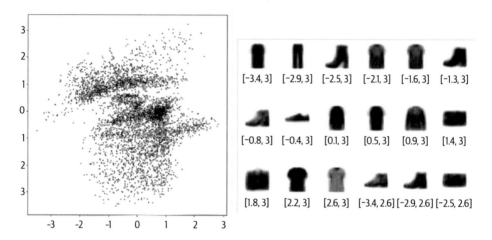

그림 3-13 새로운 잠재 공간: 검은색 점은 인코딩된 각 이미지의 z_mean 값을 나타내고, 파란색 점은 잠재 공간에서 샘플링된 일부 포인트를 나타냄(오른쪽은 디코딩된 이미지임)

첫째, KL 발산 손실 항이 **z_mean**과 **z_log_var** 값이 표준 정규 분포에서 너무 멀리 벗어나지 않도록 합니다. 둘째, 잘못된 형태로 생성된 이미지가 그리 많지 않습니다. 인코더가 결정적이지 않고 확률적이므로 잠재 공간이 국부적으로 연속적이기 때문입니다.

마지막으로 의류 종류별로 잠재 공간의 포인트를 색으로 나타나면(그림 3-14), 어느 한 종류가 우세하지 않습니다. 오른쪽 그래프는 잠재 공간을 p-값으로 변환한 것입니다.[6] 이 그래프에서 색깔마다 거의 비슷한 영역을 차지합니다. 여기에서도 훈련 과정에 레이블이 사용되지 않았음을 꼭 기억하세요. VAE는 재구성 손실이 최소화되도록 스스로 여러 가지 의류 형태를 학습합니다.

6　옮긴이_ 이 그래프는 scipy.stats 모듈에 있는 norm 객체의 cdf() 메서드를 호출하여 만들었습니다. 이 메서드는 $(-\infty, \infty)$ 사이의 정규 분포값을 $(0, 1)$ 사이의 확률값으로 변환합니다.

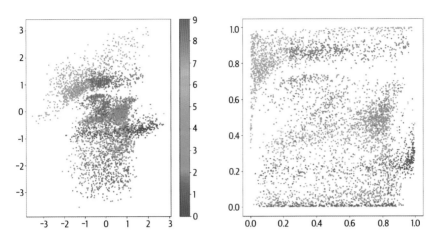

그림 3-14 의류 종류별로 색깔을 입힌 VAE의 잠재 공간

3.4 잠재 공간 탐색하기

지금까지 2차원 잠재 공간에 한정해서 AE와 VAE를 다루었습니다. VAE의 내부 작동 방식을 종이에 시각화하기에 좋기 때문입니다. AE 구조를 조금 바꿔서 생성 모델로 사용할 수 있는 강력한 네트워크를 만든 이유를 이해하는 데도 도움이 됩니다.

이제 더 복잡한 데이터셋을 다루어보죠. 잠재 공간의 차원을 늘렸을 때 VAE의 놀라운 능력을 확인해보겠습니다.

> **NOTE_ 예제 코드 실행하기**
> 이 예제 코드는 책 저장소에 있는 주피터 노트북 notebooks/03_vae/03_vae_faces/vae_faces.ipynb에 있습니다.

3.4.1 CelebA 데이터셋

CelebA^{CelebFaces Attributes} 데이터셋(https://oreil.ly/tEUnh)을 사용하여 VAE를 훈련시켜 보겠습니다. 이는 유명 인사의 컬러 이미지 200,000개를 모아 놓은 데이터셋입니다. 각 샘플에는 여러 레이블(예: 모자를 씀, 미소)이 있습니다. [그림 3-15]에 몇 개의 샘플이 있습니다.

안경		모자를 씀
뱅 스타일		웨이브 스타일
끝이 뾰족한 코		코밑수염
계란형 얼굴		미소

그림 3-15 CelebA 데이터셋 샘플[7]

물론 VAE를 훈련할 때 레이블이 필요하지 않습니다. 하지만 나중에 다차원 잠재 공간에서 어떻게 특성이 감지되었는지 탐색할 때 레이블을 사용하겠습니다. VAE가 훈련되면 잠재 공간에서 샘플링하여 새로운 유명 인사 얼굴을 생성할 수 있습니다.

CelebA 데이터셋은 캐글에서도 제공하므로 [예제 3-14]처럼 책 저장소에 있는 캐글 데이터셋 다운로드 스크립트를 실행하여 데이터셋를 다운로드할 수 있습니다.[8] 이미지와 메타데이터가 로컬 /data 폴더에 저장됩니다.

예제 3-14 CelebA 데이터셋 다운로드

```
bash scripts/downloaders/download_kaggle_data.sh jessicali9530 celeba-dataset
```

---

7 출처: Liu et al., 2015. http://mmlab.ie.cuhk.edu.hk/projects/CelebA.html. 옮긴이_ 캐글 사이트에서도 이 데이터셋을 다운로드할 수 있습니다(https://www.kaggle.com/jessicali9530/celeba-dataset).

8 옮긴이_ 이 스크립트는 도커를 사용합니다. 코랩에서 CelebA 데이터셋을 다운로드하는 방법은 주피터 노트북을 참고하세요.

[예제 3-15]처럼 케라스 함수 **image_dataset_from_directory**를 사용하여 이미지가 저장된 디렉터리로부터 텐서플로 데이터셋을 생성합니다. 이렇게 하면 필요할 때(예: 훈련 중)만 이미지 배치를 메모리로 읽을 수 있으므로 대용량 데이터셋으로 작업하는 경우 전체 데이터셋이 메모리에 맞지 않을지 걱정하지 않아도 됩니다. 또한 이미지 크기를 64×64로 조정하고 픽셀 사이를 보간합니다.

예제 3-15 CelebA 데이터셋 로드하기

```
train_data = utils.image_dataset_from_directory(
    "/app/data/celeba-dataset/img_align_celeba/img_align_celeba",
    labels=None,
    color_mode="rgb",
    image_size=(64, 64),
    batch_size=128,
    shuffle=True,
    seed=42,
    interpolation="bilinear",
)
```

원본 데이터는 [0, 255] 범위로 픽셀 강도를 나타냅니다. [예제 3-16]과 같이 이를 [0, 1] 범위로 다시 조정합니다.

예제 3-16 CelebA 데이터셋 전처리하기

```
def preprocess(img):
    img = tf.cast(img, "float32") / 255.0
    return img

train = train_data.map(lambda x: preprocess(x))
```

3.4.2 변이형 오토인코더 훈련

이 얼굴 모델의 네트워크 구조는 패션 MNIST 예제와 비슷합니다. 몇 가지 다른 점은 다음과 같습니다.

1. 이 데이터의 입력 채널은 1개(흑백)가 아니라 3개(RGB)입니다. 따라서 디코더의 마지

막에 있는 전치 합성곱 층의 채널의 수를 바꾸어야 합니다.

2. 사용할 잠재 공간의 차원 수는 2개가 아니라 200개입니다. 얼굴은 패션 MNIST 이미지보다 훨씬 복잡하기 때문에 이미지에 있는 상세 정보를 충분히 인코딩하려고 잠재 공간의 차원을 늘렸습니다.

3. 안정적인 훈련을 위해 각 합성곱 층 뒤에 배치 정규화 층을 둡니다. 각 배치의 실행 속도는 느려지지만 동일한 수준의 손실에 도달하는 데 필요한 배치 횟수는 크게 줄어듭니다.

4. KL 발산을 위한 β 인수를 2,000으로 높였습니다. 이 파라미터는 튜닝이 필요하기 때문에 이 데이터셋과 이 네트워크 구조에서 좋은 성능을 내는 값을 찾은 것입니다.

인코더와 디코더 전체 구조가 [표 3-5]와 [표 3-6]에 있습니다.

표 3-5 CelebA 데이터셋용 VAE의 인코더

층 (타입)	출력 크기	파라미터 개수	연결 층
InputLayer (input)	(None, 32, 32, 3)	0	[]
Conv2D (conv2d_1)	(None, 16, 16, 128)	3,584	[input]
BatchNormalization (bn_1)	(None, 16, 16, 128)	512	[conv2d_1]
LeakyReLU (lr_1)	(None, 16, 16, 128)	0	[bn_1]
Conv2D (conv2d_2)	(None, 8, 8, 128)	147,584	[lr_1]
BatchNormalization (bn_2)	(None, 8, 8, 128)	512	[conv2d_2]
LeakyReLU (lr_2)	(None, 8, 8, 128)	0	[bn_2]
Conv2D (conv2d_3)	(None, 4, 4, 128)	147,584	[lr_2]
BatchNormalization (bn_3)	(None, 4, 4, 128)	512	[conv2d_3]
LeakyReLU (lr_3)	(None, 4, 4, 128)	0	[bn_3]
Conv2D (conv2d_4)	(None, 2, 2, 128)	147,584	[lr_3]
BatchNormalization (bn_4)	(None, 2, 2, 128)	512	[conv2d_4]
LeakyReLU (lr_4)	(None, 2, 2, 128)	0	[bn_4]
Flatten (flatten)	(None, 512)	0	[lr_4]
Dense (z_mean)	(None, 200)	102,600	[flatten]
Dense (z_log_var)	(None, 200)	102,600	[flatten]
Sampling (z)	(None, 200)	0	[z_mean, z_log_var]

총 파라미터 개수		653,584
훈련되는 파라미터 개수		652,560
훈련되지 않는 파라미터 개수		1,024

표 3-6 CelebA 데이터셋용 VAE의 디코더

층 (타입)	출력 크기	파라미터 개수
InputLayer	(None, 200)	0
Dense	(None, 512)	102,912
BatchNormalization	(None, 512)	2,048
LeakyReLU	(None, 512)	0
Reshape	(None, 2, 2, 128)	0
Conv2DTranspose	(None, 4, 4, 128)	147,584
BatchNormalization	(None, 4, 4, 128)	512
LeakyReLU	(None, 4, 4, 128)	0
Conv2DTranspose	(None, 8, 8, 128)	147,584
BatchNormalization	(None, 8, 8, 128)	512
LeakyReLU	(None, 8, 8, 128)	0
Conv2DTranspose	(None, 16, 16, 128)	147,584
BatchNormalization	(None, 16, 16, 128)	512
LeakyReLU	(None, 16, 16, 128)	0
Conv2DTranspose	(None, 32, 32, 128)	147,584
BatchNormalization	(None, 32, 32, 128)	512
LeakyReLU	(None, 32, 32, 128)	0
Conv2DTranspose	(None, 32, 32, 3)	3,459

총 파라미터 개수		700,803
훈련되는 파라미터 개수		698,755
훈련되지 않는 파라미터 개수		2,048

VAE를 다섯 번 에폭 정도 훈련하면 새로운 얼굴을 만들 수 있을 것입니다!

3.4.3 VAE 분석

먼저 재구성된 얼굴 샘플을 살펴보죠. [그림 3-16]의 첫 번째 행이 원본 이미지고 두 번째 행이 인코더와 디코더를 통과하여 재구성된 이미지입니다.

실제 얼굴

재구성

그림 3-16 인코더와 디코더를 통과하여 재구성된 이미지

VAE가 얼굴 각도, 헤어 스타일, 표정 등 얼굴의 핵심 특징을 성공적으로 잡아내었습니다. 세부적인 사항은 일부 잃어버렸지만 VAE를 만드는 목적이 완벽한 재구성 손실을 달성하려는 것이 아님을 기억하세요. 최종 목적은 잠재 공간에서 샘플링하여 새로운 얼굴 이미지를 생성하는 것입니다.

이를 위해 잠재 공간의 포인트 분포가 다변량 표준 정규 분포와 비슷한지 확인해야 합니다. 어떤 차원이 표준 정규 분포와 크게 다르다면 KL 발산 항이 충분히 영향을 미치지 못한다는 뜻이므로 재구성 손실 가중치를 줄여야 합니다.

잠재 공간의 처음 50개 차원이 [그림 3-17]에 있습니다. 표준 정규 분포와 크게 달라 보이는 분포가 하나도 없습니다. 이제 얼굴 이미지를 생성해볼 수 있겠군요!

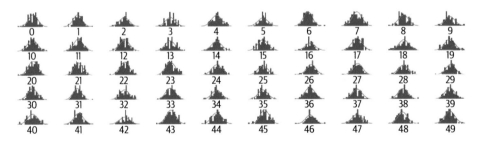

그림 3-17 잠재 공간에 있는 처음 50개 차원의 포인트 분포

3.4.4 새로운 얼굴 생성

[예제 3-17]에 있는 코드를 사용해 새로운 얼굴을 생성할 수 있습니다.

예제 3-17 잠재 공간에서 새로운 얼굴 생성하기

```
grid_width, grid_height = (10,3)
z_sample = np.random.normal(size=(grid_width * grid_height, 200)) ❶

reconstructions = decoder.predict(z_sample) ❷

fig = plt.figure(figsize=(18, 5))
fig.subplots_adjust(hspace=0.4, wspace=0.4)
for i in range(grid_width * grid_height):
    ax = fig.add_subplot(grid_height, grid_width, i + 1)
    ax.axis("off")
    ax.imshow(reconstructions[i, :, :]) ❸
```

❶ 다변량 표준 정규 분포에서 차원이 200개인 30개의 포인트를 샘플링합니다.

❷ 이 포인트를 디코딩합니다.

❸ 이미지를 출력합니다!

[그림 3-18]은 출력 결과입니다.

그림 3-18 새롭게 생성된 얼굴 이미지

놀랍게도 이 VAE는 표준 정규 분포에서 샘플링된 포인트를 받아 확실한 사람의 얼굴 이미지로 변환했습니다. 생성 모델의 진정한 힘을 처음으로 엿보았습니다!

이제 잠재 공간을 사용하여 생성된 이미지에 어떤 흥미로운 연산을 수행할 수 있는지 살펴보겠습니다.

3.4.5 잠재 공간상의 계산

이미지를 저차원 잠재 공간으로 매핑하면 잠재 공간의 벡터에 대해 연산을 수행할 수 있다는 장점이 있습니다. 연산의 결과를 원본 이미지 차원으로 디코딩하면 시각적으로 비슷한 효과를 만듭니다.

예를 들어 슬픈 표정의 얼굴 이미지를 미소로 바꾸고 싶다고 가정해보죠. 먼저 잠재 공간에서 미소가 많아지는 방향의 벡터를 찾아야 합니다. 이 벡터를 잠재 공간에 있는 원본 이미지의 인코딩에 더합니다. 이 새로운 포인트를 디코딩했을 때 원본보다 더 미소를 띤 이미지를 얻을 수 있습니다.

어떻게 미소 벡터를 찾을 수 있을까요? CelebA 데이터셋의 각 이미지는 여러 속성으로 레이블되어 있습니다. 그중의 하나가 smiling입니다. smiling 속성이 있는 이미지가 잠재 공간에 인코딩된 평균 위치에서 smiling 속성이 없는 이미지가 인코딩된 평균 위치를 빼면 미소가 없는 곳에서 미소가 있는 곳으로 향하는 벡터를 얻을 수 있습니다. 바로 이 벡터가 우리가 원하는 것입니다.

개념적으로는 잠재 공산에서 다음 벡터 연산을 수행합니다. `alpha`는 특성 벡터를 얼마나 더하고 뺄지 결정합니다.

```
z_new = z + alpha * feature_vector
```

실제로 이를 적용해보죠. [그림 3-19]는 잠재 공간에 인코딩된 몇 개의 이미지를 보여줍니다. 특정 벡터(예: 미소 벡터, 흑발 벡터, 안경 벡터, 나이 벡터, 남성 벡터, 금발 벡터)를 더하거나 빼면 해당 특성만 변화되는 다른 버전의 이미지를 얻습니다.

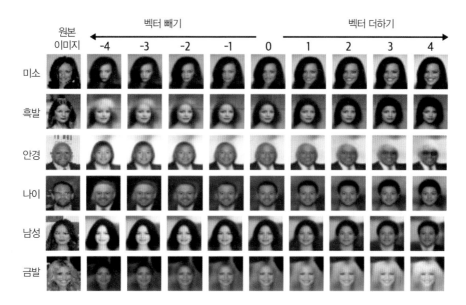

그림 3-19 얼굴 이미지에서 특성을 더하거나 빼기

잠재 공간에서 포인트를 상당히 크게 움직였지만, 핵심 이미지는 거의 변하지 않고 조작하려는 특성만 바뀌었다는 것이 매우 놀랍습니다. 이 예제는 이미지에서 고수준 특성을 잡아내고 조작하는 VAE의 강력함을 잘 보여줍니다.

3.4.6 얼굴 합성

비슷한 아이디어를 사용해 두 얼굴을 합성할 수 있습니다. 잠재 공간에서 2개의 이미지를 나타내는 포인트 A와 B를 생각해보죠. 포인트 A에서부터 포인트 B까지 직선을 긋고 그 위를 이동하면서 각 지점의 포인트를 디코딩하면 시작 포인트의 얼굴이 점차 종료 포인트의 얼굴로 바뀌는 모습을 볼 수 있습니다.

수학적으로는 다음 식을 사용하여 이 직선 위를 이동합니다.

```
z_new = z_A * (1 - alpha) + z_B * alpha
```

여기에서 `alpha`는 0과 1 사이의 값으로, 포인트 A에서부터 직선을 따라 얼마나 멀리 떨어져 있는지를 결정합니다.

[그림 3-20]은 이 과정을 수행한 결과입니다. 두 이미지를 선택해 잠재 공간으로 인코딩하고 일정한 간격으로 두 이미지 사이의 포인트를 디코딩합니다.

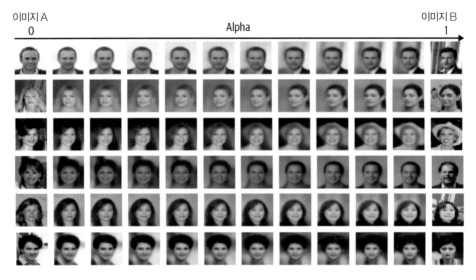

그림 3-20 두 얼굴의 합성

얼마나 부드럽게 변환되는지 주목할 필요가 있습니다. 여러 가지 특징(예: 안경 유무, 머리 색깔, 성별)이 동시에 바뀌는데도 VAE는 이를 부드럽게 처리합니다. 이 VAE의 잠재 공간은 정말 연속적인 공간입니다. 이 공간을 탐험하여 다양한 사람의 얼굴을 생성할 수 있습니다.

3.5 요약

이 장에서 생성 모델링 도구로서 VAE가 얼마나 강력한지 알아보았습니다. 먼저 평범한 오토인코더(AE)를 사용하여 고차원 이미지를 저차원 잠재 공간으로 매핑할 수 있음을 보았습니다. 이를 통해 특별한 정보가 없는 개별 픽셀에서 고수준 특성을 추출할 수 있습니다. 하지만 평범한 오토인코더를 생성 모델로 사용하려면 단점이 금방 드러납니다. 여러 가지 이유 때문에 학습된 잠재 공간에서 샘플링하는 데 문제가 발생합니다.

VAE는 모델에 무작위성을 주입하고 포인트가 잠재 공간에 분포되는 방식을 제한함으로써 이런 문제를 해결합니다. 약간의 수정만으로 오토인코더를 VAE로 바꿀 수 있고 생성 모델로서 강력한 성능을 발휘하게 합니다.

마지막으로 얼굴 이미지 생성 문제에 이 새로운 기술을 적용하였습니다. 표준 정규 분포에서 포인트를 선택하여 새로운 얼굴을 만드는 방법을 알아보았습니다. 또한 잠재 공간에서 벡터 연산을 수행하면 얼굴 합성이나 특징 바꾸기와 같은 놀라운 효과를 만들 수 있습니다.

다음 장에서 이미지 생성 모델링에서 널리 사용하는 또 다른 생성 모델인 생성적 적대 신경망 generative adversarial network (GAN)을 알아보겠습니다.

CHAPTER 4

생성적 적대 신경망

이 장의 목표

- 생성적 적대 신경망generative adversarial network(GAN)의 구조를 배웁니다.
- 케라스로 심층 합성곱 GAN(DCGAN)을 만들고 훈련합니다.
- DCGAN을 사용해 새로운 이미지를 생성합니다.
- DCGAN을 훈련할 때 마주치는 일반적인 문제를 이해합니다.
- 와서스테인 GANWasserstein GAN(WGAN) 구조가 어떻게 이런 문제를 해결하는지 배웁니다.
- 손실 함수에 그레이디언트 페널티gradient penalty(GP) 항을 추가하는 것과 같은 WGAN의 추가 개선 사항을 이해합니다.
- 케라스를 사용해 WGAN-GP를 만듭니다.
- WGAN-GP로 얼굴 이미지를 생성합니다.
- 조건부 GANconditional GAN(CGAN)이 주어진 레이블로 생성된 출력에 조건을 부여하는 방법을 배웁니다.
- 케라스로 CGAN을 만들고 훈련하며, 이를 사용해 생성된 이미지를 조작합니다.

2014년 몬트리올에서 열린 신경정보처리시스템학회Neural Information Processing Systems(NeurIPS) 컨퍼런스에서 이안 굿펠로Ian Goodfellow 등은 「Generative Adversarial Nets」라는 제목의 논문[1]을 발표했습니다. (일반적으로 GAN으로 더 잘 알려진) 생성적 적대 신경망generative adversarial network의 발견은 생성 모델링의 역사에서 중요한 전환점입니다. 이 논문에서 제시된 핵심 아이디어가 매우 성공적이고 인상적인 생성 모델의 일부를 탄생시켰기 때문입니다.

이 장에서는 먼저 GAN의 이론적 토대를 마련한 다음 케라스를 사용하여 GAN을 만드는 방법을 살펴보겠습니다.

---

[1] Ian J. Goodfellow et al., "Generative Adversarial Nets," June 10, 2014, https://arxiv.org/abs/1406.2661.

4.1 소개

GAN 훈련 과정의 기본 개념을 이해하는 데 도움이 되는 간단한 이야기로 시작해보죠.

브릭키 벽돌과 위조범

오늘은 각종 모양의 고품질 벽돌을 전문으로 생산하는 회사인 브릭키[Brickki]의 품질 관리 책임자로서 새로운 직장에 처음 출근한 날입니다(그림 4-1).

그림 4-1 각종 모양과 크기의 벽돌을 만드는 회사의 생산 라인(미드저니로 생성함)

생산 라인에서 출고되는 일부 품목에 문제가 있다는 알림이 울렸습니다. 경쟁 업체가 브릭키 벽돌의 위조품을 만들기 시작했고, 고객이 받는 화물에 이를 섞어 넣었다고 합니다. 위조 벽돌과 진품을 구별하는 전문가가 되어 고객에게 전달되기 전에 생산 라인에서 위조 벽돌을 가로채야 합니다. 시간이 흐르면 고객의 피드백을 들으면서 점차 위조품을 찾아내는 데 능숙해집니다.

위조범들은 여러분의 향상된 탐지 능력에 반응하여 위조 프로세스를 일부 변경하여 진짜와 가짜를 구분하기 더욱 어렵게 만듭니다.

여러분은 포기하지 않고 더 정교한 위조품을 식별할 수 있도록 재교육받고 위조범들보다 한 발앞서 나가려고 노력합니다. 이 과정이 계속되는 동안 위조범은 벽돌 제작 기술을 계속 업데이트하고, 여러분은 위조품을 차단하는 데 점점 더 능숙해지려고 노력합니다.

시간이 지날수록 진짜 브릭키 벽돌과 위조범들이 만든 벽돌을 구분하기가 점점 더 어려워집니다. 이런 간단한 경쟁 게임만으로도 위조의 품질과 탐지 품질이 크게 향상되는 것 같습니다.

브릭키 벽돌과 위조범의 이야기는 생성적 적대 신경망의 훈련 과정을 설명합니다.

GAN은 **생성자**generator와 **판별자**discriminator라는 두 적대자 간의 싸움입니다. 생성자는 랜덤한 잡음을 원래 데이터셋에서 샘플링한 것처럼 보이는 샘플로 변환합니다. 판별자는 샘플이 원래 데이터셋에서 나왔는지 아니면 생성자의 위조품인지를 예측합니다. [그림 4-2]는 두 네트워크의 입력과 출력 예입니다.

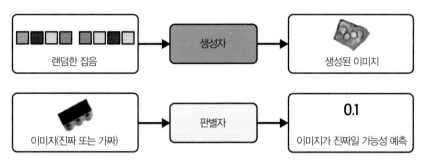

그림 4-2 GAN에서 두 네트워크의 입력 및 출력

처음 시작될 때 생성자는 잡음 이미지를 출력하고 판별자는 무작위로 예측합니다. GAN의 핵심은 두 네트워크의 훈련을 번갈아가며 진행하는 방식에 있습니다. 생성자가 판별자를 속이는 데 능숙해지면 판별자는 이에 적응해서 어떤 샘플이 가짜인지 정확하게 식별해야 합니다. 이에 따라 생성자는 판별자를 속일 새로운 방법을 찾게 되고, 이러한 순환이 계속됩니다.

4.2 심층 합성곱 GAN(DCGAN)

케라스로 첫 번째 GAN을 만들어 벽돌 사진을 생성해 이를 실제로 확인해보겠습니다.

GAN을 다룬 초기 주요 논문인 2015년 논문 「Unsupervised Representation Learning with Deep Convolutional Generative Adversarial Networks」[2]에서 저자들은 심층 합성곱 GAN을 만들어 다양한 데이터셋에서 사실적인 이미지를 생성하는 방법을 보여줍니다. 또한 몇 가지를 변경해서 생성된 이미지의 품질을 크게 향상했습니다.

---

2 Alec Radford et al., "Unsupervised Representation Learning with Deep Convolutional Generative Adversarial Networks," January 7, 2016, https://arxiv.org/abs/1511.06434.

4.2.1 레고 블록 데이터셋

먼저 훈련 데이터를 다운로드해야 합니다. 여기서는 캐글에 있는 레고 블록 이미지 데이터셋 (https://oreil.ly/3vp9f)을 사용하겠습니다. 이 데이터는 다양한 각도에서 촬영한 50가지 장난감 블록을 컴퓨터로 렌더링한 사진 이미지 40,000장을 모아 놓은 것입니다. [그림 4-3]에 레고 블록 데이터의 몇 가지 예시 이미지가 있습니다.

그림 4-3 레고 블록 데이터셋의 이미지 예시

[예제 4-1]과 같이 책 저장소에 있는 캐글 데이터셋 다운로드 스크립트를 실행하여 이 데이터셋을 다운로드할 수 있습니다.[3] 이렇게 하면 이미지와 함께 제공되는 메타데이터가 로컬 /data 폴더에 저장됩니다.

예제 4-1 레고 블록 데이터셋 다운로드하기

```
bash scripts/downloaders/download_kaggle_data.sh joosthazelzet lego-brick-images
```

[예제 4-2]처럼 케라스 함수 image_dataset_from_directory를 사용하여 이미지가 저장된 디렉터리를 가리키는 텐서플로 데이터셋를 생성합니다. 이렇게 하면 필요할 때(예: 훈련 중)만 이미지 배치를 메모리로 읽을 수 있으므로 대용량 데이터셋로 작업할 때 전체 데이터셋이 메모리에 맞지 않을 걱정을 하지 않아도 됩니다. 또한 이미지 크기를 64×64로 조정하고 픽셀 사이를 보간합니다.

---

3   옮긴이_ 이 스크립트는 도커를 사용합니다. 코랩에서 레고 블록 데이터셋을 다운로드하는 방법은 주피터 노트북을 참고하세요.

```
train_data = utils.image_dataset_from_directory(
    "/app/data/lego-brick-images/dataset/",
    labels=None,
    color_mode="grayscale",
    image_size=(64, 64),
    batch_size=128,
    shuffle=True,
    seed=42,
    interpolation="bilinear",
)
```

원본 데이터는 [0, 255] 범위로 픽셀 강도를 나타냅니다. GAN을 훈련할 때 데이터를 [-1, 1] 범위로 스케일을 재조정합니다. 생성자의 마지막 층에서 시그모이드 함수보다 일반적으로 더 강한 그레이디언트를 제공하는 tanh 활성화 함수를 사용하기 위해서입니다(예제 4-3).

예제 4-3 레고 블록 데이터셋 전처리하기

```
def preprocess(img):
    img = (tf.cast(img, "float32") - 127.5) / 127.5
    return img


train = train_data.map(lambda x: preprocess(x))
```

그럼 이제 판별자를 만드는 방법을 알아보겠습니다.

4.2.2 판별자

판별자의 목표는 이미지가 진짜인지 가짜인지 예측하는 것입니다. 이는 지도 학습의 이미지 분류 문제이므로 2장에서와 비슷한 구조를 사용할 수 있습니다. 합성곱 층을 쌓고 하나의 유닛으로 출력을 생성합니다.

판별자의 전체 구조는 [표 4-1]에 있습니다.

표 4-1 판별자 모델의 summary() 메서드 출력

층 (타입)	출력 크기	파라미터 개수
InputLayer	(None, 64, 64, 1)	0
Conv2D	(None, 32, 32, 64)	1,024
LeakyReLU	(None, 32, 32, 64)	0
Dropout	(None, 32, 32, 64)	0
Conv2D	(None, 16, 16, 128)	131,072
BatchNormalization	(None, 16, 16, 128)	512
LeakyReLU	(None, 16, 16, 128)	0
Dropout	(None, 16, 16, 128)	0
Conv2D	(None, 8, 8, 256)	524,288
BatchNormalization	(None, 8, 8, 256)	1,024
LeakyReLU	(None, 8, 8, 256)	0
Dropout	(None, 8, 8, 256)	0
Conv2D	(None, 4, 4, 512)	2,097,152
BatchNormalization	(None, 4, 4, 512)	2,048
LeakyReLU	(None, 4, 4, 512)	0
Dropout	(None, 4, 4, 512)	0
Conv2D	(None, 1, 1, 1)	8,192
Flatten	(None, 1)	0
총 파라미터 개수		2,765,312
훈련되는 파라미터 개수		2,763,520
훈련되지 않는 파라미터 개수		1,792

케라스로 이 판별자를 만드는 코드는 [예제 4-4]와 같습니다.

예제 4-4 판별자

```
discriminator_input = layers.Input(shape=(64, 64, 1)) ❶
x = layers.Conv2D(
    64, kernel_size=4, strides=2, padding="same", use_bias = False
)(discriminator_input) ❷
```

```
x = layers.LeakyReLU(0.2)(x)
x = layers.Dropout(0.3)(x)
x = layers.Conv2D(
    128, kernel_size=4, strides=2, padding="same", use_bias = False
)(x)
x = layers.BatchNormalization(momentum = 0.9)(x)
x = layers.LeakyReLU(0.2)(x)
x = layers.Dropout(0.3)(x)
x = layers.Conv2D(
    256, kernel_size=4, strides=2, padding="same", use_bias = False
)(x)
x = layers.BatchNormalization(momentum = 0.9)(x)
x = layers.LeakyReLU(0.2)(x)
x = layers.Dropout(0.3)(x)
x = layers.Conv2D(
    512, kernel_size=4, strides=2, padding="same", use_bias = False
)(x)
x = layers.BatchNormalization(momentum = 0.9)(x)
x = layers.LeakyReLU(0.2)(x)
x = layers.Dropout(0.3)(x)
x = layers.Conv2D(
    1,
    kernel_size=4,
    strides=1,
    padding="valid",
    use_bias = False,
    activation = 'sigmoid'
)(x)
discriminator_output = layers.Flatten()(x) ❸

discriminator = models.Model(discriminator_input, discriminator_output) ❹
```

❶ 판별자의 Input 층(이미지)을 정의합니다.

❷ Conv2D 층을 쌓고 그 사이에 BatchNormalization, LeakyReLU, Dropout 층을 놓습니다.

❸ 마지막 합성곱 층의 출력을 펼칩니다. 이 지점에서 텐서의 크기는 $1 \times 1 \times 1$입니다. 따라서 마지막 Dense 층이 필요하지 않습니다.

❹ 판별자 모델을 만듭니다. 이 모델은 입력 이미지를 받아 0과 1 사이의 숫자 하나를 출력합니다.

일부 Conv2D 층에 스트라이드를 2로 지정했습니다. 이에 따라 텐서가 네트워크를 통과하면서 공간 방향 크기가 줄어듭니다(원본 이미지는 64, 32, 16, 8, 4로 줄어들다가 마지막에는 1이 됩니다). 반면 채널 수는 마지막 예측을 만들기 전까지 증가합니다(흑백 입력 이미지는 1, 64, 128, 256으로 증가하다가 마지막에는 512가 됩니다).

마지막 Conv2D 층에 시그모이드 활성화 함수를 사용해 0과 1 사이의 숫자를 출력합니다.

4.2.3 생성자

이제 생성자를 만들어보죠. 생성자의 입력은 다변량 표준 정규 분포에서 뽑은 벡터입니다. 출력은 원본 훈련 데이터에 있는 이미지와 동일한 크기의 이미지입니다.

이 설명을 보고 변이형 오토인코더의 디코더를 떠올릴지도 모르겠습니다. 실제로 GAN의 생성자는 잠재 공간의 벡터를 이미지로 변환하는 VAE의 디코더와 정확히 동일한 목적을 수행합니다. 잠재 공간에서 원래 도메인으로 다시 매핑하는 개념은 생성 모델링에서 매우 일반적입니다. 잠재 공간의 벡터를 조작하여 원래 도메인에서 이미지의 고수준 특성을 바꾸는 기능을 제공하기 때문입니다.

생성자의 구조는 [표 4-2]와 같습니다.

표 4-2 생성자 모델의 summary() 메서드 출력

층 (타입)	출력 크기	파라미터 개수
InputLayer	(None, 100)	0
Reshape	(None, 1, 1, 100)	0
Conv2DTranspose	(None, 4, 4, 512)	819,200
BatchNormalization	(None, 4, 4, 512)	2,048
ReLU	(None, 4, 4, 512)	0
Conv2DTranspose	(None, 8, 8, 256)	2,097,152
BatchNormalization	(None, 8, 8, 256)	1,024
ReLU	(None, 8, 8, 256)	0
Conv2DTranspose	(None, 16, 16, 128)	524,288
BatchNormalization	(None, 16, 16, 128)	512
ReLU	(None, 16, 16, 128)	0

층 (타입)	출력 크기	파라미터 개수
Conv2DTranspose	(None, 32, 32, 64)	131,072
BatchNormalization	(None, 32, 32, 64)	256
ReLU	(None, 32, 32, 64)	0
Conv2DTranspose	(None, 64, 64, 1)	1,024
총 파라미터 개수		3,576,576
훈련되는 파라미터 개수		3,574,656
훈련되지 않는 파라미터 개수		1,920

생성자를 만드는 코드는 [예제 4-5]와 같습니다.

예제 4-5 생성자

```
generator_input = layers.Input(shape=(100,)) ❶
x = layers.Reshape((1, 1, 100))(generator_input) ❷
x = layers.Conv2DTranspose(
    512, kernel_size=4, strides=1, padding="valid", use_bias = False
)(x) ❸
x = layers.BatchNormalization(momentum=0.9)(x)
x = layers.LeakyReLU(0.2)(x)
x = layers.Conv2DTranspose(
    256, kernel_size=4, strides=2, padding="same", use_bias = False
)(x)
x = layers.BatchNormalization(momentum=0.9)(x)
x = layers.LeakyReLU(0.2)(x)
x = layers.Conv2DTranspose(
    128, kernel_size=4, strides=2, padding="same", use_bias = False
)(x)
x = layers.BatchNormalization(momentum=0.9)(x)
x = layers.LeakyReLU(0.2)(x)
x = layers.Conv2DTranspose(
    64, kernel_size=4, strides=2, padding="same", use_bias = False
)(x)
x = layers.BatchNormalization(momentum=0.9)(x)
x = layers.LeakyReLU(0.2)(x)
generator_output = layers.Conv2DTranspose(
    1,
    kernel_size=4,
```

```
        strides=2,
        padding="same",
        use_bias = False,
        activation = 'tanh'
    )(x) ❹
generator = models.Model(generator_input, generator_output) ❺
```

❶ 생성자의 Input 층(길이가 100인 벡터)을 정의합니다.

❷ Reshape 층을 사용해 1×1×100 크기의 텐서로 바꿉니다. 따라서 전치 합성곱 층을 적용할 수 있습니다.

❸ 네 개의 Conv2DTranspose 층에 통과시킵니다. 그 사이에 BatchNormalization, LeakyReLU 층을 놓습니다.

❹ 마지막 Conv2DTranspose 층은 tanh 활성화 함수를 사용하여 출력을 원본 이미지 도메인과 같은 [-1, 1] 범위로 변환합니다.

❺ 생성자 모델을 정의합니다. 이 모델은 길이가 100인 벡터를 받고 [64, 64, 1] 크기의 텐서를 출력합니다.

일부 Conv2DTranspose 층에 스트라이드를 2로 지정했습니다. 이에 따라 텐서가 네트워크를 통과하면서 공간 방향 크기가 증가합니다(원본 벡터는 1, 4, 8, 16, 32로 증가하다가 마지막에는 64가 됩니다). 반면 채널 수는 줄어듭니다(512, 256, 128, 64로 줄어들다가 마지막에는 흑백 이미지에 해당하는 1이 됩니다).

업샘플링

Conv2DTranspose 층 대신 [예제 4-6]처럼 UpSampling2D 층과 그 뒤에 스트라이드가 1인 일반적인 Conv2D 층을 사용할 수 있습니다.

예제 4-6 업샘플링 예

```
x = layers.UpSampling2D(size = 2)(x)
x = layers.Conv2D(256, kernel_size=4, strides=1, padding="same")(x)
```

UpSampling 층은 단순히 입력의 각 행과 열을 반복하여 크기를 두 배로 만듭니다. 그다음 스트라이드 1인 Conv2D 층을 사용하여 합성곱 연산을 수행합니다. 이는 전치 합성곱과 비슷하지만

픽셀 사이 공간을 0으로 채우지 않고 기존 픽셀 값을 사용해 업샘플링합니다.[4]

Conv2DTranspose는 출력 이미지 경계에 계단 모양이나 작은 체크무늬 패턴을 만들어 출력 품질을 떨어뜨린다고 알려졌습니다(그림 4-4). 하지만 뛰어난 GAN 논문에서 여전히 많이 사용합니다. 또한 딥러닝 기술자들이 즐겨 사용하는 강력한 도구로 인정받고 있습니다.

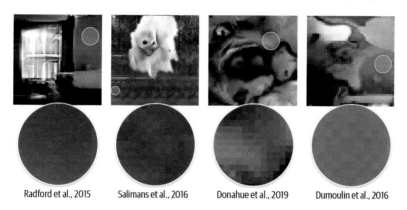

그림 4-4 전치 합성곱 층을 사용했을 때 발생하는 문제점[5]

이 두 방식(UpSampling2D + Conv2D와 Conv2DTranspose) 모두 원본 이미지 차원으로 되돌리는 데 사용할 수 있는 변환 방법입니다. 주어진 문제에서 두 방법을 모두 테스트해서 어떤 것이 더 나은 결과를 만드는지 확인해야 합니다

4.2.4 DCGAN 훈련

앞에서 보았듯이 DCGAN의 생성자와 판별자의 구조는 매우 단순하고 3장에서 본 VAE 모델들과 크게 다르지 않습니다. GAN의 핵심은 훈련 과정을 이해하는 것입니다.

훈련 세트의 진짜 샘플과 생성자의 출력을 합쳐서 훈련 세트를 만들어 판별자를 훈련합니다. 이를 지도 학습 문제로 다룹니다. 진짜 이미지의 레이블은 1이고 가짜 이미지의 레이블은 0이

---

4 옮긴이_ UpSampling2D 클래스의 interpolation 매개변수에서 늘어난 픽셀을 채우는 방식을 지정할 수 있습니다. 기본값은 가장 가까운 픽셀 값으로 채우는 'nearest'입니다.

5 출처: Augustus Odena et al., "Deconvolution and Checkerboard Artifacts," October 17, 2016, https://distill.pub/2016/deconv-checkerboard.

며 손실 함수로 이진 크로스 엔트로피를 사용합니다.

생성자는 어떻게 훈련시켜야 할까요? 생성된 이미지에 점수를 부여하고 높은 점수를 낸 이미지로 최적화하는 방법을 찾아야 합니다. 다행히 판별자가 정확히 이런 작업을 수행합니다! 배치 이미지를 생성하고 이를 판별자에 통과시켜 각 이미지에 대한 점수를 얻을 수 있습니다. 생성자의 손실 함수는 모델의 출력 확률과 값이 1인 벡터 사이의 이진 크로스 엔트로피입니다. 판별자가 진짜라고 생각하는 이미지를 생성하도록 생성자를 훈련하고 싶기 때문입니다.

한 번에 한 네트워크의 가중치만 업데이트되도록 두 네트워크를 번갈아 훈련하는 것이 중요합니다. 예를 들어 생성자를 훈련할 때 판별자의 가중치가 변경되도록 허용하면 생성된 이미지를 진짜라고 여기도록 조정되기 때문입니다. 이는 원하는 방식이 아닙니다. 판별자가 약해서가 아니라 생성자가 강하기 때문에 생성된 이미지가 1(진짜 이미지)에 가까운 값으로 예측되어야 합니다.

[그림 4-5]는 판별자와 생성자의 훈련 과정을 보여줍니다.

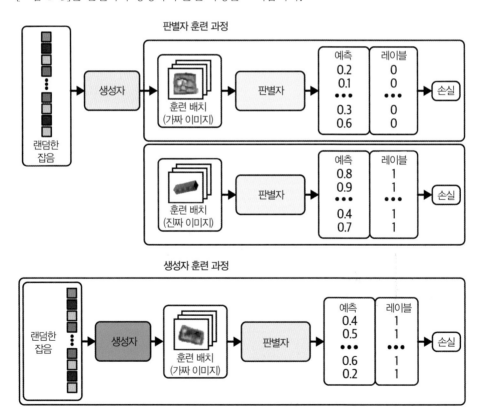

그림 4-5 GAN 훈련 과정

사용자 정의 **train_step** 함수를 만들어서 케라스에서 이 로직을 구현할 수 있습니다. [예제 4-7]은 전체 DCGAN 모델 클래스를 보여줍니다.

예제 4-7 DCGAN 컴파일하기

```python
class DCGAN(models.Model):
    def __init__(self, discriminator, generator, latent_dim):
        super(DCGAN, self).__init__()
        self.discriminator = discriminator
        self.generator = generator
        self.latent_dim = latent_dim

    def compile(self, d_optimizer, g_optimizer):
        super(DCGAN, self).compile()
        self.loss_fn = losses.BinaryCrossentropy()  ❶
        self.d_optimizer = d_optimizer
        self.g_optimizer = g_optimizer
        self.d_loss_metric = metrics.Mean(name="d_loss")
        self.g_loss_metric = metrics.Mean(name="g_loss")

    @property
    def metrics(self):
        return [self.d_loss_metric, self.g_loss_metric]

    def train_step(self, real_images):
        batch_size = tf.shape(real_images)[0]
        random_latent_vectors = tf.random.normal(
            shape=(batch_size, self.latent_dim)
        )  ❷

        with tf.GradientTape() as gen_tape, tf.GradientTape() as disc_tape:
            generated_images = self.generator(
                random_latent_vectors, training = True
            )  ❸
            real_predictions = self.discriminator(real_images, training = True)  ❹
            fake_predictions = self.discriminator(
                generated_images, training = True
            )  ❺

            real_labels = tf.ones_like(real_predictions)
            real_noisy_labels = real_labels + 0.1 * tf.random.uniform(
                tf.shape(real_predictions)
            )
```

```
        fake_labels = tf.zeros_like(fake_predictions)
        fake_noisy_labels = fake_labels - 0.1 * tf.random.uniform(
            tf.shape(fake_predictions)
        )

        d_real_loss = self.loss_fn(real_noisy_labels, real_predictions)
        d_fake_loss = self.loss_fn(fake_noisy_labels, fake_predictions)
        d_loss = (d_real_loss + d_fake_loss) / 2.0 ❻

        g_loss = self.loss_fn(real_labels, fake_predictions) ❼

    gradients_of_discriminator = disc_tape.gradient(
        d_loss, self.discriminator.trainable_variables
    )
    gradients_of_generator = gen_tape.gradient(
        g_loss, self.generator.trainable_variables
    )

    self.d_optimizer.apply_gradients(
        zip(gradients_of_discriminator, discriminator.trainable_variables)
    ) ❽
    self.g_optimizer.apply_gradients(
        zip(gradients_of_generator, generator.trainable_variables)
    )

    self.d_loss_metric.update_state(d_loss)
    self.g_loss_metric.update_state(g_loss)

    return {m.name: m.result() for m in self.metrics}

dcgan = DCGAN(
    discriminator=discriminator, generator=generator, latent_dim=100
)

dcgan.compile(
    d_optimizer=optimizers.Adam(
        learning_rate=0.0002, beta_1 = 0.5, beta_2 = 0.999
    ),
    g_optimizer=optimizers.Adam(
        learning_rate=0.0002, beta_1 = 0.5, beta_2 = 0.999
    ),
)

dcgan.fit(train, epochs=300)
```

❶ 생성자와 판별자의 손실 함수는 이진 크로스 엔트로피입니다.

❷ 네트워크를 훈련하기 위해 먼저 다변량 표준 정규 분포에서 배치 벡터를 샘플링합니다.

❸ 그런 다음 이를 생성자에 전달해 이미지 배치를 생성합니다.

❹ 이제 진짜 이미지에 대한 판별자의 예측을 만듭니다.

❺ 그리고 생성된 이미지에 대한 판별자의 예측도 만듭니다.

❻ 판별자 손실은 진짜 이미지(레이블 1)와 가짜 이미지(레이블 0)에 대한 이진 크로스 엔트로피 평균입니다.

❼ 생성자 손실은 레이블 1과 생성된 이미지에 대한 판별자 예측 사이의 이진 크로스 엔트로피입니다.

❽ 판별자와 생성자의 가중치를 각각 업데이트합니다.

판별자와 생성자가 우위를 차지하려고 끊임없이 경쟁하기 때문에 DCGAN 훈련 과정이 불안정해질 수 있습니다. 이상적으로는 훈련 과정에서 생성자가 판별자에서 의미 있는 정보를 학습하는 균형점을 찾고 이미지 품질이 향상되기 시작합니다. 충분한 시간이 지나면 [그림 4-6]과 같이 판별자가 우세해지는 경향이 있지만, 이 시점에는 이미 생성자가 충분히 고품질 이미지를 생성하는 방법을 학습했을 수 있으므로 문제가 되지 않습니다.

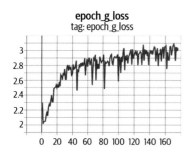
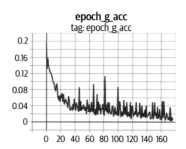
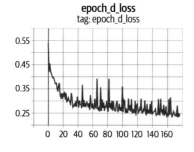
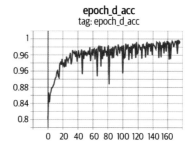

그림 4-6 훈련하는 동안 판별자와 생성자의 손실 및 정확도

4.2.5 DCGAN 분석

훈련하는 동안 특정 에폭에서 생성자가 만든 이미지를 살펴보면(그림 4-7), 생성자가 훈련 세트에서 추출한 것 같은 이미지를 만드는 데 점점 능숙해짐을 알 수 있습니다.

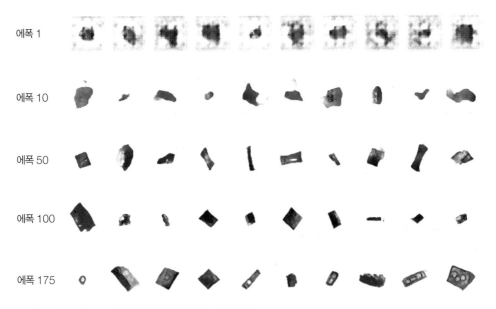

그림 4-7 훈련하는 동안 특정 에폭에서 생성자가 만든 출력

신경망이 랜덤한 잡음을 의미 있는 무언가로 바꿀 수 있다는 사실이 다소 놀랍습니다. 원본 픽셀 이외에는 모델에 어떤 추가적인 정보도 제공하지 않았음을 기억하세요. 그림자, 직육면체, 원 등을 그리는 방법 같은 고수준 개념을 완전히 스스로 만들었습니다.

성공적인 생성 모델에 필요한 또 한 가지는 훈련 세트에서 이미지를 단순히 재생성해서는 안 된다는 점입니다. 생성된 특정 샘플에 가장 비슷한 훈련 세트의 이미지를 찾아 이를 테스트해보겠습니다. 두 이미지 사이의 거리를 재는 한 가지 방법은 다음과 같은 **L1 노름**^{norm}입니다.

```
def compare_images(img1, img2):
    return np.mean(np.abs(img1 - img2))
```

[그림 4-8]은 일련의 생성된 이미지와 가장 비슷한 훈련 세트의 샘플을 보여줍니다. 생성된 이미지와 훈련 세트가 어느 정도 비슷하지만 동일하지는 않습니다. 생성자가 고수준 특성을 이해하고 이미 보았던 그림을 이용하여 뚜렷한 샘플을 생성할 수 있습니다.

그림 4-8 생성된 이미지와 가장 비슷한 훈련 세트의 샘플

4.2.6 GAN 훈련의 팁과 트릭

GAN은 생성 모델링 분야의 커다란 혁신이지만 훈련이 어렵기로 유명하기도 합니다. 이 절에서 GAN을 훈련할 때 자주 마주치게 되는 여러 가지 문제점과 도전 과제를 살펴보겠습니다. 다음 절에서는 GAN 프레임워크를 근본적으로 조정해서 이런 문제를 해결하는 몇 가지 방법을 알아보겠습니다.

판별자가 생성자보다 훨씬 뛰어난 경우

판별자가 너무 강하면 손실 함수의 신호가 너무 약해져 생성자에서 의미 있는 향상을 도모할수 없습니다. 최악의 시나리오에서는 [그림 4-9]에서처럼 판별자가 진짜 이미지와 가짜 이미지를 구분하는 방법을 완벽하게 학습하고 그레이디언트가 완전히 사라져 학습이 전혀 이루어지지 않게 됩니다.

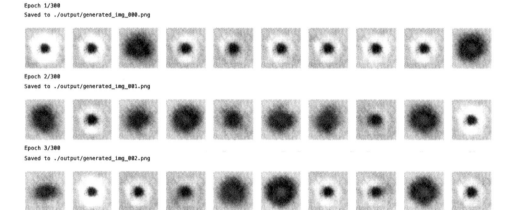

그림 4-9 판별자가 생성자를 압도하는 경우의 출력 예시

생성자가 향상되지 않는다고 판단되면 판별자를 약화할 방법을 찾아야 합니다. 다음과 같은 방법을 시도해보세요.

- 판별자에 있는 Dropout 층의 rate 매개변숫값을 증가시켜 네트워크를 통해 흐르는 정보의 양을 줄입니다.
- 판별자의 학습률을 줄입니다.
- 판별자의 합성곱 필터 수를 줄입니다.
- 판별자를 훈련할 때 레이블에 잡음을 추가합니다.
- 판별자를 훈련할 때 일부 이미지의 레이블을 무작위로 뒤집습니다.

생성자가 판별자보다 훨씬 뛰어난 경우

판별자가 강력하지 않으면 생성자가 거의 동일한 몇 개의 이미지로 판별자를 쉽게 속이는 방법을 찾을 것입니다. 이를 **모드 붕괴**mode collapse라 합니다.

판별자의 가중치를 업데이트하지 않고 몇 번의 배치를 하는 동안 생성자를 훈련한다고 가정해보죠. 생성자는 판별자를 항상 속이는 하나의 샘플(이를 **모드**mode라고 부릅니다)을 찾으려는 경향이 있고 잠재 공간의 모든 포인트를 이 이미지에 매핑할 수 있습니다. 또한 손실 함수의 그레이디언트가 0에 가까운 값으로 붕괴collapse하므로 이 상태로부터 벗어날 수 없게 됩니다.

하나의 포인트에 속아 넘어가지 못하도록 판별자를 다시 훈련하더라도 생성자는 판별자를 속이는 또 다른 모드를 쉽게 찾을 것입니다. 생성자가 이미 입력에 무감각해져서 다양한 출력을 만들 이유가 없기 때문입니다.

[그림 4-10]은 모드 붕괴의 효과를 보여줍니다.

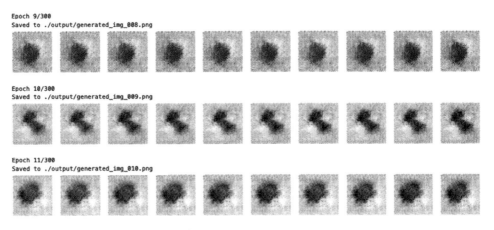

그림 4-10 생성자가 판별자를 압도하는 모드 붕괴의 예

유용하지 않은 손실

딥러닝 모델은 손실 함수를 최소화하기 때문에 생성자의 손실이 작을수록 생성된 이미지 품질이 더 좋을 것이라고 자연스럽게 생각할 수 있습니다. 그러나 생성자는 현재 판별자에 의해서만 평가되고 판별자는 계속 향상되기 때문에 훈련 과정의 다른 지점에서 평가된 손실을 비교할 수 없습니다. 실제로 [그림 4-6]에서 시간이 갈수록 이미지 품질은 확실히 향상되는데도 생성자의 손실 함수는 증가합니다. 생성자의 손실과 이미지 품질 사이의 연관성 부족은 이따금 GAN 훈련 과정을 모니터링하기 어렵게 합니다.

하이퍼파라미터

앞에서 보았듯이 간단한 GAN이더라도 튜닝해야 할 하이퍼파라미터[6]의 개수가 상당히 많습니

---

6 옮긴이_ 하이퍼파라미터는 모델이 학습하는 파라미터가 아니고 사용자가 사전에 지정해야 하는 파라미터를 말합니다. 하이퍼파라미터는 보통 클래스와 함수의 매개변수로 표현되며 튜닝의 대상입니다.

다. 판별자와 생성자의 전체 구조는 물론이고 배치 정규화, 드롭아웃, 학습률, 활성화 층, 합성 곱 필터, 커널 크기, 스트라이드, 배치 크기, 잠재 공간 크기를 결정하는 하이퍼파라미터를 고려해야 합니다. GAN은 이런 파라미터의 작은 변화에도 매우 민감합니다. 미리 정의된 가이드라인을 따르는 대신 계획적인 시행착오를 거쳐 잘 맞는 파라미터 조합을 찾는 경우가 많습니다.

이것이 GAN의 내부 작동 원리를 이해하고 손실 함수를 해석하는 방법을 알아야 하는 이유입니다. 이를 통해 모델의 안정성을 높이도록 민감한 하이퍼파라미터를 조정할 수 있습니다.

GAN의 도전 과제 해결

최근 몇 년 동안 주요한 몇 가지 발전이 GAN 모델의 전체적인 안정성을 크게 향상했고 모드 붕괴와 같이 앞서 나열한 문제점의 발생 가능성을 줄였습니다.

이 장의 나머지에서는 지금까지 살펴본 GAN 프레임워크에 몇 가지 핵심 변경 사항을 적용해 이미지 생성 과정의 안정성과 품질을 개선하는 와서스테인 GAN-그레이디언트 페널티 Wasserstein GAN with Gradient Penalty (WGAN-GP)를 살펴보겠습니다.

4.3 와서스테인 GAN-그레이디언트 페널티(WGAN-GP)

이 절에서 3장에서 사용한 CelebA 데이터셋으로 얼굴을 생성하는 WGAN-GP Wasserstein GAN with Gradient Penalty를 만들어보겠습니다.

> **NOTE_ 예제 코드 실행하기**
> 이 예제 코드는 책 저장소에 있는 주피터 노트북 notebooks/04_gan/02_wgan_gp/wgan_gp.ipynb 에 있습니다.
> 이 코드는 케라스 웹사이트에 있는 아카쉬 쿠마르 나인 Aakash Kumar Nain의 WGAN-GP 튜토리얼(https:// oreil.ly/dHYbC)을 참고했습니다.

아르좁스키^{Arjovsky} 등이 2017년 논문[7]에서 소개한 와서스테인 GAN은 안정적인 GAN 훈련을 돕는 큰 발전 중 하나입니다. 몇 개의 변경만으로 저자들은 다음 두 가지 속성이 있는 GAN을 어떻게 훈련할 수 있는지 제시했습니다(논문 내용을 인용합니다).

- 생성자가 수렴하는 것과 샘플의 품질을 연관 짓는 의미 있는 손실 측정 방법
- 최적화 과정의 안정성 향상

구체적으로 이 논문은 판별자와 생성자를 위해 **와서스테인 손실 함수**^{Wasserstein loss function}를 소개합니다. 이진 크로스 엔트로피 대신에 이 손실 함수를 사용하면 GAN이 더 안정적으로 수렴할 수 있습니다.

이 절에서는 와서스테인 손실 함수를 정의한 다음, 새로운 손실 함수를 사용하려면 모델 구조와 학습 과정에 어떤 다른 변경이 필요한지 살펴보겠습니다.

4.3.1 와서스테인 손실

먼저 앞서 GAN의 판별자와 생성자를 훈련하는 데 사용했던 이진 크로스 엔트로피 손실 함수의 정의를 다시 생각해보죠.

식 4-1 이진 크로스 엔트로피 손실

$$-\frac{1}{n}\sum_{i=1}^{n}\left(y_i\log\left(p_i\right)+\left(1-y_i\right)\log\left(1-p_i\right)\right)$$

GAN의 판별자 D를 훈련하기 위해 진짜 이미지에 대한 예측 $p_i=D(x_i)$와 타깃 $y_i=1$을 비교하고, 생성된 이미지에 대한 예측 $p_i=D(G(z_i))$와 타깃 $y_i=0$을 비교하여 손실을 계산합니다. 따라서 GAN 판별자의 손실 함수 최소화는 [식 4-2]와 같이 쓸 수 있습니다.

식 4-2 GAN 판별자 손실 최소화

$$\min_{D}-\left(\mathbb{E}_{x\sim p_X}\left[\log D(x)\right]+\mathbb{E}_{z\sim p_Z}\left[\log\left(1-D(G(z))\right)\right]\right)$$

GAN의 생성자 G를 훈련하기 위해 생성된 이미지에 대한 예측 $p_i=D(G(z_i))$와 타깃 $y_i=1$을

---

7 Martin Arjovsky et al., "Wasserstein GAN," January 26, 2017, https://arxiv.org/pdf/1701.07875.pdf.

비교하여 손실을 계산합니다. 따라서 GAN 생성자의 손실 함수 최소화는 [식 4-3]과 같이 쓸 수 있습니다.

식 4-3 GAN 생성자 손실 최소화

$$\min_G - (\mathbb{E}_{z \sim p_Z}[\log D(G(z))])$$

이를 와서스테인 손실 함수와 비교해보죠.

먼저 와서스테인 손실Wasserstein loss은 1과 0 대신에 $y_i = 1$, $y_i = -1$을 사용합니다. 또한 판별자의 마지막 층에서 시그모이드 활성화 함수를 제거하여 예측 p_i가 [0, 1] 범위에 국한되지 않고 $[-\infty, \infty]$ 범위의 어떤 숫자도 될 수 있도록 만듭니다. 이런 이유로 WGAN의 판별자는 보통 비평자critic라 부르며 확률 대신 점수를 반환합니다.

와서스테인 손실 함수는 다음과 같이 정의합니다.

$$-\frac{1}{n} \sum_{i=1}^{n} (y_i p_i)$$

WGAN의 비평자 D를 훈련하기 위해 진짜 이미지에 대한 예측 $p_i = D(x_i)$와 타깃 $y_i = 1$을 비교하고, 생성된 이미지에 대한 예측 $p_i = D(G(z_i))$와 타깃 $y_i = -1$을 비교하여 손실을 계산합니다. 따라서 WGAN 비평자의 손실 함수 최소화는 다음과 같이 쓸 수 있습니다.

$$\min_D - (\mathbb{E}_{x \sim p_X}[D(x)] - \mathbb{E}_{z \sim p_Z}[D(G(z))])$$

다른 말로 하면 WGAN 비평자는 진짜 이미지와 생성된 이미지에 대한 예측 사이의 차이를 최대화합니다.

WGAN 생성자를 훈련하려면 생성된 이미지에 대한 예측 $p_i = D(G(z_i))$와 타깃 $y_i = 1$을 비교하여 손실을 계산합니다. 따라서 WGAN 생성자의 손실 함수 최소화는 다음과 같이 쓸 수 있습니다.

$$\min_G - (\mathbb{E}_{z \sim p_Z}[D(G(z))])$$

다른 말로 하면 WGAN 생성자는 비평자로부터 가능한 한 높은 점수를 받는 이미지를 생성하려고 합니다(즉, 비평자를 속여 진짜 이미지라고 생각하게 만듭니다).

4.3.2 립시츠 제약

시그모이드 함수로 출력을 $[0, 1]$ 범위로 제한하지 않고 비평자가 $[-\infty, \infty]$ 범위에 있는 어떤 숫자도 출력한다는 점에 놀랐을지 모르겠습니다. 와서스테인 손실은 제한이 없이 아주 큰 값일 수 있습니다. 하지만 일반적으로 신경망에서 큰 숫자는 피해야 합니다!

실제로 WGAN 논문의 저자는 와서스테인 손실 함수가 작동하는 것을 보였지만 비평자에 추가적인 제약을 가해야 합니다. 특히 비평자는 1-립시츠 연속 함수1-Lipschitz continuous function여야 합니다. 이것이 무엇을 의미하는지 따로 자세히 설명해보겠습니다.

비평자는 하나의 이미지를 하나의 예측으로 변환하는 함수 D입니다. 임의의 두 입력 이미지 x_1과 x_2에 대해 다음 부등식을 만족할 때 이 함수를 1-립시츠라고 부릅니다.[8]

$$\frac{|D(x_1) - D(x_2)|}{|x_1 - x_2|} \leq 1$$

여기에서 $|x_1 - x_2|$는 두 이미지 픽셀의 평균적인 절댓값 차이이고 $|D(x_1) - D(x_2)|$는 비평자 예측 간의 절댓값 차이입니다. 기본적으로 두 이미지 사이에서 비평자의 예측이 변화하는 비율을 제한할 필요가 있습니다(즉, 기울기의 절댓값이 어디에서나 최대 1이어야 합니다). [그림 4-11]에 있는 립시츠 연속 1D 함수에 이를 적용할 수 있습니다. 직선 위 어디에 원뿔을 놓더라도 원뿔[9] 안으로 들어가는 곳은 없습니다. 다른 말로 하면 이 직선은 어느 지점에서나 상승하거나 하강하는 비율이 한정됩니다.

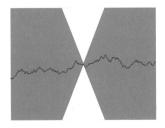

그림 4-11 립시츠 연속 함수[10]

---

8 옮긴이_ 립시츠 함수는 임의의 두 지점의 기울기가 어떤 상숫값 이상 증가하지 않는 함수입니다. 이 상수가 1일 때 1-립시츠 함수라고 부릅니다.

9 옮긴이_ 여기서 원뿔은 [그림 4-11]의 흰 영역을 말합니다.

10 출처: https://oreil.ly/Ki7ds

4.3.3 립시츠 제약 부과하기

원본 WGAN 논문에서 저자는 비평자의 가중치를 작은 범위인 [−0.01, 0.01] 안에 놓이도록 훈련 배치가 끝난 후에 가중치 클리핑weight clipping을 사용해 립시츠 제약을 부과하는 방법을 보였습니다.

이 방식에 대한 비판 중 하나는 비평자에서 가중치를 클리핑했기 때문에 학습 속도가 크게 감소한다는 것입니다. 사실 원본 WGAN 논문의 저자도 '립시츠 제약을 두려고 가중치 클리핑하는 것은 확실히 나쁜 방법입니다'라고 썼습니다. 강한 비평자는 WGAN 성공의 중심입니다. 정확한 그레이디언트가 없다면 생성자가 더 좋은 샘플을 만들려면 가중치를 어떻게 바꾸어야 할지 학습할 수 없을 것입니다.

이런 이유로 다른 연구자들이 립시츠 제약을 위한 또 다른 방법을 연구하여 WGAN이 복잡한 특성을 학습할 수 있도록 향상했습니다. 이런 방법 중 하나가 와서스테인 GAN-그레이디언트 페널티입니다.

이 방식을 소개하는 논문[11]에서 저자는 그레이디언트 노름이 1에서 벗어날 경우 모델에 불이익을 주는 **그레이디언트 페널티**gradient penalty 항을 비판자의 손실 함수에 포함시켜 립시츠 제약 조건을 직접 강제하는 방법을 보여줍니다. 이렇게 하면 훈련 과정이 훨씬 더 안정적입니다.

다음 절에서 비평자의 손실 함수에 이 추가 항을 적용하는 방법을 알아보겠습니다.

4.3.4 그레이디언트 페널티 손실

[그림 4-12]는 WGAN-GP의 비평자의 훈련 과정을 보여줍니다. 이를 [그림 4-5]의 원래 판별자 훈련 과정과 비교하면, 진짜 이미지와 가짜 이미지에 대한 와서스테인 손실과 더불어 그레이

---

11 Ishaan Gulrajani et al., "Improved Training of Wasserstein GANs," March 31, 2017, https://arxiv.org/abs/1704.00028.

디언트 페널티 손실이 추가되어 전체 손실 함수를 구성하는 것을 볼 수 있습니다.

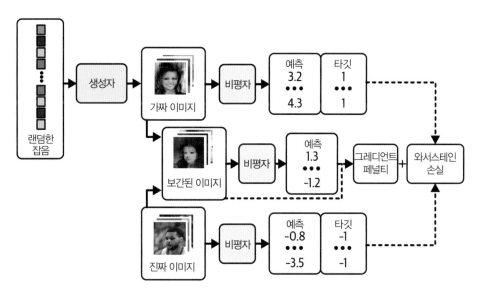

그림 4-12 WGAN-GP 비평자 훈련 과정

그레이디언트 페널티 손실은 입력 이미지에 대한 예측의 그레이디언트 노름과 1 사이의 차이를 제곱한 것입니다. 이 모델은 자연스럽게 그레이디언트 페널티 항을 최소화하는 가중치를 찾으려고 합니다. 이는 모델이 립시츠 제약을 따르도록 합니다.

훈련 과정 동안 모든 곳에서 그레이디언트를 계산하기는 힘듭니다. 대신 WGAN-GP는 일부 지점에서만 그레이디언트를 계산합니다. 한쪽에 치우치지 않으려고 [그림 4-13]과 같이 진짜 이미지와 가짜 이미지 쌍을 연결한 직선을 따라 무작위로 포인트를 선택해 보간^{interpolation}한 이미지들을 사용합니다.

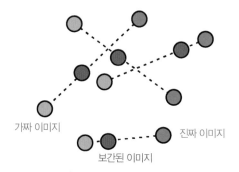

그림 4-13 이미지 사이 보간

[예제 4-8]은 그레이디언트 페널티를 계산하는 방법을 보여줍니다.

예제 4-8 그레이디언트 페널티 손실 함수

```
def gradient_penalty(self, batch_size, real_images, fake_images):
    alpha = tf.random.normal([batch_size, 1, 1, 1], 0.0, 1.0) ❶
    diff = fake_images - real_images
    interpolated = real_images + alpha * diff ❷

    with tf.GradientTape() as gp_tape:
        gp_tape.watch(interpolated)
        pred = self.critic(interpolated, training=True) ❸

    grads = gp_tape.gradient(pred, [interpolated])[0] ❹
    norm = tf.sqrt(tf.reduce_sum(tf.square(grads), axis=[1, 2, 3])) ❺
    gp = tf.reduce_mean((norm - 1.0) ** 2) ❻
    return gp
```

❶ 배치에 있는 이미지마다 0과 1 사이의 랜덤한 숫자를 생성해 벡터 **alpha**에 저장합니다.

❷ 보간 이미지를 계산합니다.

❸ 비평자에게 보간된 이미지의 점수를 요청합니다.

❹ 보간된 이미지에 대해 예측의 그레이디언트를 계산합니다.

❺ 이 벡터의 L2 노름을 계산합니다.

❻ 이 함수는 L2 노름과 1 사이의 평균 제곱 거리를 반환합니다.

4.3.5 WGAN-GP 훈련

와서스테인 손실 함수를 사용할 때의 주요 이점은 더 이상 비평자와 생성자의 훈련 균형을 맞출 필요가 없다는 것입니다. 사실 와서스테인 손실을 사용할 때 생성자의 그레이디언트가 정확하게 업데이트되도록 생성자를 업데이트하기 전에 비평자를 훈련하여 수렴시켜야 합니다. 이는 판별자가 너무 강해지지 않도록 하는 것이 중요한 표준 GAN과는 대조적입니다.

따라서 와서스테인 GAN을 사용하면 생성자 업데이트 사이에 비평자를 여러 번 훈련하여 수렴에 가까워지도록 할 수 있습니다. 일반적으로 사용되는 비율은 생성자를 한 번 업데이트할 때 비평자를 세 번에서 다섯 번 업데이트합니다.

이제 WGAN−GP의 핵심 개념인 와서스테인 손실과 비평자 손실 함수에 포함된 그레이디언트 페널티 항을 모두 소개했습니다. 이러한 모든 아이디어를 통합한 WGAN 모델의 훈련 단계가 [예제 4−9]에 있습니다.

예제 4-9 WGAN−GP 훈련하기

```python
def train_step(self, real_images):
    batch_size = tf.shape(real_images)[0]

    for i in range(3): ❶
        random_latent_vectors = tf.random.normal(
            shape=(batch_size, self.latent_dim)
        )

        with tf.GradientTape() as tape:
            fake_images = self.generator(
                random_latent_vectors, training = True
            )
            fake_predictions = self.critic(fake_images, training = True)
            real_predictions = self.critic(real_images, training = True)

            c_wass_loss = tf.reduce_mean(fake_predictions) - tf.reduce_mean(
                real_predictions
            ) ❷
            c_gp = self.gradient_penalty(
                batch_size, real_images, fake_images
            ) ❸
            c_loss = c_wass_loss + c_gp * self.gp_weight ❹

        c_gradient = tape.gradient(c_loss, self.critic.trainable_variables)
        self.c_optimizer.apply_gradients(
            zip(c_gradient, self.critic.trainable_variables)
        ) ❺

    random_latent_vectors = tf.random.normal(
        shape=(batch_size, self.latent_dim)
    )
    with tf.GradientTape() as tape:
        fake_images = self.generator(random_latent_vectors, training=True)
        fake_predictions = self.critic(fake_images, training=True)
        g_loss = -tf.reduce_mean(fake_predictions) ❻
```

```
gen_gradient = tape.gradient(g_loss, self.generator.trainable_variables)
self.g_optimizer.apply_gradients(
    zip(gen_gradient, self.generator.trainable_variables)
) ❼

self.c_loss_metric.update_state(c_loss)
self.c_wass_loss_metric.update_state(c_wass_loss)
self.c_gp_metric.update_state(c_gp)
self.g_loss_metric.update_state(g_loss)

return {m.name: m.result() for m in self.metrics}
```

❶ 비평자를 업데이트합니다.

❷ 비평자를 위한 와서스테인 손실(가짜 이미지와 진짜 이미지에 대한 평균 예측 차이)을 계산합니다.

❸ 그레이디언트 페널티 항을 계산합니다(예제 4-8).

❹ 비평자 손실은 와서스테인 손실과 그레이디언트 페널티의 가중치 합입니다.

❺ 비평자의 가중치를 업데이트합니다.

❻ 생성자를 위한 와서스테인 손실을 계산합니다.

❼ 생성자의 가중치를 업데이트합니다.

WGAN-GP에서 배치 정규화

WGAN-GP를 구축하기 전에 마지막으로 언급할 한 가지는 비평자에서 배치 정규화를 사용해서는 안 된다는 것입니다. 배치 정규화는 같은 배치 안의 이미지 사이에 상관관계correlation를 만들기 때문에 그레이디언트 페널티 손실의 효과가 떨어집니다. 실험을 해보면 비평자에서 배치 정규화를 사용하지 않더라도 WGAN-GP가 여전히 훌륭한 결과를 만든다는 것을 알 수 있습니다.

지금까지 표준 GAN과 WGAN-GP의 주요 차이점을 모두 살펴보았습니다. 정리하면 다음과 같습니다.

- WGAN-GP는 와서스테인 손실을 사용합니다.
- WGAN-GP는 진짜 이미지에 1, 가짜 이미지에 −1을 레이블로 사용해 훈련합니다.
- 비평자의 마지막 층에는 시그모이드 활성화 함수를 사용하지 않습니다.

- 비평자의 손실 함수에 그레이디언트 페널티 항을 추가합니다.
- 생성자를 업데이트할 때마다 비평자를 여러 번 훈련합니다.
- 비평자에는 배치 정규화 층이 없습니다.

4.3.6 WGAN-GP 분석

25번 에폭 동안 훈련한 다음 생성자의 출력 샘플을 확인해보죠(그림 4-14).

그림 4-14 WGAN-GP CelebA 샘플

이 모델은 얼굴의 고수준 속성을 학습했고 모드 붕괴의 징후가 없습니다.

시간에 따라서 모델의 손실 함수가 어떻게 변하는지 확인할 수 있습니다(그림 4-15). 비평자와 생성자의 손실 함수가 매우 안정적으로 수렴합니다.

WGAN-GP의 출력과 이전 장의 VAE 출력을 비교하면 GAN 이미지가 전반적으로 더 선명함을 알 수 있습니다. 특히 머리와 배경 사이 경계가 그렇습니다. 일반적으로 VAE는 색깔의 경계를 흐리게 하여 부드러운 이미지를 만드는 경향이 있습니다. 반면 GAN은 선명하고 형태가 뚜렷한 이미지를 만듭니다.

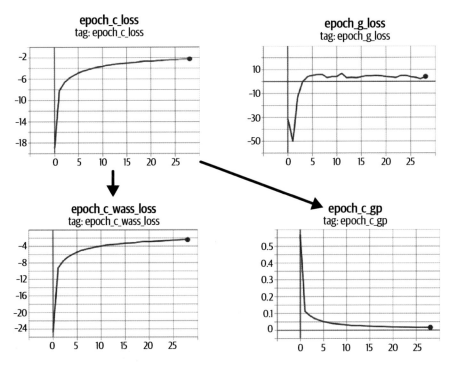

그림 4-15 WGAN-GP 손실 곡선: 비평자 손실(epoch_c_loss)을 와서스테인 손실(epoch_c_wass)과 그레이디언트 페널티 손실(epoch_c_gp)로 나눔

또한 GAN이 VAE보다 일반적으로 더 훈련하기 어렵고 만족할 만한 품질을 얻으려면 더 오래 훈련해야 합니다. 하지만 요즘 GAN 기반의 최신 생성 모델이 많습니다. GPU를 사용하여 대규모 GAN을 긴 시간 훈련하더라도 이에 따르는 보상이 크기 때문입니다.

4.4 조건부 GAN(CGAN)

이 장에서는 지금까지 주어진 훈련 세트에서 사실적인 이미지를 생성하는 GAN을 구축했습니다. 하지만 생성하려는 이미지의 유형(예: 남성이나 여성 얼굴, 크거나 작은 벽돌)을 제어할 수 없었습니다. 잠재 공간에서 랜덤한 한 포인트를 샘플링할 수는 있지만, 어떤 잠재 변수를 선택하면 어떤 종류의 이미지가 생성될지 쉽게 파악할 수 없습니다.

이 장의 마지막 부분에서는 출력을 제어할 수 있는 GAN, 즉 조건부 GAN[conditional GAN] (CGAN)

을 구축하는 방법을 알아보겠습니다. 2014년 미르자[Mirza]와 오신데로[Osindero]가 쓴 「Conditional Generative Adversarial Nets」[12]에서 처음 소개한 이 아이디어는 비교적 간단하게 GAN 구조를 확장한 것입니다.

> **NOTE_ 예제 코드 실행하기**
>
> 이 예제 코드는 책 저장소에 있는 주피터 노트북 `notebooks/04_gan/03_cgan/cgan.ipynb`에 있습니다. 이 코드는 케라스 웹사이트에 있는 사야크 폴[Sayak Paul]의 CGAN 튜토리얼(`https://oreil.ly/Ey1lI`)을 참고했습니다.

4.4.1 CGAN 구조

이 예제에서는 얼굴 데이터셋의 금발 머리 속성으로 CGAN에 조건을 부여하겠습니다. 즉, 머리카락이 금발인 이미지를 생성할지를 명시적으로 지정할 수 있습니다. 이 레이블은 CelebA 데이터셋에 포함되어 있습니다.

CGAN의 고수준 구조는 [그림 4-16]에 있습니다.

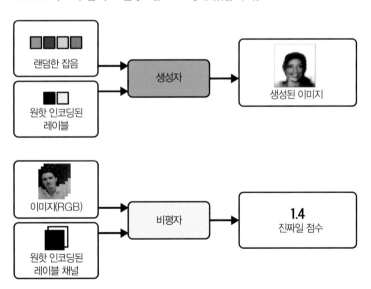

그림 4-16 CGAN에 있는 생성자와 비평자의 입력과 출력

---

12 Mehdi Mirza and Simon Osindero, "Conditional Generative Adversarial Nets," November 6, 2014, `https://arxiv.org/abs/1411.1784`.

표준 GAN과 CGAN의 주요 차이점은 CGAN에서는 레이블과 관련된 추가 정보를 생성자와 비평자에 전달한다는 점입니다. 생성자에서는 이 정보를 원핫 인코딩된 벡터로 잠재 공간 샘플에 단순히 추가합니다. 비평자에서는 레이블 정보를 RGB 이미지에 추가 채널로 추가합니다. 이를 위해 입력 이미지와 동일한 크기가 될 때까지 원핫 인코딩된 벡터를 반복합니다.

CGAN은 비평자가 이미지의 콘텐츠에 관한 추가 정보를 참고할 수 있기 때문에 생성자는 비평자를 계속 속이려고 제공된 레이블과 출력이 일치하는지 확인해야 합니다. 만약 생성자가 이미지 레이블과 일치하지 않는 완벽한 이미지를 생성했다면, 비평자는 간단하게 이미지와 레이블이 일치하지 않기 때문에 가짜임을 알 수 있을 것입니다.

> TIP_ 이 예제에서는 두 개의 클래스(금발과 금발 아님)가 있기 때문에 원핫 인코딩된 레이블의 길이는 2입니다. 그러나 원하는 만큼 많은 레이블을 가질 수 있습니다. 예를 들어 10개의 다른 패션 아이템 중 하나를 출력하도록 패션 MNIST 데이터셋에서 CGAN을 훈련할 수 있습니다. 이렇게 하려면 길이가 10인 원핫 인코딩된 레이블 벡터를 생성자의 입력에 추가하고 10개의 원핫 인코딩된 레이블 채널을 비평자의 입력에 추가합니다.

구조에서 유일한 변경 사항은 [예제 4-10]처럼 레이블 정보를 생성자와 비평자의 기존 입력에 연결하는 것입니다.

예제 4-10 CGAN의 입력 층

```
critic_input = layers.Input(shape=(64, 64, 3)) ❶
label_input = layers.Input(shape=(64, 64, 2))
x = layers.Concatenate(axis = -1)([critic_input, label_input])
...
generator_input = layers.Input(shape=(32,)) ❷
label_input = layers.Input(shape=(2,))
x = layers.Concatenate(axis = -1)([generator_input, label_input])
x = layers.Reshape((1,1, 34))(x)
...
```

❶ 이미지 채널과 레이블 채널이 각각 비평자에게 전달되어 연결됩니다.

❷ 잠재 벡터와 레이블 클래스가 각각 생성자에게 전달되어 연결된 후 크기가 변경됩니다.

4.4.2 CGAN 훈련

또한 [예제 4-11]처럼 생성자와 비평자의 새로운 입력 포맷에 맞도록 CGAN의 train_step 을 일부 변경해야 합니다.

예제 4-11 CGAN의 train_step

```
def train_step(self, data):
    real_images, one_hot_labels = data ❶

    image_one_hot_labels = one_hot_labels[:, None, None, :] ❷
    image_one_hot_labels = tf.repeat(
        image_one_hot_labels, repeats=64, axis = 1
    )
    image_one_hot_labels = tf.repeat(
        image_one_hot_labels, repeats=64, axis = 2
    )

    batch_size = tf.shape(real_images)[0]

    for i in range(self.critic_steps):
        random_latent_vectors = tf.random.normal(
            shape=(batch_size, self.latent_dim)
        )

        with tf.GradientTape() as tape:
            fake_images = self.generator(
                [random_latent_vectors, one_hot_labels], training = True
            ) ❸

            fake_predictions = self.critic(
                [fake_images, image_one_hot_labels], training = True
            ) ❹
            real_predictions = self.critic(
                [real_images, image_one_hot_labels], training = True
            )

            c_wass_loss = tf.reduce_mean(fake_predictions) - tf.reduce_mean(
                real_predictions
            )
            c_gp = self.gradient_penalty(
                batch_size, real_images, fake_images, image_one_hot_labels
            ) ❺
```

```
            c_loss = c_wass_loss + c_gp * self.gp_weight

        c_gradient = tape.gradient(c_loss, self.critic.trainable_variables)
        self.c_optimizer.apply_gradients(
            zip(c_gradient, self.critic.trainable_variables)
        )

    random_latent_vectors = tf.random.normal(
        shape=(batch_size, self.latent_dim)
    )

    with tf.GradientTape() as tape:
        fake_images = self.generator(
            [random_latent_vectors, one_hot_labels], training=True
        ) ❻
        fake_predictions = self.critic(
            [fake_images, image_one_hot_labels], training=True
        )
        g_loss = -tf.reduce_mean(fake_predictions)

    gen_gradient = tape.gradient(g_loss, self.generator.trainable_variables)
    self.g_optimizer.apply_gradients(
        zip(gen_gradient, self.generator.trainable_variables)
    )
```

❶ 입력 데이터에서 이미지와 레이블을 분리합니다.

❷ 원핫 인코딩된 벡터를 입력 이미지의 크기(64×64)와 같은 원핫 인코딩된 이미지로 확장합니다.

❸ 생성자에게 두 개의 입력(랜덤한 잠재 벡터와 원핫 인코딩된 레이블 벡터)으로 구성된 리스트를 주입합니다.

❹ 비평자에게 두 개의 입력(가짜/진짜 이미지와 원핫 인코딩된 레이블 채널)으로 구성된 리스트를 주입합니다.

❺ 그레이디언트 페널티 함수도 비평자를 호출할 때 전달할 원핫 인코딩된 레이블 채널이 필요합니다.

❻ 비평자 훈련 스텝의 변경 사항은 생성자 훈련 스텝에도 적용됩니다.

4.4.3 CGAN 분석

특정 원핫 인코딩된 레이블을 생성자의 입력에 전달하여 CGAN 출력을 제어할 수 있습니다. 예를 들어 금발이 아닌 얼굴을 생성하려면 벡터 [1, 0]을 전달합니다. 금발 머리의 얼굴을 생성하려면 벡터 [0, 1]을 전달합니다.

CGAN의 출력은 [그림 4-17]에서 볼 수 있습니다. 여기서는 샘플마다 랜덤한 잠재 벡터는 동일하게 유지하고 조건부 레이블 벡터만 변경합니다. CGAN이 레이블 벡터를 사용하여 이미지의 머리 색깔 속성만 제어하는 방법을 학습했음을 알 수 있습니다. 이미지의 나머지 부분은 거의 변하지 않는다는 점이 인상적입니다. 이는 GAN이 개별 특성이 서로 분리되도록 잠재 공간의 포인트를 구성할 수 있다는 증거입니다.

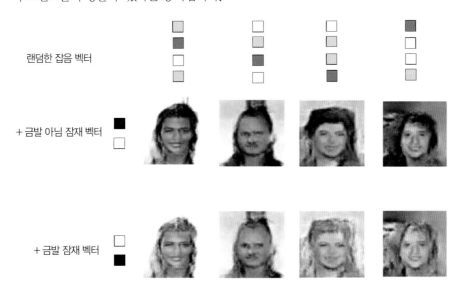

그림 4-17 잠재 벡터에 금발 벡터와 금발 아님 벡터를 추가했을 때 CGAN의 출력

> **TIP_** 데이터셋에 레이블이 있는 경우 레이블로 생성된 출력에 조건을 부여할 필요가 없더라도 GAN의 입력에 레이블을 포함하는 것이 좋습니다. 이렇게 하면 일반적으로 생성된 이미지의 품질을 높이는 경향이 있기 때문입니다. 레이블을 픽셀 입력에 추가할 수 있는 매우 유용한 정보라고 생각하세요.

4.5 요약

이 장에서 세 가지 생성적 적대 신경망 모델을 살펴보았습니다. 심층 합성곱 GAN(DCGAN), 조금 더 정교한 와서스테인 GAN-그레이디언트 페널티(WGAN-GP), 조건부 GAN(CGAN) 입니다.

먼저 장난감 블록 이미지를 생성하도록 DCGAN을 훈련하는 방법을 살펴봤습니다. 그림자, 형태, 질감을 정확하게 표현하는 등 3D 물체를 사실적인 이미지로 표현하는 방법을 배웠습니다. 또한 모드 붕괴와 그레이디언트 소실 등 GAN 훈련이 실패할 수 있는 여러 가지 경우도 살펴봤습니다.

그다음 와서스테인 손실 함수가 어떻게 이런 문제들을 해결하고 GAN 훈련을 예측 가능하고 안정적으로 만드는지 알아보았습니다. WGAN를 개선한 WGAN-GP는 훈련 과정 중심에 1-립시츠 조건을 부과합니다. 이를 위해 손실 함수에 그레이디언트 노름이 1이 되도록 끌어당기는 항을 추가합니다.

얼굴 생성 문제에 WGAN-GP를 적용하고 표준 정규 분포에서 포인트를 샘플링하여 새로운 얼굴을 생성하는 방법을 알아보았습니다. 샘플링 과정은 VAE와 매우 비슷하지만 GAN이 생성한 얼굴은 많이 다릅니다. 이미지가 선명하고 영역 간의 구분이 뚜렷합니다.

마지막으로 생성되는 이미지의 유형을 제어할 수 있는 CGAN을 만들었습니다. 비평자와 생성자의 입력으로 레이블을 전달함으로써 주어진 레이블에 따라 생성된 출력을 제어하는 데 필요한 추가 정보가 네트워크에 제공됩니다.

전반적으로 GAN 모델이 아주 유연하기 때문에 재미있는 여러 문제에 적용할 수 있습니다. 특히 GAN은 기본 프레임워크를 다양하게 확장하여 이미지 생성 분야에서 상당한 발전을 이끌어 냈습니다(10장 참조).

다음 장에서는 순차 데이터를 모델링하는 데 이상적인 또 다른 생성 모델인 자기회귀 모델을 살펴보겠습니다.

CHAPTER 5

자기회귀 모델

이 장의 목표

- 자기회귀 모델이 텍스트와 같은 순차 데이터를 생성하는 데 적합한 이유를 배웁니다.
- 텍스트 데이터를 토큰화하고 처리하는 방법을 배웁니다.
- 순환 신경망(RNN)의 구조를 배웁니다.
- 케라스로 LSTM 신경망을 만들고 훈련합니다.
- LSTM을 사용해 새로운 텍스트를 생성합니다.
- GRU와 양방향 셀 같은 다른 종류의 RNN을 배웁니다.
- 이미지 데이터를 픽셀의 시퀀스로 다루는 방법을 이해합니다.
- PixelCNN의 구조를 배웁니다.
- 케라스로 PixelCNN을 만듭니다.
- PixelCNN을 사용해 이미지를 생성합니다.

지금까지 잠재 변수를 활용하는 두 가지 생성 모델, 즉 변이형 오토인코더(VAE)와 생성적 적대 신경망(GAN)을 살펴보았습니다. 두 경우 모두 샘플링하기 쉬운 분포를 가지는 새로운 변수를 도입하고 모델은 이 변수를 원래 도메인으로 다시 디코딩하는 방법을 학습합니다.

이제 생성 모델링 문제를 순차적 과정으로 다룸으로써 이 문제를 단순화하는 모델인 **자기회귀 모델**autoregressive model을 알아보겠습니다. 자기회귀 모델은 잠재 확률 변수가 아닌 시퀀스sequence에 있는 이전 값을 바탕으로 예측을 만듭니다. 따라서 자기회귀 모델은 (VAE에서처럼) 데이터 생성 분포를 근사하는 것이 아니라 명시적으로 이를 모델링합니다.

이 장에서는 두 가지 자기회귀 모델인 LSTM과 PixelCNN을 살펴보겠습니다. 텍스트 데이터에는 LSTM을, 이미지 데이터에는 PixelCNN을 적용하겠습니다. 9장에서는 또 다른 성공적인 자기회귀 모델인 트랜스포머를 자세히 살펴봅니다.

5.1 소개

먼저 LSTM의 작동 방식을 이해하는 데 도움이 되는 이야기를 살펴보겠습니다. 죄수들이 문학 클럽을 결성한 이상한 교도소 이야기입니다.

고약한 범법자들의 문학 클럽

교도관인 에드워드 소프Edward Sopp는 자신의 직업이 맘에 들지 않습니다. 온종일 죄수를 감시하느라 정말로 좋아하는 일인 단편 소설을 쓸 시간이 없기 때문입니다. 이제는 점점 영감도 떨어져서 새로운 콘텐츠를 만들 방법을 찾아야 합니다.

죄수를 감시하던 어느 날, 죄수들을 바쁘게 만들면서 그의 스타일대로 새로운 소설을 만들 아이디어가 떠올랐습니다. 죄수들에게 글을 쓰게 하는 거죠! 이를 위해 LSTMLiterary Society for Troublesome Miscreants(고약한 범법자들의 문학 클럽)[1]을 만들었습니다(그림 5-1).

그림 5-1 책을 읽는 죄수들이 있는 대형 감방(미드저니로 생성함)

이 감옥은 특이하게도 큰 감방cell[2] 하나에 256명의 죄수를 모두 수용합니다. 죄수들은 에드워드의 소설이 어떻게 이어져야 할지 각자 의견이 있습니다. 매일 에드워드는 소설의 가장 마지막 단어를 감방에 붙입니다. 새로운 단어와 어제 의견을 바탕으로 죄수들은 현재 이야기에 관한 자신의 의견을 업데이트합니다.

---

1 옮긴이_ LSTM 셀의 약자를 사용한 언어 유희입니다.
2 옮긴이_ 순환 신경망에서는 층을 셀(cell)이라고 부릅니다.

각 죄수는 자기 의견을 제안하기 위해 특정한 사고방식을 사용합니다. 즉, 새로운 단어와 다른 죄수의 의견에서 얻은 정보를 자기 생각과 균형을 맞추는 일입니다. 먼저 새로운 단어에서 얻은 정보와 다른 죄수의 의견을 고려하여 어제 의견을 얼마나 잊을지를 결정합니다. 또한 이 정보를 사용하여 새로운 생각을 만들고 어제에서 넘어 온 예전 생각과 얼마나 섞을지 결정합니다. 이것이 오늘 죄수의 새 의견을 만듭니다.

하지만 죄수들은 비밀이 많아서 동료 죄수에게 자신의 의견을 모두 말하지 않습니다. 또한 죄수들은 마지막으로 선택한 단어와 다른 죄수의 의견을 고려하여 얼마나 자기 의견을 드러낼지 결정합니다.

에드워드가 감옥에서 문장의 다음 단어를 생성하고 싶다고 하면, 죄수들은 감방을 지키는 교도관에게 각자의 의견을 말합니다. 교도관은 이 정보를 합쳐 소설의 끝에 추가할 최종 단어를 결정합니다. 새 단어는 다시 감방으로 전달됩니다. 이야기가 끝날 때까지 이 과정을 반복합니다.

죄수와 교도관을 훈련하기 위해 에드워드는 이전에 썼던 짧은 문장을 감방에 주입하고 죄수들이 선택한 다음 단어가 올바른지 모니터링합니다. 죄수들에게 정확도를 알려주면 점차 에드워드의 고유한 스타일로 소설을 쓰는 방법을 배우기 시작합니다.

에드워드는 이 과정을 수없이 반복한 끝에 그럴듯해 보이는 글을 생성하는 데 성공했습니다. 결과에 만족한 에드워드는 생성된 이야기를 모아 새로운 이야기책을 출간합니다.

에드워드와 그의 크라우드소싱 우화는 텍스트와 같은 순차 데이터에 사용하는 유명한 자기회귀 기법인 **LSTM**long short-term memory network에 관한 비유입니다.

5.2 LSTM 네트워크 소개

LSTM은 **순환 신경망**recurrent neural network(RNN)의 한 종류입니다. RNN에는 순차 데이터를 처리하는 순환 층(또는 셀cell)이 있습니다. 특정 타임 스텝time step에서 셀의 출력은 다음 타임 스텝 입력의 일부분으로 사용됩니다.

RNN이 처음 소개되었을 때 순환 층은 매우 간단했고 **tanh** 함수 하나로 구성되었습니다. 이 함수는 타임 스텝 사이에 전달된 정보를 -1과 1 사이로 스케일을 맞춥니다. 하지만 이 방식은 그레이디언트 소실^{vanishing gradient} 문제가 나타나 시퀀스^{sequence}가 긴 데이터에는 잘 맞지 않습니다.

LSTM 셀은 제프 호흐라이터^{Sepp Hochreiter}와 위르겐 슈미트후버^{Jürgen Schmidhuber}의 1997년 논문에서 처음 소개되었습니다.[3] 이 논문에서 저자들은 기본 RNN에서 나타나는 그레이디언트 소실 문제를 어떻게 LSTM이 겪지 않고 타임 스텝이 수백 개인 긴 시퀀스에서 훈련할 수 있는지 설명했습니다. LSTM 구조는 그 이후 개선되고 향상되었습니다. GRU^{gated recurrent unit}와 같은 여러 변종이 널리 사용되고 케라스의 층으로도 제공됩니다.

LSTM은 시계열 예측, 감성 분석, 오디오 분류 등 순차 데이터와 관련된 다양한 문제에 적용되어 왔습니다. 이 장에서는 LSTM을 사용하여 텍스트 생성 문제를 해결해보겠습니다.

> **NOTE_ 예제 코드 실행하기**
>
> 이 예제 코드는 책 저장소에 있는 주피터 노트북 notebooks/05_autoregressive/01_lstm/lstm.ipynb에 있습니다.

5.2.1 레시피 데이터셋

여기에서는 캐글의 Epicurious 레시피 데이터셋(https://oreil.ly/laNUt)을 사용하겠습니다. 영양 성분과 재료 목록 같은 메타데이터를 포함한 20,000개의 레시피로 구성됩니다.

[예제 5-1]과 같이 책 저장소에 있는 캐글 데이터셋 다운로드 스크립트를 실행하여 이 데이터셋을 다운로드할 수 있습니다.[4] 이렇게 하면 레시피와 함께 제공되는 메타데이터가 로컬 /data 폴더에 저장됩니다.

예제 5-1 Epicurious 레시피 데이터셋 다운로드하기

```
bash scripts/download_kaggle_data.sh hugodarwood epirecipes
```

---

3 Sepp Hochreiter and Jürgen Schmidhuber, "Long Short-Term Memory," Neural Computation 9 (1997): 1735-1780. http://bit.ly/2In7NnH.

4 옮긴이_ 이 스크립트는 도커를 사용합니다. 코랩에서 레시피 데이터셋을 다운로드하는 방법은 주피터 노트북을 참고하세요.

[예제 5-2]는 데이터를 로드하고 제목과 설명이 있는 레시피만 남도록 필터링합니다. [예제 5-3]에 샘플 레시피 문자열이 있습니다.

예제 5-2 데이터 로드

```python
with open('/app/data/epirecipes/full_format_recipes.json') as json_data:
    recipe_data = json.load(json_data)

filtered_data = [
    'Recipe for ' + x['title']+ ' ¦ ' + ' '.join(x['directions'])
    for x in recipe_data
    if 'title' in x
    and x['title'] is not None
    and 'directions' in x
    and x['directions'] is not None
]
```

예제 5-3 레시피 데이터셋의 텍스트 문자열

```
Recipe for Ham Persillade with Mustard Potato Salad and Mashed Peas ¦ Chop enough
parsley leaves to measure 1 tablespoon; reserve. Chop remaining leaves and stems
and simmer with broth and garlic in a small saucepan, covered, 5 minutes.
Meanwhile, sprinkle gelatin over water in a medium bowl and let soften 1 minute.
Strain broth through a fine-mesh sieve into bowl with gelatin and stir to dissolve.
Season with salt and pepper. Set bowl in an ice bath and cool to room temperature,
stirring. Toss ham with reserved parsley and divide among jars. Pour gelatin on top
and chill until set, at least 1 hour. Whisk together mayonnaise, mustard, vinegar,
1/4 teaspoon salt, and 1/4 teaspoon pepper in a large bowl. Stir in celery,
cornichons, and potatoes. Pulse peas with marjoram, oil, 1/2 teaspoon pepper, and
1/4 teaspoon salt in a food processor to a coarse mash. Layer peas, then potato
salad, over ham.
```

케라스로 LSTM 신경망을 구축하는 방법을 살펴보기 전에 먼저 텍스트 데이터의 구조를 이해하고 이 책에서 지금까지 살펴본 이미지 데이터와 무엇이 다른지 간략히 살펴보겠습니다.

5.2.2 텍스트 데이터 다루기

텍스트와 이미지 데이터 사이에는 몇 가지 큰 차이점이 있습니다. 따라서 이미지 데이터에서 잘 작동하는 여러 가지 방법을 텍스트 데이터에 쉽게 적용할 수 없습니다. 특히 다음과 같은 점이 다릅니다.

- 텍스트 데이터는 개별적인 데이터 조각(문자나 단어)으로 구성됩니다. 반면 이미지의 픽셀은 연속적인 색상 스펙트럼 위의 한 점입니다. 녹색 픽셀을 파란색에 가깝게 바꾸기는 쉽습니다. 하지만 단어 cat을 dog에 더 가깝게 만드는 방법은 명확하지 않습니다. 개별 픽셀에 대한 손실 함수의 그레이디언트를 계산하면 손실 함수를 최소화하기 위해 픽셀의 색이 바뀌어야 할 방향을 알 수 있습니다. 그래서 이미지 데이터에는 역전파를 쉽게 적용할 수 있습니다. 이산적인 텍스트 데이터에는 일반적인 방식으로 역전파를 적용할 수 없으므로 이 문제를 해결할 방법을 찾아야 합니다.

- 텍스트 데이터는 시간 차원이 있지만 공간 차원은 없습니다. 반면 이미지 데이터는 두 개의 공간 차원이 있고 시간 차원은 없습니다. 텍스트 데이터에서 단어의 순서는 매우 중요합니다. 단어를 거꾸로 배열하면 의미를 전달할 수 없습니다. 반면 이미지는 뒤집어도 콘텐츠에 영향을 미치지 않습니다. 또한 단어 사이에는 모델이 감지해야 할 순서에 대한 의존성이 있는 경우가 많습니다. 예를 들면 질문에 대답하거나 대명사의 문맥 정보를 다음 단계로 전달하는 경우입니다. 이미지 데이터에서는 모든 픽셀이 동시에 처리될 수 있습니다.

- 텍스트 데이터는 개별 단위(단어나 문자)의 작은 변화에도 매우 민감합니다. 이미지 데이터는 일반적으로 개별 픽셀 단위의 변화에 덜 민감합니다. 집을 나타낸 그림에서 일부 픽셀이 바뀌더라도 여전히 집으로 인식할 수 있습니다. 하지만 텍스트 데이터에서 몇 개의 단어만 바꾸더라도 문장의 의미가 완전히 달라지거나 이해할 수 없게 됩니다. 모든 단어가 문장의 전체 의미를 나타내는 데 아주 중요하기 때문에 논리적인 텍스트를 생성하는 모델을 훈련하기가 매우 어렵습니다.

- 텍스트 데이터에는 규칙 기반의 문법 구조가 있습니다. 반면 이미지는 픽셀 값을 할당하기 위해 사전에 정의된 규칙이 없습니다. 예를 들면 문서에 'The cat sat on the having'과 같이 썼다면 문법적으로 올바르지 않습니다. 또한 의미론적인 규칙은 모델링하기 더욱 어렵습니다. 'I am in the beach'라는 문장은 문법적으로 문제는 없지만 의미가 통하지 않습니다.[5]

이를 염두에 두고 이제 텍스트 데이터를 LSTM 신경망으로 훈련하기에 적합한 형태로 만드는 단계를 살펴보겠습니다.

---

5 옮긴이_ 이 말은 해변 속에 있다는 의미이므로 'I am on the beach'로 써야 합니다.

5.2.3 토큰화

첫 번째 단계는 텍스트를 정제하고 토큰화합니다. **토큰화**tokenization는 텍스트를 단어나 문자와 같은 개별 단위로 나누는 작업입니다.

텍스트 생성 모델로 만들려는 종류에 따라 텍스트 토큰화 방법이 달라집니다. 단어와 문자 토큰token은 각기 장단점이 있습니다. 어떤 선택을 하는지에 따라 모델링 이전의 텍스트 정제 방법과 모델의 출력에 영향을 미칩니다.

단어 토큰의 경우

- 모든 텍스트를 소문자로 변환합니다. 문장의 시작 부분에 첫 글자가 대문자인 단어를 문장의 중간에 등장하는 단어와 동일하게 토큰화되도록 만듭니다. 하지만 때로는 원치 않는 결과를 보일 수 있습니다. 예를 들어 사람 이름이나 지명 같은 고유 명사는 대문자 그대로 남겨두어 별도로 토큰화하는 것이 나을 수 있습니다.
- **어휘 사전**vocabulary(훈련 세트에 있는 고유한 단어의 모음)이 매우 클 수 있습니다. 어떤 단어는 매우 드물게 등장하거나 딱 한 번만 나타날 수 있습니다. 희소한 단어는 별도의 토큰으로 포함하기보다 알려지지 않은 단어unknown word에 해당하는 토큰으로 바꾸어 신경망이 학습해야 할 가중치 수를 줄이는 것이 좋습니다.
- 단어에서 **어간**stem을 추출할 수 있습니다. 즉, 단어의 기본형으로 단순화하여 시제가 다른 동사를 하나로 토큰화할 수 있습니다. 예를 들면 browse, browsing, browses, browsed는 어간이 모두 brows입니다.
- 구두점(마침표와 쉼표)을 토큰화하거나 모두 제거해야 합니다.
- 단어 토큰화를 사용하면 훈련 어휘 사전에 없는 단어는 모델이 예측할 수 없습니다.

문자 토큰의 경우

- 모델이 문자의 시퀀스를 생성해 훈련 어휘 사전에 없는 새로운 단어를 만들 수 있습니다. 때에 따라 필요한 능력이거나 그렇지 않을 수 있습니다.
- 대문자는 소문자로 바꾸거나 별도의 토큰으로 남겨둘 수 있습니다.
- 문자 토큰화를 사용하면 어휘 사전은 비교적 매우 작습니다. 마지막 출력층에 학습할 가중치 수가 적기 때문에 모델의 훈련 속도에 유리합니다.

예제에서는 어간 추출 없이 소문자 단어로 토큰화합니다. 모델이 문장의 끝이나 인용 부호의 시작과 끝을 예측하기 위해 구두점도 토큰화합니다.

[예제 5-4]는 텍스트를 정제하고 토큰화하는 코드입니다.

```python
def pad_punctuation(s):
    s = re.sub(f"([{string.punctuation}])", r' \1 ', s)
    s = re.sub(' +', ' ', s)
    return s

text_data = [pad_punctuation(x) for x in filtered_data] ❶

text_ds = tf.data.Dataset.from_tensor_slices(text_data).batch(32).shuffle(1000) ❷

vectorize_layer = layers.TextVectorization( ❸
    standardize = 'lower',
    max_tokens = 10000,
    output_mode = "int",
    output_sequence_length = 200 + 1,
)

vectorize_layer.adapt(text_ds) ❹
vocab = vectorize_layer.get_vocabulary() ❺
```

❶ 구두점을 별도의 단어로 처리하기 위해 공백을 추가합니다.

❷ 텐서플로 데이터셋으로 변환합니다.

❸ 텍스트를 소문자로 바꾸고, 가장 자주 등장하는 10,000개의 단어에 정수를 부여하고, 시퀀스 길이가 201개의 토큰이 되도록 자르거나 패딩하는 케라스 TextVectorization 층을 만듭니다.

❹ TextVectorization 층을 훈련 데이터에 적용합니다.

❺ vocab 변수에 단어 토큰의 리스트를 저장합니다.

토큰화를 거친 레시피의 예는 [예제 5-5]에 있습니다. 모델을 훈련하는 데 사용하는 시퀀스 길이는 훈련 과정의 하이퍼파라미터입니다. 이 예에서는 시퀀스 길이를 200으로 선택했기 때문에 타깃 변수(다음 절에서 자세히 설명하겠습니다)를 생성할 수 있도록 레시피를 이 길이보다 하나 더 길게 패딩하거나 자릅니다. 패딩은 원하는 길이가 될 때까지 벡터의 끝을 0으로 채웁니다.

예제 5-5 토큰화된 [예제 5-3]의 레시피

```
[   26   16  557    1    8  298  335  189    4 1054  494   27  332  228
   235  262    5  594   11  133   22  311    2  332   45  262    4  671
     4   70    8  171    4   81    6    9   65   80    3  121    3   59
    12    2  299    3   88  650   20   39    6    9   29   21    4   67
   529   11  164    2  320  171  102    9  374   13  643  306   25   21
     8  650    4   42    5  931    2   63    8   24    4   33    2  114
    21    6  178  181 1245    4   60    5  140  112    3   48    2  117
   557    8  285  235    4  200  292  980    2  107  650   28   72    4
   108   10  114    3   57  204   11  172    2   73  110  482    3  298
     3  190    3   11   23   32  142   24    3    4   11   23   32  142
    33    6    9   30   21    2   42    6  353    3 3224    3    4  150
     2  437  494    8 1281    3   37    3   11   23   15  142   33    3
     4   11   23   32  142   24    6    9  291  188    5    9  412  572
     2  230  494    3   46  335  189    3   20  557    2    0    0    0
     0    0    0    0    0]
```

[예제 5-6]은 인덱스에 매핑된 토큰 리스트의 일부입니다. 이 층은 0 토큰은 패딩(즉, 중지 토큰)에 할당하고 1 토큰은 상위 10,000개 단어(예: persillade)를 벗어난 알 수 없는 단어에 할당합니다. 다른 단어들은 빈도순으로 토큰이 할당됩니다. 어휘 사전에 포함할 단어의 개수 또한 학습 과정의 하이퍼파라미터입니다. 단어가 많이 포함될수록 알 수 없는 토큰이 텍스트에 표시되는 일이 줄어듭니다. 하지만 어휘 사전의 크기가 커지면 모델도 커져야 합니다.

예제 5-6 TextVectorization 층의 어휘 사전

```
0:
1: [UNK]
2: .
3: ,
4: and
5: to
6: in
7: the
8: with
9: a
```

5.2.4 데이터셋 만들기

LSTM은 단어의 시퀀스가 주어지면 이 시퀀스의 다음 단어를 예측하도록 훈련됩니다. 예를 들어 'grilled chicken with boiled' 토큰을 주입하면 모델이 적절한 다음 단어를 출력할 것입니다(예: 'bananas' 대신 'potatoes').

따라서 전체 시퀀스를 한 토큰 이동시켜서 타깃 변수를 만들 수 있습니다.

[예제 5-7]은 데이터셋을 생성합니다.

예제 5-7 훈련 데이터셋 생성

```
def prepare_inputs(text):
    text = tf.expand_dims(text, -1)
    tokenized_sentences = vectorize_layer(text)
    x = tokenized_sentences[:, :-1]
    y = tokenized_sentences[:, 1:]
    return x, y

train_ds = text_ds.map(prepare_inputs) ❶
```

❶ 레시피 토큰(입력)과 동일하지만 한 토큰 이동된 벡터(타깃)로 구성된 훈련 세트를 만듭니다.

5.2.5 LSTM 모델 구조

전체 LSTM 모델의 구조는 [표 5-1]에 있습니다. 모델의 입력은 정수 토큰의 시퀀스이고, 출력은 시퀀스 다음에 10,000개 단어의 어휘 사전에서 등장할 수 있는 단어의 확률입니다. 작동 방식을 자세히 이해하기 위해 새로 등장한 임베딩 층과 LSTM 층을 소개하겠습니다.

표 5-1 LSTM 모델의 summary() 메서드 출력

층 (타입)	출력 크기	파라미터 개수
InputLayer	(None, None)	0
Embedding	(None, None, 100)	1,000,000
LSTM	(None, None, 128)	117,248
Dense	(None, None, 10000)	1,290,000

총 파라미터 개수	2,407,248
훈련되는 파라미터 개수	2,407,248
훈련되지 않는 파라미터 개수	0

> **NOTE_ LSTM의 입력 층**
>
> **Input** 층에는 시퀀스 길이를 미리 지정할 필요가 없습니다. 배치 크기와 시퀀스 길이 모두 가변적입니다 (따라서 크기가 (None, None)). 이는 모든 후속 층이 시퀀스의 길이에 구애받지 않기 때문입니다.

5.2.6 임베딩 층

임베딩 층은 기본적으로 각 정수 토큰을 embedding_size 길이의 벡터로 변환하는 룩업 테이블^{lookup table}입니다(그림 5-2). 룩업 벡터는 모델에 의해 학습되는 가중치입니다. 따라서 이 층에서 학습되는 가중치의 개수는 어휘 사전의 크기에 임베딩 벡터의 차원을 곱한 값입니다(즉, $10,000 \times 100 = 1,000,000$).

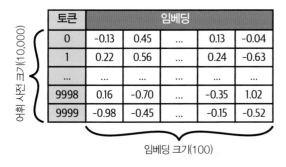

그림 5-2 임베딩 층은 정수 토큰에 대한 룩업 테이블임

모델이 역전파를 통해 업데이트가 가능한 단어 표현을 학습할 수 있기 때문에 각 정수 토큰이 연속적인 벡터로 임베딩됩니다. 입력 토큰을 원핫 인코딩할 수도 있지만 임베딩 층이 더 선호됩니다. 임베딩 층은 스스로 학습할 수 있기 때문에 성능을 높이기 위해 모델이 토큰의 임베딩 방법을 자유롭게 결정할 수 있기 때문입니다.

따라서 Input 층이 [batch_size, seq_length] 크기의 정수 시퀀스 텐서를 Embedding 층으로 전달하면 이 층은 [batch_size, seq_length, embedding_size] 크기의 텐서를 출력합

니다. 이 텐서가 LSTM 층으로 전달됩니다(그림 5-3).

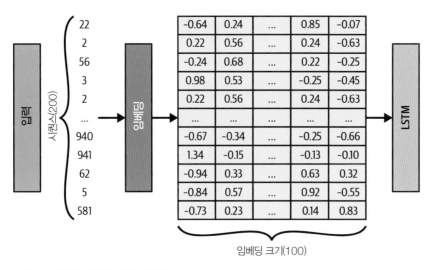

임베딩 크기(100)

그림 5-3 임베딩 층을 통과하는 시퀀스

5.2.7 LSTM 층

LSTM 층을 이해하기 위해 먼저 일반적인 순환 층이 어떻게 작동하는지 알아보겠습니다.

순환 층에는 순차적인 입력 데이터 $x_1, \cdots, x_n$을 처리할 수 있는 특별한 구조가 있습니다. 순환 층은 셀로 구성됩니다. **은닉 상태**hidden state h_t는 한 번에 한 타임 스텝씩 시퀀스 x_t의 각 원소를 셀로 전달해 업데이트합니다.

은닉 상태는 셀 안에 있는 유닛의 개수와 길이가 동일한 벡터입니다. 이를 시퀀스에 관한 현재 셀의 지식으로 생각할 수 있습니다. 타임 스텝 t에서 셀은 이전 은닉 상태 h_{t-1}와 현재 타임 스텝 x_t의 데이터를 사용해 업데이트된 은닉 상태 벡터 h_t를 만듭니다. 이런 순환 과정은 시퀀스가 끝날 때까지 계속됩니다. 시퀀스가 끝나면 이 층은 셀의 최종 은닉 상태 h_n을 출력하고 네트워크의 다음 층으로 전달합니다. [그림 5-4]에 이 과정이 있습니다.

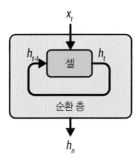

그림 5-4 간단하게 표현한 순환 층의 구조

하나의 시퀀스가 순환 층에 주입된 과정을 시간순으로 펼쳐서 조금 더 자세히 설명하겠습니다 (그림 5-5).

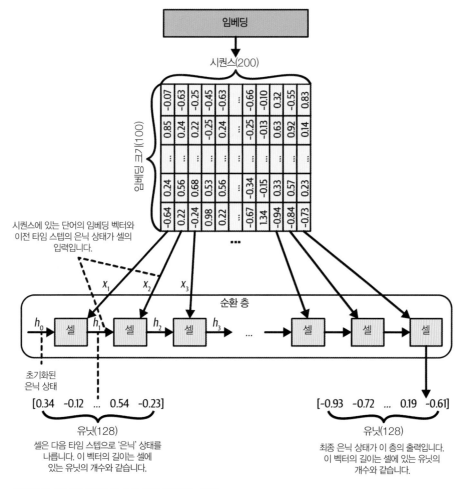

그림 5-5 하나의 시퀀스가 순환 층을 통과하는 과정

여기에서는 타임 스텝마다 셀을 그려서 순환 과정을 표현했습니다. 은닉 상태는 셀을 통과하여 흘러감에 따라 계속 업데이트됩니다. 이전 은닉 상태가 현재의 순차 데이터 포인트(즉, 현재의 임베딩 단어 벡터)와 어떻게 합쳐져 다음 은닉 상태를 만드는지 볼 수 있습니다. 이 층의 출력은 입력 시퀀스의 모든 단어가 처리된 후 만들어진 셀의 마지막 은닉 상태입니다.

> **WARNING_** 셀의 출력을 '은닉' 상태라고 부르는 것은 적절하지 않습니다. 사실 숨겨져 있지 않기 때문에 그렇게 생각해서는 안 됩니다. 실제로 마지막 은닉 상태가 전반적인 이 층의 출력입니다. 이 장에서는 전체 타임 스텝의 은닉 상태를 사용하겠습니다.

5.2.8 LSTM 셀

일반적인 순환 층의 작동 방식을 보았으므로 이제 LSTM 셀의 내부를 확인해보겠습니다.

LSTM 셀은 이전 은닉 상태 h_{t-1}과 현재 단어 임베딩 x_t가 주어졌을 때 새로운 은닉 상태 h_t를 출력합니다. h_t의 길이는 LSTM에 있는 유닛의 개수와 동일합니다. 이는 층을 정의할 때 지정해야 하는 하이퍼파라미터이며 시퀀스의 길이와는 아무 상관이 없습니다.

> **WARNING_** 셀과 유닛을 혼동하지 마세요. LSTM 층에는 하나의 셀이 있고 이 셀은 여러 개의 유닛을 포함합니다. 마치 앞선 이야기에서 감방에 여러 명의 죄수가 수감된 것과 동일합니다. 셀을 펼쳐서 연결한 것으로 순환 층을 표현할 때도 많습니다. 은닉 상태가 매 타임 스텝에서 어떻게 업데이트되는지 나타내기 좋기 때문입니다.

하나의 LSTM 셀은 하나의 셀 상태^{cell state} C_t를 관리합니다. 셀 상태를 현재 시퀀스의 상태에 관한 셀 내부의 생각으로 볼 수 있습니다. 마지막 타임 스텝 후에 셀에서 출력되는 은닉 상태 h_t와는 구분됩니다. 셀 상태는 은닉 상태와 길이가 같습니다(셀에 있는 유닛의 개수).

하나의 LSTM 셀에서 은닉 상태가 어떻게 업데이트되는지 자세히 살펴보겠습니다(그림 5-6).

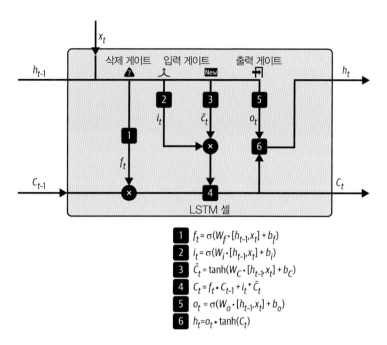

그림 5-6 LSTM 셀

은닉 상태는 다섯 단계를 거쳐 업데이트됩니다.

1. 이전 타임 스텝 h_{t-1}의 은닉 상태는 현재 단어 임베딩 x_t와 연결되어 삭제 게이트[forget gate]
   로 전달됩니다. 이 게이트는 가중치 행렬 W_f, 편향 b_f와 시그모이드 활성화 함수가 있는
   단순한 완전 연결 층입니다. 결과 벡터 f_t는 셀의 유닛 개수와 길이가 동일하고 0과 1 사
   이의 값을 가집니다. 이 값은 이전 셀 상태 C_{t-1}을 얼마나 유지할지 결정합니다.

2. 이 연결된 벡터는 입력 게이트[input gate]로도 전달됩니다. 삭제 게이트처럼 가중치 행렬 W_i,
   편향 b_i와 시그모이드 활성화 함수가 있는 완전 연결 층입니다. 이 게이트의 출력 i_t는 셀
   의 유닛 개수와 동일하고 0과 1 사이의 값을 가집니다. 이 값은 이전 셀 상태 C_{t-1}에 얼
   마나 새로운 정보를 추가할지 결정합니다.

3. 이 연결된 벡터는 가중치 행렬 W_C, 편향 b_C와 tanh 활성화 함수가 있는 또 다른 완전 연
   결 층으로 전달되어 벡터 $\tilde{C}_t$를 만듭니다. 이 벡터는 셀이 저장하려는 새로운 정보를 담습
   니다. 역시 셀의 유닛 개수와 길이가 동일하고 −1과 1 사이의 값을 가집니다.

4. f_t와 C_{t-1}을 원소별 곱셈한 다음 i_t와 $\tilde{C}_t$의 원소별 곱셈과 더합니다. 이전 셀 상태의 일부
   분을 삭제하고 새로운 정보를 더해 업데이트된 셀 상태 C_t를 만드는 과정입니다.

5. 이 연결 벡터는 가중치 행렬 W_o, 편향 b_o와 시그모이드 활성화 함수가 있는 완전 연결 층인 출력 게이트^{output gate}로도 전달됩니다. 결과 벡터 o_t는 셀의 유닛 개수와 길이가 같고 0과 1 사이의 값을 저장합니다. 이 값은 업데이트된 셀 상태 C_t를 셀의 출력으로 얼마나 보낼지 결정합니다.

6. 업데이트된 셀 상태 C_t는 tanh 활성화 함수가 적용된 다음 o_t와 원소별 곱셈하여 새로운 은닉 상태 h_t를 생성합니다.

> **NOTE_ 케라스 LSTM 층**
> 이런 복잡한 모든 상세 사항은 케라스의 LSTM 층에 구현되어 있습니다. 따라서 직접 이를 만들 걱정을 할 필요가 없습니다!

5.2.9 LSTM 훈련

LSTM을 만들고, 컴파일하고, 훈련하는 코드는 [예제 5-8]과 같습니다.

예제 5-8 LSTM 구축, 컴파일, 훈련

```
inputs = layers.Input(shape=(None,), dtype="int32") ❶
x = layers.Embedding(10000, 100)(inputs) ❷
x = layers.LSTM(128, return_sequences=True)(x) ❸
outputs = layers.Dense(10000, activation = 'softmax')(x) ❹
lstm = models.Model(inputs, outputs) ❺

loss_fn = losses.SparseCategoricalCrossentropy()
lstm.compile("adam", loss_fn) ❻
lstm.fit(train_ds, epochs=25) ❼
```

❶ Input 층에는 시퀀스 길이를 미리 지정할 필요가 없습니다(시퀀스 길이는 가변적입니다). 따라서 None으로 지정합니다.

❷ Embedding 층은 두 개의 매개변수가 필요합니다. 어휘 사전의 크기(10,000개 토큰)와 임베딩 벡터의 차원(100)입니다.

❸ LSTM 층에는 은닉 벡터의 차원(128)을 지정해야 합니다. 마지막 타임 스텝의 은닉 상태뿐만 아니라 전체 타임 스텝의 은닉 상태를 반환하도록 설정합니다.

❹ Dense 층은 각 타임 스텝의 은닉 상태를 다음 토큰에 대한 확률 벡터로 변환합니다.

❺ Model은 입력 토큰 시퀀스가 주어지면 다음 토큰을 예측합니다. 시퀀스에 있는 각 토큰에 대해 이를 수행합니다.

❻ SparseCategoricalCrossentropy 손실로 모델을 컴파일합니다. 범주형 크로스 엔트로피와 같지만 레이블이 원핫 인코딩된 벡터가 아니라 정수일 때 사용합니다.

❼ 훈련 데이터셋에서 모델을 훈련합니다.

[그림 5-7]은 LSTM 훈련 과정에서 처음 몇 번 에폭를 보여줍니다. 손실 지표가 감소함에 따라 샘플 출력이 이해하기 쉬워집니다. [그림 5-8]은 훈련 과정을 통해 감소하는 크로스 엔트로피 손실 지표를 보여줍니다.

```
Epoch 1/25
628/629 [============================>.] - ETA: 0s - loss: 4.4536
generated text:
recipe for mold salad are high 8 pickled to fold cook the dish into and warm in baking reduced but halves beans
and cut

629/629 [=============================] - 29s 43ms/step - loss: 4.4527
Epoch 2/25
628/629 [============================>.] - ETA: 0s - loss: 3.2339
generated text:
recipe for racks - up—don with herb fizz | serve checking thighs onto sanding butter and baking surface in a hea
vy heavy large saucepan over blender ; stand overnight . [UNK] over moderate heat until very blended , garlic ,
about 8 minutes . cook airtight until cooked are soft seeds , about 1 45 minutes . sugar , until s is brown , 5
to sliced , parmesan , until browned and add extract . wooden crumb to outside of out sheets . flatten and prehe
ated return to the paste . add in pecans oval and let transfer day .

629/629 [=============================] - 30s 48ms/step - loss: 3.2336
Epoch 3/25
629/629 [=============================] - ETA: 0s - loss: 2.6229
generated text:
recipe for grilled chicken | preheat oven to 400°f . cook in large 8 - caramel grinder or until desired are firm
, about 6 minutes

629/629 [=============================] - 27s 42ms/step - loss: 2.6229
Epoch 4/25
629/629 [=============================] - ETA: 0s - loss: 2.3426
generated text:
recipe for pizza salad with sweet red pepper and star fruit | combine all ingredients except lowest ingredients
in a large skillet . working with batches and deglaze , cook until just cooked through , about 1 minute . meanwh
ile , boil potatoes and paprika in a little oil over medium - high heat , stirring it just until crisp , about 3
minutes . stir in bell pepper , onion and cooked paste and jalapeño until clams well after most - reggiano , abo
ut 5 minutes . transfer warm 2 tablespoons flesh of eggplants to medium bowl . serve .
```

그림 5-7 LSTM 훈련 과정 중에서 처음 몇 번의 에폭

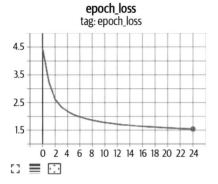

그림 5-8 LSTM 훈련 과정의 에폭별 크로스 엔트로피 손실 지표

5.2.10 LSTM 분석

이제 LSTM을 컴파일하고 훈련했으므로 다음 과정을 적용하여 이 네트워크로 긴 텍스트 문자열을 생성할 수 있습니다.

1. 기존 단어의 시퀀스를 네트워크에 주입하고 다음 단어를 예측합니다.
2. 이 단어를 기존 시퀀스에 추가하고 과정을 반복합니다.

이 네트워크는 샘플링할 수 있는 각 단어의 확률을 출력합니다. 즉 결정적이지 않고 확률적으로 텍스트를 생성할 수 있습니다. 또한 temperature 매개변수를 사용하여 샘플링 과정을 얼마나 결정적으로 만들지 지정할 수 있습니다.

> **NOTE_ temperature 매개변수**
>
> temperature가 0에 가까울수록 샘플링이 더 결정적이 됩니다(즉, 가장 확률이 높은 단어가 선택될 가능성이 더 높아집니다). temperature가 1이면 모델에서 출력되는 확률로 모델을 선택한다는 의미입니다.

[예제 5-9]는 각 훈련 에폭이 끝날 때 텍스트를 생성하는 콜백 함수입니다.

예제 5-9 TextGenerator 콜백 함수

```
class TextGenerator(callbacks.Callback):
    def __init__(self, index_to_word, top_k=10):
        self.index_to_word = index_to_word
```

```python
        self.word_to_index = {
            word: index for index, word in enumerate(index_to_word)
        } ❶

    def sample_from(self, probs, temperature): ❷
        probs = probs ** (1 / temperature)
        probs = probs / np.sum(probs)
        return np.random.choice(len(probs), p=probs), probs

    def generate(self, start_prompt, max_tokens, temperature):
        start_tokens = [
            self.word_to_index.get(x, 1) for x in start_prompt.split()
        ] ❸
        sample_token = None
        info = []
        while len(start_tokens) < max_tokens and sample_token != 0: ❹
            x = np.array([start_tokens])
            y = self.model.predict(x) ❺
            sample_token, probs = self.sample_from(y[0][-1], temperature) ❻
            info.append({'prompt': start_prompt , 'word_probs': probs})
            start_tokens.append(sample_token) ❼
            start_prompt = start_prompt + ' ' + self.index_to_word[sample_token]
        print(f"\n생성된 텍스트:\n{start_prompt}\n")
        return info

    def on_epoch_end(self, epoch, logs=None):
        self.generate("recipe for", max_tokens = 100, temperature = 1.0)
```

❶ 어휘 사전의 역매핑(단어에서 토큰으로)을 만듭니다.

❷ 이 함수는 temperature 매개변수를 사용하여 확률을 업데이트합니다.

❸ 시작 프롬프트prompt는 생성 과정을 시작하기 위해 모델에 제공하는 단어의 문자열입니다 (예: recipe for). 단어는 먼저 토큰의 리스트로 변환됩니다.

❹ max_tokens 길이가 되거나 중지 토큰(0)이 나올 때까지 시퀀스를 생성합니다.

❺ 모델은 시퀀스의 다음에 나올 단어의 확률을 출력합니다.

❻ 이 확률은 sample_from 메서드로 전달되어 temperature를 기반으로 다음 단어를 선택합니다.

❼ 생성 과정의 다음 반복을 위해 새로운 단어를 프롬프트 텍스트에 추가합니다.

2개의 temperature 값으로 실행해보겠습니다(그림 5-9).

```
temperature = 1.0
```
생성된 텍스트:
recipe for sour japanese potatoes julienne | in a bowl stir together the yeast mixture with the milk and the peanut butter crumbs , the sour cream , and the butter mixture with a fork , gently fold in the prunes gently or until incorporated . lightly stir the oil and yeast until it just holds soft peaks , but not runny , on bottom of a 7 - sided sheet of aluminum foil , top it with a round , and a pinch of each brownies into a goblet , or with the baking dish . serve each with sorbet

```
temperature = 0.2
```
생성된 텍스트:
recipe for grilled chicken with mustard - herb sauce | combine first 6 ingredients in medium bowl . add chicken to pot . add chicken and turn to coat . cover and refrigerate at least 1 hour and up to 1 day . preheat oven to 450°f . place turkey on rock in roasting pan . roast until thermometer inserted into thickest part of t high registers 175°f , about 1 hour longer . transfer to rack in center of oven and preheat to 450°f . brush chicken with oil . sprinkle with salt and pepper . roast until thermometer inserted into

그림 5-9 temperature = 1.0과 temperature = 0.2일 때 생성한 문장

이 두 문장에 관해 언급할 것이 몇 가지 있습니다. 첫째, 둘 다 원본 훈련 세트에 있는 레시피와 스타일이 비슷합니다. 둘 다 레시피 제목으로 시작하며 일반적으로 문법적으로 올바른 문장으로 구성되었습니다. 차이점은 temperature=1.0으로 생성된 텍스트가 temperature=0.2로 생성된 텍스트보다 더 모험적이어서 정확도가 떨어진다는 것입니다. 모델이 분산이 큰 확률분포에서 샘플링하므로 temperature=1.0으로 여러 개의 샘플을 생성하면 다양한 샘플을 얻을 수 있습니다.

마지막으로 둘 다 이야기가 여러 문장에 걸쳐 잘 이어지지 못합니다. LSTM 네트워크는 생성하는 단어의 의미를 알지 못하기 때문입니다. 논리적인 의미가 있는 문장을 생성할 가능성을 높이려면 사람이 보조하는 텍스트 생성기를 만들 수 있습니다. 모델이 가장 높은 확률의 단어 10개를 출력하고 이 중에서 사람이 다음 단어를 선택합니다. 스마트폰에서 글자를 입력하면 그에 맞춰 제시된 단어 중에서 하나를 선택하는 것과 비슷합니다.

이 예로 [그림 5-10]에서 두 개의 temperature 값에서 여러 가지 프롬프트 다음에 나올 가장 확률이 높은 단어 10개를 보여줍니다.

```
┌─────────────────────────────┐   ┌─────────────────────────────┐
│      temperature = 1.0      │   │      temperature = 0.2      │
└─────────────────────────────┘   └─────────────────────────────┘

프롬프트: recipe for roast           프롬프트: recipe for roast
turkey:         22.81%             turkey:         67.54%
chicken:        19.41%             chicken:        30.15%
beef:           10.24%             beef:           1.23%
pork:           9.96%              pork:           1.07%
leg:    4.06%                      leg:    0.01%
--------                          --------

프롬프트: recipe for roasted vegetables |   프롬프트: recipe for roasted vegetables |
preheat:        69.63%             preheat:        100.0%
prepare:        3.68%              prepare:        0.0%
heat:           3.45%              heat:           0.0%
put:    2.12%                      put:    0.0%
combine:        1.96%              combine:        0.0%
--------                          --------

프롬프트: recipe for chocolate ice cream |   프롬프트: recipe for chocolate ice cream |
in:     27.31%                     in:     98.71%
combine:        11.21%             combine:        1.15%
stir:           6.66%              stir:           0.09%
whisk:          5.64%              whisk:          0.04%
mix:    3.68%                      mix:    0.0%
--------                          --------

프롬프트: recipe for roasted vegetables | chop 1 /   프롬프트: recipe for roasted vegetables | chop 1 /
2:      53.51%                     2:      94.81%
4:      29.83%                     4:      5.11%
3:      13.11%                     3:      0.08%
8:      0.78%                      8:      0.0%
1:      0.56%                      1:      0.0%
--------                          --------
```

그림 5-10 두 temperature 값에서 다양한 시퀀스 다음에 등장할 단어의 확률분포

이 모델은 여러 가지 맥락에 맞게 가장 가능성 있는 다음 단어의 분포를 생성할 수 있습니다. 예를 들어 모델이 명사, 동사 또는 숫자와 같은 요소에 관해 전혀 알지 못하더라도 일반적으로 단어를 종류별로 구분하고 문법적으로 올바르게 사용할 수 있습니다.

또한 이 모델은 제목에 따라 적절한 동사로 레시피 지침을 시작할 수 있습니다. 구운 야채에는 preheat, prepare, heat, put, combine을 가장 가능성이 높은 단어로 선택합니다. 아이스크림에는 in, combine, stir, whisk, mix를 선택합니다. 이는 모델이 재료에 따른 레시피 간의 차이점을 어느 정도 이해함을 보여줍니다.

또한 temperature = 0.2로 생성된 샘플의 확률을 보면 첫 번째 선택 토큰에 훨씬 더 많은 가중치가 부여됨을 알 수 있습니다. 이것이 일반적으로 temperature가 낮을 때 생성 결과에 다양성이 적은 이유입니다.

기본 LSTM 모델은 사실적인 텍스트를 생성하는 일은 잘하지만, 생성하는 단어의 의미를 파악하는 데는 여전히 어려움을 겪는 것이 분명합니다. 예를 들어 sour Japanese potatoes, pecan crumbs, sorbet 등 서로 잘 어울리지 않을 것 같은 재료가 등장하기도 합니다. 어떤 경우에는 이러한 방식이 바람직할 수 있지만(예를 들어 LSTM이 흥미롭고 독특한 단어 패턴을 생성하기를 원하는 경우), 다른 경우에는 모델이 단어를 서로 모으는 방식을 더 깊이 이해하고 텍스트 앞에 등장한 내용을 더 오래 기억해야 합니다.

다음 절에서는 기본 LSTM 신경망을 개선하는 몇 가지 방법을 살펴보겠습니다. 9장에서는 언어 모델링을 한 단계 발전시킨 새로운 종류의 자기회귀 모델인 트랜스포머를 살펴보겠습니다.

5.3 RNN 확장

이전 절의 모델은 주어진 스타일로 텍스트 생성 방법을 학습하기 위해 LSTM이 어떻게 훈련되는지 보여주는 간단한 예입니다. 이 절에서 몇 가지 확장된 아이디어를 살펴보겠습니다.

5.3.1 적층 순환 네트워크

지금까지 하나의 LSTM 층이 포함된 네트워크를 보았지만 LSTM 층을 쌓은 네트워크도 훈련할 수 있습니다. 따라서 텍스트에서 더 깊은 특성을 학습할 수 있습니다.

이렇게 하려면 첫 번째 LSTM 층 다음에 두 번째 LSTM 층을 추가하기만 하면 됩니다. 두 번째 LSTM 층은 첫 번째 층의 은닉 상태를 입력 데이터로 사용합니다. 이 과정이 [그림 5-11]에 있습니다. 전체 모델 구조는 [표 5-2]와 같습니다.

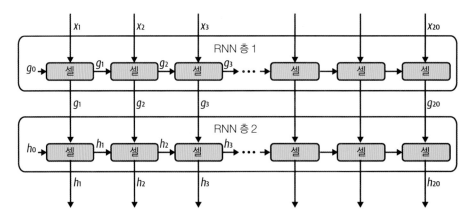

그림 5-11 다층 RNN 그림(g_t는 첫 번째 층의 은닉 상태를 나타내고 h_t는 두 번째 층의 은닉 상태를 나타냄)

표 5-2 적층 LSTM summary()

층 (타입)	출력 크기	파라미터 개수
InputLayer	(None, None)	0
Embedding	(None, None, 100)	1,000,000
LSTM	(None, None, 128)	117,248
LSTM	(None, None, 128)	131,584
Dense	(None, None, 10000)	1,290,000
총 파라미터 개수		2,538,832
훈련되는 파라미터 개수		2,538,832
훈련되지 않는 파라미터 개수		0

적층 LSTM^{stacked LSTM}을 만드는 코드는 [예제 5-10]과 같습니다.

예제 5-10 적층 LSTM 만들기

```
text_in = layers.Input(shape = (None,))
embedding = layers.Embedding(total_words, embedding_size)(text_in)
x = layers.LSTM(n_units, return_sequences = True)(x)
x = layers.LSTM(n_units, return_sequences = True)(x)
probabilites = layers.Dense(total_words, activation = 'softmax')(x)
model = models.Model(text_in, probabilites)
```

5.3.2 GRU 층

널리 사용하는 또 다른 RNN 층은 GRU^{gated recurrent unit}입니다.[6] LSTM 셀과 주요 차이점은 다음과 같습니다.

1. 삭제 게이트와 입력 게이트가 리셋 게이트^{reset gate}와 업데이트 게이트^{update gate}로 바뀝니다.
2. 셀 상태와 출력 게이트가 없습니다. 셀은 은닉 상태만 출력합니다.

은닉 상태는 [그림 5-12]와 같이 4단계를 거쳐 업데이트됩니다.

---

6 Kyunghyun Cho et al., "Learning Phrase Representations Using RNN Encoder-Decoder for Statistical Machine Translation," June 3, 2014, https://arxiv.org/abs/1406.1078.

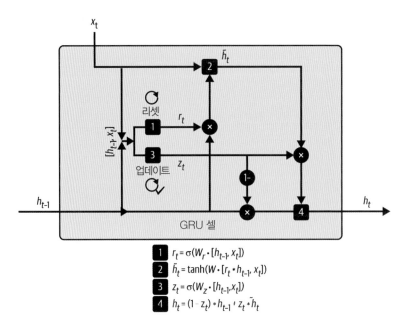

$$r_t = \sigma(W_r \cdot [h_{t-1}, x_t])$$
$$\tilde{h}_t = \tanh(W \cdot [r_t \cdot h_{t-1}, x_t])$$
$$z_t = \sigma(W_z \cdot [h_{t-1}, x_t])$$
$$h_t = (1 - z_t) * h_{t-1} + z_t * \tilde{h}_t$$

그림 5-12 GRU 셀

처리 과정은 다음과 같습니다.

1. 이전 타임 스텝의 은닉 상태 h_{t-1}와 현재 단어 임베딩 x_t가 연결되어 리셋 게이트를 만드
   는 데 사용됩니다. 이 게이트는 가중치 행렬 W_r, 편향 b_r과 시그모이드 활성화 함수가 있
   는 완전 연결 층입니다. 결과 벡터 r_t는 셀의 유닛 개수와 길이가 동일하고 0과 1 사이의
   값을 저장합니다. 이 값은 셀의 새로운 생각을 계산하는 데 이전 은닉 상태 h_{t-1}을 얼마
   나 제공할지 결정합니다.

2. 리셋 게이트는 은닉 상태 h_{t-1}과 원소별 곱셈이 된 후 현재 단어 임베딩 x_t와 연결됩니다.
   이 벡터는 가중치 행렬 W, 편향 b와 tanh 활성화 함수가 있는 완전 연결 층에 주입되어
   셀의 새로운 생각을 저장하는 벡터 $\tilde{h}_t$를 생성합니다.[7] 이 벡터는 셀의 유닛 개수와 길이
   가 동일하고 −1에서 1 사이의 값을 저장합니다.

3. 이전 타임 스텝의 은닉 상태 h_{t-1}과 현재 단어 임베딩 x_t의 연결은 업데이트 게이트를 만
   들 때도 사용됩니다. 이 게이트는 가중치 행렬 W_z, 편향 b_z와 시그모이드 활성화 함수가
   있는 완전 연결 층입니다. 결과 벡터 z_t는 셀의 유닛 개수와 길이가 동일하고 0과 1 사이

---

7 옮긴이_ 종종 $\tilde{h}$ 를 후보 은닉 상태라고도 부릅니다.

의 값을 저장합니다. 이 값은 새로운 생각 $\tilde{h}_t$가 이전 타임 스텝의 은닉 상태 h_{t-1}과 얼마나 섞일지 결정합니다.

4. 셀의 새로운 생각 $\tilde{h}_t$와 이전 타임 스텝의 은닉 상태 h_{t-1}는 업데이트 게이트 z_t가 결정하는 비율로 섞여서 업데이트된 은닉 상태 h_t를 만듭니다. 이것이 셀의 출력입니다.

5.3.3 양방향 셀

추론 시inference time[8] 전체 텍스트를 모델에 제공할 수 있는 예측 문제에서는 시퀀스를 전진 방향으로만 처리할 이유가 없습니다. 후진 방향으로도 처리할 수 있습니다. Bidirectional 층은 이를 위해 두 개의 은닉 상태를 사용합니다. 하나는 일반적인 전진 방향으로 처리되는 시퀀스의 결과를 저장하고 다른 하나는 시퀀스가 후진 방향으로 처리될 때 만들어집니다. 이를 통해 순환 층은 주어진 타임 스텝의 앞과 뒤에서 모두 학습할 수 있습니다.

케라스에서는 [예제 5-11]과 같이 순환 층의 래퍼wrapper로 구현할 수 있습니다.

예제 5-11 양방향 GRU 층 만들기

```
layer = layers.Bidirectional(layers.GRU(100))
```

> **NOTE_ 은닉 상태**
> 만들어진 층의 은닉 상태는 길이가 셀 유닛 개수의 두 배인 벡터입니다(전진 방향과 후진 방향의 은닉 상태를 연결합니다). 따라서 이 예에서 층의 은닉 상태는 길이가 200인 벡터입니다.

지금까지는 텍스트 데이터에 자기회귀 모델(LSTM)을 적용했습니다. 다음 절에서는 자기회귀 모델을 어떻게 이미지를 생성하는 데 사용하는지 알아보겠습니다.

---

8   옮긴이_ 여기서 추론은 훈련된 모델을 사용하여 예측을 만드는 것을 말합니다. 확률 분야에서 말하는 추론과는 다릅니다.

5.4 PixelCNN

2016년, 반 덴 오르드^{van den Oord} 등은 이전 픽셀을 기반으로 다음 픽셀의 가능성^{likelihood}을 예측해 픽셀 단위로 이미지를 생성하는 모델을 소개했습니다.[9] 이 모델을 **PixelCNN**이라고 하며 자기회귀 방식으로 이미지를 생성하도록 훈련시킵니다.

PixelCNN을 이해하기 위해 **마스크드 합성곱 층**^{masked convolution layer}과 **잔차 블록**^{residual block}이라는 두 가지 새로운 개념을 소개하겠습니다.

NOTE_ 예제 코드 실행하기

이 예제 코드는 책 저장소에 있는 주피터 노트북 notebooks/05_autoregressive/02_pixelcnn/pixelcnn.ipynb에 있습니다.

이 코드는 케라스 웹사이트에 있는 ADMoreau가 만든 PixelCNN 튜토리얼(https://keras.io/examples/generative/pixelcnn)을 참고했습니다.

5.4.1 마스크드 합성곱 층

2장에서 살펴봤듯이 합성곱 층은 일련의 필터를 적용하여 이미지에서 특성을 추출할 수 있습니다. 특정 픽셀에서 이 층의 출력은 픽셀을 중심으로 한 작은 정사각형에 대해서 필터 가중치와 이전 층의 값을 곱하여 더한 것입니다. 이 방법은 에지와 질감을 감지할 수 있으며, 더 깊은 층에서는 형태와 고수준 특성을 감지할 수 있습니다.

합성곱 층은 특성 감지에 매우 유용하지만, 픽셀에 순서가 지정되지 않기 때문에 자기회귀 방식으로 직접 사용할 수는 없습니다. 합성곱 층은 모든 픽셀을 동등하게 처리하며 어떤 픽셀도 이미지의 시작이나 끝으로 취급하지 않습니다. 이는 이번 장에서 이미 살펴본 텍스트 데이터와는 대조적입니다. 토큰에는 명확한 순서가 있기 때문에 LSTM과 같은 순환 모델을 쉽게 적용할 수 있습니다.

합성곱 층을 자기회귀 방식으로 이미지 생성에 적용하려면 먼저 픽셀에 순서를 지정하고 필터가 해당 픽셀 앞의 픽셀만 볼 수 있도록 해야 합니다. 그런 다음 현재 이미지에 합성곱 필터를

---

9 Aaron van den Oord et al., "Pixel Recurrent Neural Networks," August 19, 2016, https://arxiv.org/abs/1601.06759.

적용하여 앞의 모든 픽셀로부터 다음 픽셀의 값을 예측함으로써 한 번에 한 픽셀씩 이미지를 생성할 수 있습니다.

먼저 픽셀의 순서를 선택해야 하는데, 픽셀을 왼쪽 위에서 오른쪽 아래로, 행을 따라 먼저 이동한 다음 열을 따라 아래로 이동하는 것이 좋습니다.

그런 다음 합성곱 필터를 마스킹하여 각 픽셀의 층 출력이 해당 픽셀 앞에 있는 픽셀 값에서만 영향을 받도록 합니다. 이렇게 하려면 1과 0으로 구성된 마스크^{mask}에 필터 가중치 행렬을 곱하여 현재 픽셀 뒤에 있는 모든 픽셀의 값이 0이 되도록 합니다.

실제로 [그림 5-13]에서처럼 PixelCNN에는 다음과 같은 두 종류의 마스크가 있습니다.

- 중앙 픽셀의 값이 마스킹되는 유형 A
- 중앙 픽셀의 값이 마스킹되지 않는 유형 B

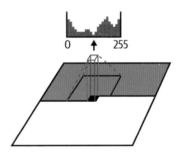

그림 5-13 왼쪽: 합성곱 필터 마스크, 오른쪽: 중심 픽셀 값의 분포를 예측하기 위해 일련의 픽셀에 적용된 마스크[10]

초기 마스크드 합성곱 층(즉, 입력 이미지에 직접 적용되는 층)에서는 중앙 픽셀이 신경망이 예측해야 할 픽셀이기 때문에 중앙 픽셀을 사용할 수 없습니다. 그러나 후속 층에서는 중앙 픽셀을 사용할 수 있는데, 이는 원래 입력 이미지의 이전 픽셀에서 얻은 정보로만 계산된 결과이기 때문입니다.

[예제 5-12]에서 케라스를 사용하여 `MaskedConvLayer`를 만드는 방법을 볼 수 있습니다.

---

10 출처: van den Oord et al., 2016(https://arxiv.org/pdf/1606.05328)

```
class MaskedConvLayer(layers.Layer):
    def __init__(self, mask_type, **kwargs):
        super(MaskedConvLayer, self).__init__()
        self.mask_type = mask_type
        self.conv = layers.Conv2D(**kwargs)  ❶

    def build(self, input_shape):
        self.conv.build(input_shape)
        kernel_shape = self.conv.kernel.get_shape()
        self.mask = np.zeros(shape=kernel_shape)  ❷
        self.mask[: kernel_shape[0] // 2, ...] = 1.0  ❸
        self.mask[kernel_shape[0] // 2, : kernel_shape[1] // 2, ...] = 1.0  ❹
        if self.mask_type == "B":
            self.mask[kernel_shape[0] // 2, kernel_shape[1] // 2, ...] = 1.0  ❺

    def call(self, inputs):
        self.conv.kernel.assign(self.conv.kernel * self.mask)  ❻
        return self.conv(inputs)
```

❶ MaskedConvLayer 층은 일반적인 Conv2D 층을 기반으로 합니다.

❷ 마스크는 0으로 초기화됩니다.

❸ 이전 행의 픽셀은 마스킹을 해제하기 위해 1로 지정합니다.

❹ 동일 행에 있는 이전 열의 픽셀은 마스킹을 해제하기 위해 1로 지정합니다.

❺ 마스크 유형이 B면 중앙 픽셀은 마스킹을 해제하기 위해 1로 지정합니다.

❻ 마스크와 필터 가중치를 곱합니다.

이 예제는 흑백 이미지(즉, 채널이 하나)를 가정한 것입니다. 컬러 이미지라면 순서를 지정할
수 있는 세 개의 컬러 채널이 있습니다. 예를 들어 빨강 채널이 파랑 채널보다 앞에 있고, 파랑
채널이 초록 채널보다 앞에 있을 수 있습니다.

5.4.2 잔차 블록

합성곱 층을 마스킹하는 방법을 살펴봤으니 이제 PixelCNN 구축을 시작할 수 있습니다. 여기
서 사용할 핵심 구성 요소는 잔차 블록입니다.

잔차 블록^{residual block}은 신경망의 나머지 부분에 출력이 전달되기 전에 입력과 더해지는 층의 블록을 말합니다. 즉, 입력이 중간 층을 거치지 않고 출력으로 바로 이동하는 경로가 있습니다. 이를 **스킵 연결**^{skip connection}이라고 합니다. 스킵 연결을 포함하는 이유는 입력을 그대로 유지하는 것이 최적의 변환이라면 중간 층의 가중치를 0으로 만들어 쉽게 이를 달성할 수 있기 때문입니다. 스킵 연결이 없다면 신경망이 중간 층을 통해 입력과 동일해지는 매핑을 찾아야 하는데, 이는 훨씬 더 어렵습니다.

[그림 5-14]는 PixelCNN의 잔차 블록입니다.

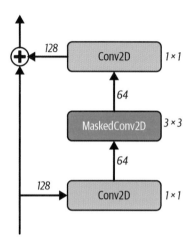

그림 5-14 PixelCNN 잔차 블록(필터 개수는 화살표 옆에 있고 필터 크기는 층 옆에 나타나 있음)

[예제 5-13]이 잔차 블록을 만드는 코드입니다.

예제 5-13 ResidualBlock

```
class ResidualBlock(layers.Layer):
    def __init__(self, filters, **kwargs):
        super(ResidualBlock, self).__init__(**kwargs)
        self.conv1 = layers.Conv2D(
            filters=filters // 2, kernel_size=1, activation="relu"
        ) ❶
        self.pixel_conv = MaskedConv2D(
            mask_type="B",
            filters=filters // 2,
            kernel_size=3,
```

```
            activation="relu",
            padding="same",
        ) ❷
        self.conv2 = layers.Conv2D(
            filters=filters, kernel_size=1, activation="relu"
        ) ❸

    def call(self, inputs):
        x = self.conv1(inputs)
        x = self.pixel_conv(x)
        x = self.conv2(x)
        return layers.add([inputs, x]) ❹
```

❶ 첫 번째 Conv2D 층은 채널 수를 절반으로 줄입니다.

❷ 커널 크기가 3인 B 유형의 MaskedConv2D 층은 다섯 개의 픽셀의 정보만 사용합니다. 초점이 맞춰진 픽셀 위에 있는 픽셀 3개와 왼쪽에 있는 픽셀 1개 그리고 초점이 맞춰진 픽셀 자체입니다.

❸ 마지막 Conv2D 층은 입력 크기에 맞춰 다시 채널 개수를 두 배로 늘립니다.

❹ 이 합성곱 층의 출력을 입력에 더합니다. 이것이 스킵 연결입니다.

5.4.3 PixelCNN 훈련

[예제 5-14]에서는 원본 논문에 있는 구조를 따라서 PixelCNN 신경망을 만들었습니다. 원본 논문에서 출력 층은 소프트맥스 활성화 함수와 256개 필터가 있는 Conv2D 층입니다. 즉, 이 신경망은 오토인코더처럼 정확한 픽셀 값을 예측하여 입력을 재구성합니다. 차이점은 MaskedConv2D 층을 사용하는 신경망 구조상 앞 픽셀의 정보가 현재 픽셀의 예측에 영향을 미치지 못하도록 PixelCNN을 제한한다는 점입니다.

이 방식의 문제점은 신경망이 픽셀 값 200이 픽셀 값 201과 매우 가깝다는 사실을 이해할 수 없다는 것입니다. 모든 픽셀 출력값을 독립적으로 학습해야 하므로 가장 단순한 데이터셋에서도 학습 속도가 매우 느려질 수 있습니다. 따라서 이 예제에서는 각 픽셀이 네 가지 값 중 하나만 가지도록 입력을 단순화했습니다. 이렇게 하면 Conv2D 출력 층에서 256개 대신 4개의 필터를 사용할 수 있습니다.

```python
inputs = layers.Input(shape=(16, 16, 1)) ❶
x = MaskedConv2D(mask_type="A",
                 filters=128,
                 kernel_size=7,
                 activation="relu",
                 padding="same")(inputs) ❷

for _ in range(5):
    x = ResidualBlock(filters=128)(x) ❸

for _ in range(2):
    x = MaskedConv2D(
        mask_type="B",
        filters=128,
        kernel_size=1,
        strides=1,
        activation="relu",
        padding="valid",
    )(x) ❹

out = layers.Conv2D(
    filters=4, kernel_size=1, strides=1, activation="softmax", padding="valid"
)(x) ❺

pixel_cnn = models.Model(inputs, out) ❻

adam = optimizers.Adam(learning_rate=0.0005)
pixel_cnn.compile(optimizer=adam, loss="sparse_categorical_crossentropy")

pixel_cnn.fit(
    input_data,
    output_data,
    batch_size=128,
    epochs=150
) ❼
```

❶ 모델 입력은 $16 \times 16 \times 1$ 크기의 흑백 이미지이며, 입력값의 범위는 0에서 1 사이입니다.

❷ 커널 크기가 7인 첫 번째 A형 **MaskedConv2D** 층은 24개 픽셀의 정보를 사용합니다. 초점 픽셀 위 세 줄에 있는 21개 픽셀과 왼쪽에 있는 3개의 픽셀입니다(초점 픽셀 자체는 사용하지 않습니다).

❸ 5개의 `ResidualBlock` 층을 순차적으로 쌓습니다.

❹ 커널 크기가 1인 두 개의 B형 `MaskedConv2D` 층이 각 픽셀의 채널에 대해 `Dense` 층의 역할을 합니다.

❺ 최종 `Conv2D` 층이 채널 수를 4개(이 예제의 픽셀 값 개수)로 줄입니다.

❻ 이 `Model`은 한 이미지를 받고 동일한 크기의 이미지를 출력합니다.

❼ 모델 훈련: `input_data`는 [0, 1] 범위(실수)로 스케일이 조정되고, `output_data`는 [0, 3] 범위(정수)가 됩니다.

5.4.4 PixelCNN 분석

3장에서 살펴본 패션 MNIST 데이터셋 이미지로 PixelCNN을 훈련할 수 있습니다. 새로운 이미지를 생성하려면 모델이 한 번에 한 픽셀씩 이전의 모든 픽셀을 기반으로 다음 픽셀을 예측해야 합니다. 이는 변이형 오토인코더와 같은 모델에 비해 매우 느린 프로세스입니다. 32 × 32 흑백 이미지라면 모델을 사용하여 1,024개의 예측을 순차적으로 수행해야 합니다. 하지만 VAE에서는 한 번의 예측으로 충분합니다. 이는 PixelCNN과 같은 자기회귀 모델의 주요 단점입니다. 순차적인 샘플링 과정의 특성 때문에 샘플링 속도가 느립니다.

따라서 여기서는 새 이미지 생성 속도를 높이려고 32×32가 아닌 16×16의 이미지 크기를 사용합니다. 이미지 생성에 사용하는 콜백 클래스는 [예제 5-15]와 같습니다.

예제 5-15 PixelCNN을 사용하여 새 이미지 생성하기

```
class ImageGenerator(callbacks.Callback):
    def __init__(self, num_img):
        self.num_img = num_img

    def sample_from(self, probs, temperature):
        probs = probs ** (1 / temperature)
        probs = probs / np.sum(probs)
        return np.random.choice(len(probs), p=probs)

    def generate(self, temperature):
        generated_images = np.zeros(
            shape=(self.num_img,) + (pixel_cnn.input_shape)[1:]
        ) ❶
        batch, rows, cols, channels = generated_images.shape
```

```
        for row in range(rows):
            for col in range(cols):
                for channel in range(channels):
                    probs = self.model.predict(generated_images)[
                        :, row, col, :
                    ] ❷
                    generated_images[:, row, col, channel] = [
                        self.sample_from(x, temperature) for x in probs
                    ] ❸
                    generated_images[:, row, col, channel] /= 4 ❹
        return generated_images
    def on_epoch_end(self, epoch, logs=None):
        generated_images = self.generate(temperature = 1.0)
        display(
            generated_images,
            save_to = "./output/generated_img_%03d.png" % (epoch)
        )
img_generator_callback = ImageGenerator(num_img=10)
```

❶ 빈 이미지(모두 0)의 배치로 시작합니다.

❷ 현재 이미지의 행, 열, 채널에 대해 반복하며 다음 픽셀 값의 분포를 예측합니다.

❸ 예측된 분포에서 픽셀 값을 샘플링합니다(예: [0, 3] 범위의 정수).

❹ 픽셀 값을 [0, 1] 범위로 변환하여 현재 이미지의 픽셀 값에 덮어 쓴 후 다음 반복을 진행합니다.

[그림 5-15]에 원본 훈련 세트의 이미지와 PixelCNN으로 생성한 이미지가 있습니다.

훈련 세트의 이미지

생성된 이미지

그림 5-15 훈련 세트의 이미지와 PixelCNN 모델이 생성한 이미지

이 모델은 원본 이미지의 전체적인 모양과 스타일을 훌륭하게 재현합니다. 이미지를 일련의 토큰(픽셀 값)으로 취급하고 PixelCNN과 같은 자기회귀 모델을 적용하여 사실적인 샘플을 생성할 수 있다는 것은 매우 놀라운 일입니다.

앞서 언급했듯이 자기회귀 모델에는 샘플링 속도가 느리다는 단점이 있습니다. 그래서 이 책에서는 간단한 예제를 사용합니다. 하지만 더 복잡한 형태의 자기회귀 모델을 이미지에 적용하여 뛰어난 결과물을 생성할 수 있습니다(10장 참조). 이럴 때는 뛰어난 품질의 결과물을 얻기 위해 느린 생성 속도를 감수해야 합니다.

원본 논문이 발표된 이후 PixelCNN 구조와 훈련 과정에 몇 가지 개선이 이루어졌습니다. 다음 절에서는 이러한 개선 사항 중 하나인 혼합 분포를 소개하고 텐서플로 내장 함수를 사용해 이런 개선이 적용된 PixelCNN 모델을 훈련하는 방법을 소개하겠습니다.

5.4.5 혼합 분포

이전 예제에서는 신경망이 256개의 독립적인 픽셀 값에 대한 분포를 학습할 필요가 없도록 PixelCNN의 출력을 4개의 픽셀 값으로 줄여 훈련 과정이 느려지지 않도록 했습니다. 하지만 컬러 이미지의 색상을 몇 가지로만 제한하는 것은 바람직하지 않으므로, 이전과 같은 방법을 사용하기 적합하지 않습니다.

이 문제를 해결하려면 살리먼스Salimans 등이 제시한 아이디어[11]에 따라 신경망의 출력을 256개의 이산 픽셀 값에 대한 소프트맥스 출력 대신 **혼합 분포**mixture distribution로 만들 수 있습니다. 혼합 분포는 단순히 두 개 이상의 다른 확률분포가 혼합된 것입니다. 예를 들어 각각 다른 파라미터가 있는 다섯 개의 로지스틱 분포로 이루어진 혼합 분포가 있을 수 있습니다. 혼합 분포에는 혼합에 포함된 각 분포를 선택할 확률을 나타내는 범주형 분포도 필요합니다. [그림 5-16]에 이에 관한 예가 있습니다.

---

11 Tim Salimans et al., "PixelCNN++: Improving the PixelCNN with Discretized Logistic Mixture Likelihood and Other Modifications," January 19, 2017, http://arxiv.org/abs/1701.05517.

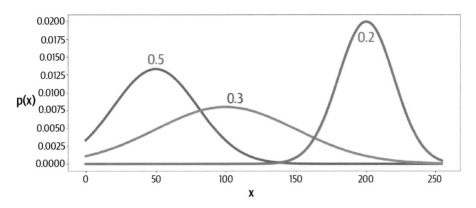

그림 5-16 파라미터가 다른 세 개의 정규 분포로 이루어진 혼합 분포(세 개의 정규 분포에 대한 범주형 분포는 [0.5, 0.3, 0.2])

혼합 분포에서 샘플링하려면 먼저 범주형 분포에서 샘플링해 특정 하위 분포를 선택한 다음 일반적인 방법으로 이 분포에서 샘플링합니다. 이렇게 하면 상대적으로 적은 수의 파라미터로 복잡한 분포를 만들 수 있습니다. 예를 들어 [그림 5-16]의 혼합 분포는 범주형 분포에 2개, 세 개의 정규 분포 각각에 대한 평균과 분산 등 8개의 파라미터만 필요합니다. 이는 전체 픽셀 범위에 걸쳐 범주형 분포를 정의하려면 255개의 파라미터가 필요한 것과 비교됩니다.

편리하게도 텐서플로 확률^{TensorFlow Probability} 라이브러리는 한 줄의 코드로 혼합 분포를 사용하는 PixelCNN을 만드는 함수를 제공합니다. [예제 5-16]은 이 함수를 사용하여 PixelCNN을 만드는 방법을 보여줍니다.

> **NOTE_ 예제 코드 실행하기**
> 이 예제 코드는 책 저장소에 있는 주피터 노트북 **notebooks/05_autoregressive/03_pixelcnn_md/pixelcnn_md.ipynb**에 있습니다.

예제 5-16 텐서플로 함수를 사용하여 PixelCNN 만들기

```
import tensorflow_probability as tfp

dist = tfp.distributions.PixelCNN(
    image_shape=(32, 32, 1),
    num_resnet=1,
```

```
        num_hierarchies=2,
        num_filters=32,
        num_logistic_mix=5,
        dropout_p=.3,
    ) ❶

    image_input = layers.Input(shape=(32, 32, 1)) ❷

    log_prob = dist.log_prob(image_input)

    model = models.Model(inputs=image_input, outputs=log_prob) ❸
    model.add_loss(-tf.reduce_mean(log_prob)) ❹
```

❶ PixelCNN을 하나의 분포로 정의합니다. 즉, 출력 층이 다섯 개의 로지스틱 분포로 구성된 혼합 분포입니다.

❷ 입력은 $32 \times 32 \times 1$ 크기의 흑백 이미지입니다.

❸ 모델은 흑백 이미지를 입력으로 받아 PixelCNN이 계산한 혼합 분포에 따른 이미지의 로그 가능도log-likelihood를 출력합니다.

❹ 손실 함수는 입력 이미지 배치에 대한 음의 로그 가능도negative log-likelihood의 평균입니다.

모델은 이전과 동일한 방식으로 훈련되지만 이번에는 [0, 255] 범위의 정수 픽셀 값을 입력으로 받습니다. [예제 5-17]에서처럼 sample 함수를 사용해 이 분포에서 출력을 생성할 수 있습니다.

예제 5-17 PixelCNN 혼합 분포에서 샘플링하기

```
    dist.sample(10).numpy()
```

생성된 이미지의 예는 [그림 5-17]에 있습니다. 이전과 차이점은 픽셀 값의 전체 범위를 활용한다는 점입니다.

그림 5-17 혼합 분포를 사용하는 PixelCNN의 출력

5.5 요약

이 장에서 순환 신경망 같은 자기회귀 모델을 특정 글의 스타일을 흉내 낸 텍스트 시퀀스를 생성하는 데 적용하는 방법을 알아보았습니다. 또한 PixelCNN이 한 번에 한 픽셀씩 순차적으로 이미지를 생성하는 방법을 살펴보았습니다.

두 종류의 순환 층인 LSTM과 GRU를 살펴보았습니다. 이런 셀을 겹겹이 쌓거나 양방향으로 놓아 더 복잡한 네트워크 구조를 만들 수 있습니다. 케라스로 LSTM을 만들어 사실적인 레시피를 생성하고 샘플링 과정의 온도(temperature)를 변경하여 출력의 무작위성을 높이거나 낮추는 방법을 살펴보았습니다.

또한 PixelCNN을 사용해 자기회귀 방식으로 이미지를 생성하는 방법을 알아보았습니다. 이전 픽셀만 사용해 현재 픽셀을 생성할 수 있도록 신경망에 흐르는 정보를 제어하려고 마스크드 합성곱 층과 잔차 블록을 케라스로 만들어 PixelCNN을 구현했습니다. 마지막으로 텐서플로 확률 라이브러리에서 혼합 분포를 출력 층으로 구현한 PixelCNN 함수를 사용해 학습 과정을 더 개선하는 방법을 논의했습니다.

다음 장에서는 데이터 생성 분포를 명시적으로 모델링하는 또 다른 생성 모델인 노멀라이징 플로 모델을 알아보겠습니다.

CHAPTER 6

노멀라이징 플로 모델

이 장의 목표

- 노멀라이징 플로 모델이 변수 변환 방정식을 활용하는 방법을 배웁니다.
- 야코비 행렬식Jacobian determinant이 명시적인 밀도 함수를 계산하는 데 어떻게 중요한 역할을 하는지 알아 봅니다.
- 커플링 층coupling layer을 사용해 야코비 행렬식의 형태를 제한하는 방법을 이해합니다.
- 신경망을 반전 가능하도록 설계하는 방법을 알아봅니다.
- 2D 포인트를 생성하는 노멀라이징 플로의 예인 RealNVP 모델을 만듭니다.
- RealNVP를 확장한 대표적인 두 모델인 GLOW와 FFJORD를 배웁니다.

지금까지 세 가지 생성 모델에 관해 알아보았습니다. 변이형 오토인코더, 생성적 적대 신경망, 자기회귀 모델입니다. 각 모델은 분포 $p(x)$의 모델링 문제를 해결하는 데 서로 다른 방법을 사용합니다. 손쉽게 샘플링(그리고 VAE의 디코더나 GAN의 생성자를 사용해 변환)할 수 있는 잠재 변수를 도입하거나, 이전 원솟값에 대한 함수로 분포를 모델링합니다(자기회귀 모델).

이 장에서는 새로운 종류의 생성 모델인 노멀라이징 플로normalizing flow 모델을 다룹니다. 잠시 후에 보겠지만 노멀라이징 플로는 자기회귀 모델이나 변이형 오토인코더와 공통점이 있습니다. 자기회귀 모델처럼 노멀라이징 플로는 다루기 쉽고 명시적인 데이터 생성 분포 $p(x)$를 모델링할 수 있습니다. 또한 VAE처럼 노멀라이징 플로는 데이터를 가우스 분포와 같은 간단한 분포에 매핑합니다. 주요 차이점은 노멀라이징 플로가 매핑 함수의 형태에 제약을 둔다는 점입니다. 이 함수는 반전 가능해야 하고 따라서 이를 사용해 새로운 데이터 포인트를 생성할 수 있습니다.

이 장의 첫 번째 절에서 노멀라이징 플로의 정의를 자세히 살펴보고 RealNVP라 부르는 노멀라이징 플로 모델을 케라스로 구현해보겠습니다. 또한 노멀라이징 플로를 확장하여 GLOW와 FFJORD 같이 더 강력한 모델을 만드는 방법을 알아보겠습니다.

6.1 소개

노멀라이징 플로 이면의 핵심 개념을 설명하는 데 도움이 되는 간단한 이야기로 시작해보겠습니다.

제이콥과 F.L.O.W 머신

한 작은 마을을 방문했을 때 문 위에 JACOB'S라는 간판이 붙어 있는 신비로운 가게가 눈에 들어옵니다. 호기심이 생겨 조심스럽게 들어가서 카운터 뒤에 서 있는 노인에게 무엇을 파는지 물어봅니다(그림 6-1).

그림 6-1 커다란 금속 벨이 있는 스팀펑크steampunk[1] 상점 내부(미드저니로 생성함)

노인은 조금 다른 식으로 그림을 디지털화하는 서비스를 제공한다고 합니다. 잠시 가게 안쪽을 뒤지다가 F.L.O.W라는 글자가 새겨진 은색 상자를 꺼냅니다. 이 글자는 '수채화 유사성 찾기' Finding Likenesses Of Watercolors의 약자라고 소개하면서 기계가 하는 일을 대략 설명합니다. 이 기계를 한번 사용해보기로 합니다.

---

1 옮긴이_ 스팀펑크는 증기기관 같은 과거 기술이 발달한 과거 또는 미래가 배경인 SF 장르입니다. 전자 정보 기술이 발달한 미래를 그리는 사이퍼펑크(cyberpunk)에서 이름을 따왔습니다.

다음 날 다시 돌아와서 가게 주인에게 마음에 드는 일련의 그림을 건네고 주인은 그 그림들을 기계에 통과시킵니다. F.L.O.W. 기계가 윙윙 소리를 내기 시작하고 잠시 후 무작위로 생성된 것 같은 일련의 숫자가 출력됩니다. 가게 주인이 이 목록을 여러분에게 주고 계산대로 걸어가 디지털화 과정과 F.L.O.W. 기계를 사용한 비용을 계산하기 시작합니다. 별 감흥을 느끼지 못한 당신은 가게 주인에게 이 긴 숫자 목록을 어떻게 처리해야 하는지, 좋아하는 그림을 어떻게 돌려받을 수 있는지 물어봅니다.

가게 주인은 답이 뻔하다는 듯 눈을 동그랗게 뜹니다. 그는 다시 기계로 걸어가 이번에는 반대쪽에서 긴 숫자 목록을 주입합니다. 기계가 윙윙거리는 소리를 들으며 의아한 표정으로 기다리니 마침내 원래 그림이 처음 들어갔던 곳으로 나옵니다.

드디어 그림을 돌려받게 되어 안도하면서 그림을 다락방에 보관하는 것이 가장 좋겠다고 생각합니다. 하지만 미처 나가기도 전에 주인이 가게 한 쪽 서까래에 걸린 거대한 종이 있는 곳으로 안내합니다. 주인은 커다란 막대기로 종을 치자 가게 전체에 진동이 울립니다.

그 순간, 들고 있던 F.L.O.W. 기계가 마치 새로운 숫자가 방금 입력된 것처럼 윙윙 소리를 내며 역방향으로 돌아가기 시작합니다. 잠시 후 아름다운 수채화 그림이 F.L.O.W. 기계에서 나오기 시작하지만 원래 디지털화했던 그림과 같지는 않습니다. 원래 그림의 스타일과 형태는 비슷하지만 완전히 새로운 그림입니다!

가게 주인에게 이 놀라운 기기가 어떻게 작동하는지 물어보니 이 마술은 정교하고 매우 빠르게 계산할 수 있는 특별한 변환 과정을 개발해서 가능해졌다고 합니다. 또한 이 변환은 종에서 발생하는 진동을 그림에 있는 복잡한 패턴과 형태로 변환할 수 있을 만큼 정교하다고 설명합니다.

이 장치의 잠재력을 깨닫고 서둘러 기계 사용료를 지불하고 가게를 나섭니다. 이제 가게에 들러 종을 치고 F.L.O.W. 기계가 마법을 부릴 때까지 기다리기만 하면 원하는 스타일의 새로운 그림을 만들 수 있다는 사실이 너무 기쁩니다!

제이콥과 F.L.O.W. 기계 이야기는 노멀라이징 플로 모델에 관한 설명입니다. 케라스를 사용하여 실제 예제를 구현하기 전에 노멀라이징 플로의 이론을 좀 더 자세히 살펴보겠습니다.

6.2 노멀라이징 플로

노멀라이징 플로 모델의 동기는 3장에서 살펴본 변이형 오토인코더와 유사합니다. 변이형 오토인코더에서는 인코더를 학습하여 복잡한 분포와 샘플링이 가능한 훨씬 간단한 분포 사이를 매핑합니다. 그런 다음 디코더를 학습하여 단순한 분포에서 복잡한 분포로 매핑합니다. 따라서 단순한 분포에서 포인트 z를 샘플링하여 학습된 변환을 적용하면 새로운 데이터 포인트를 생성할 수 있습니다. 확률적으로 말하자면, 디코더는 $p(x|z)$를 모델링하지만 인코더는 실제 $p(z|x)$의 근사치인 $q(z|x)$입니다. 즉, 인코더와 디코더는 완전히 다른 두 개의 신경망입니다.

노멀라이징 플로 모델에서 디코딩 함수는 인코딩 함수의 역함수이고 빠르게 계산할 수 있으므로 다루기 쉽습니다. 그러나 신경망은 기본적으로 반전 가능한 함수가 아닙니다. 딥러닝의 유연성과 성능을 활용하면서 복잡한 분포(예: 수채화 그림의 데이터 생성 분포)와 훨씬 단순한 분포(예: 종 모양의 가우스 분포) 사이에서 어떻게 반전 가능한 과정을 만들 수 있을까요?

이 질문에 답하려면 먼저 **변수 변환**change of variables이라는 기법을 이해해야 합니다. 이 절에서는 노멀라이징 플로가 정확히 어떻게 작동하는지 자세히 이해할 수 있도록 간단한 2차원 예제를 살펴보겠습니다. 더 복잡한 경우는 여기에 제시된 기본적인 기법의 확장에 불과합니다.

6.2.1 변수 변환

확률분포 $p_X(x)$가 [그림 6-2]와 같이 2차원($x = (x_1, x_2)$) 직사각형 X 위에 정의되었다고 가정해보죠.

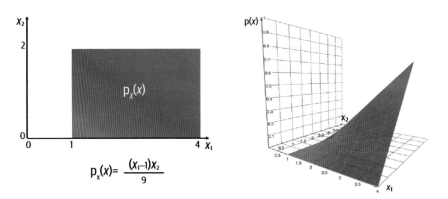

$$p_X(x) = \frac{(x_1 - 1)x_2}{9}$$

그림 6-2 2차원 위에 정의된 확률분포 $p_X(x)$, 2D(왼쪽)과 3D(오른쪽)

이 함수를 주어진 분포의 영역(즉, x_1의 범위는 [1, 4], x_2의 범위는 [0, 2])에서 적분하면 1이 되므로 잘 정의된 확률분포를 나타냅니다.[2] 이를 다음과 같이 쓸 수 있습니다.

$$\int_0^2 \int_1^4 p_X(x)\,dx_1 dx_2 = 1$$

이 분포를 이동하고 스케일을 조정하여 단위 정사각형 Z에 대해 정의한다고 가정해보겠습니다. 이를 위해 새로운 변수 $z=(z_1, z_2)$와 X의 각 포인트를 정확히 Z의 한 포인트에 매핑하는 함수 f를 다음과 같이 정의할 수 있습니다.

$$z = f(x)$$
$$z_1 = \frac{x_1 - 1}{3}$$
$$z_2 = \frac{x_2}{2}$$

이 함수를 **가역 함수**invertible function라고 합니다. 즉, 모든 z를 이에 해당하는 x로 다시 매핑할 수 있는 함수 g가 존재합니다. 이는 변수 변환에 필수입니다. 그렇지 않으면 두 공간 사이를 일관되게 매핑할 수 없습니다. [그림 6-3]처럼 f에 대한 방정식을 정리하여 쉽게 g를 구할 수 있습니다.

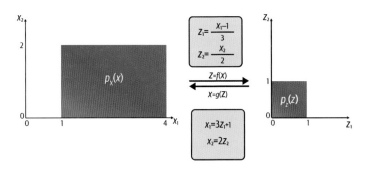

그림 6-3 X와 Z 사이의 변수 변환

---

2 옮긴이_ 사이파이 패키지의 quad 함수를 사용해 다음처럼 정적분을 계산할 수 있습니다. quad 함수가 반환하는 첫 번째 값이 적분 값이고 두 번째 값은 오차입니다.

```
from scipy.integrate import quad
quad(lambda x2:
    quad(lambda x1, x2: (x1-1)*x2/9, 1, 4, args=(x2))[0],
        0, 2)[0]
```

이제 X에서 Z로의 변수 변환이 확률분포 $p_X(x)$에 얼마나 영향을 미치는지 알아야 합니다. g에 대한 방정식을 $p_X(x)$에 연결하여 z로 정의되는 함수 $p_Z(z)$로 변환해보죠.

$$p_z(z) = \frac{((3z_1 + 1) - 1)(2z_2)}{9}$$
$$= \frac{2z_1z_2}{3}$$

하지만 $p_Z(z)$를 단위 면적에 대해 적분하면 문제에 봉착하게 됩니다!

$$\int_0^1 \int_0^1 \frac{2z_1z_2}{3} dz_1 dz_2 = \frac{1}{6}$$

변환된 함수 $p_Z(z)$를 적분하면 1/6이 되므로 이제 더 이상 유효한 확률분포가 아닙니다. 복잡한 확률분포를 샘플링이 가능한 간단한 분포로 변환하고 싶다면 적분 결과가 1이 되어야 합니다.

이런 차이는 변환된 확률분포의 영역이 원본 영역의 1/6로 작아졌기 때문입니다. 즉, 면적이 6인 원래 사각형 X가 면적이 1인 단위 사각형 Z로 압축되었기 때문입니다. 따라서 새로운 확률분포에 상대적인 면적(또는 고차원에서는 부피) 변화에 해당하는 정규화 계수를 곱해야 합니다.

다행히 주어진 변환에 의한 부피 변화를 계산하는 방법이 있습니다. 해당 변환에 대한 야코비 행렬식의 절댓값입니다. 이를 자세히 알아보겠습니다.

6.2.2 야코비 행렬식

함수 $z = f(x)$의 **야코비 행렬**Jacobian matrix은 다음과 같은 1계 편도함수의 행렬입니다.

$$J = \frac{\partial z}{\partial x} = \begin{bmatrix} \dfrac{\partial z_1}{\partial x_1} & \cdots & \dfrac{\partial z_1}{\partial x_n} \\ \ddots & \vdots & \\ \dfrac{\partial z_m}{\partial x_1} & \cdots & \dfrac{\partial z_m}{\partial x_n} \end{bmatrix}$$

앞의 예를 사용하여 설명해보겠습니다. x_1에 대한 z_1의 편도함수는 1/3입니다. x_2에 대한 z_1의 편도함수는 0입니다. 비슷하게 x_1에 대한 z_2의 편도함수는 0입니다. 마지막으로 x_2에 대한 z_2의 편도함수는 1/2입니다.

따라서 함수 $f(x)$의 야코비 행렬은 다음과 같습니다.

$$J = \begin{pmatrix} \frac{1}{3} & 0 \\ 0 & \frac{1}{2} \end{pmatrix}$$

행렬식determinant은 정방 행렬square matrix에 대해서만 정의되며, 해당 행렬로 표현되는 변환을 단위 (초)입방체에 적용하여 만들어진 평행육면체parallelepiped의 (부호가 있는) 부피와 같습니다. 2차원에서는 행렬로 표현되는 변환을 단위 정사각형에 적용하여 만들어진 평행사변형의 (부호가 있는) 면적에 해당합니다.

n 차원 행렬의 행렬식을 계산하는 일반적인 공식(https://oreil.ly/FuDCf)이 있습니다. 이 공식의 시간 복잡도는 $O(n^3)$입니다. 앞의 예에서는 2차원에 대한 공식만 필요하며 다음과 같이 간단합니다.

$$\det \begin{pmatrix} a & b \\ c & d \end{pmatrix} = ad - bc$$

따라서 이 예에서 야코비 행렬식은 $\frac{1}{3} \times \frac{1}{2} - 0 \times 0 = \frac{1}{6}$ 입니다. 변환을 적용한 확률분포를 적분했을 때 1이 되려면 필요한 스케일링 계수가 바로 이 값입니다.[3]

> **TIP_** 정의에 따라 행렬식은 부호가 있습니다. 즉, 음수가 될 수 있습니다. 따라서 상대적인 부피 변화를 구하려면 야코비 행렬식의 절댓값을 사용해야 합니다.

6.2.3 변수 변환 방정식

이제 하나의 방정식으로 X와 Z 사이의 변수 변환 과정을 설명할 수 있습니다. 이를 **변수 변환 방정식**change of variables equation이라고 합니다(식 6-1).

---

3 옮긴이_ 앞서 적분하여 얻은 1/6은 $f(x)$ 변환에 해당하는 면적 변화이며 이때 정규화 계수는 6이 됩니다. 여기서 야코비 행렬식으로 계산한 1/6은 $g(z)$ 변환에 해당하는 면적 변화에 대한 정규화 계수입니다.

식 6-1 변수 변환 방정식

$$p_X(x) = p_Z(z) \left| \det\left(\frac{\partial z}{\partial x}\right) \right|$$

이것이 생성 모델을 만드는 데 어떻게 도움이 될까요? $p_Z(z)$가 쉽게 샘플링할 수 있는 간단한 분포(예: 가우스 분포)라면 이론적으로 데이터 X에서 Z로 매핑할 적절한 가역 함수 $f(x)$와 샘플링된 z를 원래 도메인의 포인트 x로 다시 매핑하는 데 사용할 역함수 $g(z)$를 찾기만 하면 됩니다. 야코비 행렬식이 적용된 앞의 방정식을 사용하여 데이터 분포 $p(x)$를 위해 정확하고 다루기 쉬운 공식을 찾을 수 있습니다.

하지만 이를 실제로 적용할 때 먼저 해결해야 할 두 가지 주요 문제가 있습니다.

첫째, 고차원 행렬의 행렬식을 계산하려면 매우 많은 비용이 듭니다. 구체적으로 시간 복잡도가 $O(n^3)$입니다. 32×32픽셀 흑백 이미지에도 1,024개 차원이 있으므로 실제로 구현하기가 어렵습니다.

둘째, $f(x)$의 역함수를 계산하는 방법이 명확하지 않습니다. 신경망을 사용하면 어떤 함수 $f(x)$를 찾을 수 있습니다. 하지만 이 신경망을 반전시킬 수는 없습니다. 신경망은 한 방향으로만 동작하기 때문입니다.

이 두 문제를 해결하려면 변수 변환 함수 f가 반전 가능하고 행렬식을 쉽게 계산할 수 있는 특별한 신경망 구조를 사용해야 합니다.

다음 절에서 **RealNVP**real-valued non-volume preserving 변환이라는 기법을 사용해 이를 수행해보겠습니다.

6.3 RealNVP

RealNVP는 2017년 딘Dinh 등이 처음 소개했습니다.[4] 이 논문에서 저자들은 복잡한 데이터 분포를 간단한 가우스 분포로 변환하는 신경망을 만드는 방법을 보여주었습니다. 또한 역변환이 가능하고 야코비 행렬을 쉽게 계산할 수 있는 성질이 있습니다.

....

4   Laurent Dinh et al., "Density Estimation Using Real NVP," May 27, 2016, https://arxiv.org/abs/1605.08803v3.

6.3.1 초승달 데이터셋

이 예제에서 사용할 데이터셋은 사이킷런 라이브러리의 make_moons 함수로 만들겠습니다. 이 함수는 [그림 6-4]와 같이 두 개의 초승달 모양을 띤 잡음이 있는 2D 데이터셋을 만듭니다.

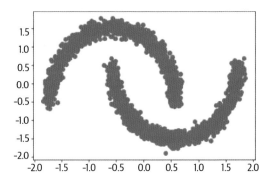

그림 6-4 2차원 초승달 데이터셋

이 데이터셋을 만드는 코드는 [예제 6-1]에 있습니다.

예제 6-1 초승달 데이터셋 만들기

```
data = datasets.make_moons(3000, noise=0.05)[0].astype("float32") ❶
norm = layers.Normalization()
norm.adapt(data)
normalized_data = norm(data) ❷
```

❶ 잡음이 있고 정규화되지 않은 3,000개 포인트로 구성된 초승달 데이터셋을 만듭니다.

❷ 이 데이터셋을 평균이 0이고 표준 편차가 1이 되도록 정규화합니다.

두 개의 초승달 데이터셋과 비슷한 분포를 따르는 2D 포인트를 생성하는 RealNVP 모델을 만들어보겠습니다. 이는 매우 간단한 예제이지만 노멀라이징 플로 모델의 작동 원리를 자세히 이해하는 데 도움이 될 것입니다.

하지만 먼저 새로운 종류의 층인 커플링 층을 소개해야 합니다.

6.3.2 커플링 층

커플링 층coupling layer은 입력의 각 원소에 대해서 스케일 계수와 이동 계수를 만듭니다. 다시 말해서 이 층은 입력과 정확히 동일한 크기의 텐서 두 개를 만듭니다. [그림 6-5]와 같이 하나는 스케일 계수scale factor이고 다른 하나는 이동 계수translation factor입니다.

그림 6-5 입력과 동일한 크기의 텐서 두 개(스케일 계수(s)와 이동 계수(t))를 출력하는 커플링 층

사용자 정의 Coupling 층을 만들어보죠. [예제 6-2]와 같이 Dense 층을 쌓아 스케일 출력을 만들고 또 다른 Dense 층을 쌓아 이동 계수를 만들 수 있습니다.

> **TIP_** 이미지에는 Coupling 층 블록에서 Dense 층 대신 Conv2D 층을 사용합니다.

예제 6-2 케라스로 만든 Coupling 층

```
def Coupling():
    input_layer = layers.Input(shape=2) ❶

    s_layer_1 = layers.Dense(
        256, activation="relu", kernel_regularizer=regularizers.l2(0.01)
    )(input_layer) ❷
    s_layer_2 = layers.Dense(
        256, activation="relu", kernel_regularizer=regularizers.l2(0.01)
    )(s_layer_1)
    s_layer_3 = layers.Dense(
        256, activation="relu", kernel_regularizer=regularizers.l2(0.01)
```

```
)(s_layer_2)
s_layer_4 = layers.Dense(
    256, activation="relu", kernel_regularizer=regularizers.l2(0.01)
)(s_layer_3)
s_layer_5 = layers.Dense(
    2, activation="tanh", kernel_regularizer=regularizers.l2(0.01)
)(s_layer_4) ❸

t_layer_1 = layers.Dense(
    256, activation="relu", kernel_regularizer=regularizers.l2(0.01)
)(input_layer) ❹
t_layer_2 = layers.Dense(
    256, activation="relu", kernel_regularizer=regularizers.l2(0.01)
)(t_layer_1)
t_layer_3 = layers.Dense(
    256, activation="relu", kernel_regularizer=regularizers.l2(0.01)
)(t_layer_2)
t_layer_4 = layers.Dense(
    256, activation="relu", kernel_regularizer=regularizers.l2(0.01)
)(t_layer_3)
t_layer_5 = layers.Dense(
    2, activation="linear", kernel_regularizer=regularizers.l2(0.01)
)(t_layer_4) ❺

return models.Model(inputs=input_layer, outputs=[s_layer_5, t_layer_5]) ❻
```

❶ 이 예제에서 Coupling 층 블록의 입력은 2차원입니다.

❷ 스케일 계수를 위해 크기가 256인 Dense 층을 쌓습니다.

❸ 마지막 층은 크기가 2이고 tanh 활성화 함수를 사용합니다.

❹ 이동 계수를 위해 크기가 256인 Dense 층을 쌓습니다.

❺ 마지막 층은 크기가 2이고 linear 활성화 함수를 사용합니다.

❻ Coupling 층은 두 개의 출력(스케일 계수와 이동 계수)이 있는 케라스 Model로 구성됩니다.

더 복잡한 표현을 학습할 수 있도록 차원을 늘렸다가 다시 원본 차원으로 축소합니다. 원본 논문에서 저자는 각 층에 규제를 적용하여 큰 가중치에 불이익을 줍니다.

커플링 층으로 데이터 전달하기

커플링 층의 구조는 특별히 흥미롭지 않습니다. 하지만 [그림 6-6]에서 보듯이 입력 데이터가 층에 주입될 때 마스킹되고 변환되는 방식이 독특합니다.

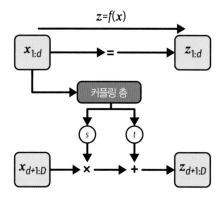

그림 6-6 커플링 층을 통해 입력 x를 변환하는 과정

데이터의 처음 d 차원만 처음 커플링 층에 주입됩니다. 남은 $D - d$ 차원은 완전히 마스킹됩니다(즉, 0으로 설정됩니다). $D = 2$인 간단한 이 예제에서 $d = 1$을 선택하면 커플링 층이 두 개의 값 (x_1, x_2)이 아니라 $(x_1, 0)$을 보게 됩니다.

이 층의 출력은 스케일 계수와 이동 계수입니다. 이 값들이 다시 마스킹되지만 이번에는 역 마스크를 사용하여 두 번째 절반만 통과됩니다. 즉, 이 예제에서는 $(0, s_2)$와 $(0, t_2)$가 출력됩니다. 그런 다음 입력의 두 번째 절반인 x_2에 원소별로 적용하고 입력의 첫 번째 절반인 x_1은 업데이트하지 않고 그대로 통과시킵니다. 요약하면, 차원이 D이고 $d \langle D$인 벡터의 업데이트 식은 다음과 같습니다.

$$z_{1:d} = x_{1:d}$$
$$z_{d+1:D} = x_{d+1:D} \odot \exp(s(x_{1:d})) + t(x_{1:d})$$

왜 이렇게 많은 정보를 마스킹하는 층을 만드는 수고를 하는지 궁금할 것입니다. 이 함수의 야코비 행렬 구조를 살펴보면 답이 명확합니다.

$$\frac{\partial z}{\partial x} = \begin{bmatrix} I & 0 \\ \dfrac{\partial z_{d+1:D}}{\partial x_{1:d}} & \text{diag}(\exp[s(x_{1:d})]) \end{bmatrix}$$

왼쪽 위의 $d \times d$ 부분 행렬은 $z_{1:d} = x_{1:d}$이므로 항등 행렬identity matrix입니다. 이 원소는 업데이트 되지 않고 바로 통과됩니다. 오른쪽 위 부분 행렬은 $z_{1:d}$가 $x_{d+1:D}$에 독립적이기 때문에 0입니다.

왼쪽 아래 부분 행렬은 복잡하지만 단순화하지 않겠습니다. 오른쪽 아래 부분 행렬은 $exp(s(x_{1:d}))$로 채워진 단순한 대각 행렬diagonal matrix입니다. $z_{d+1:D}$가 $x_{d+1:D}$와 선형 관계이고 그레이디언트는 (이동 계수 말고) 스케일 계수에만 의존하기 때문입니다. [그림 6-7]은 0이 아닌 원소를 색으로 칠한 이 행렬의 형태를 보여줍니다.

대각선 위쪽의 원소는 모두 0입니다. 이런 행렬을 **하삼각 행렬**lower triangluar matrix이라 부릅니다. 이런 방식으로 행렬을 만든 이점이 있습니다. 하삼각 행렬의 행렬식은 단순히 대각 원소의 곱과 같습니다. 다른 말로 하면 행렬식이 왼쪽 아래 부분 행렬에 있는 복잡한 도함수와 상관이 없습니다.

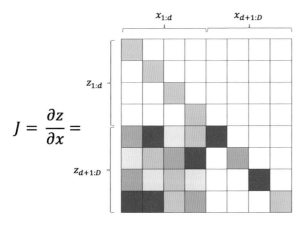

그림 6-7 앞 공식으로 인한 변환의 야코비 행렬. 하삼각 행렬의 행렬식은 대각선을 따라 놓인 원소의 곱과 같음

따라서 이 행렬의 행렬식을 다음과 같이 쓸 수 있습니다.

$$\det(J) = \exp\left[\sum_j s(x_{1:d})_j\right]$$

이는 쉽게 계산할 수 있으며 노멀라이징 플로 모델을 만들기 위한 두 가지 목표 중 하나입니다.

또 다른 목표는 쉽게 역전할 수 있는 함수였습니다. 정방향 계산을 재정렬하여 다음과 같이 역 함수를 만들 수 있습니다.

$$x_{1:d} = z_{1:d}$$
$$x_{d+1:D} = (z_{d+1:D} - t(x_{1:d})) \odot \exp(-s(x_{1:d}))$$

이에 해당하는 그림은 [그림 6-8]과 같습니다.

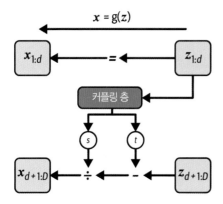

그림 6-8 역함수 x = g(z)

이제 RealNVP 모델을 만드는 데 필요한 거의 모든 것이 준비되었습니다. 하지만 한 가지 문제가 아직 남아 있습니다. 입력에 있는 처음 d개 원소는 어떻게 업데이트될까요? 현재는 모델에 의해 업데이트되지 않고 완전히 그대로 남아 있습니다.

커플링 층 쌓기

이 문제를 해결하기 위해 아주 간단한 트릭을 사용할 수 있습니다. 커플링 층을 쌓으면서 마스킹 패턴을 번갈아가며 적용하면, 한 층에서 변경되지 않은 부분이 다음 층에서 업데이트됩니다. 이 구조는 심층 신경망을 구성하기 때문에 데이터에서 더 복잡한 표현을 학습할 수 있다는 추가 이점이 있습니다.

선형 대수학에 따르면 행렬 곱의 행렬식은 행렬식의 곱과 같습니다. 따라서 이러한 커플링 층 조합의 야코비 행렬은 여전히 계산이 간단할 것입니다. 마찬가지로 두 함수 조합의 역함수는 다음 방정식에서 볼 수 있듯이 두 역함수의 조합과 같습니다.

$$\det(A \cdot B) = \det(A)\det(B)$$
$$(f_b \circ f_a)^{-1} = f_a^{-1} \circ f_b^{-1}$$

따라서 커플링 층을 쌓고 매번 마스킹을 뒤집으면 간단한 야코비 행렬식과 가역성이라는 필수 속성을 유지하면서 전체 입력 텐서를 변환하는 신경망을 만들 수 있습니다. [그림 6-9]는 전체 구조를 보여줍니다.

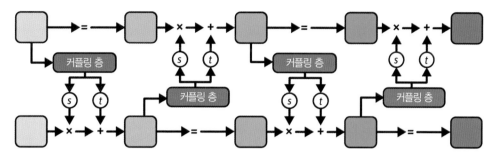

그림 6-9 층마다 마스킹을 번갈아 적용하면서 커플링 층 쌓기

6.3.3 RealNVP 모델 훈련

이제 RealNVP 모델을 만들고 두 개의 초승달 데이터셋에 있는 복잡한 분포를 학습하도록 훈련시켜 보겠습니다. 이 모델 하에서 데이터의 음의 로그 가능도 $-log\,p_X(x)$를 최소화해야 한다는 것을 기억하세요. [식 6-1]을 사용해 이를 다음과 같이 쓸 수 있습니다.

$$-logp_X(x) = -logp_Z(z) - log\left|\det\left(\frac{\partial z}{\partial x}\right)\right|$$

정방향 과정 f의 타깃 출력 분포 $p_Z(z)$로 샘플링하기 쉬운 표준 가우스 분포를 선택합니다. 그 다음 [그림 6-10]과 같이 가우스 분포에서 샘플링한 포인트에 역방향 과정 g를 적용해 원본 이미지 도메인으로 변환할 수 있습니다.

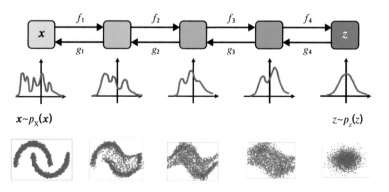

그림 6-10 복잡한 분포 $p_X(x)$와 단순한 가우스 분포 $p_Z(z)$ 사이의 1D(두 번째 행), 2D(마지막 행) 변환

[예제 6-3]은 케라스 `Model` 클래스로 만든 사용자 정의 모델 RealNVP입니다.

예제 6-3 케라스에서 RealNVP 모델 만들기

```
class RealNVP(models.Model):
    def __init__(self, input_dim, coupling_layers, coupling_dim, regularization):
        super(RealNVP, self).__init__()
        self.coupling_layers = coupling_layers
        self.distribution = tfp.distributions.MultivariateNormalDiag(
            loc=[0.0, 0.0], scale_diag=[1.0, 1.0]
        ) ❶
        self.masks = np.array(
            [[0, 1], [1, 0]] * (coupling_layers // 2), dtype="float32"
        ) ❷
        self.loss_tracker = metrics.Mean(name="loss")
        self.layers_list = [
            Coupling(input_dim, coupling_dim, regularization)
            for i in range(coupling_layers)
        ] ❸

    @property
    def metrics(self):
        return [self.loss_tracker]

    def call(self, x, training=True):
        log_det_inv = 0
        direction = 1
        if training:
            direction = -1
        for i in range(self.coupling_layers)[::direction]: ❹
            x_masked = x * self.masks[i]
            reversed_mask = 1 - self.masks[i]
            s, t = self.layers_list[i](x_masked)
            s *= reversed_mask
            t *= reversed_mask
            gate = (direction - 1) / 2
            x = (
                reversed_mask
                * (x * tf.exp(direction * s) + direction * t * tf.exp(gate * s))
                + x_masked
            ) ❺
            log_det_inv += gate * tf.reduce_sum(s, axis = 1) ❻
        return x, log_det_inv
```

```
    def log_loss(self, x):
        y, logdet = self(x)
        log_likelihood = self.distribution.log_prob(y) + logdet ❼
        return -tf.reduce_mean(log_likelihood)

    def train_step(self, data):
        with tf.GradientTape() as tape:
            loss = self.log_loss(data)
        g = tape.gradient(loss, self.trainable_variables)
        self.optimizer.apply_gradients(zip(g, self.trainable_variables))
        self.loss_tracker.update_state(loss)
        return {"loss": self.loss_tracker.result()}

    def test_step(self, data):
        loss = self.log_loss(data)
        self.loss_tracker.update_state(loss)
        return {"loss": self.loss_tracker.result()}

model = RealNVP(
    input_dim = 2
    , coupling_layers= 6
    , coupling_dim = 256
    , regularization = 0.01
)

model.compile(optimizer=optimizers.Adam(learning_rate=0.0001))

model.fit(
    normalized_data
    , batch_size=256
    , epochs=300
)
```

❶ 타깃 분포는 표준 2D 가우스 분포입니다.

❷ 번갈아 바뀌는 마스크 패턴을 만듭니다.

❸ Coupling 층 리스트로 RealNVP 신경망을 정의합니다.

❹ 이 신경망의 call 함수를 호출하면 Coupling 층을 순회합니다. training=True이면 정방향으로 층을 통과합니다(즉, 데이터에서 잠재 공간까지). training=False이면 역방향으로 층을 통과합니다(즉, 잠재 공간에서 데이터까지).

❺ 이 라인은 direction에 따라 정방향과 역방향 식을 구현합니다(direction = -1과

direction = 1을 넣어 직접 확인해보세요).

❻ 손실 함수를 계산할 때 필요한 야코비 행렬식의 로그 값은 단순히 스케일링 계수의 합입니다.

❼ 손실 함수는 타깃 가우스 분포와 야코비 행렬식의 로그 값으로 결정되는 변환된 데이터의 음의 로그 확률의 합입니다.

6.3.4 RealNVP 모델 분석

모델을 훈련하고 나면 이를 사용해 훈련 세트를 (정방향 함수 f를 사용해) 잠재 공간으로 변환할 수 있습니다. 더 중요한 것은 잠재 공간에서 샘플링된 포인트를 (역방향 함수 g를 사용해) 원본 데이터 분포에서 샘플링된 것처럼 보이는 포인트로 변환할 수 있습니다.

[그림 6-11]은 훈련하기 전의 신경망 출력을 보여줍니다. 정방향과 역방향 과정은 정보를 거의 변형하지 않고 그대로 전달합니다.

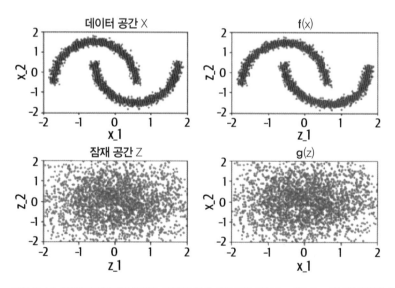

그림 6-11 정방향 과정(위)과 역방향 과정(아래)에 대한 훈련 전의 RealNVP 모델 입력(왼쪽)과 출력(오른쪽)

훈련한 후(그림 6-12)에는 정방향 과정이 훈련 세트에 있는 포인트를 가우스 분포와 닮은 분포로 변환합니다. 비슷하게 역방향 과정은 가우스 분포에서 샘플링한 포인트를 원본 데이터와 닮은 분포로 역매핑할 수 있습니다.

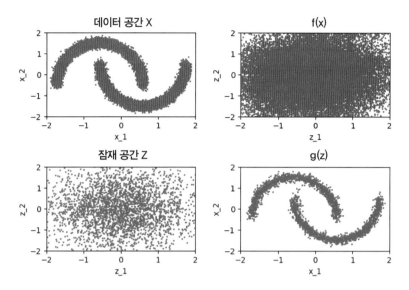

그림 6-12 정방향 과정(위)과 역방향 과정(아래)에 대한 훈련 전의 RealNVP 모델 입력(왼쪽)과 출력(오른쪽)

훈련 과정의 손실 곡선은 [그림 6-13]과 같습니다.

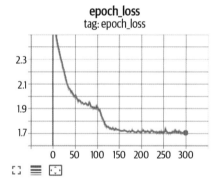

그림 6-13 RealNVP 훈련 과정의 손실 곡선

이것으로 노멀라이징 플로 생성 모델의 하나인 RealNVP에 대한 설명을 마칩니다. 다음 절에서는 RealNVP 논문에 소개된 아이디어를 확장한 최신 노멀라이징 플로 모델 몇 가지를 살펴보겠습니다.

6.4 다른 노멀라이징 플로 모델

GLOW와 **FFJORD**는 성공적이고 중요한 노멀라이징 플로 모델입니다. 다음 절에서 이 모델들의 핵심 개선 사항을 설명하겠습니다.

6.4.1 GLOW

NeurIPS 2018에서 선보인 GLOW는 고품질 샘플을 생성하고 의미 있는 잠재 공간을 만드는 노멀라이징 플로 모델의 능력을 입증한 모델입니다. 이런 잠재 공간을 가로질러 이동하면 샘플을 변형할 수 있습니다. 핵심 단계는 역마스킹 설정을 반전이 가능한 1×1 합성곱 층으로 대체하는 것입니다. 예를 들어 RealNVP를 이미지에 적용하면 단계마다 채널 순서가 바뀌면서 신경망이 모든 입력을 변환할 가능성이 있습니다. GLOW에서는 대신 1×1 합성곱을 적용해서 모델이 원하는 채널 순서대로 조합을 생성할 수 있습니다. 저자들은 이런 추가 사항이 있음에도 다루기 쉬운 분포가 되며 대규모 행렬식과 역함수를 계산하기 쉬움을 보여줍니다.

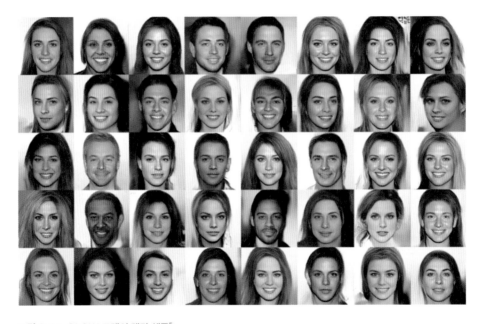

그림 6-14 GLOW 모델의 랜덤 샘플[5]

----

5 출처: Diedrick P. Kingma and Prafulla Dhariwal, "Glow: Generative Flow with Invertible 1x1 Convolutions," July 10, 2018, https://arxiv.org/abs/1807.03039.

6.4.2 FFJORD

RealNVP와 GLOW는 이산 시간discrete time 노멀라이징 플로, 즉 커플링 층의 이산적인 집합을 통해 입력을 변환합니다. ICLR 2019에서 발표된 FFJORDFree-Form Continuous Dynamics for Scalable Reversible Generative Models는 연속적인 시간 과정(즉, 노멀라이징 플로의 단계 수가 무한대이고 단계 크기가 0에 가까움)으로 변환을 모델링하는 방법을 보여줍니다. 여기서 역학 관계는 신경망 (f_θ)에 의해 파라미터가 정의되는 상미분 방정식ordinary differential equation (ODE)을 사용하여 모델링됩니다. 다음 방정식에 설명된 대로 블랙박스 솔버solver를 사용해 t_1 시점의 ODE를 풉니다. 즉, t_0 시점의 가우스 분포에서 샘플링된 초기 포인트 z_0이 주어졌을 때 z_1을 구하기 위해 블랙박스 솔버를 사용합니다.

$$
\begin{aligned}
z_0 &\sim p(z_0) \\
\frac{\partial z(t)}{\partial t} &= f_\theta(x(t), t) \\
x &= z_1
\end{aligned}
$$

이 변환 과정이 [그림 6-15]에 있습니다.

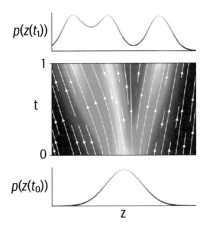

그림 6-15 FFJORD는 신경망으로 파라미터가 정의되는 상미분 방정식을 통해 데이터 분포와 표준 가우스 분포 사이의 변환을 모델링함[6]

6 출처: Will Grathwohl et al., "FFJORD: Free-Form Continuous Dynamics for Scalable Reversible Generative Models," October 22, 2018, https://arxiv.org/abs/1810.01367.

6.5 요약

이 장에서는 RealNVP, GLOW, FFJORD와 같은 노멀라이징 플로 모델을 살펴보았습니다.

노멀라이징 플로 모델은 신경망에 의해 정의된 반전 가능한 함수로, 변수 변환을 활용해 데이터 밀도를 직접 모델링할 수 있습니다. 일반적으로는 변수 변환 방정식을 사용하려면 매우 복잡한 야코비 행렬식을 계산해야 합니다. 이는 아주 간단한 예가 아니라면 비현실적입니다.

이 문제를 해결하기 위해 RealNVP 모델은 신경망의 형태를 제한하여 가역성과 계산하기 쉬운 야코비 행렬식을 갖는다는 두 가지 필수 기준을 충족시킵니다.

이를 위해 커플링 층을 쌓아 각 단계에서 스케일과 변환 계수를 생성합니다. 중요한 점은 커플링 층이 데이터가 통과할 때 마스킹하여 야코비 행렬이 하삼각 행렬이 되도록 만든다는 것입니다. 이 덕분에 쉽게 행렬식을 계산할 수 있고, 각 층에서 마스크를 뒤집으면 신경망이 입력 데이터를 모두 바라볼 수 있습니다.

스케일과 이동 연산은 쉽게 반전할 수 있으므로 모델을 학습시킨 후에는 데이터를 신경망의 역방향으로 통과시킬 수 있습니다. 따라서 정방향 변환 과정의 목표를 쉽게 샘플링하는 표준 가우스 분포로 삼습니다. 그런 다음 샘플링된 포인트를 신경망의 역방향으로 실행해 새로운 샘플을 생성할 수 있습니다.

RealNVP 논문에서는 커플링 층 내부에 밀집 연결 층 대신 합성곱 층을 사용해 이 기법을 이미지에 적용하는 방법도 보여줍니다. GLOW 논문은 이 아이디어를 확장해 하드코딩된 마스크 조작이 필요하지 않도록 했습니다. FFJORD 모델은 신경망에 의해 정의된 ODE로 변환 과정을 모델링해 연속 시간 노멀라이징 플로 개념을 도입했습니다.

종합해보면 노멀라이징 플로는 다루기 쉬운 데이터 밀도 함수를 만들면서 고품질 샘플을 생성하는 강력한 생성 모델링 방법입니다.

에너지 기반 모델

이 장의 목표

- 에너지 기반 모델energy-based model(EBM)의 공식을 이해합니다.
- 랑주뱅 동역학Langevin dynamics을 사용해 EBM에서 샘플링하는 방법을 알아봅니다.
- 대조 발산contrastive divergence을 사용해 EBM 훈련합니다.
- 랑주뱅 동역학의 샘플링 과정에서 스냅숏을 찍어 EBM을 분석합니다.
- 제한된 볼츠만 머신과 같은 다른 종류의 EBM을 배웁니다.

에너지 기반 모델은 물리 시스템 모델링에서 핵심 아이디어를 차용한 광범위한 생성 모델 분야입니다. 이 아이디어는 실숫값의 에너지 함수를 0과 1 사이로 정규화하는 함수인 볼츠만 분포Boltzmann distribution로 어떤 이벤트의 확률을 표현할 수 있다는 것입니다. 이 분포는 1868년 루트비히 볼츠만Ludwig Boltzmann이 열평형 상태의 기체를 설명하는 데 사용하면서 처음 공식화했습니다.

이 장에서는 이 아이디어를 사용하여 손 글씨 숫자 이미지를 만드는 생성 모델을 훈련하는 방법을 살펴보겠습니다. EBM 훈련을 위한 대조 발산과 샘플링을 위한 랑주뱅 동역학 등 몇 가지 새로운 개념을 살펴볼 것입니다.

7.1 소개

에너지 기반 모델의 핵심 개념을 설명하는 데 도움이 되는 짧은 이야기로 시작해보겠습니다.

롱오뱅 러닝 클럽

다이앤 믹스Diane Mixx는 가상의 프랑스 마을 롱오뱅Long-au-Vin에 있는 장거리 달리기 팀의 수석 고치였습니다. 그녀는 뛰어난 트레이너 능력으로 유명했으며, 평범한 선수도 세계적인 수준의 달리기 선수로 만든다는 명성을 얻었습니다(그림 7-1).

그림 7-1 엘리트 선수들을 훈련시키는 러닝 코치(미드저니로 생성함)

그녀의 방법은 각 선수의 에너지 수준을 평가하는 데 기반을 둡니다. 수년 동안 다양한 실력의 선수들과 함께 일하면서 선수를 보기만 해도 경기 후 특정 선수의 에너지가 얼마나 남았는지 놀라울 정도로 정확하게 파악하게 되었습니다. 선수의 에너지 레벨이 낮을수록 더 좋습니다. 엘리트 선수들은 항상 경기 중에 자신의 모든 것을 쏟아붓기 때문입니다!

그녀는 자신의 기술을 예리하게 유지하려고 정기적으로 유명한 엘리트 선수들과 클럽 최고 선수들에 대해서 자신의 에너지 감지 능력의 차이를 측정하여 스스로 훈련했습니다. 그녀는 클럽 내에서 진정한 엘리트 선수를 찾았다는 말을 사람들이 믿게끔 하려고 두 그룹에 대한 예측의 차이를 최대한 크게 만들었습니다.

진짜 마법은 평범한 러너를 최고 수준의 러너로 만드는 그녀의 능력이었습니다. 방법은 간단합니다. 그녀는 선수의 현재 에너지 수준을 측정하고 다음번 경기력을 높이려면 선수에게 필요한 최적의 조정값을 찾아냅니다. 이러한 조정을 거친 후 선수의 에너지 레벨을 다시 측정하고 이전보다 에너지 레벨이 더 낮아져 트랙에서 조금 더 능력이 향상되었는지 확인합니다. 최적의 조정값을 평가하고 올바른 방향으로 한 걸음씩 나아가는 이 과정은 결국 이 선수가 세계적인 선수와 구별할 수 없을 정도로 발전할 때까지 계속됩니다.

수년 후 다이앤은 코치직에서 은퇴하고 엘리트 선수를 육성하는 방법에 관한 책을 출간했으며, 이 시스템을 '롱오뱅, 다이앤 믹스Long-au-Vin, Diane Mixx'[1] 기법이라고 이름 지었습니다.

다이앤 믹스와 롱오뱅 러닝 클럽 이야기는 에너지 기반 모델링의 핵심 아이디어를 담고 있습니다. 이제 이론을 좀 더 자세히 살펴본 다음 케라스를 사용하여 실제 예제를 구현해보겠습니다.

7.2 에너지 기반 모델

에너지 기반 모델은 **볼츠만 분포**Boltzmann distribution (식 7-1)를 사용해 실제 데이터 생성 분포를 모델링합니다. 여기서 $E(x)$는 샘플 x의 **에너지 함수**energe function (또는 **점수**score)입니다.

식 7-1 볼츠만 분포

$$p(\mathbf{x}) = \frac{e^{-E(\mathbf{x})}}{\int_{\widehat{\mathbf{x}} \in X} e^{-E(\widehat{\mathbf{x}})}}$$

실제로 이는 신경망 $E(x)$를 훈련시켜 가능성이 높은 샘플에는 낮은 점수를 출력하고(따라서 $p(\mathbf{x})$가 1에 가까워집니다) 가능성이 낮은 샘플에는 높은 점수를 출력하게 됩니다(따라서 $p(\mathbf{x})$가 0에 가까워집니다).

이러한 방식으로 데이터를 모델링하는 데는 두 가지 문제가 있습니다. 첫째, 새로운 샘플을 생성하려면 모델을 어떻게 사용해야 하는지 명확하지가 않습니다. 모델을 사용해 주어진 샘플에 대해 어떤 점수를 출력할 수 있지만, 점수가 낮은 샘플(즉, 그럴듯한 샘플)은 어떻게 생성할까요?

둘째, [식 7-1]의 정규화 분모에는 간단한 문제를 제외하고는 풀기 어려운 적분이 있습니다. 이 적분을 계산할 수 없으면 최대 가능도 추정을 사용하여 모델을 학습시킬 수 없습니다. 최대 가능도 추정을 사용하려면 $p(\mathbf{x})$가 유효한 확률분포여야 하기 때문입니다.

---

1   옮긴이_ 이는 Langevin dynamics의 발음을 사용한 언어 유희입니다.

에너지 기반 모델의 핵심 아이디어는 근사 기법을 사용하여 까다로운 이 분모를 계산할 필요가 없도록 만드는 것입니다. 이는 표준 가우스 분포에 적용한 변환이 여전히 유효한 확률분포를 출력하도록 만들려고 애쓰는 노멀라이징 플로와는 대조적입니다.

두Du와 모르다치Mordatch의 2019년 논문 「Implicit Generation and Modeling with Energy-Based Models」[2]의 아이디어를 따라 (훈련을 위한) 대조 발산 기법과 (샘플링을 위한) 랑주뱅 동역학 기법을 사용하여 까다로운 분모 문제를 해결하겠습니다. 이 장의 뒷부분에서 직접 EBM을 구축하면서 이러한 기법을 자세히 살펴볼 것입니다.

먼저 데이터셋을 준비하고 실숫값 에너지 함수 $E(x)$에 대한 간단한 신경망을 설계해보겠습니다.

> **NOTE_ 예제 코드 실행하기**
> 이 예제 코드는 책 저장소에 있는 주피터 노트북 `notebooks/07_ebm/01_ebm/ebm.ipynb`에 있습니다. 이 코드는 필립 리피Phillip Lippe가 만든 심층 에너지 기반 생성 모델 튜토리얼(https://oreil.ly/ky09B)을 참고했습니다.

7.2.1 MNIST 데이터셋

흑백 손 글씨 숫자 이미지로 구성된 표준 MNIST 데이터셋(https://oreil.ly/mSvhc)을 사용하겠습니다. [그림 7-2]에 몇 개의 샘플이 있습니다.

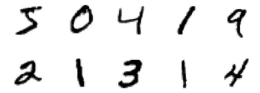

그림 7-2 MNIST 데이터셋의 샘플 이미지

텐서플로에 포함된 데이터셋이므로 [예제 7-1]과 같이 로드할 수 있습니다.

---

2 Yilun Du and Igor Mordatch, "Implicit Generation and Modeling with Energy-Based Models," March 20, 2019, https://arxiv.org/abs/1903.08689.

예제 7-1 MNIST 데이터셋 로드하기

```
from tensorflow.keras import datasets
(x_train, _), (x_test, _) = datasets.mnist.load_data()
```

픽셀 값을 [−1, 1] 범위로 조정하고 32×32 픽셀이 되도록 패딩을 추가하겠습니다. 그다음 [예제 7−2]와 같이 텐서플로 데이터셋으로 변환합니다.

예제 7-2 MNIST 데이터셋 전처리하기

```
def preprocess(imgs):
    imgs = (imgs.astype("float32") - 127.5) / 127.5
    imgs = np.pad(imgs , ((0,0), (2,2), (2,2)), constant_values= -1.0)
    imgs = np.expand_dims(imgs, -1)
    return imgs

x_train = preprocess(x_train)
x_test = preprocess(x_test)
x_train = tf.data.Dataset.from_tensor_slices(x_train).batch(128)
x_test = tf.data.Dataset.from_tensor_slices(x_test).batch(128)
```

데이터셋을 준비했으므로 에너지 함수 $E(x)$에 대한 신경망을 만들어보겠습니다.

7.2.2 에너지 함수

에너지 함수 $E_\theta(x)$는 파라미터가 θ이고 입력 이미지 x를 하나의 스칼라 값으로 변환하는 신경망입니다. 이 신경망에는 **스위시**swish 활성화 함수를 사용합니다.

스위시 활성화 함수

스위시는 ReLU 함수의 대안이며 2017년 구글에서 소개했습니다.[3] 이 함수는 다음과 같이 정의됩니다.

$$\text{swish}(x) = x \cdot \text{sigmoid}(x) = \frac{x}{e^{-x} + 1}$$

스위시는 ReLU 함수와 모양이 비슷하지만 함수가 매끄러워 그레이디언트 소실 문제를 완화하는 데 도움이 됩니다.[4] 이는 특히 에너지 기반 모델에 중요합니다. 스위시 함수의 그래프는 [그림 7-3]과 같습니다.

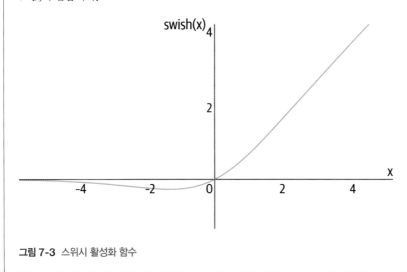

그림 7-3 스위시 활성화 함수

이 신경망은 일련의 **Conv2D** 층을 쌓아 점진적으로 이미지 크기를 줄이고 채널 개수를 늘립니다. 마지막 층은 선형 활성화를 가진 하나의 완전 연결 유닛입니다. 따라서 이 신경망은 $(-\infty, \infty)$ 범위의 값을 출력할 수 있습니다. 이 신경망을 만드는 코드는 [예제 7-3]에 있습니다.

---

3 Prajit Ramachandran et al., "Searching for Activation Functions," October 16, 2017, https://arxiv.org/abs/1710.05941v2.
4 옮긴이_ ReLU 함수는 입력이 음수일 때 0을 출력하기 때문에 '죽은 뉴런(dying neuron)' 문제를 일으킬 수 있습니다. 스위시는 이런 문제를 완화합니다.

```
ebm_input = layers.Input(shape=(32, 32, 1))
x = layers.Conv2D(
    16, kernel_size=5, strides=2, padding="same", activation = activations.swish
)(ebm_input) ❶
x = layers.Conv2D(
    32, kernel_size=3, strides=2, padding="same", activation = activations.swish
)(x)
x = layers.Conv2D(
    64, kernel_size=3, strides=2, padding="same", activation = activations.swish
)(x)
x = layers.Conv2D(
    64, kernel_size=3, strides=2, padding="same", activation = activations.swish
)(x)
x = layers.Flatten()(x)
x = layers.Dense(64, activation = activations.swish)(x)
ebm_output = layers.Dense(1)(x) ❷
model = models.Model(ebm_input, ebm_output) ❸
```

❶ 에너지 함수는 스위시 활성화 함수를 가진 **Conv2D** 층을 쌓아 만듭니다.

❷ 마지막 층은 선형 활성화 함수를 가진 하나의 완전 연결 유닛입니다.

❸ 입력 이미지를 하나의 에너지 점숫값으로 변환하는 케라스 **Model** 클래스 객체를 만듭
니다.

7.2.3 랑주뱅 동역학을 사용해 샘플링하기

에너지 함수는 주어진 입력에 대해 하나의 점수만 출력합니다. 이 함수를 사용하여 에너지 점
수가 낮은 새로운 샘플을 생성하려면 어떻게 해야 할까요?

입력에 대한 에너지 함수의 그레이디언트를 계산하는 **랑주뱅 동역학**Langevin dynamics이라는 기법을
사용합니다. 먼저 샘플 공간의 임의의 지점에서 시작합니다. 그다음 계산된 그레이디언트의 반
대 방향으로 조금씩 이동하면 에너지 함수를 점차 감소시킬 수 있습니다. 신경망이 올바르게
훈련되었다면 랜덤한 잡음이 훈련 세트에 있는 것과 유사한 이미지로 변환될 것입니다.

이 경사 하강법을 [그림 7-4]와 같이 에너지 함숫값이 세 번째 차원인 3차원 공간으로 시각화할 수 있습니다. 이 경로는 입력 x에 대한 에너지 함수 $E(x)$의 음의 그레이디언트를 따르며 잡음이 있는 내리막길입니다. MNIST 이미지 데이터셋의 샘플에는 1,024픽셀이 있으므로 1,024차원 공간을 탐험하는 것이지만 동일한 원리가 적용됩니다!

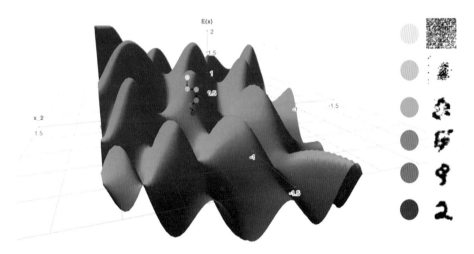

그림 7-4 랑주뱅 동역학을 사용한 경사 하강법

이러한 종류의 경사 하강법과 일반적으로 신경망을 훈련하는 데 사용하는 경사 하강법 사이에는 중요한 차이점이 있습니다.

신경망을 훈련할 때는 역전파를 사용하여 신경망의 **파라미터**(즉, 가중치)에 대한 **손실 함수**의 그레이디언트를 계산합니다. 그런 다음 음의 그레이디언트 방향으로 파라미터를 조금 업데이트하고 여러 번 반복하면서 점진적으로 손실을 최소화합니다.

----

5 Max Welling and Yee Whye Teh, "Bayesian Learning via Stochastic Gradient Langevin Dynamics," 2011. https://www.stats.ox.ac.uk/~teh/research/compstats/WelTeh2011a.pdf.

랑주뱅 동역학을 사용하면 신경망 가중치를 고정하고 입력에 대한 출력의 그레이디언트를 계산합니다. 그런 다음 음의 그레이디언트 방향으로 입력을 조금 업데이트하고 여러 번 반복하면서 점진적으로 출력(에너지 점수)을 최소화합니다.

두 방식 모두 동일한 아이디어(경사 하강법)를 활용하지만, 서로 다른 함수와 기준에 적용됩니다.

이론적으로 랑주뱅 동역학은 다음 방정식으로 설명할 수 있습니다.

$$x^k = x^{k-1} - \eta \nabla_x E_\theta(x^{k-1}) + \omega$$

여기에서 $\omega \sim \mathcal{N}(0, \sigma)$이고 $x^0 \sim \mathcal{U}(-1, 1)$입니다. η는 튜닝해야 할 스텝 크기 하이퍼파라미터입니다. 스텝이 너무 크면 최솟값을 건너뛰고, 너무 작으면 알고리즘 수렴이 느려집니다.

TIP_ $x^0 \sim \mathcal{U}(-1, 1)$은 $[-1, 1]$ 범위의 균등 분포입니다.

랑주뱅 샘플링 함수를 [예제 7-4]와 같이 작성할 수 있습니다.

예제 7-4 랑주뱅 샘플링 함수

```
def generate_samples(model, inp_imgs, steps, step_size, noise):
    imgs_per_step = []
    for _ in range(steps): ❶
        inp_imgs += tf.random.normal(inp_imgs.shape, mean = 0, stddev = noise) ❷
        inp_imgs = tf.clip_by_value(inp_imgs, -1.0, 1.0)
        with tf.GradientTape() as tape:
            tape.watch(inp_imgs)
            out_score = -model(inp_imgs) ❸
        grads = tape.gradient(out_score, inp_imgs) ❹
        grads = tf.clip_by_value(grads, -0.03, 0.03)
        inp_imgs += -step_size * grads ❺
        inp_imgs = tf.clip_by_value(inp_imgs, -1.0, 1.0)
    return inp_imgs
```

❶ 주어진 스텝 횟수를 반복합니다.

❷ 이미지에 작은 양의 잡음을 추가합니다.

❸ 이미지를 모델에 통과시켜 에너지 점수를 얻습니다.

❹ 입력에 대한 출력의 그레이디언트를 계산합니다.

❺ 작은 양의 그레이디언트를 입력 이미지에 더합니다.

7.2.4 대조 발산으로 훈련하기

이제 샘플 공간에서 낮은 에너지를 갖는 새로운 포인트를 샘플링하는 방법을 알았으니 이제 모델 훈련으로 관심을 돌려보죠.

에너지 함수는 확률을 출력하지 않기 때문에 최대 가능도 추정을 적용할 수 없습니다. 이 함수의 출력 점수는 샘플 공간 전체에 걸쳐 더해서 1이 되지 않습니다. 대신 정규화되지 않은 점수를 출력하는 모델을 훈련하는 데 2002년에 제프리 힌튼Geoffrey Hinton이 처음 제안한 **대조 발산**contrastive divergence이라는 기법을 적용합니다.[6]

항상 그렇듯이 최소화하려는 값은 데이터의 음의 로그 가능도입니다.

$$\mathcal{L} = -\mathbb{E}_{x \sim \text{data}}\big[\log p_\theta(\mathbf{x})\big]$$

$p_\theta(\mathbf{x})$가 에너지 함수 $E_\theta(\mathbf{x})$를 포함하는 볼츠만 분포의 형태일 때, 이 값의 그레이디언트는 다음과 같이 쓸 수 있습니다(완전한 식 유도는 올리버 우드포드Oliver Woodford의 글을 참고하세요[7]).

$$\nabla_\theta \mathcal{L} = \mathbb{E}_{x \sim \text{data}}\big[\nabla_\theta E_\theta(\mathbf{x})\big] - \mathbb{E}_{x \sim \text{model}}\big[\nabla_\theta E_\theta(\mathbf{x})\big]$$

이 식은 직관적으로 이해할 수 있습니다. 실제 샘플에 대해서는 큰 음의 에너지 점수를, 생성된 가짜 샘플에 대해서는 큰 양의 에너지 점수를 출력하도록 모델을 훈련하여 이 두 극단 사이의 차이가 가능한 한 커지도록 만드는 것입니다.

즉, 실제 샘플과 가짜 샘플의 에너지 점수 차이를 계산하여 이를 손실 함수로 사용할 수 있습니다.

---

6 Geoffrey E. Hinton, "Training Products of Experts by Minimizing Contrastive Divergence," 2002, `https://www.cs.toronto.edu/~hinton/absps/tr00-004.pdf`.

7 Oliver Woodford, "Notes on Contrastive Divergence," 2006, `https://www.robots.ox.ac.uk/~ojw/files/NotesOnCD.pdf`.

가짜 샘플의 에너지 점수를 계산하려면 분포 $p_\theta(\mathbf{x})$에서 정확히 샘플링할 수 있어야 합니다. 하지만 분모를 계산하기 어렵기 때문에 불가능합니다. 대신 랑주뱅 샘플링 방법을 사용하여 낮은 에너지 점수를 가진 샘플 집합을 생성할 수 있습니다. 완벽한 샘플을 생성하려면 이 과정에서 무한히 많은 단계를 실행해야 합니다(이는 분명히 비현실적입니다). 따라서 충분히 의미 있는 손실 함수를 생성할 수 있다는 가정하에 적은 수의 스텝을 수행합니다.

또한 이전 반복의 샘플을 버퍼에 저장하여 다음 배치의 시작점으로 순수한 랜덤 잡음 대신에 이를 사용할 수 있습니다. 샘플링 버퍼를 만드는 코드는 [예제 7-5]에 있습니다.

예제 7-5 Buffer 클래스

```python
class Buffer:
    def __init__(self, model):
        super().__init__()
        self.model = model
        self.examples = [
            tf.random.uniform(shape = (1, 32, 32, 1)) * 2 - 1
            for _ in range(128)
        ] ❶

    def sample_new_exmps(self, steps, step_size, noise):
        n_new = np.random.binomial(128, 0.05) ❷
        rand_imgs = (
            tf.random.uniform((n_new, 32, 32, 1)) * 2 - 1
        )
        old_imgs = tf.concat(
            random.choices(self.examples, k=128-n_new), axis=0
        ) ❸
        inp_imgs = tf.concat([rand_imgs, old_imgs], axis=0)
        inp_imgs = generate_samples(
            self.model, inp_imgs, steps=steps, step_size=step_size, noise = noise
        ) ❹
        self.examples = tf.split(inp_imgs, 128, axis = 0) + self.examples ❺
        self.examples = self.examples[:8192]
        return inp_imgs
```

❶ 샘플링 버퍼는 랜덤한 잡음의 배치로 초기화됩니다.

❷ 매번 평균적으로 샘플의 5%가 처음부터(즉, 랜덤한 잡음으로부터) 생성됩니다.

❸ 나머지는 기존 버퍼로부터 랜덤하게 추출됩니다.

❹ 샘플을 합치고 랑주뱅 샘플링을 실행합니다.

❺ 만들어진 샘플을 버퍼에 추가하고 최대 샘플 개수를 8,192개로 제한합니다.

[그림 7-5]는 대조 발산 훈련의 한 스텝을 보여줍니다. 각 스텝이 종료된 후 점수 정규화를 고려하지 않고 알고리즘에 따라 실제 샘플의 점수는 아래로 내려가고 가짜 샘플의 점수는 위로 올라갑니다.

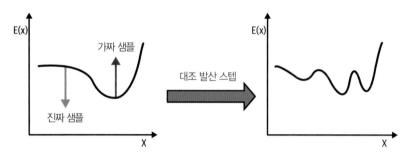

그림 7-5 대조 발산의 한 스텝

[예제 7-6]은 대조 발산 알고리즘의 훈련 스텝이 포함된 사용자 정의 케라스 모델을 보여줍니다.

예제 7-6 대조 발산을 사용한 EBM 훈련

```
class EBM(models.Model):
    def __init__(self):
        super(EBM, self).__init__()
        self.model = model
        self.buffer = Buffer(self.model)
        self.alpha = 0.1
        self.loss_metric = metrics.Mean(name="loss")
        self.reg_loss_metric = metrics.Mean(name="reg")
        self.cdiv_loss_metric = metrics.Mean(name="cdiv")
        self.real_out_metric = metrics.Mean(name="real")
        self.fake_out_metric = metrics.Mean(name="fake")

    @property
    def metrics(self):
        return [
            self.loss_metric,
            self.reg_loss_metric,
```

```
            self.cdiv_loss_metric,
            self.real_out_metric,
            self.fake_out_metric
        ]

    def train_step(self, real_imgs):
        real_imgs += tf.random.normal(
            shape=tf.shape(real_imgs), mean = 0, stddev = 0.005
        ) ❶
        real_imgs = tf.clip_by_value(real_imgs, -1.0, 1.0)
        fake_imgs = self.buffer.sample_new_exmps(
            steps=60, step_size=10, noise = 0.005
        ) ❷
        inp_imgs = tf.concat([real_imgs, fake_imgs], axis=0)
        with tf.GradientTape() as training_tape:
            real_out, fake_out = tf.split(self.model(inp_imgs), 2, axis=0) ❸
            cdiv_loss = tf.reduce_mean(fake_out, axis = 0) - tf.reduce_mean(
                real_out, axis = 0
            ) ❹
            reg_loss = self.alpha * tf.reduce_mean(
                real_out ** 2 + fake_out ** 2, axis = 0
            ) ❺
            loss = reg_loss + cdiv_loss
        grads = training_tape.gradient(loss, self.model.trainable_variables) ❻
        self.optimizer.apply_gradients(
            zip(grads, self.model.trainable_variables)
        )
        self.loss_metric.update_state(loss)
        self.reg_loss_metric.update_state(reg_loss)
        self.cdiv_loss_metric.update_state(cdiv_loss)
        self.real_out_metric.update_state(tf.reduce_mean(real_out, axis = 0))
        self.fake_out_metric.update_state(tf.reduce_mean(fake_out, axis = 0))
        return {m.name: m.result() for m in self.metrics}

    def test_step(self, real_imgs): ❼
        batch_size = real_imgs.shape[0]
        fake_imgs = tf.random.uniform((batch_size, 32, 32, 1)) * 2 - 1
        inp_imgs = tf.concat([real_imgs, fake_imgs], axis=0)
        real_out, fake_out = tf.split(self.model(inp_imgs), 2, axis=0)
        cdiv = tf.reduce_mean(fake_out, axis = 0) - tf.reduce_mean(
            real_out, axis = 0
        )
        self.cdiv_loss_metric.update_state(cdiv)
        self.real_out_metric.update_state(tf.reduce_mean(real_out, axis = 0))
        self.fake_out_metric.update_state(tf.reduce_mean(fake_out, axis = 0))
```

```
        return {m.name: m.result() for m in self.metrics[2:]}

ebm = EBM()
ebm.compile(optimizer=optimizers.Adam(learning_rate=0.0001), run_eagerly=True)
ebm.fit(x_train, epochs=60, validation_data = x_test,)
```

❶ 진짜 이미지에 작은 양의 랜덤한 잡음을 추가하여 모델이 훈련 세트에 과대적합되지 않도록 합니다.

❷ 가짜 이미지를 버퍼에서 샘플링합니다.

❸ 진짜 이미지와 가짜 이미지를 모델에 통과시켜 진짜 이미지에 대한 점수와 가짜 이미지에 대한 점수를 얻습니다.

❹ 대조 발산 손실은 진짜 샘플 점수와 가짜 샘플 점수 사이의 차이입니다.

❺ 점수가 너무 커지지 않도록 규제 손실을 더합니다.

❻ 역전파를 통해 신경망 가중치에 대한 손실 함수의 그레이디언트를 계산합니다.

❼ 검증 단계에서 test_step 메서드를 사용해 랜덤한 잡음과 훈련 세트 사이의 대조 발산을 계산합니다. 이를 모델이 잘 훈련되고 있는지 측정하는 데 사용할 수 있습니다(다음 절 참조).

7.2.5 에너지 기반 모델 분석

훈련 과정의 손실 곡선과 측정 지표는 [그림 7-6]과 같습니다.

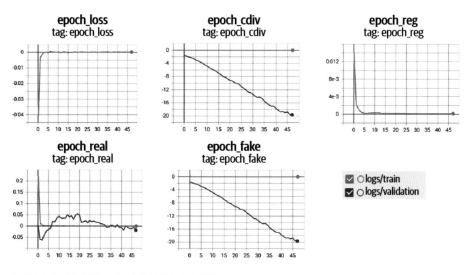

그림 7-6 EBM 훈련 과정의 손실 곡선과 측정 지표

먼저, 훈련 스텝에서 계산된 손실이 여러 에폭에 걸쳐 거의 일정하고 변화가 작습니다. 모델 성능이 지속해서 향상되는 동안 훈련 세트의 실제 이미지와 비교할 버퍼에 있는 생성된 이미지의 품질도 개선되므로 훈련 손실이 크게 떨어질 것으로 예상해서는 안 됩니다.

따라서 버퍼에서 샘플을 추출하지 않고 랜덤한 잡음으로 만든 샘플의 점수를 훈련 세트의 샘플 점수와 비교하는 검증 과정을 만들어서 모델 성능을 판단했습니다. 모델 성능이 향상되고 있다면 [그림 7-6]에서처럼 대조 발산이 시간이 지남에 따라 감소하는 모습을 볼 수 있습니다(즉, 실제 이미지와 랜덤한 잡음을 구별하는 능력이 향상되고 있습니다).

[예제 7-7]처럼 EBM에서 새로운 샘플을 생성하려면 랑주뱅 샘플링을 시작 상태(랜덤한 잡음)에서 여러 스텝에 걸쳐 실행합니다. 입력에 대한 점수 함수의 그레이디언트를 따라 샘플이 강제로 아래쪽으로 이동하게 되므로 잡음이 사라지고 그럴듯한 샘플이 등장합니다.

예제 7-7 EBM을 사용해 새로운 샘플 생성하기

```
start_imgs = np.random.uniform(size = (10, 32, 32, 1)) * 2 - 1
gen_img = generate_samples(
    ebm.model,
    start_imgs,
    steps=1000,
    step_size=10,
    noise = 0.005,
    return_img_per_step=True,
)
```

50번의 에폭 동안 훈련한 후 샘플링으로 생성한 몇 개의 샘플이 [그림 7-7]에 있습니다.

그림 7-7 EBM 모델을 사용해 랑주뱅 샘플링으로 생성한 샘플

랑주뱅 샘플링 과정 중에 현재 샘플의 스냅숏을 찍어 개별 샘플이 어떻게 생성되는지 확인할 수도 있습니다(그림 7-8).

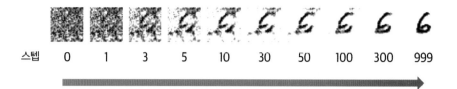

그림 7-8 랑주뱅 샘플링 과정의 각기 다른 스텝에서 찍은 한 샘플의 스냅숏

7.2.6 기타 에너지 기반 모델

이전 예제에서는 랑주뱅 동역학 샘플링과 함께 대조 발산을 사용하여 훈련된 심층 EBM을 사용했습니다. 그러나 초기 EBM 모델은 랑주뱅 샘플링을 사용하지 않고 다른 기술과 구조에 의존했습니다.

EBM의 초기 사례 중 하나는 **볼츠만 머신**Boltzmann machine입니다.[8] 볼츠만 머신은 완전 연결된 비유향undirected 신경망으로, 가시 유닛visible unit (v)과 은닉 유닛hidden unit (h)으로 구성됩니다. 주어진 신경망 구성의 에너지는 다음과 같이 정의됩니다.

$$E_\theta(v, h) = -\frac{1}{2}(v^T L v + h^T J h + v^T W h)$$

여기서 W, L, J는 모델에 의해 학습되는 가중치 행렬입니다. 훈련은 대조 발산을 통해 이루어지지만, 균형점을 찾을 때까지 가시 유닛과 은닉 유닛 사이를 번갈아가며 깁스 샘플링Gibbs sampling을 수행합니다. 실제로는 훈련 속도가 매우 느리고 은닉 유닛의 개수를 크게 늘릴 수 없습니다.

> **TIP_** 깁스 샘플링에 관한 간단한 예제는 제시카 스트링햄Jessica Stringham의 블로그 게시물 'Gibbs Sampling in Python'(https://oreil.ly/tXmOq)을 참조하세요.

이 모델을 확장한 **제한된 볼츠만 머신**restricted Boltzmann machine(RBM)은 같은 종류의 유닛 사이에 있는 연결을 제거하여 두 개 층으로 구성된 이분 그래프bipartite graph를 생성합니다. 이를 통해 RBM을 쌓아 더 복잡한 분포를 모델링하는 **심층 신뢰 신경망**deep belief network을 만들 수 있습니다. 그러

---

8 David H. Ackley et al., "A Learning Algorithm for Boltzmann Machines," 1985, Cognitive Science 9(1), 147–165.

나 믹싱 타임[mixing time9]이 긴 깁스 샘플링이 여전히 필요하기 때문에 RBM으로 고차원 데이터를 모델링하기는 여전히 현실적으로 어렵습니다.

2000년대 후반에 이르러서야 EBM에 더 고차원적인 데이터셋을 모델링할 수 있는 잠재력이 있다는 사실이 밝혀지고 심층 EBM을 구축하기 위한 프레임워크가 확립되었습니다.[10] 랑주뱅 동역학은 EBM에 선호되는 샘플링 방법이 되었고, 이후 **점수 매칭**[score matching]이란 훈련 기법으로 발전했습니다. 이는 **잡음 제거 확산 확률 모델**[Denoising Diffusion Probabilistic Model]이라는 모델로 발전하여 DALL · E 2 및 Imagen과 같은 최첨단 생성 모델을 구현할 수 있었습니다. 확산 모델은 8장에서 더 자세히 살펴보겠습니다.

7.3 요약

에너지 기반 모델은 에너지 점수 함수를 사용하는 생성 모델의 한 종류입니다. 이 함수는 실제 샘플에는 낮은 점수를, 생성된 샘플에는 높은 점수를 출력하도록 훈련된 신경망입니다. 이 점수 함수에 의해 주어진 확률분포를 계산하려면 까다로운 정규화 분모를 구해야 합니다. EBM은 신경망 훈련을 위한 대조 발산과 새로운 샘플 생성을 위한 랑주뱅 동역학이라는 두 가지 기법을 활용하여 이 문제를 피합니다.

에너지 함수는 생성된 샘플 점수와 훈련 데이터 점수의 차를 최소화함으로써 훈련됩니다. 이 기법을 대조 발산이라고 합니다. 이는 최대 가능도 추정에서 요구하는 음의 로그 가능도를 최소화하는 것과 같다고 볼 수 있지만, 까다로운 정규화 분모를 계산할 필요가 없습니다. 실제로는 알고리즘의 효율성을 유지하려고 가짜 샘플에 대한 샘플링 과정을 근사화합니다.

심층 EBM의 샘플링은 랑주뱅 동역학을 통해 이루어집니다. 이 기법은 입력 이미지에 대한 점수의 그레이디언트를 사용하여 그레이디언트가 감소하는 방향으로 조금씩 입력을 업데이트함으로써 랜덤한 잡음을 그럴듯한 샘플로 점진적으로 변환합니다. 이는 제한된 볼츠만 머신에서 사용하는 깁스 샘플링과 같은 방법을 개선한 것입니다.

9　옮긴이_ 믹싱 타임은 깁스 샘플링을 통해 목표 상태에 도달하는 데 걸리는 시간을 말합니다.

10　Yann Lecun et al., "A Tutorial on Energy-Based Learning," 2006, https://www.researchgate.net/publication/200 744586_A_tutorial_on_energy-based_learning.

CHAPTER 8

확산 모델

이 장의 목표

- 확산 모델의 기본 원리와 구성 요소를 배웁니다.
- 정방향 과정을 사용해 훈련 세트의 이미지에 잡음을 추가하는 방법을 알아봅니다.
- 재매개변수화 트릭을 이해하고 왜 중요한지 알아봅니다.
- 정방향 확산 스케줄링의 다른 형태를 살펴봅니다.
- 역방향 확산 과정을 이해하고 정방향 잡음 추가 과정과 어떤 관련이 있는지 살펴봅니다.
- 역방향 확산 과정에 사용할 U-Net 구조를 살펴봅니다.
- 꽃 이미지를 생성하기 위해 케라스로 잡음 제거 확산 모델(DDM)을 만듭니다.
- 모델에서 새로운 꽃 이미지를 샘플링합니다.
- 확산 단계 횟수가 이미지 품질에 미치는 영향을 탐색하고 잠재 공간에서 두 이미지 사이를 보간합니다.

확산 모델은 GAN과 함께 지난 10년 동안 등장한 이미지 생성 방법 중에서 영향력이 큰 생성 모델링 기법입니다. 확산 모델은 여러 벤치마크에서 기존의 최신 GAN보다 성능이 뛰어나며, 특히 시각 분야에서 생성 모델링 기술자들이 가장 많이 선택하는 기법으로 빠르게 자리 잡고 있습니다(예: 텍스트 투 이미지 생성을 위한 오픈AI의 DALL·E 2 및 구글의 Imagen). 최근에는 확산 모델을 광범위한 작업에 활발하게 적용합니다. 이는 2017~2020년 사이에 일어났던 GAN 유행을 떠올리게 합니다.

확산 모델을 뒷받침하는 많은 핵심 아이디어는 이 책에서 이미 살펴본 초기 유형의 생성 모델 (예: 잡음 제거 오토인코더, 에너지 기반 모델)과 비슷한 점이 있습니다. 실제로 **확산**diffusion은 널리 연구된 열역학의 확산에서 영감을 얻은 이름입니다. 2015년에 이 순수 물리 분야와 딥러닝 사이에 중요한 연결 고리가 만들어졌습니다.[1]

---

1 Jascha Sohl-Dickstein et al., "Deep Unsupervised Learning Using Nonequilibrium Thermodynamics," March 12, 2015, https://arxiv.org/abs/1503.03585.

대조 발산을 사용하는 대신 (점수 함수[score function]라고도 하는) 로그 분포의 그레이디언트를 직접 추정하여 모델을 학습시키는 에너지 기반 모델링의 한 분야인 점수 기반 생성 모델[score-based generative model]에서도 중요한 진전이 이루어지고 있었습니다.[2-3] 특히, 양 송[Yang Song]과 스테파노 에르먼[Stefano Ermon]은 원시 데이터에 여러 스케일의 잡음을 적용하여 **잡음 조건부 점수 네트워크**[noise conditional score network](NCSN)라는 모델이 데이터 밀도가 낮은 영역에서도 잘 작동하는지 확인했습니다.

2020년 여름에는 획기적인 확산 모델 논문이 발표되었습니다.[4] 이 논문은 이전 연구들을 바탕으로 확산 모델과 점수 기반 생성 모델 사이의 깊은 연관성을 밝혀냈으며, 저자들은 이 사실을 이용해 여러 데이터셋에서 GAN에 필적할 수 있는 확산 모델인 **잡음 제거 확산 확률 모델**[Denoising Diffusion Probabilistic Model](DDPM)을 훈련시켰습니다.

이 장에서는 잡음 제거 확산 모델의 작동 방식을 이해하기 위한 이론을 살펴봅니다. 그런 다음 케라스를 사용해 잡음 제거 확산 모델을 구축해보겠습니다.

8.1 소개

확산 모델을 뒷받침하는 핵심 아이디어를 설명하는 데 도움이 되는 짧은 이야기부터 시작하겠습니다!

DiffuseTV

TV를 판매하는 전자 제품 매장이 있습니다. 하지만 이 매장은 과거에 방문했던 매장과는 확연히 다릅니다. 다양한 브랜드의 제품 대신 수백 대의 동일한 TV가 순차적으로 연결되어 매장 안쪽까지 길게 늘어져 있습니다. 게다가 처음 몇 대의 TV는 화면에 랜덤한 잡음만 나오는 것처럼 보입니다(그림 8-1).

가게 주인이 와서 도움이 필요하냐고 묻습니다. 이런 이상한 설정에 관해 주인에게 물어봅니다.

---

2 Yang Song and Stefano Ermon, "Generative Modeling by Estimating Gradients of the Data Distribution," July 12, 2019, https://arxiv.org/abs/1907.05600.

3 Yang Song and Stefano Ermon, "Improved Techniques for Training Score-Based Generative Models," June 16, 2020, https://arxiv.org/abs/2006.09011.

4 Jonathon Ho et al., "Denoising Diffusion Probabilistic Models," June 19, 2020, https://arxiv.org/abs/2006.11239.

주인은 이것이 엔터테인먼트 산업에 혁명을 일으킬 새로운 DiffuseTV 모델이라고 소개하고 즉시 작동 원리를 설명하면서 매장 안쪽으로 나열된 TV를 따라 이동합니다.

그림 8-1 매장 통로를 따라 길게 연결된 TV(미드저니로 생성함)

제조 과정에서 DiffuseTV는 이전 TV 프로그램의 수천 개의 이미지에 노출됩니다. 하지만 각 이미지가 랜덤한 잡음으로 점진적으로 손상되어 순수한 랜덤한 잡음과 구분할 수 없게 됩니다. 그런 다음 잡음이 추가되기 전에 이미지를 예측하기 위해 TV는 랜덤한 잡음을 조금씩 제거하도록 설계됩니다. 매장 안으로 더 들어가면 각 TV의 이미지가 실제로 이전보다 약간 더 선명해지는 모습을 볼 수 있습니다.

결국 긴 TV 줄의 끝에 다다르면 마지막 TV에서 완벽한 영상을 볼 수 있습니다. 이는 확실히 영리한 기술이지만, 시청자에게 어떻게 유용한지 궁금합니다. 가게 주인이 설명을 계속합니다.

시청자는 시청할 채널을 선택하는 대신 랜덤한 초기 구성을 선택합니다. 각 구성은 다른 출력 이미지로 이어지며 일부 모델에서는 사용자가 입력한 텍스트 프롬프트로 제어할 수도 있습니다. 시청할 수 있는 채널 범위가 제한된 일반 TV와 달리, DiffuseTV는 시청자가 화면에 표시하고 싶은 것을 무제한으로 선택하고 자유롭게 생성할 수 있습니다!

매장에 길게 늘어선 TV는 데모용일 뿐이므로 새 기기를 보관하려고 창고를 구입할 필요가 없다는 말에 안심하며 DiffuseTV를 바로 구매합니다!

DiffuseTV 이야기는 확산 모델 이면에 있는 일반적인 아이디어를 설명합니다. 이제 케라스를 사용하여 이런 모델을 어떻게 만드는지 살펴보겠습니다.

8.2 잡음 제거 확산 모델

잡음 제거 확산 모델의 핵심 아이디어는 간단합니다. 연속해서 매우 조금씩 이미지에서 잡음을 제거하도록 딥러닝 모델을 훈련시키는 것입니다. 완전히 랜덤한 잡음에서 시작한다면 이론적으로는 훈련 세트에서 가져온 것처럼 보이는 이미지를 얻을 때까지 모델을 계속 적용할 수 있어야 합니다. 놀랍게도 이 간단한 개념은 실제로 매우 잘 작동합니다!

먼저 데이터셋을 준비한 다음 정방향(잡음 추가)과 역방향(잡음 제거) 확산 과정을 알아보겠습니다.

> **NOTE_ 예제 코드 실행하기**
> 이 예제 코드는 책 저장소에 있는 주피터 노트북 notebooks/08_diffusion/01_ddm/ddm.ipynb에 있습니다.
> 이 코드는 케라스 웹사이트에 있는 언드라시 베레스András Béres가 만든 잡음 제거 확산 암묵 모델denoising diffusion implicit model 튜토리얼(https://oreil.ly/srPCe)을 참고했습니다.

8.2.1 플라워 데이터셋

캐글에 있는 옥스포드 102 플라워 데이터셋Oxford 102 Flower dataset(https://oreil.ly/HfrKV)을 사용하겠습니다. 이 데이터셋은 다양한 종류의 컬러 꽃 이미지 8,000개로 구성됩니다.

[예제 8-1]과 같이 책 저장소에 있는 캐글 데이터셋 다운로드 스크립트를 실행하여 이 데이터 셋을 다운로드할 수 있습니다.[5] 이렇게 하면 /data 폴더에 이미지가 저장됩니다.

---

5 옮긴이_ 이 스크립트는 도커를 사용합니다. 코랩에서 옥스포드 102 플라워 데이터셋을 다운로드받는 방법은 주피터 노트북을 참고하세요.

예제 8-1 옥스포드 102 플라워 데이터셋 다운로드하기

```
bash scripts/downloaders/download_kaggle_data.sh nunenuh pytorch-challange-flower-
dataset
```

이전처럼 케라스 `image_dataset_from_directory` 함수를 사용해 이미지를 로드하고, 64×
64픽셀로 크기를 조정하고, 픽셀 값의 범위를 [0, 1]로 만듭니다. 그다음 데이터셋을 다섯 번
반복해서 에폭 길이를 늘이고 [예제 8-2]처럼 64개 이미지를 하나의 배치로 구성합니다.

예제 8-2 옥스포드 102 플라워 데이터셋 로드하기

```
train_data = utils.image_dataset_from_directory(
    "/app/data/pytorch-challange-flower-dataset/dataset",
    labels=None,
    image_size=(64, 64),
    batch_size=None,
    shuffle=True,
    seed=42,
    interpolation="bilinear",
) ❶

def preprocess(img):
    img = tf.cast(img, "float32") / 255.0
    return img

train = train_data.map(lambda x: preprocess(x)) ❷
train = train.repeat(5) ❸
train = train.batch(64, drop_remainder=True) ❹
```

❶ 케라스의 `image_dataset_from_directory` 함수를 사용해 (훈련 중 필요할 때) 데이터
셋을 로드합니다.

❷ 픽셀 값의 범위를 [0, 1]로 조정합니다.

❸ 데이터셋을 다섯 번 반복합니다.

❹ 64개 이미지로 배치를 구성합니다.

데이터셋에 있는 샘플 이미지는 [그림 8-2]와 같습니다.

그림 8-2 옥스포드 102 플라워 데이터셋에 있는 샘플 이미지

데이터셋을 준비했으므로 정방향 확산 프로세스를 사용하여 이미지에 잡음을 추가하는 방법을 살펴보겠습니다.

8.2.2 정방향 확산 과정

이미지 x_0를 많은 단계(예: $T=1,000$)에 걸쳐 점진적으로 손상시켜 결국 표준 가우스 잡음과 구별할 수 없도록 만든다고 가정해보죠(즉, x_T의 평균이 0이고 단위 분산이어야 합니다). 이 렇게 하려면 어떻게 해야 할까요?

이미지 x_{t-1}에 분산 β_t를 갖는 소량의 가우스 잡음을 추가하여 새로운 이미지 x_t를 생성하는 함수 q를 정의할 수 있습니다. 이 함수를 계속 적용하면 [그림 8-3]과 같이 점진적으로 잡음이 커지는 이미지 시퀀스$(x_0, ..., x_T)$를 생성할 수 있습니다.

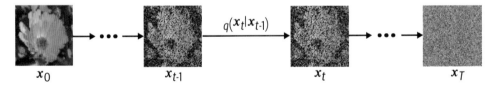

그림 8-3 정방향 확산 과정 q

이 업데이트 과정을 수학적으로 다음과 같이 쓸 수 있습니다(여기서 ε_{t-1}은 평균이 0이고 단위 분산을 갖는 표준 가우스 분포입니다).

$$\mathbf{x}_t = \sqrt{1 - \beta_t}\mathbf{x}_{t-1} + \sqrt{\beta_t}\epsilon_{t-1}$$

입력 이미지 $\mathbf{x}_{t-1}$의 스케일도 조정하여 출력 이미지 $\mathbf{x}_t$의 분산을 일정하게 만듭니다. 이런 식으로 원본 이미지 $\mathbf{x}_0$를 평균이 0이고 단위 분산을 갖도록 정규화하면 T가 클 때 $\mathbf{x}_T$는 표준 가우스 분포에 가까울 것입니다. 이는 다음과 같이 유도할 수 있습니다.

$\mathbf{x}_{t-1}$의 평균이 0이고 단위 분산을 갖는다면 $Var(aX) = a^2 Var(X)$ 공식을 따라 $\sqrt{1 - \beta_t}\mathbf{x}_{t-1}$의 분산은 $1 - \beta_t$이고 $\sqrt{\beta_t}\epsilon_{t-1}$의 분산은 β_t입니다. 이 둘을 합치면 평균이 0이고 분산이 $1 - \beta_t + \beta_t = 1$인 새로운 분포 $\mathbf{x}_t$를 얻습니다. 독립적인 X와 Y에 대해 $Var(X + Y) = Var(X) + Var(Y)$이기 때문입니다. 따라서 $\mathbf{x}_0$가 평균이 0이고 단위 분산이 되도록 정규화된다면 최종 이미지 $\mathbf{x}_T$를 포함해 모든 $\mathbf{x}_t$도 표준 가우스 분포에 가깝다는 것이 보장됩니다. 우리가 원하는 것이 바로 이것입니다. 간단히 $\mathbf{x}_T$를 샘플링하고 훈련된 신경망을 사용해 역방향 확산 과정을 적용할 수 있어야 하기 때문입니다.

다른 말로 하면 정방향 잡음 추가 과정 q를 다음과 같이 쓸 수도 있습니다.

$$q(\mathbf{x}_t \mid \mathbf{x}_{t-1}) = \mathcal{N}(\mathbf{x}_t; \sqrt{1 - \beta_t}\mathbf{x}_{t-1}, \beta_t \boldsymbol{I})$$

8.2.3 재매개변수화 트릭

q를 t번 적용하지 않고 이미지 $\mathbf{x}_0$에서 잡음이 있는 버전 $\mathbf{x}_t$로 바로 건너뛸 수 있다면 유용하겠죠. 다행히 재매개변수화 트릭을 사용해 이렇게 할 수 있습니다.

$\alpha_t = 1 - \beta_t$이고 $\overline{\alpha}_t = \prod_{i=1}^{t}\alpha_i$라고 정의하면 다음과 같이 쓸 수 있습니다.

$$\begin{aligned}
\mathbf{x}_t &= \sqrt{\alpha_t}\mathbf{x}_{t-1} + \sqrt{1 - \alpha_t}\epsilon_{t-1} \\
&= \sqrt{\alpha_t \alpha_{t-1}}\mathbf{x}_{t-2} + \sqrt{1 - \alpha_t \alpha_{t-1}}\epsilon \\
&= \cdots \\
&= \sqrt{\overline{\alpha}_t}\mathbf{x}_0 + \sqrt{1 - \overline{\alpha}_t}\epsilon
\end{aligned}$$

두 번째 줄은 두 개의 가우스 분포를 더하여 새로운 가우스 분포 하나를 얻을 수 있다는 사실을 이용합니다.[6] 따라서 원본 이미지 $\mathbf{x}_0$에서 정방향 확산 과정의 어느 단계로든 건너뛸 수 있는 방법이 생겼습니다. 또한 원래 β_t 대신 $\overline{\alpha}_t$ 값을 사용하여 확산 스케줄을 정의할 수 있습니다. $\overline{\alpha}_t$는 신호(원본 이미지 $\mathbf{x}_0$)로 인한 분산이고 $1 - \overline{\alpha}_t$는 잡음(ϵ)으로 인한 분산입니다.

따라서 정방향 확산 과정 q는 다음과 같이 쓸 수 있습니다.

$$q(\mathbf{x}_t|\mathbf{x}_0) = \mathcal{N}(\mathbf{x}_t; \sqrt{\overline{\alpha}_t}\mathbf{x}_0, (1 - \overline{\alpha}_t)I)$$

8.2.4 확산 스케줄

또한 각 타임 스텝마다 다른 β_t를 자유롭게 선택할 수 있습니다. 즉, 모두 동일할 필요는 없습니다. β_t (또는 $\overline{\alpha}_t$)값이 t에 따라 변하는 방식을 **확산 스케줄**diffusion schedule이라고 합니다.

원래 논문(Ho et al., 2020)에서 저자들은 β_t에 대해 **선형 확산 스케줄**linear diffusion schedule을 선택했습니다. 즉, β_t가 $\beta_1 = 0.0001$에서 $\beta_T = 0.02$까지 선형적으로 증가합니다. 이렇게 하면 잡음 추가 과정의 초기 단계에서 (이미 이미지에 잡음이 많은) 후기 단계보다 잡음이 적게 추가됩니다.

선형 확산 스케줄의 구현은 [예제 8-3]과 같습니다.

예제 8-3 선형 확산 스케줄

```
def linear_diffusion_schedule(diffusion_times):
    min_rate = 0.0001
    max_rate = 0.02
    betas = min_rate + tf.convert_to_tensor(diffusion_times) * (max_rate - min_rate)
    alphas = 1 - betas
    alpha_bars = tf.math.cumprod(alphas)
    signal_rates = alpha_bars
    noise_rates = 1 - alpha_bars
    return noise_rates, signal_rates
```

---

6 옮긴이_ 정규 분포의 가법성에 따라 독립인 두 확률 변수 $X \sim \mathcal{N}(\mu_x, \sigma^2_x)$, $Y \sim \mathcal{N}(\mu_y, \sigma^2_y)$를 더하면 $Z \sim \mathcal{N}(\mu_x + \mu_y, \sigma^2_x + \sigma^2_y)$가 됩니다. 따라서 첫 번째 줄의 $\mathbf{x}_{t-1}$을 $\mathbf{x}_{t-2}$에 대한 식으로 바꾸면 다음과 같습니다.
$$\mathbf{x}_t = \sqrt{\alpha_t}\mathbf{x}_{t-1} + \sqrt{1 - \alpha_t}\varepsilon_{t-1} = \sqrt{\alpha_t}(\sqrt{\alpha_{t-1}}\mathbf{x}_{t-2} + \sqrt{1 - \alpha_{t-1}}\varepsilon_{t-2}) + \sqrt{1 - \alpha_t}\varepsilon_{t-1}$$
$$= \sqrt{\alpha_t\alpha_{t-1}}\mathbf{x}_{t-2} + \sqrt{\alpha_t(1 - \alpha_{t-1}) + 1 - \alpha_t}\varepsilon = \sqrt{\alpha_t\alpha_{t-1}}\mathbf{x}_{t-2} + \sqrt{1 - \alpha_t\alpha_{t-1}}\varepsilon$$

```
T = 1000
diffusion_times = [x/T for x in range(T)] ❶
linear_noise_rates, linear_signal_rates = linear_diffusion_schedule(
    diffusion_times
) ❷
```

❶ 확산 시간은 0과 1 사이에서 동일한 간격으로 나눈 값입니다.

❷ 선형 확산 스케줄을 확산 시간에 적용하여 잡음과 신호 비율을 계산합니다.

이후 논문에서 **코사인 확산 스케줄**cosine diffusion schedule이 원래 논문의 선형 스케줄보다 성능이 우수하다는 사실이 밝혀졌습니다.[7] 코사인 스케줄은 $\overline{\alpha}_t$를 다음과 같이 정의합니다.

$$\overline{\alpha}_t = \cos^2(\frac{t}{T} \cdot \frac{\pi}{2})$$

따라서 업데이트 공식은 다음과 같습니다(삼각 함수 항등식 $cos^2(x) + sin^2(x) = 1$을 사용합니다).

$$\mathbf{x}_t = \cos(\frac{t}{T} \cdot \frac{\pi}{2})\mathbf{x}_0 + \sin(\frac{t}{T} \cdot \frac{\pi}{2})\epsilon$$

이 방정식은 논문에서 사용한 실제 코사인 확산 스케줄의 단순화 버전입니다. 또한 저자는 확산 과정 초기에 잡음 추가가 너무 적게 되지 않도록 오프셋 항과 스케일링을 추가했습니다. [예제 8-4]는 코사인 확산 스케줄과 오프셋 코사인 확산 스케줄을 구현한 코드입니다.

예제 8-4 코사인 확산 스케줄과 오프셋 코사인 확산 스케줄

```
def cosine_diffusion_schedule(diffusion_times): ❶
    signal_rates = tf.cos(diffusion_times * math.pi / 2)
    noise_rates = tf.sin(diffusion_times * math.pi / 2)
    return noise_rates, signal_rates

def offset_cosine_diffusion_schedule(diffusion_times): ❷
    min_signal_rate = 0.02
```

---

7 Alex Nichol and Prafulla Dhariwal, "Improved Denoising Diffusion Probabilistic Models," February 18, 2021, https://arxiv.org/abs/2102.09672.

```
max_signal_rate = 0.95
start_angle = tf.acos(max_signal_rate)
end_angle = tf.acos(min_signal_rate)

diffusion_angles = start_angle + diffusion_times * (end_angle - start_angle)

signal_rates = tf.cos(diffusion_angles)
noise_rates = tf.sin(diffusion_angles)

return noise_rates, signal_rates
```

❶ (오프셋과 스케일링이 없는) 순수한 코사인 확산 스케줄

❷ 오프셋 코사인 확산 스케줄은 잡음 추가 단계 초반에 잡음이 너무 작지 않도록 스케줄을 조정합니다.

각 t에 대한 $\overline{\alpha}_t$ 값을 계산하여 [그림 8-4]와 같이 선형, 코사인 및 오프셋 코사인 확산 스케줄에 대해서 잡음 추가 과정의 각 단계에서 얼마나 많은 신호($\overline{\alpha}_t$)와 잡음($1 - \overline{\alpha}_t$)이 만들어지는지 확인할 수 있습니다.

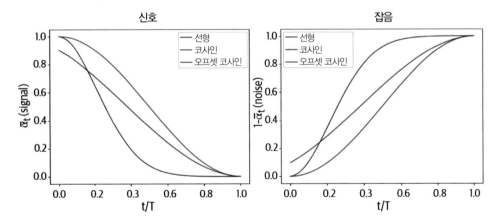

그림 8-4 선형, 코사인, 오프셋 코사인 확산 스케줄에 대한 잡음 추가 과정 각 단계의 신호와 잡음

코사인 확산 스케줄에서 잡음 레벨이 더 느리게 상승함을 확인할 수 있습니다. 코사인 확산 스케줄은 선형 확산 스케줄보다 이미지에 잡음을 더 점진적으로 추가하여 훈련 효율성과 생성 품질을 향상합니다. 이는 선형 및 코사인 스케줄로 만들어진 손상된 이미지에서도 볼 수 있습니다(그림 8-5).

그림 8-5 0에서 T까지 동일한 간격의 t 값에 대해서 선형(위) 및 코사인(아래) 확산 스케줄 때문에 잡음이 추가되는 이미지(출처: Ho et al., 2020)

8.2.5 역방향 확산 과정

이제 역방향 확산 과정을 살펴보겠습니다. 다시 정리하면 잡음 추가 과정을 되돌릴 수 있는 신경망 $p_\theta(\mathbf{x}_{t-1}|\mathbf{x}_t)$, 즉 $q(\mathbf{x}_t|\mathbf{x}_{t-1})$의 역방향 분포를 근사화하는 신경망을 구축하려고 합니다. 이렇게 할 수 있다면 $N(0, \mathbf{I})$에서 랜덤한 잡음을 샘플링한 다음 역방향 확산 과정을 여러 번 적용하여 새로운 이미지를 생성할 수 있습니다. 이를 [그림 8–6]에 나타냈습니다.

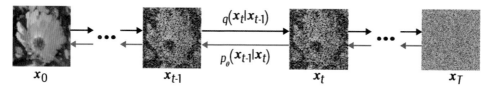

그림 8-6 정방향 확산 과정에서 생성된 잡음을 되돌리는 역방향 확산 과정 $p_\theta(\mathbf{x}_{t-1}|\mathbf{x}_t)$

역방향 확산 과정과 변이형 오토인코더의 디코더 사이에는 많은 유사점이 있습니다. 두 가지 모두 신경망을 사용하여 랜덤한 잡음을 의미 있는 출력으로 변환하는 것이 목표입니다. 확산 모델과 VAE의 차이점은 VAE에서는 정방향 과정(이미지를 잡음으로 변환)이 모델의 일부 (즉, 학습됩니다)이지만, 확산 모델에서는 이에 대한 파라미터가 없다는 점입니다.

따라서 변이형 오토인코더에서와 동일한 손실 함수를 적용하는 것이 합리적입니다. 원본 DDPM 논문에서는 이 손실 함수의 정확한 형태를 유도하고, 타임 스텝 t에서 이미지 $\mathbf{x}_0$에 추가되는 잡음 ϵ을 예측하는 신경망 ϵ_θ를 훈련하여 이를 최적화할 수 있음을 보여줍니다.

다시 말해 이미지 $\mathbf{x}_0$을 샘플링하고 t번의 잡음 단계에 걸쳐 변환하여 이미지 $\mathbf{x}_t = \sqrt{\bar{\alpha}_t}\mathbf{x}_0 + \sqrt{1 - \bar{\alpha}_t}\epsilon$를 얻습니다. 이 새로운 이미지와 잡음 비율 $\bar{\alpha}_t$를 신경망에 전달하여 ϵ을 예측하고 예측 $\epsilon_\theta(\mathbf{x}_t)$와 실제 ϵ 사이의 제곱 오차에 대한 경사 하강법 단계를 수행합니다.

다음 절에서 신경망의 구조를 살펴보겠습니다. 여기서 주목할 점은 확산 모델이 실제로 두 개의 신경망 복사본을 유지한다는 점입니다. 경사 하강법을 사용하여 훈련된 신경망과 이전 훈련 단계에서 훈련된 신경망 가중치의 지수 이동 평균exponential moving average(EMA)을 사용하는 또 다른 신경망(EMA 신경망)입니다. EMA 신경망은 훈련 과정에서 단기적인 변동과 등락에 영향을 받지 않으므로 능동적으로 훈련된 신경망보다 더 안정적으로 생성 작업을 수행합니다. 따라서 신경망으로 출력을 생성할 때 EMA 신경망을 사용합니다.

이 모델의 훈련 과정이 [그림 8-7]에 있습니다.

알고리즘 1 훈련

1: **repeat**
2: $\quad \mathbf{x}_0 \sim q(\mathbf{x}_0)$
3: $\quad t \sim \mathrm{Uniform}(\{1, \ldots, T\})$
4: $\quad \boldsymbol{\epsilon} \sim \mathcal{N}(\mathbf{0}, \mathbf{I})$
5: $\quad$ Take gradient descent step on
$$\nabla_\theta \left\| \boldsymbol{\epsilon} - \boldsymbol{\epsilon}_\theta(\sqrt{\bar{\alpha}_t}\mathbf{x}_0 + \sqrt{1 - \bar{\alpha}_t}\boldsymbol{\epsilon}, t) \right\|^2$$
6: **until** converged

그림 8-7 잡음 제거 확산 모델의 훈련 과정(출처: Ho et al., 2020)

케라스로 이 훈련 과정을 구현하면 [예제 8-5]와 같습니다.

예제 8-5 케라스 확산 모델의 train_step 함수

```
class DiffusionModel(models.Model):
    def __init__(self):
        super().__init__()
        self.normalizer = layers.Normalization()
        self.network = unet
        self.ema_network = models.clone_model(self.network)
        self.diffusion_schedule = offset_cosine_diffusion_schedule

    ...

    def denoise(self, noisy_images, noise_rates, signal_rates, training):
        if training:
            network = self.network
```

```python
        else:
            network = self.ema_network
        pred_noises = network(
            [noisy_images, noise_rates**2], training=training
        )
        pred_images = (noisy_images - noise_rates * pred_noises) / signal_rates

        return pred_noises, pred_images

    def train_step(self, images):
        images = self.normalizer(images, training=True) ❶
        noises = tf.random.normal(shape=tf.shape(images)) ❷
        batch_size = tf.shape(images)[0]
        diffusion_times = tf.random.uniform(
            shape=(batch_size, 1, 1, 1), minval=0.0, maxval=1.0
        ) ❸
        noise_rates, signal_rates = self.diffusion_schedule(
            diffusion_times
        ) ❹
        noisy_images = signal_rates * images + noise_rates * noises ❺
        with tf.GradientTape() as tape:
            pred_noises, pred_images = self.denoise(
                noisy_images, noise_rates, signal_rates, training=True
            ) ❻
            noise_loss = self.loss(noises, pred_noises) ❼
        gradients = tape.gradient(noise_loss, self.network.trainable_weights)
        self.optimizer.apply_gradients(
            zip(gradients, self.network.trainable_weights)
        ) ❽
        self.noise_loss_tracker.update_state(noise_loss)

        for weight, ema_weight in zip(
            self.network.weights, self.ema_network.weights
        ):
            ema_weight.assign(0.999 * ema_weight + (1 - 0.999) * weight) ❾

        return {m.name: m.result() for m in self.metrics}

    ...
```

---

❶ 먼저 이미지 배치를 평균이 0이고 단위 분산을 갖도록 정규화합니다.

❷ 그다음 입력 이미지 크기에 맞는 잡음을 샘플링합니다.

❸ 랜덤한 확산 시간도 샘플링합니다.

❹ 코사인 확산 스케줄에 따라 잡음과 신호 비율을 생성합니다.

❺ 그리고 신호와 잡음 가중치를 입력 이미지에 적용하여 잡음 이미지를 생성합니다.

❻ 그다음 noise_rates와 signal_rates를 사용해 신경망이 잡음을 예측하고 이를 사용해 잡음 이미지에서 잡음을 제거합니다.

❼ 예측 잡음과 진짜 잡음 사이의 손실(평균 절댓값 오차)을 계산합니다.

❽ 손실 함수에 대한 경사 하강법 단계를 수행합니다.

❾ 경사 하강법 단계 다음에 기존 EMA 가중치와 훈련된 신경망 가중치의 가중 평균을 사용해 EMA 신경망의 가중치를 업데이트합니다.

8.2.6 U-Net 잡음 제거 모델

이제 만들어야 하는 신경망의 종류(이미지에 추가된 잡음을 예측하는 신경망)를 확인했으니, 이에 사용할 구조를 살펴보겠습니다.

DDPM 논문의 저자는 U-Net이라는 구조를 사용했습니다. 이 신경망은 [그림 8-8]에 있으며, 신경망을 통과하는 텐서의 크기를 명시적으로 보여줍니다.

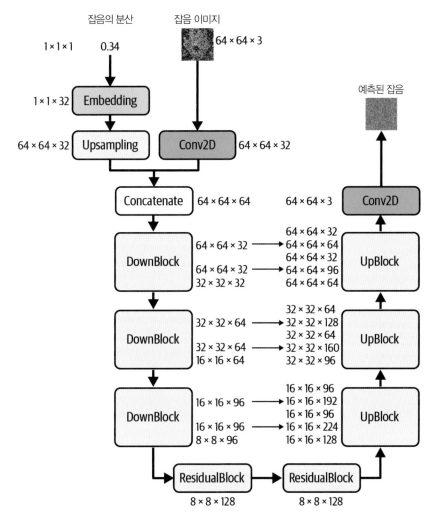

그림 8-8 U-Net 구조

변이형 오토인코더와 비슷하게 U-Net은 두 부분으로 구성됩니다. 다운샘플링은 입력 이미지를 공간적으로 압축하되 채널 방향으로는 확장합니다. 업샘플링은 채널 수를 줄이면서 표현을 공간적으로 확장합니다. 그러나 VAE와 달리 신경망의 업샘플링과 다운샘플링 부분에서 동일한 공간 크기를 가진 층 사이에 **스킵 연결**이 있습니다. VAE는 순차적이며 데이터가 입력에서 출력까지 한 층씩 차례로 신경망을 통과합니다. U-Net은 다릅니다. 스킵 연결을 통해 정보가 신경망의 일부를 건너뛰고 후속 층으로 흘러갈 수 있습니다.

출력이 입력과 크기가 같아야 할 때 특히 U-Net이 유용합니다. 확산 모델 예제에서는 이미지에 추가된 잡음을 이미지와 정확히 동일한 크기로 예측해야 하므로 자연스럽게 신경망 구조로 U-Net을 선택합니다.

먼저 [예제 8-6]처럼 케라스로 U-Net 구조를 만들어보죠.

예제 8-6 케라스로 만든 U-Net 모델

```
noisy_images = layers.Input(shape=(64, 64, 3)) ❶
x = layers.Conv2D(32, kernel_size=1)(noisy_images) ❷

noise_variances = layers.Input(shape=(1, 1, 1)) ❸
noise_embedding = layers.Lambda(sinusoidal_embedding)(noise_variances) ❹
noise_embedding = layers.UpSampling2D(size=64, interpolation="nearest")(
    noise_embedding
) ❺

x = layers.Concatenate()([x, noise_embedding]) ❻

skips = [] ❼

x = DownBlock(32, block_depth = 2)([x, skips]) ❽
x = DownBlock(64, block_depth = 2)([x, skips])
x = DownBlock(96, block_depth = 2)([x, skips])

x = ResidualBlock(128)(x) ❾
x = ResidualBlock(128)(x)

x = UpBlock(96, block_depth = 2)([x, skips]) ❿
x = UpBlock(64, block_depth = 2)([x, skips])
x = UpBlock(32, block_depth = 2)([x, skips])

x = layers.Conv2D(3, kernel_size=1, kernel_initializer="zeros")(x) ⓫

unet = models.Model([noisy_images, noise_variances], x, name="unet") ⓬
```

❶ U-Net의 첫 번째 입력은 잡음을 제거하려는 이미지입니다.

❷ 이 이미지는 **Conv2D** 층을 통과하면서 채널 수가 증가합니다.

❸ U-Net의 두 번째 입력은 잡음의 분산(스칼라)입니다.

❹ 이는 사인파 임베딩을 사용하여 인코딩됩니다.

❺ 이 임베딩은 입력 이미지의 크기에 맞도록 공간 차원에 대해서 복사됩니다.

❻ 두 입력은 채널 축을 따라 연결됩니다.

❼ `skips` 리스트에는 `UpBlock` 층에 연결할 `DownBlock` 층의 출력이 있습니다.

❽ 텐서는 이미지의 크기를 줄이면서 채널 수를 늘리는 일련의 `DownBlock` 층을 통과합니다.

❾ 그런 다음 텐서는 이미지 크기와 채널 수를 일정하게 유지시키는 두 개의 `ResidualBlock` 층을 통과합니다.

❿ 다음으로 텐서는 이미지의 크기를 늘리면서 채널 수를 줄이는 일련의 `UpBlock` 층을 통과합니다. 스킵 연결을 사용해 `DownBlock` 층의 출력을 통합합니다.

⓫ 마지막 `Conv2D` 층에서 채널 수를 3개(RGB)로 줄입니다.

⓬ 이 U-Net 모델은 잡음이 있는 이미지와 잡음의 분산을 입력으로 받아 예측된 잡음을 출력하는 케라스 모델입니다.

이 U-Net 모델을 자세히 이해하려면 잡음 분산의 사인파 임베딩, `ResidualBlock`, `DownBlock`, `UpBlock`이라는 네 가지 개념을 살펴봐야 합니다.

사인파 임베딩

사인파 임베딩sinusoidal embedding은 바스와니Vaswani 등의 논문에서 처음 소개되었습니다.[8] 여기서는 밀든홀Mildenhall 등이 쓴 「NeRF: Representing Scenes as Neural Radiance Fields for View Synthesis」 논문[9]에서처럼 원래 아이디어를 변형하여 사용할 것입니다.

이 아이디어는 신경망의 후속 층에서 사용할 수 있도록 스칼라 값(잡음의 분산)을 더 복잡한 표현이 가능한 고차원 벡터로 변환하는 것입니다. 원래 논문에서는 이 아이디어를 사용하여 문장에서 단어의 이산적인 위치를 벡터로 인코딩했지만, NeRF 논문에서는 이 아이디어를 연속적인 값으로 확장했습니다.

구체적으로 스칼라 값 x는 다음 방정식과 같이 인코딩됩니다.

$$\gamma(x) = (\sin(2\pi e^{0f} x), \cdots, \sin(2\pi e^{(L-1)f} x), \cos(2\pi e^{0f} x), \cdots, \cos(2\pi e^{(L-1)f} x))$$

8 Ashish Vaswani et al., "Attention Is All You Need," June 12, 2017, `https://arxiv.org/abs/1706.03762`.

9 Ben Mildenhall et al., "NeRF: Representing Scenes as Neural Radiance Fields for View Synthesis," March 1, 2020, `https://arxiv.org/abs/2003.08934`.

여기서 원하는 잡음 임베딩 길이의 절반이 되도록 $L = 16$으로 선택하고 주파수의 최대 스케일링 계수로 $f = \dfrac{\ln(1000)}{L-1}$ 을 선택합니다.

이는 [그림 8-9]와 같은 임베딩 패턴을 만듭니다.

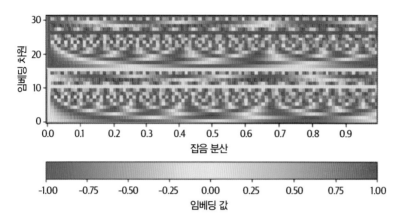

그림 8-9 0에서 1 사이의 잡음 분산에 대한 사인파 임베딩의 패턴

[예제 8-7]은 사인파 임베딩을 만드는 함수입니다. 이 함수는 하나의 잡음 분산에 대한 스칼라 값을 길이가 32인 벡터로 변환합니다.

예제 8-7 잡음 분산을 인코딩하는 sinusoidal_embedding 함수

```python
def sinusoidal_embedding(x):
    frequencies = tf.exp(
        tf.linspace(
            tf.math.log(1.0),
            tf.math.log(1000.0),
            16,
        )
    )
    angular_speeds = 2.0 * math.pi * frequencies
    embeddings = tf.concat(
        [tf.sin(angular_speeds * x), tf.cos(angular_speeds * x)], axis=3
    )
    return embeddings
```

ResidualBlock

DownBlock과 UpBlock 모두 ResidualBlock 층을 포함하므로 이것부터 살펴보겠습니다. 잔차 블록은 5장에서 PixelCNN을 만들 때 이미 살펴봤지만 완전히 이해할 수 있도록 여기서 다시 한번 정리하겠습니다.

잔차 블록은 입력을 출력에 더하는 스킵 연결을 포함하는 층 그룹입니다. 잔차 블록은 그레이디언트 소실과 성능 저하 문제를 크게 겪지 않고 복잡한 패턴을 학습하는 심층 신경망을 만드는데 도움이 됩니다. 그레이디언트 소실 문제는 신경망이 깊어질수록 더 깊은 층을 통해 전파되는 그레이디언트가 작아져 학습 속도가 매우 느려지는 현상입니다. 성능 저하 문제는 신경망이 깊어질수록 얕은 신경망만큼 정확하지 않다는 것입니다. 정확도가 특정 깊이에서 포화 상태에 도달한 후 빠르게 감소합니다.

> **NOTE_ 성능 저하**
>
> 성능 저하 문제는 다소 직관적이지 않지만 심층 신경망에서 깊은 위치에 있는 층은 최소한 항등 매핑[identity mapping]을 학습해야 합니다. 그러나 항등 매핑은 (특히 그레이디언트 소실 문제와 같이 심층 신경망이 직면하는 다른 문제를 생각하면) 쉽지 않기 때문에 실제로 성능 저하 문제가 관찰됩니다.

2015년에 허[He] 등이 ResNet 논문[10]에서 처음 소개한 이 솔루션은 매우 간단합니다. 주요 가중치 층 주변에 스킵 연결을 추가하여 해당 블록이 복잡한 가중치 업데이트를 우회해서 간단히 항등 매핑을 수행하도록 하는 옵션을 제공합니다. 이 덕분에 그레이디언트 크기나 모델의 정확도를 희생하지 않고도 매우 깊은 신경망을 훈련시킬 수 있습니다.

ResidualBlock 구조는 [그림 8-10]에 있습니다. 일부 잔차 블록에서는 블록의 출력과 채널 수를 일치시키려고 스킵 연결에 커널 크기가 1인 Conv2D 층을 추가로 포함합니다.

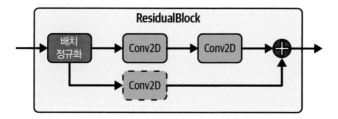

그림 8-10 U–Net의 ResidualBlock

---

10 Kaiming He et al., "Deep Residual Learning for Image Recognition," December 10, 2015, https://arxiv.org/abs/1512.03385.

[예제 8-8]은 케라스로 만든 ResidualBlock입니다.

예제 8-8 U-Net의 ResidualBlock

```
def ResidualBlock(width):
    def apply(x):
        input_width = x.shape[3]
        if input_width == width:  ❶
            residual = x
        else:
            residual = layers.Conv2D(width, kernel_size=1)(x)
        x = layers.BatchNormalization(center=False, scale=False)(x)  ❷
        x = layers.Conv2D(
            width, kernel_size=3, padding="same", activation=activations.swish
        )(x)  ❸
        x = layers.Conv2D(width, kernel_size=3, padding="same")(x)
        x = layers.Add()([x, residual])  ❹
        return x

    return apply
```

❶ 입력의 채널 수가 블록에서 출력할 채널 수와 일치하는지 확인합니다. 그렇지 않다면 스킵 연결에 Conv2D 층을 추가하여 채널 수를 일치시킵니다.

❷ BatchNormalization 층을 적용합니다.

❸ 두 개의 Conv2D 층을 적용합니다.

❹ 원래 블록 입력을 출력에 추가하여 블록의 최종 출력을 만듭니다.

DownBlock과 UpBlock

연속되는 각 DownBlock은 block_depth개(이 예제에서는 2개)의 ResidualBlock으로 채널 수를 늘립니다. 또한 이미지 크기를 절반으로 줄이려고 마지막에 AveragePooling2D 층을 적용합니다. 나중에 UpBlock 층이 U-Net을 가로지르는 스킵 연결로 사용할 수 있도록 각 ResidualBlock을 리스트에 추가합니다.

UpBlock은 먼저 이중 선형 보간bilinear interpolation을 통해 이미지 크기를 두 배로 늘리는 UpSampling2D 층을 적용합니다. 연속되는 각 UpBlock은 block_depth(=2)개의 Residual Block을 사용해 채널 수를 줄이면서 U-Net을 가로지르는 스킵 연결로 DownBlock의 출력을 연결합니다. 이 과정이 [그림 8-11]에 있습니다.

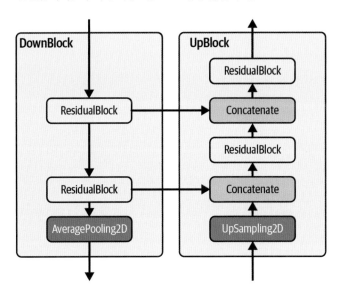

그림 8-11 U-Net의 DownBlock과 이에 상응하는 UpBlock

[예제 8-9]는 케라스로 만든 DownBlock과 UpBlock입니다.

예제 8-9 U-Net 모델의 DownBlock과 UpBlock

```
def DownBlock(width, block_depth):
    def apply(x):
        x, skips = x
        for _ in range(block_depth):
            x = ResidualBlock(width)(x) ❶
            skips.append(x) ❷
        x = layers.AveragePooling2D(pool_size=2)(x) ❸
        return x

    return apply

def UpBlock(width, block_depth):
    def apply(x):
        x, skips = x
        x = layers.UpSampling2D(size=2, interpolation="bilinear")(x) ❹
        for _ in range(block_depth):
            x = layers.Concatenate()([x, skips.pop()]) ❺
```

```
        x = ResidualBlock(width)(x) ❻
    return x

  return apply
```

❶ DownBlock은 주어진 너비의 ResidualBlock을 사용하여 이미지의 채널 수를 늘립니다.

❷ 각 ResidualBlock은 나중에 UpBlock에서 사용할 수 있도록 리스트(skips)에 저장됩니다.

❸ 마지막 AveragePooling2D 층은 이미지의 차원을 절반으로 줄입니다.

❹ UpBlock은 이미지 크기를 두 배로 늘리는 UpSampling2D 층으로 시작됩니다.

❺ DownBlock 층의 출력은 Concatenate 층을 사용하여 현재 출력에 연결됩니다.

❻ 이미지가 UpBlock을 통과할 때 ResidualBlock을 사용해 이미지의 채널 수를 줄입니다.

8.2.7 확산 모델 훈련

이제 잡음 제거 확산 모델을 훈련할 때 필요한 모든 요소가 준비되었습니다. [예제 8-10]에서 이 확산 모델을 만들고, 컴파일하고, 훈련합니다.

예제 8-10 DiffusionModel 훈련하기

```
model = DiffusionModel() ❶
model.compile(
    optimizer=optimizers.experimental.AdamW(learning_rate=1e-3, weight_decay=1e-4),
    loss=losses.mean_absolute_error,
) ❷

model.normalizer.adapt(train) ❸

model.fit(
    train,
    epochs=50,
) ❹
```

❶ 모델 객체를 생성합니다.

❷ AdamW 옵티마이저(Adam과 비슷하지만 안정적인 훈련에 도움이 되는 가중치 감쇠가 있습니다)와 평균 절댓값 오차 손실 함수를 사용해 모델을 컴파일합니다.

❸ 훈련 세트를 사용해 정규화를 위한 통계치를 계산합니다.

❹ 모델을 50번 에폭 동안 훈련합니다.

손실 곡선(잡음 과정의 평균 절댓값 오차)은 [그림 8-12]와 같습니다.

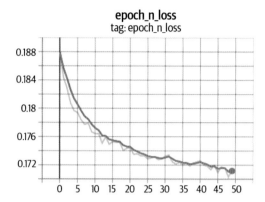

그림 8-12 에폭별 잡음 과정의 평균 절댓값 오차 손실 곡선

8.2.8 잡음 제거 확산 모델에서 샘플링하기

훈련된 모델에서 이미지를 샘플링하려면 역방향 확산 과정을 적용해야 합니다. 즉, 랜덤한 잡음에서 시작하여 꽃 그림이 남을 때까지 모델을 사용하여 잡음을 점진적으로 제거해야 합니다.

모델은 잡음 추가 과정의 마지막 타임 스텝에서 추가된 잡음뿐만 아니라 훈련 세트의 이미지에 추가된 잡음의 총량을 예측하도록 훈련됩니다. 하지만 잡음을 한 번에 모두 제거할 수는 없습니다. 완전한 랜덤한 잡음에서 한 번에 이미지를 예측하기는 불가능할 것입니다. 차라리 정방향 과정을 모방하여 예측된 잡음을 여러 단계에 걸쳐 점진적으로 제거하여 모델이 자신의 예측에 적응하도록 하는 것이 좋습니다.

이를 위해 두 단계를 거쳐 $\mathbf{x}_t$에서 $\mathbf{x}_{t-1}$로 이동할 수 있습니다. 먼저 모델의 잡음 예측을 사용하여 원본 이미지 $\mathbf{x}_0$에 대한 추정치를 계산한 다음, 예측된 잡음을 $t - 1$ 타임 스텝까지만 다시 적용하여 $\mathbf{x}_{t-1}$을 생성합니다. 이 아이디어가 [그림 8-13]에 있습니다.

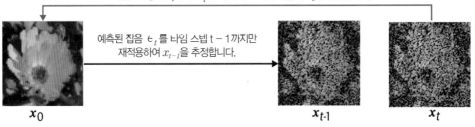

모델을 사용해 x_t에서 ϵ_t를 예측하고 이를 사용해 x_0를 추정합니다.

예측된 잡음 ϵ_t를 다음 스텝 $t-1$까지만 재적용하여 x_{t-1}을 추정합니다.

x_0 x_{t-1} x_t

그림 8-13 확산 모델을 사용한 샘플링 과정의 한 단계

이 과정을 여러 단계에 걸쳐 반복하면 조금씩 점진적으로 $\mathbf{x}_0$에 대한 추정치로 결국 돌아갈 수 있습니다. 실제로 단계 수는 자유롭게 선택할 수 있으며, 훈련할 때 잡음 추가 과정의 단계 수 (예: 1,000번)와 같을 필요는 없다는 점이 중요합니다. 이 예에서는 20번을 선택했습니다.

다음 식(Song et al., 2020)은 이 과정을 수학적으로 보여줍니다.

$$\mathbf{x}_{t-1} = \underbrace{\sqrt{\overline{\alpha}_{t-1}} \left(\frac{\mathbf{x}_t - \sqrt{1 - \overline{\alpha}_t}\, \epsilon_\theta^{(t)}(\mathbf{x}_t)}{\sqrt{\overline{\alpha}_t}} \right)}_{\text{예측된 } \mathbf{x}_0} + \underbrace{\sqrt{1 - \overline{\alpha}_{t-1} - \sigma_t^2} \cdot \epsilon_\theta^{(t)}(\mathbf{x}_t)}_{\mathbf{x}_1 \text{ 방향}} + \underbrace{\sigma_t \epsilon_t}_{\text{랜덤한 잡음}}$$

이 식을 자세히 살펴보죠. 이 식의 우변에 있는 첫 번째 괄호는 신경망 $\epsilon_\theta^{(t)}$에 의해 예측된 잡음으로 계산된 추정 이미지 $\mathbf{x}_0$입니다. 그다음 $t-1$ 신호 비율인 $\sqrt{\overline{\alpha}_{t-1}}$로 스케일을 조정하고 예측된 잡음을 다시 적용합니다. 하지만 이번에는 $t-1$ 잡음 비율인 $\sqrt{1 - \overline{\alpha}_{t-1} - \sigma_t^2}$로 스케일을 조정합니다. 추가적인 가우스 잡음 $\sigma_t \epsilon_t$도 더합니다. 계수 σ_t는 생성 과정이 얼마나 랜덤할지를 결정합니다.

모든 t에 대해 $\sigma_t = 0$인 특수한 경우는 2020년 송Song 등이 소개한 **잡음 제거 확산 암묵 모델**Denoising Diffusion Implicit Model(DDIM)에 해당합니다.[11] DDIM을 사용하면 생성 과정이 완전히 결정론적이기 때문에 랜덤한 잡음이 같으면 항상 동일한 출력을 만듭니다. 이는 잠재 공간의 샘플과 픽셀 공간에서 생성된 출력 사이에 잘 정의된 매핑이 있음을 나타냅니다.

이 예제에서는 DDIM을 구현하여 생성 과정을 결정론적으로 만들겠습니다. DDIM 샘플링 과정(역방향 확산)에 관한 코드는 [예제 8-11]에 있습니다.

---

11 Jiaming Song et al., "Denoising Diffusion Implicit Models," October 6, 2020, https://arxiv.org/abs/2010.02502.

```
class DiffusionModel(models.Model):

    ...

    def reverse_diffusion(self, initial_noise, diffusion_steps):
        num_images = initial_noise.shape[0]
        step_size = 1.0 / diffusion_steps
        current_images = initial_noise
        for step in range(diffusion_steps): ❶
            diffusion_times = tf.ones((num_images, 1, 1, 1)) - step * step_size ❷
            noise_rates, signal_rates = self.diffusion_schedule(diffusion_times) ❸
            pred_noises, pred_images = self.denoise(
                current_images, noise_rates, signal_rates, training=False
            ) ❹
            next_diffusion_times = diffusion_times - step_size ❺
            next_noise_rates, next_signal_rates = self.diffusion_schedule(
                next_diffusion_times
            ) ❻
            current_images = (
                next_signal_rates * pred_images + next_noise_rates * pred_noises
            ) ❼
        return pred_images ❽
```

❶ 고정된 단계(예: 20개)를 진행합니다.

❷ 확산 시간은 모두 1(즉, 역방향 확산 과정의 시작)로 설정됩니다.

❸ 확산 스케줄에 따라 잡음과 신호 비율을 계산합니다.

❹ U-Net을 사용해 잡음을 예측하고 잡음이 제거된 이미지를 추정합니다.

❺ 확산 시간을 한 단계 줄입니다.

❻ 새로운 잡음과 신호 비율을 계산합니다.

❼ 예측한 이미지에 $t-1$ 확산 스케줄 비율에 따라 잡음을 다시 적용하여 $t-1$ 이미지를 계산합니다.

❽ 20번의 단계를 진행한 후에 최종 예측 이미지 $\mathbf{x}_0$를 반환합니다.

8.2.9 확산 모델 분석

이제 학습된 모델을 세 가지 다른 방법으로 살펴보겠습니다. 새로운 이미지 생성, 역방향 확산 단계 횟수가 품질에 미치는 영향 테스트, 잠재 공간에서 두 이미지 사이의 보간입니다.

이미지 생성

훈련된 모델에서 역방향 확산 과정을 실행하고 마지막에 출력을 비정규화해서 샘플을 생성할 수 있습니다(즉, 픽셀 값을 다시 [0, 1] 범위로 바꿉니다). [예제 8-12]에 있는 `DiffusionModel` 클래스의 코드를 사용하여 이를 수행할 수 있습니다.

예제 8-12 확산 모델을 사용하여 이미지 생성하기

```
class DiffusionModel(models.Model):

...

    def denormalize(self, images):
        images = self.normalizer.mean + images * self.normalizer.variance**0.5  ❶
        return tf.clip_by_value(images, 0.0, 1.0)

    def generate(self, num_images, diffusion_steps):
        initial_noise = tf.random.normal(shape=(num_images, 64, 64, 3))  ❶
        generated_images = self.reverse_diffusion(initial_noise, diffusion_steps)  ❷
        generated_images = self.denormalize(generated_images)  ❸
        return generated_images
```

❶ 초기 잡음을 생성합니다.

❷ 역방향 확산 과정을 적용합니다.

❸ 신경망이 출력한 이미지는 평균이 0이고 단위 분산을 가집니다. 따라서 훈련 데이터에서 계산한 평균과 분산을 적용하여 비정규화합니다.

[그림 8-14]에서 훈련 과정의 각 에폭에서 확산 모델로부터 샘플링한 이미지를 볼 수 있습니다.

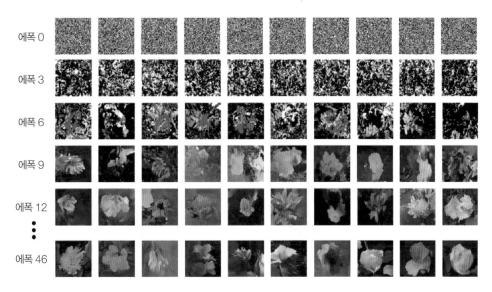

에폭 0

에폭 3

에폭 6

에폭 9

에폭 12

에폭 46

그림 8-14 훈련 과정의 각 에폭에서 확산 모델로부터 샘플링한 이미지

확산 단계 횟수 조정하기

또한 역방향 과정에서 확산 단계 횟수를 조정하면 이미지 품질에 어떤 영향을 미치는지 테스트할 수 있습니다. 직관적으로 이 과정에서 수행되는 단계가 많을수록 이미지 생성 품질이 높아집니다.

[그림 8-15]에서 확산 단계 횟수에 따라 생성된 이미지의 품질이 실제로 향상됨을 확인할 수 있습니다. 초기 샘플링된 잡음에서 한 번 크게 발전하여 모델이 흐릿한 색 덩어리 하나를 예측합니다. 더 많은 단계를 거치면 모델은 이미지를 개선하고 선명하게 만들 수 있습니다. 그러나 이미지를 생성하는 데 걸리는 시간은 확산 단계의 횟수에 따라 선형적으로 증가하므로 상충하는 부분이 있습니다. 20~100개의 확산 단계 사이에서는 향상되는 정도가 작으므로 이 예에서는 품질과 속도 간의 합리적인 절충안으로 20을 선택했습니다.

확산 단계

그림 8-15 확산 단계 횟수에 따라 향상되는 이미지 품질

이미지 보간

마지막으로 앞서 변이형 오토인코더에서 살펴보았듯이 가우스 잠재 공간에 있는 포인트 사이를 보간하여 픽셀 공간에서 이미지 사이를 부드럽게 전환할 수 있습니다. 여기서는 두 가우스 잡음을 섞으면서 분산을 일정하게 유지하는 구면 선형 보간spherical interpolation 방식을 사용했습니다. 구체적으로 각 단계의 초기 잡음은 $a \sin\left(\frac{\pi}{2}t\right) + b \cos\left(\frac{\pi}{2}t\right)$로 주어집니다. 여기서 t는 0에서 1 사이의 값이고 a와 b는 보간하려는 랜덤하게 샘플링된 두 개의 가우스 잡음 텐서입니다.

결과 이미지는 [그림 8-16]에 있습니다.

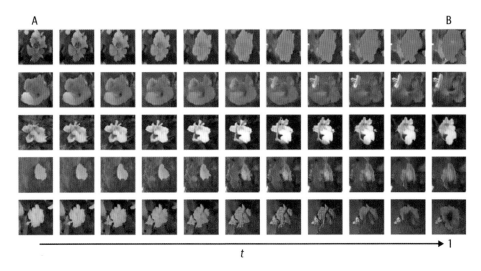

A   B

t 1

그림 8-16 잡음 제거 확산 모델을 사용해 이미지 사이를 보간하기

8.3 요약

이 장에서는 최근 생성 모델링에서 흥미롭고 유망한 분야인 확산 모델을 살펴봤습니다. 특히 생성 확산 모델에 관한 주요 논문으로 잡음 제거 확산 확률 모델(DDPM)을 소개한 논문(Ho et al., 2020)의 아이디어를 구현했습니다. 그런 다음 이를 확장하여 잡음 제거 확산 암묵 모델(DDIM) 논문의 아이디어로 생성 과정을 완전히 결정론적으로 만들었습니다.

확산 모델이 정방향 확산 과정과 역방향 확산 과정으로 어떻게 구성되는지 살펴봤습니다. 정방향 확산 과정은 일련의 작은 단계를 통해 훈련 데이터에 잡음을 추가하지만 역방향 확산 과정은 추가된 잡음을 예측하는 모델로 구성됩니다.

그다음 잡음을 추가하는 단계를 여러 번 거치지 않고도 재매개변수화 트릭을 사용하여 정방향 과정의 어느 단계에 해당하는 잡음 이미지라도 계산할 수 있습니다. 데이터에 잡음을 추가하는 데 사용하는 파라미터 선택 스케줄이 모델의 전반적인 성공에 얼마나 중요한 역할을 하는지 살펴봤습니다.

역방향 확산 과정은 잡음이 있는 이미지와 해당 단계의 잡음 비율이 주어지면 각 타임 스텝에서 잡음을 예측하는 U-Net으로 구현됩니다. U-Net은 이미지의 크기를 줄이면서 채널 수를 늘리는 DownBlock과 크기를 늘리면서 채널 수를 줄이는 UpBlock으로 구성됩니다. 잡음 비율은 사인파 임베딩을 사용하여 인코딩됩니다.

확산 모델에서 샘플링은 일련의 단계에 걸쳐 수행됩니다. U-Net을 사용해 주어진 잡음 이미지에 추가된 잡음을 예측합니다. 이 예측을 사용하여 원본 이미지에 대한 추정치를 계산합니다. 그런 다음 이전 단계의 잡음 비율을 사용하여 예측된 잡음을 다시 적용합니다. 이 과정이 표준 가우스 잡음 분포에서 샘플링된 임의의 포인트에서 시작하여 최종 생성 이미지를 얻을 때까지 일련의 단계(훈련 중에 사용된 단계 횟수보다 훨씬 작을 수 있음)에 걸쳐 반복됩니다.

역방향 과정에서 확산 단계의 횟수를 늘리면 속도가 느려지지만 이미지 생성 품질이 향상됨을 확인했습니다. 또한 두 이미지 사이를 보간하려고 잠재 공간 연산을 수행했습니다.

생성 모델링의 응용 분야

3부에서는 지금까지 살펴본 생성 모델링 기법의 주요 응용 분야를 이미지, 텍스트, 음악, 게임에 걸쳐 살펴봅니다. 또한 최첨단 멀티모달multimodal 모델을 사용해서 이러한 분야를 탐험하는 방법도 살펴보겠습니다.

9장에서는 현대적인 텍스트 생성 모델의 대부분을 차지하는 최첨단 구조인 트랜스포머를 알아보겠습니다. 특히 GPT의 내부 작동 방식을 살펴보고 케라스를 사용하여 직접 만들어보면서 챗GPT와 같은 도구의 기반을 어떻게 형성하는지 살펴보겠습니다.

10장에서는 ProGAN, StyleGAN, StyleGAN2, SAGAN, BigGAN, VQ-GAN, ViT VQ-GAN을 포함하여 이미지 생성에 영향을 준 중요한 GAN 구조 중 일부를 살펴보겠습니다. 각 모델의 주요 특징을 탐구하고 시간이 지남에 따라 기술이 어떻게 발전했는지 이해해보겠습니다.

Part III

생성 모델링의 응용 분야

11장에서는 음악 피치pitch와 리듬rhythm 모델링처럼 또 다른 도전 과제를 제시하는 음악 생성에 관해 살펴봅니다. 텍스트 생성에 사용하는 여러 기술(예: 트랜스포머)을 이 영역에 적용할 수 있지만 GAN 기반 접근 방식을 음악 생성에 적용하는 MuseGAN이라는 딥러닝 구조도 살펴보겠습니다.

12장에서는 강화 학습과 같은 다른 기계 학습 분야에서 어떻게 생성 모델을 사용하는지 보여줍니다. 생성 모델을 에이전트가 훈련하는 환경으로 사용하는 방법을 보여주는 「월드 모델World Model」 논문에 초점을 맞추겠습니다. 이를 통해 실제가 아닌 상상으로 만든 환경 내에서 훈련할 수 있습니다.

13장에서는 이미지와 텍스트와 같은 영역을 넘나드는 최첨단 멀티모달 모델을 탐구합니다. 여기에는 DALL · E 2, Imagen 및 스테이블 디퓨전Stable Diffusion 같은 텍스트 투 이미지 모델뿐만 아니라 플라밍고Flamingo와 같은 시각적 언어 모델visual language model도 있습니다.

마지막으로 14장에서는 지금까지의 생성 AI 여정, 현재 생성 AI의 분야에 관한 조망, 그리고 앞으로 나아갈 방향을 요약합니다. 생성 AI가 우리의 삶과 일하는 방식을 어떻게 바꿀 수 있는지 탐구할 뿐만 아니라 향후 몇 년 동안 더 높은 수준의 인공지능을 탄생시킬 잠재력이 있는지 고찰하겠습니다.

CHAPTER 9

트랜스포머

이 장의 목표

- 텍스트 생성을 위한 강력한 디코더 트랜스포머 모델인 GPT의 기원을 배웁니다.
- 사람이 문장의 일부 단어에 높은 중요도를 부여하는 방식을 어텐션 메커니즘[attention mechanism]이 어떻게 흉내 내는지 개념적으로 배웁니다.
- 쿼리[query], 키[key] 및 값[value]이 생성되고 조작되는 방식을 포함하여 어텐션 메커니즘이 어떻게 작동하는지 기본 원리부터 자세히 탐구합니다.
- 텍스트 생성 작업에서 코잘 마스킹[causal masking]의 중요성을 알아봅니다.
- 어텐션 헤드[attention head]를 멀티헤드[multihead] 어텐션 층으로 그룹화하는 방법을 이해합니다.
- 멀티헤드 어텐션 층이 층 정규화 및 스킵 연결을 포함하는 트랜스포머 블록의 한 부분을 어떻게 구성하는지 알아봅니다.
- 토큰의 위치를 포착하는 위치 인코딩과 단어 토큰의 임베딩을 만듭니다.
- 케라스로 GPT 모델을 만들고 와인 리뷰 텍스트를 생성합니다.
- 모델이 주시하는 단어를 조사하기 위해 어텐션 점수를 추출하고 GPT 모델의 출력을 분석합니다.
- 트랜스포머가 처리할 수 있는 작업 종류와 가장 유명한 최신 구현에 관한 설명을 포함하여 다양한 유형의 트랜스포머에 관해 배웁니다.
- 구글의 T5 모델과 같은 인코더-디코더 구조의 작동 방식을 이해합니다.
- 오픈AI의 챗GPT 이면에 있는 훈련 과정을 살펴봅니다.

5장에서는 LSTM 및 GRU와 같은 순환 신경망(RNN)을 사용하여 텍스트 데이터로 생성 모델을 만드는 방법을 살펴보았습니다. 이러한 자기회귀 모델은 순차 데이터를 한 번에 하나의 토큰씩 처리하면서 현재 입력의 잠재 표현을 감지하는 은닉 벡터를 지속해서 업데이트합니다. RNN은 은닉 벡터에 밀집 층과 소프트맥스 활성화 함수를 적용하여 시퀀스의 다음 단어를 예측합니다. 이것이 2017년까지 텍스트를 생성하는 가장 정교한 방법이었습니다. 하지만 2017년에 한 논문이 텍스트 생성의 판도를 완전히 바꿔 놓았습니다.

9.1 소개

구글 브레인Google Brain에서 발표한 논문[1]이 **어텐션**attention 개념을 대중화했습니다. 현재 대부분의 최첨단 텍스트 생성 모델에서 이 메커니즘을 사용합니다.

이 논문은 복잡한 순환 구조나 합성곱 구조가 필요하지 않은 대신 순차 모델링을 위해 어텐션 메커니즘에만 의존하는 **트랜스포머**Transformer라는 강력한 신경망을 만드는 방법을 보여줍니다. RNN은 한 번에 한 토큰씩 시퀀스를 처리해야 하므로 병렬화하기 어렵지만 트랜스포머는 이런 단점을 극복합니다. 병렬화가 용이하므로 트랜스포머를 대규모 데이터셋에서 훈련할 수 있습니다.

이 장에서는 최신 텍스트 생성 모델이 트랜스포머 구조를 사용하여 어떻게 텍스트 생성에서 높은 성능을 내는지 자세히 살펴보겠습니다. 특히, 현재 텍스트 생성에서 최고의 성능을 낸다고 여겨지는 오픈AI의 GPT-4 모델의 핵심인 **GPT**generative pre-trained transformer라는 자기회귀 모델을 살펴보겠습니다.

9.2 GPT

오픈AI는 2018년 6월에 발표한 논문 「Improving Language Understanding by Generative Pre-Training」[2]에서 GPT를 소개했습니다. 이때가 원본 트랜스포머 논문이 나온 지 거의 정확히 1년 후입니다.

이 논문은 방대한 양의 텍스트 데이터로 시퀀스의 다음 단어를 예측하도록 트랜스포머 구조를 훈련한 다음 특정 후속 작업에 맞게 미세 튜닝fine tuning하는 방법을 보여줍니다.

GPT는 대규모 텍스트 말뭉치인 BookCorpus(다양한 장르의 미출간 도서 7,000권에서 가져온 4.5GB의 텍스트)에서 사전 훈련pre-training되었습니다. 사전 훈련 과정 동안 모델은 이전 단어에서 시퀀스의 다음 단어를 예측하도록 훈련됩니다. 이 과정을 **언어 모델링**language modeling이라고 합니다. 이 덕분에 모델이 자연어의 구조와 패턴을 이해할 수 있습니다.

---

1   Ashish Vaswani et al., "Attention Is All You Need," June 12, 2017, https://arxiv.org/abs/1706.03762.

2   Alec Radford et al., "Improving Language Understanding by Generative Pre-Training," June 11, 2018, https://openai.com/research/language-unsupervised.

사전 훈련된 GPT 모델은 더 작고 작업에 특화된 데이터셋을 사용해 특정 작업에 맞게 미세 튜닝할 수 있습니다. 미세 튜닝에서는 현재 주어진 작업에 더 좋은 성능을 내도록 모델의 파라미터를 조정합니다. 예를 들어 분류, 유사성 점수 매기기, 질의응답과 같은 작업에 맞게 모델을 미세 튜닝할 수 있습니다.

이후 오픈AI는 GPT 구조를 개선하고 확장하여 GPT-2, GPT-3, GPT-3.5, GPT-4와 같은 후속 모델을 출시했습니다. 이러한 모델은 더 큰 데이터셋에서 훈련하고 용량이 더 크므로 이전보다 복잡하고 일관된 텍스트를 생성할 수 있습니다. GPT 모델은 많은 연구자와 기술자에게 채택되었고 자연어 처리 작업 발전에 크게 기여했습니다.

이 장에서는 원본 GPT 모델의 간소화 버전을 만들어보겠습니다. 더 적은 데이터로 훈련하지만 동일한 구성 요소와 원리를 활용합니다.

> **NOTE_ 예제 코드 실행하기**
> 이 예제 코드는 책 저장소에 있는 주피터 노트북 notebooks/09_transformer/gpt/gpt.ipynb에 있습니다.
> 이 코드는 케라스 웹사이트에 있는 아푸르브 난단Apoorv Nandan의 GPT 튜토리얼(https://oreil.ly/J86pg)을 참고했습니다.

9.2.1 와인 리뷰 데이터셋

이 장에서는 캐글에 있는 와인 리뷰 데이터셋(https://oreil.ly/DC9EG)을 사용하겠습니다. 이 데이터는 130,000개 이상의 와인 리뷰로 구성되며 설명과 가격 같은 메타데이터가 함께 들어 있습니다.

[예제 9-1]과 같이 책 저장소에 있는 캐글 데이터셋 다운로드 스크립트를 실행하여 이 데이터셋을 다운로드할 수 있습니다.[3] 이렇게 하면 /data 폴더에 와인 리뷰와 메타데이터가 저장됩니다.

---

3 옮긴이_ 이 스크립트는 도커를 사용합니다. 코랩에서 와인 리뷰 데이터셋을 다운로드하는 방법은 주피터 노트북을 참고하세요.

```
bash scripts/downloaders/download_kaggle_data.sh zynicide wine-reviews
```

데이터 준비 과정은 5장에서 LSTM의 입력 데이터를 준비하면서 사용했던 과정과 동일하므로 여기서는 자세히 설명하지 않겠습니다. [그림 9-1]에 표시한 데이터 준비 과정은 다음과 같습니다.

1. 데이터를 로드하고 각 와인의 텍스트 설명을 담은 리스트를 만듭니다.

2. 문장 부호가 별도의 단어로 처리되도록 문장 부호 앞에 공백을 추가합니다.

3. 문자열을 TextVectorization 층에 통과시켜 데이터를 토큰으로 나누고 각 문자열을 고정된 길이로 채우거나 자릅니다.

4. 입력이 토큰화된 텍스트 문자열이고 예측할 출력이 하나의 토큰만큼 이동된 동일한 문자열인 훈련 세트를 만듭니다.

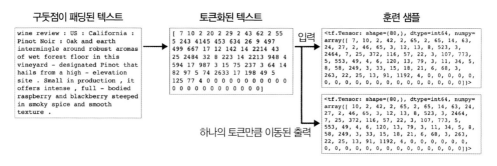

그림 9-1 트랜스포머에 사용할 데이터 전처리

9.2.2 어텐션

GPT가 어떻게 작동하는지 이해하려면 먼저 **어텐션 메커니즘**^{attention mechanism}의 작동 방식을 이해해야 합니다. 이 메커니즘 덕분에 트랜스포머 구조는 순환 방식의 언어 모델링과 다르게 차별화됩니다. 어텐션을 확실하게 이해하면 GPT와 같은 트랜스포머 구조 안에서 어텐션이 어떻게 사용되는지 알게 될 것입니다.

글을 쓸 때는 이미 작성한 단어들의 영향을 받아서 문장의 다음 단어를 선택합니다. 예를 들어 문장을 다음과 같이 시작한다고 가정해보겠습니다.[4]

```
The pink elephant tried to get into the car but it was too
```

분명히 다음 단어는 big(큰)과 비슷한 단어여야 합니다. 사람은 이걸 어떻게 아나요?

문장의 특정 단어는 결정을 내리는 데 중요한 역할을 합니다. 예를 들어 sloth(나무늘보)가 아니라 elephant(코끼리)이므로 slow(느린)보다 big이 더 적절합니다. car(차)가 아닌 swimming pool(수영장)이라면 big의 대안으로 scared(겁먹은)를 선택할 수 있습니다. 마지막으로 차에 타는 행동은 크기가 문제임을 암시합니다. 만약 코끼리가 차를 짓밟으려 한다는 문장이라면 마지막 단어로 fast(빠른)를 선택할 수 있습니다.

문장의 다른 단어는 전혀 중요하지 않습니다. 예를 들어 코끼리가 분홍색이라는 사실은 최종 단어 선택에 영향을 미치지 않습니다. 마찬가지로 문장에서 부수적인 단어(the, but, it 등)들은 문법 형식을 갖추는 데 도움이 되지만 필요한 형용사를 결정하는 데는 중요하지 않습니다.

즉, 사람은 문장의 특정 단어에 주의를 기울이고 다른 단어는 대체로 무시합니다. 모델도 같은 일을 할 수 있다면 좋지 않을까요?

트랜스포머의 어텐션 메커니즘(**어텐션 헤드**attention head라고도 함)은 정확히 이 작업을 수행하도록 설계되었습니다. 관련 없는 세부 사항 때문에 유용한 정보가 가려지는 일을 막고 효율적으로 추출하려면 입력의 어느 위치에서 정보를 가져올지 결정할 수 있습니다. 이를 통해 추론 시 정보를 찾을 위치를 결정할 수 있으므로 다양한 상황에 매우 잘 적응할 수 있습니다.

반대로 순환 층은 각 타임 스텝에서 입력의 전반적인 표현을 담을 수 있는 범용적인 은닉 상태를 만듭니다. 이 방식의 단점은 이미 은닉 벡터에 통합된 많은 단어가 (조금 전 예시에서 보았듯이) 현재 당면한 작업(예: 다음 단어 예측)과 직접적인 관련이 없다는 것입니다. 어텐션 헤드는 문맥에 따라 주변 단어의 정보를 결합하는 방법을 선택할 수 있으므로 이 문제 때문에 애를 먹지 않습니다.

---

4 옮긴이_ 이 문장을 해석하면 '분홍색 코끼리가 차에 타려고 했지만 너무'가 됩니다.

9.2.3 쿼리, 키, 값

그렇다면 어텐션 헤드는 정보의 위치를 어떻게 결정할까요? 세부 사항으로 들어가기 전에 분홍색 코끼리 예제를 사용하여 고수준에서 어떻게 작동하는지 살펴보겠습니다.

too(너무) 뒤에 오는 단어를 예측한다고 상상해보죠. 앞에 놓인 단어들이 이 작업에 관한 자신의 의견을 제시합니다. 하지만 too 다음에 올 단어를 예측하는 전문성에 얼마나 자신이 있는지 따라 기여도가 가중됩니다. 예를 들어 elephant는 뒤에 오는 단어가 크거나 큰 소리와 관련될 가능성이 높다고 자신 있게 주장하지만 was라는 단어는 가능성을 좁히는 데 그다지 도움이 되지 않습니다.

다시 말해, 어텐션 헤드는 일종의 정보 검색 시스템으로 생각할 수 있습니다. 여기서 **쿼리**^{query}('too 다음에 올 단어는?')가 **키**^{key}/**값**^{value} 저장소(문장의 다른 단어)로 만들어지고 출력은 쿼리와 각 키 간의 유사성에 따라 가중치가 부여된 값의 합입니다.

이제 분홍색 코끼리 예시를 사용하여 이 과정을 자세히 살펴보겠습니다(그림 9-2).

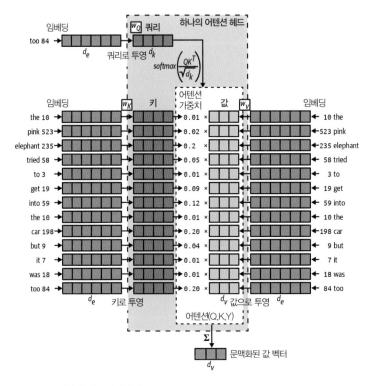

그림 9-2 어텐션 헤드의 메커니즘

쿼리(Q)는 현재 당면한 작업에 관한 표현으로 생각할 수 있습니다(예: 'too 다음에 올 단어는?'). 이 예제에서는 단어 too의 임베딩을 가중치 행렬 W_Q에 통과시켜 벡터 차원을 d_e에서 d_k로 바꾸는 식으로 만듭니다.

키 벡터(K)는 문장의 각 단어에 관한 표현입니다. 이를 각 단어가 도울 수 있는 예측 작업에 관한 설명으로 생각할 수 있습니다. 쿼리와 유사한 방식으로 단어 임베딩을 가중치 행렬 W_K에 통과시켜 벡터의 차원을 d_e에서 d_k로 바꿉니다. 즉, 키와 쿼리의 길이는 같습니다(d_k).

어텐션 헤드 내부에서 벡터 사이의 점곱(QK^T)을 사용하여 키와 쿼리를 비교합니다. 이 때문에 키와 쿼리의 길이가 같아야 합니다. 특정 키/쿼리 쌍에 대해 이 숫자가 높을수록 키가 쿼리의 유사성이 높으므로 어텐션 헤드의 출력에 더 많은 기여를 할 수 있습니다. 결과 벡터를 $\sqrt{d_k}$로 스케일링하여 벡터 합의 분산이 안정적으로 유지되도록 합니다(1에 가까워지도록 합니다). 그다음 소프트맥스를 적용하여 기여도의 합이 1이 되도록 합니다. 이 결과가 **어텐션 가중치**attention weights 벡터입니다.

값 벡터(V)도 문장에 있는 단어의 표현입니다. 이를 각 단어의 가중치가 적용되지 않은 기여도로 생각할 수 있습니다. 각 단어의 임베딩을 가중치 행렬 W_v에 통과시켜 벡터 차원을 d_e에서 d_v로 바꿉니다. 값 벡터의 길이는 키 및 쿼리와 동일하지 않아도 됩니다(그러나 단순화하려고 자주 동일하게 만듭니다).

[식 9-1]과 같이 값 벡터에 어텐션 가중치를 곱하여 Q, K, V에 대한 **어텐션**을 얻습니다.

식 9-1 어텐션 계산식

$$Attention(Q, K, V) = soft\,max\left(\frac{QK^T}{\sqrt{d_k}}\right)V$$

어텐션을 더해 어텐션 헤드의 최종 출력인 d_v 길이의 벡터를 얻습니다. 이 **문맥 벡터**content vector는 too 다음의 단어를 예측하는 작업과 관련해서 문장에 있는 단어에서 얻은 혼합된 의견을 담고 있습니다.

9.2.4 멀티헤드 어텐션

하나의 어텐션 헤드만 사용할 이유가 없습니다. 케라스는 여러 어텐션 헤드의 출력을 연결하는 `MultiHeadAttention` 층을 제공합니다. 이 층을 사용하면 어텐션 헤드마다 고유한 어텐션 메커니즘을 학습하여 층 전체가 더 복잡한 관계를 학습할 수 있습니다.

연결된 출력값은 최종 가중치 행렬 W_O에 통과시켜 원하는 출력 차원의 벡터로 투영합니다. 이 예제에서는 쿼리의 입력 차원(d_e)과 같기 때문에 층을 순차적으로 쌓을 수 있습니다.

[그림 9-3]은 `MultiHeadAttention` 층의 출력이 어떻게 만들어지는지 보여줍니다. 케라스에서는 [예제 9-2]와 같이 이런 층을 간단히 만들 수 있습니다.

예제 9-2 케라스에서 `MultiHeadAttention` 층 만들기

```
layers.MultiHeadAttention(
    num_heads = 4, ❶
    key_dim = 128, ❷
    value_dim = 64, ❸
    output_shape = 256 ❹
    )
```

❶ 이 멀티헤드 어텐션 층에는 4개의 헤드가 있습니다.

❷ 키(및 쿼리)는 길이가 128인 벡터입니다.

❸ 값(그리고 이에 따라서 각 헤드의 출력)은 길이가 64인 벡터입니다.

❹ 출력 벡터의 길이는 256입니다.

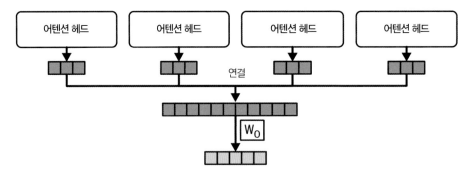

그림 9-3 네 개의 헤드가 있는 멀티헤드 어텐션 층

9.2.5 코잘 마스킹

지금까지는 어텐션 헤드에 대한 쿼리 입력이 단일 벡터라고 가정했습니다. 그러나 훈련 효율성을 높이려면 어텐션 층이 입력의 모든 단어에 대해 한 번에 작동하여 후속 단어가 무엇인지 예측하는 방법이 이상적입니다. 다른 말로 하면, GPT 모델이 쿼리 벡터의 그룹(즉, 행렬)을 병렬로 처리하면 좋습니다.

벡터를 행렬로 묶고 선형 대수학이 나머지를 처리한다고 생각할 수 있습니다. 이것은 사실이지만 한 가지 추가 단계가 필요합니다. 미래의 단어 정보 누출을 방지하려면 쿼리/키 점곱에 마스크mask를 적용해야 합니다. 이를 **코잘 마스킹**causal masking이라고 하며 [그림 9-4]에 나와 있습니다.

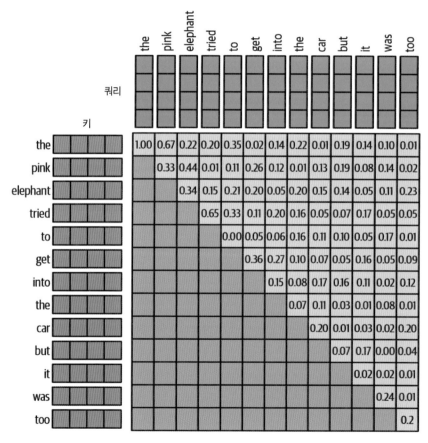

키 \ 쿼리	the	pink	elephant	tried	to	get	into	the	car	but	it	was	too
the	1.00	0.67	0.22	0.20	0.35	0.02	0.14	0.22	0.01	0.19	0.14	0.10	0.01
pink		0.33	0.44	0.01	0.11	0.26	0.12	0.01	0.13	0.19	0.08	0.14	0.02
elephant			0.34	0.15	0.21	0.20	0.05	0.20	0.15	0.14	0.05	0.11	0.23
tried				0.65	0.33	0.11	0.20	0.16	0.05	0.07	0.17	0.05	0.05
to					0.00	0.05	0.06	0.16	0.11	0.10	0.05	0.17	0.01
get						0.36	0.27	0.10	0.07	0.05	0.16	0.05	0.09
into							0.15	0.08	0.17	0.16	0.11	0.02	0.12
the								0.07	0.11	0.03	0.01	0.08	0.01
car									0.20	0.01	0.03	0.02	0.20
but										0.07	0.17	0.00	0.04
it											0.02	0.02	0.01
was												0.24	0.01
too													0.2

그림 9-4 코잘 어텐션 마스크를 사용하여 (문장의 뒷부분에 나오므로) 쿼리에 사용할 수 없는 키를 숨겨서 계산한 입력 쿼리의 배치에 대한 어텐션 점수 행렬

이 마스크가 없으면 GPT 모델은 문장의 다음 단어를 완벽하게 추측할 수 있습니다. 그 단어의 키를 하나의 특성으로 사용할 수 있기 때문입니다. 코잘 마스크를 만드는 코드는 [예제 9-3]에 있으며, (그림과 일치하도록 전치된) 결과 numpy 배열은 [그림 9-5]에 있습니다.

예제 9-3 코잘 마스크 함수

```
def causal_attention_mask(batch_size, n_dest, n_src, dtype):
    i = tf.range(n_dest)[:, None]
    j = tf.range(n_src)
    m = i >= j - n_src + n_dest
    mask = tf.cast(m, dtype)
    mask = tf.reshape(mask, [1, n_dest, n_src])
    mult = tf.concat(
        [tf.expand_dims(batch_size, -1), tf.constant([1, 1], dtype=tf.int32)], 0
    )
    return tf.tile(mask, mult)

np.transpose(causal_attention_mask(1, 10, 10, dtype = tf.int32)[0])
```

```
array([[1, 1, 1, 1, 1, 1, 1, 1, 1, 1],
       [0, 1, 1, 1, 1, 1, 1, 1, 1, 1],
       [0, 0, 1, 1, 1, 1, 1, 1, 1, 1],
       [0, 0, 0, 1, 1, 1, 1, 1, 1, 1],
       [0, 0, 0, 0, 1, 1, 1, 1, 1, 1],
       [0, 0, 0, 0, 0, 1, 1, 1, 1, 1],
       [0, 0, 0, 0, 0, 0, 1, 1, 1, 1],
       [0, 0, 0, 0, 0, 0, 0, 1, 1, 1],
       [0, 0, 0, 0, 0, 0, 0, 0, 1, 1],
       [0, 0, 0, 0, 0, 0, 0, 0, 0, 1]], dtype=int32)
```

그림 9-5 numpy 배열로 표현된 코잘 마스크(1은 마스킹 되지 않았음을 의미하고 0은 마스킹이 되었음을 나타냄)

> **TIP_** 코잘 마스킹은 이전 토큰을 바탕으로 다음 토큰을 순차적으로 생성하는 GPT와 같은 디코더 트랜스포머에서만 필요합니다. 따라서 훈련 중에 미래 토큰을 반드시 마스킹해야 합니다.
> 트랜스포머의 다른 버전(예: 인코더 트랜스포머)은 다음 토큰을 예측하는 식으로 훈련되지 않았기 때문에 코잘 마스킹이 필요하지 않습니다. 예를 들어 구글의 BERT는 주어진 문장 내에서 마스킹된 단어를 예측하므로 해당 단어의 앞뒤 문맥을 모두 사용할 수 있습니다.[5]
> 이 장의 끝에서 다양한 유형의 트랜스포머를 자세히 살펴보겠습니다.

---

[5] Jacob Devlin et al., "BERT: Pre-Training of Deep Bidirectional Transformers for Language Understanding," October 11, 2018. https://arxiv.org/abs/1810.04805.

이것으로 모든 트랜스포머 모델에 등장하는 멀티헤드 어텐션 메커니즘에 관한 설명을 마칩니다. 이 강력한 층에 있는 학습 가능한 파라미터가 각 어텐션 헤드의 밀집 연결된 가중치 행렬 (W_Q, W_K, W_V)과 출력의 형태를 바꾸는 가중치 행렬(W_O)만으로 구성된다는 사실이 놀랍습니다. 멀티헤드 어텐션 층에는 합성곱이나 순환 메커니즘이 전혀 없습니다.

이제 한 걸음 물러서서 멀티헤드 어텐션 층이 **트랜스포머 블록**Transformer block이라는 더 큰 구성 요소의 한 부분을 어떻게 형성하는지 알아보겠습니다.

9.2.6 트랜스포머 블록

트랜스포머 블록은 멀티헤드 어텐션 층 주위에 스킵 연결, 피드 포워드(밀집) 층, 정규화를 적용하는 트랜스포머 안에 있는 하나의 구성 요소입니다. 트랜스포머 블록의 구조가 [그림 9-6]에 있습니다.

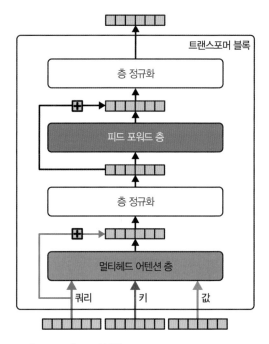

그림 9-6 트랜스포머 블록

먼저, 쿼리가 멀티헤드 어텐션 층의 출력에 어떻게 전달되는지 주목해보죠. 이 부분은 스킵 연결이며 최신 딥러닝 구조에서 많이 사용합니다.[6] 스킵 연결은 신경망이 방해받지 않고 정보를 전달할 수 있도록 그레이디언트가 없는 지름길을 제공하기 때문에 그레이디언트 소실 문제에 큰 영향을 받지 않고 매우 깊은 신경망을 구축할 수 있습니다.

둘째, 학습 과정에 안정성을 주려고 트랜스포머 블록에 **층 정규화**layer normalization를 사용합니다. 이미 이 책에서 각 채널의 출력을 평균이 0이고 표준 편차가 1이 되도록 정규화하는 배치 정규화 층을 보았습니다. 이때 배치 차원과 공간 차원에 걸쳐 정규화 통계치가 계산됩니다.

반면, 트랜스포머 블록의 층 정규화는 채널 차원에 대해 통계치를 계산하여 배치에 있는 각 시퀀스의 위치마다 정규화합니다. 정규화 통계치를 계산하는 방식에서 배치 정규화와 완전히 반대입니다. 배치 정규화와 층 정규화의 차이를 보여주는 그림이 [그림 9-7]에 있습니다.

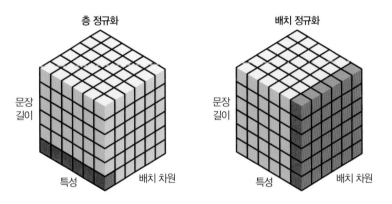

그림 9-7 층 정규화 대 배치 정규화. 정규화 통계치는 붉은색 셀에서 계산됨[7]

> **NOTE_ 층 정규화 대 배치 정규화**
> 층 정규화는 원본 GPT 논문에서 사용했으며 텍스트 기반 작업에서 배치에 있는 시퀀스 간에 정규화 의존성이 발생하지 않도록 하는 데 널리 사용합니다. 그러나 션shen 등의 최근 연구에서는 이러한 가정에 도전하여 배치 정규화 형태를 조금 조정하면 트랜스포머에서 계속 사용할 수 있고, 전통적인 층 정규화를 능가할 수 있음을 보여줍니다.

---

6 옮긴이_ [그림 9-6]에서는 쿼리에서 스킵 연결이 시작되지만 [예제 9-4]에서 보듯이 쿼리, 키, 값은 사실 모두 동일합니다. 이 때문에 [그림 9-13]처럼 쿼리, 키, 값 이전에 스킵 연결이 시작되도록 그리는 경우가 더 많습니다.

7 출처: Sheng Shen et al., "PowerNorm: Rethinking Batch Normalization in Transformers," June 28, 2020. https://arxiv.org/abs/2003.07845.

마지막으로 일련의 피드 포워드(즉, 완전 연결된) 층이 트랜스포머 블록에 포함되어 신경망의 깊이가 깊어질수록 고수준의 특성을 추출할 수 있습니다.

트랜스포머 블록의 케라스 구현은 [예제 9-4]에 있습니다.

예제 9-4 케라스의 TransformerBlock 층

```python
class TransformerBlock(layers.Layer):
    def __init__(self, num_heads, key_dim, embed_dim, ff_dim, dropout_rate=0.1): ❶
        super(TransformerBlock, self).__init__()
        self.num_heads = num_heads
        self.key_dim = key_dim
        self.embed_dim = embed_dim
        self.ff_dim = ff_dim
        self.dropout_rate = dropout_rate
        self.attn = layers.MultiHeadAttention(
            num_heads, key_dim, output_shape = embed_dim
        )
        self.dropout_1 = layers.Dropout(self.dropout_rate)
        self.ln_1 = layers.LayerNormalization(epsilon=1e-6)
        self.ffn_1 = layers.Dense(self.ff_dim, activation="relu")
        self.ffn_2 = layers.Dense(self.embed_dim)
        self.dropout_2 = layers.Dropout(self.dropout_rate)
        self.ln_2 = layers.LayerNormalization(epsilon=1e-6)

    def call(self, inputs):
        input_shape = tf.shape(inputs)
        batch_size = input_shape[0]
        seq_len = input_shape[1]
        causal_mask = causal_attention_mask(
            batch_size, seq_len, seq_len, tf.bool
        ) ❷
        attention_output, attention_scores = self.attn(
            inputs,
            inputs,
            attention_mask=causal_mask,
            return_attention_scores=True
        ) ❸
        attention_output = self.dropout_1(attention_output)
        out1 = self.ln_1(inputs + attention_output) ❹
        ffn_1 = self.ffn_1(out1) ❺
        ffn_2 = self.ffn_2(ffn_1)
        ffn_output = self.dropout_2(ffn_2)
        return (self.ln_2(out1 + ffn_output), attention_scores) ❻
```

❶ `TransformerBlock`에 속하는 하위 층을 초기화 함수에서 정의합니다.

❷ 쿼리로부터 미래의 키를 숨기려고 코잘 마스크를 만듭니다.

❸ 어텐션 마스크를 지정하여 멀티헤드 어텐션 층을 만듭니다.

❹ 첫 번째 덧셈 및 정규화 층입니다.

❺ 피드 포워드 층입니다.

❻ 두 번째 덧셈 및 정규화 층입니다.

9.2.7 위치 인코딩

모든 것을 통합하여 GPT 모델을 훈련하기 전에 다루어야 할 마지막 단계가 있습니다. 혹시 멀티헤드 어텐션 층에는 키의 순서를 고려하는 부분이 없음을 눈치챘는지 모르겠네요. 각 키와 쿼리 사이의 점곱은 순환 신경망에서처럼 순차적으로 계산되지 않고 병렬로 계산됩니다. 이것은 (병렬화 효율성 측면에서는) 강점이지만 문제이기도 합니다. 다음 두 문장에서 서로 다른 출력을 예측하는 어텐션 층이 필요하기 때문입니다.

- The dog looked at the boy and … (barked?)
- The boy looked at the dog and … (smiled?)

이 문제를 해결하기 위해 첫 번째 트랜스포머 블록을 위한 입력을 만들 때 **위치 인코딩**positional encoding이라는 기술을 사용합니다. **토큰 임베딩**token embedding을 사용하여 토큰만 인코딩하지 않고 위치 인코딩을 사용하여 토큰의 위치도 인코딩합니다.[8]

토큰 임베딩은 각 토큰을 학습된 벡터로 변환하기 위해 표준적인 `Embedding` 층을 사용하여 만듭니다. 동일한 방식으로 일반적인 `Embedding` 층으로 정수 위치를 학습된 벡터로 변환하여 위치 인코딩을 만들 수 있습니다.

> TIP_ GPT는 `Embedding` 층을 사용하여 위치를 인코딩하지만 원본 트랜스포머 논문은 삼각 함수를 사용했습니다. 이 방식은 음악 생성에 관해 알아보는 11장에서 다루겠습니다.[9]

---

8 옮긴이_ 위치 인코딩을 종종 위치 임베딩이라고도 표현합니다. 원서에서도 두 용어를 함께 사용하지만, 혼동되지 않도록 번역서에서는 위치 인코딩으로 통일했습니다.

9 옮긴이_ 11.2.5절 '사인 위치 인코딩'을 참고하세요.

토큰-위치 인코딩을 구성하려고 [그림 9-8]과 같이 토큰 임베딩과 위치 인코딩을 더했습니다. 이렇게 하면 시퀀스에 있는 각 단어의 의미와 위치를 단일 벡터로 표현할 수 있습니다.

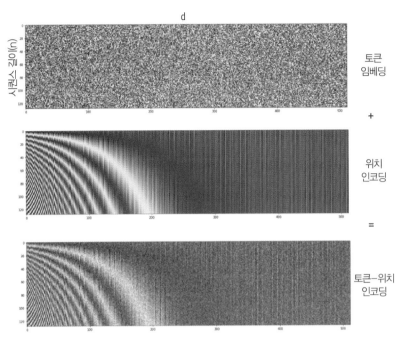

그림 9-8 토큰 임베딩이 위치 인코딩에 추가되어 토큰-위치 인코딩을 구성함

TokenAndPositionEmbedding 층을 정의하는 코드는 [예제 9-5]에 있습니다.

예제 9-5 TokenAndPositionEmbedding 층

```
class TokenAndPositionEmbedding(layers.Layer):
    def __init__(self, maxlen, vocab_size, embed_dim):
        super(TokenAndPositionEmbedding, self).__init__()
        self.maxlen = maxlen
        self.vocab_size =vocab_size
        self.embed_dim = embed_dim
        self.token_emb = layers.Embedding(
            input_dim=vocab_size, output_dim=embed_dim
        ) ❶
        self.pos_emb = layers.Embedding(input_dim=maxlen, output_dim=embed_dim) ❷

    def call(self, x):
```

```
maxlen = tf.shape(x)[-1]
positions = tf.range(start=0, limit=maxlen, delta=1)
positions = self.pos_emb(positions)
x = self.token_emb(x)
return x + positions ❸
```

❶ Embedding 층을 사용하여 토큰을 임베딩합니다.

❷ 토큰의 위치도 Embedding 층을 사용하여 인코딩합니다.

❸ 층의 출력은 토큰과 위치 인코딩의 합입니다.

9.2.8 GPT 훈련

이제 GPT 모델을 만들고 훈련할 준비가 되었습니다! 모든 것을 통합하려면 입력 텍스트를
TokenAndPositionEmbedding 층에 통과시킨 다음 트랜스포머 블록에 전달해야 합니다. 이
신경망의 최종 출력은 어휘 사전에 있는 단어 개수만큼의 유닛과 소프트맥스 활성화를 사용하
는 단순한 Dense 층입니다.

> **TIP_** 논문은 12개의 트랜스포머 블록을 사용했지만 여기서는 단순하게 하나만 사용합니다.

전체 구조는 [그림 9-9]에 있으며 해당 코드는 [예제 9-6]과 같습니다.

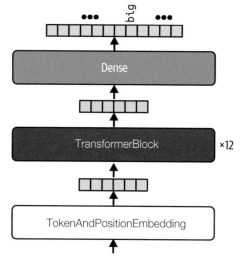

그림 9-9 간소화된 GPT 모델 구조

```
MAX_LEN = 80
VOCAB_SIZE = 10000
EMBEDDING_DIM = 256
N_HEADS = 2
KEY_DIM = 256
FEED_FORWARD_DIM = 256

inputs = layers.Input(shape=(None,), dtype=tf.int32) ❶
x = TokenAndPositionEmbedding(MAX_LEN, VOCAB_SIZE, EMBEDDING_DIM)(inputs) ❷
x, attention_scores = TransformerBlock(
    N_HEADS, KEY_DIM, EMBEDDING_DIM, FEED_FORWARD_DIM
)(x) ❸
outputs = layers.Dense(VOCAB_SIZE, activation = 'softmax')(x) ❹
gpt = models.Model(inputs=inputs, outputs=[outputs, attention]) ❺
gpt.compile("adam", loss=[losses.SparseCategoricalCrossentropy(), None]) ❻
gpt.fit(train_ds, epochs=5)
```

❶ 입력은 0으로 패딩됩니다.

❷ TokenAndPositionEmbedding 층을 사용해 텍스트를 인코딩합니다.

❸ 이 인코딩이 TransformerBlock을 통과합니다.

❹ 변환된 출력이 소프트맥스 활성화 함수를 가진 Dense 층을 거쳐 후속 단어에 대한 분포를 예측합니다.

❺ Model 클래스 객체는 단어 토큰의 시퀀스를 입력받고 예측된 후속 단어의 분포를 출력합니다. 트랜스포머 블록의 출력도 반환되므로 모델이 어떤 단어에 주의를 기울이는지 검사할 수 있습니다.

❻ 예측된 단어 분포에 대한 SparseCategoricalCrossentropy 손실로 모델을 컴파일합니다.

9.2.9 GPT 분석

이제 GPT 모델을 컴파일하고 훈련했으므로 이를 사용하여 긴 텍스트 문자열을 생성할 수 있습니다. 또한 TransformerBlock에서 출력되는 어텐션 가중치를 조사하여 트랜스포머가 생성 과정의 여러 지점에서 정보를 찾는 위치를 이해할 수 있습니다.

텍스트 생성

다음 과정으로 새 텍스트를 생성할 수 있습니다.

1. 신경망에 단어의 시퀀스를 주입하고 다음 단어를 예측하도록 요청합니다.
2. 이 단어를 기존 시퀀스에 추가하고 반복합니다.

이 신경망은 각 단어에 대해 샘플링이 가능한 확률을 출력하므로 텍스트 생성을 결정론적이 아니라 확률적으로 만들 수 있습니다.

5장에서와 동일한 TextGenerator 클래스를 LSTM 텍스트 생성에 사용합니다. 여기에는 샘플링 과정이 얼마나 결정적일지를 지정하는 temperature 매개변수가 포함됩니다. 두 가지 다른 온돗값에서 실제 생성한 결과를 살펴보겠습니다(그림 9-10).

```
temperature = 1.0

생성된 텍스트:
wine review : us : washington : chenin blanc : a light , medium - bodied wine , this light - bodied expressi
on is not a lot of enjoyment . it ' s simple with butter and vanilla flavors that frame mixed with expressiv
e fruit . it ' s juicy and tangy with a lemon lingers on the finish .
```

```
temperature = 0.5

생성된 텍스트:
wine review : italy : piedmont : nebbiolo : this opens with aromas of french oak , menthol and a whiff of to
ast . the straightforward palate offers red cherry , black raspberry jam and a hint of star anise alongside
firm but rather fleeting tannins , drink through 2016 .
```

그림 9-10 temperature = 1.0과 temperature = 0.5에서 생성된 출력

이 두 출력에 관해 몇 가지 언급할 사항이 있습니다. 첫째, 둘 다 원래 훈련 세트의 와인 리뷰와 스타일이 유사합니다. 둘 다 와인의 지역과 종류로 시작하며 와인 종류는 문장 전체에 걸쳐 일관되게 유지됩니다(예를 들어 중간에 색깔이 바뀌지 않습니다). 5장에서 보았듯이 온도 1.0으로 생성된 텍스트는 온도 0.5로 만든 텍스트보다 더 모험적이므로 정확도가 떨어집니다. 온도 1.0에서 여러 개의 샘플을 생성하면 다양성이 증가합니다. 모델이 분산이 큰 확률분포에서 샘플링하기 때문입니다.

어텐션 점수 보기

또한 문장의 다음 단어를 결정할 때 각 단어에 얼마나 많은 주의를 기울이는지 알 수 있습니다. TransformerBlock은 각 헤드에 대한 어텐션 가중치를 출력하며, 이는 문장에 있는 이전 단어

에 대한 소프트맥스 분포입니다.

[그림 9–11]은 세 가지 다른 입력 프롬프트에 대해서 확률이 가장 높은 상위 다섯 개 토큰과 이전 단어에 대한 두 헤드의 평균 어텐션을 보여줍니다. 두 어텐션 헤드의 평균 점수에 따라 이전 단어에 배경색을 넣었습니다. 진한 파란색은 단어에 더 많은 주의가 집중됨을 나타냅니다.

```
wine review : germany :
pfalz:            51.53%
mosel:            41.21%
rheingau:          4.27%
rheinhessen:       2.16%
franken:           0.44%
————————

wine review : germany : rheingau : riesling : this is a ripe , full – bodied
riesling:         46.56%
,:          27.78%
wine:             16.88%
and:         4.58%
yet:         1.33%
————————

wine review : germany : rheingau : riesling : this is a ripe , full – bodied riesling
with a touch of residual sugar . it ' s a slightly
sweet:            94.23%
oily:              1.25%
viscous:           1.09%
bitter:            0.88%
honeyed:           0.66%
————————
```

그림 9-11 시퀀스에 따른 단어 확률의 분포

첫 번째 예에서 모델은 지역과 관련된 단어를 결정하려고 국가(germany)에 크게 주의를 기울입니다. 이것은 당연합니다! 지역을 선택하려면 해당 국가와 관련된 단어에서 많은 정보를 가져와 이 지역과 일치하는지 확인해야 합니다. 처음 두 토큰(wine review)에는 지역에 관한 유용한 정보가 없으므로 많은 주의를 기울일 필요가 없습니다.

두 번째 예에서는 포도(riesling)를 다시 언급해야 하므로 처음 등장했을 때에 주의를 기울입니다. 이 정보는 문장에서 (최대 80단어 이내에서)[10] 얼마나 멀리 떨어져 있든 상관없이 단어에 직접 주의를 기울임으로써 정보를 가져올 수 있습니다. 이는 전체 시퀀스에 있는 모든 흥

---

10 옮긴이_ [예제 9–6]에서 MAX_LEN을 80으로 지정했기 때문입니다. [표 9–2]에 있는 문맥 윈도의 값에 해당합니다.

미로운 정보를 은닉 상태에 유지하는 순환 신경망과는 매우 다릅니다. 이 때문에 순환 신경망은 트랜스포머보다 비효율적입니다.

마지막 시퀀스는 GPT 모델이 정보를 조합하여 어떻게 적절한 형용사를 선택하는지 보여줍니다. 여기서 다시 포도(riesling)뿐만 아니라 residual sugar가 포함된다는 사실에도 주의를 기울입니다. 리슬링riesling[11]은 일반적으로 달콤한 와인이고 설탕은 이미 언급했기 때문에 slightly earthy보다는 slightly sweet가 더 어울립니다.

이러한 방식으로 신경망을 조사하고 후속 단어에 대한 정확한 결정을 내리기 위해 추출하는 정보의 위치를 이해하는 것은 매우 유익합니다. 다양한 입력 프롬프트를 사용하여 모델이 문장에서 정말 멀리 떨어진 단어에 주의를 기울이는지 확인해보세요. 전통적인 순환 모델보다 어텐션 기반 모델이 강력함을 직접 확인할 수 있습니다!

9.3 다른 트랜스포머

GPT 모델은 **디코더 트랜스포머**decoder Transformer입니다. 한 번에 하나의 토큰씩 텍스트 문자열을 생성하고 코잘 마스킹을 사용하여 입력 문자열의 이전 단어에만 주의를 기울입니다. 코잘 마스킹을 사용하지 않는 **인코더 트랜스포머**encoder Transformer도 있습니다. 입력에서 의미 있는 문맥 표현을 추출하려고 전체 입력 문자열에 주의를 기울입니다. 언어 번역과 같이 텍스트 문자열에서 다른 텍스트 문자열로 번역할 수 있는 **인코더-디코더 트랜스포머**encoder-decoder Transformer도 있습니다. 이런 유형의 모델은 인코더 트랜스포머 블록과 디코더 트랜스포머 블록을 모두 포함합니다.

[표 9-1]은 세 가지 트랜스포머의 요약으로, 대표적인 구조와 일반적인 사용 사례를 보여줍니다.

표 9-1 세 가지 트랜스포머 구조

타입	예시	사용 사례
인코더	BERT (구글)	문장 분류, 개체명 인식, 추출 질문 답변
인코더-디코더	T5 (구글)	요약, 번역, 질문 답변
디코더	GPT-3 (오픈AI)	텍스트 생성

---

11 옮긴이_ 리슬링은 독일의 라인강이 원산지인 청포도 품종입니다.

구글에서 개발한 **BERT**Bidirectional Encoder Representations from Transformers 모델(Devlin et al., 2018)은 인코더 트랜스포머의 잘 알려진 예입니다. 문장에서 누락된 단어의 전후 문맥을 고려하여 누락 단어를 예측합니다.

> **NOTE_ 인코더 트랜스포머**
> 인코더 트랜스포머는 일반적으로 문장 분류, 개체명 인식, 추출 질문 답변과 같이 입력을 전체적으로 이해 해야 하는 작업에 사용합니다. 텍스트 생성 작업에는 사용하지 않으므로 이 책에서는 자세히 다루지 않겠 습니다(자세한 내용은 루이스 턴스톨 등이 쓴 『트랜스포머를 활용한 자연어 처리』(한빛미디어, 2022)[12]를 참조하세요).

다음 절에서는 인코더-디코더 트랜스포머의 작동 방식을 살펴보고 대화형 애플리케이션용으로 특별히 설계한 챗GPT를 포함하여 오픈AI에서 출시한 원본 GPT 모델 구조를 확장한 모델에 관해 논의하겠습니다.

9.3.1 T5

인코더-디코더 구조를 사용하는 최신 트랜스포머의 예로는 구글의 T5 모델[13]이 있습니다. 이 모델은 [그림 9-12]와 같이 번역, 언어적 적합성linguistic acceptability, 문장 유사성, 문서 요약을 포 함한 다양한 작업을 텍스트 투 텍스트 프레임워크로 재구성합니다.

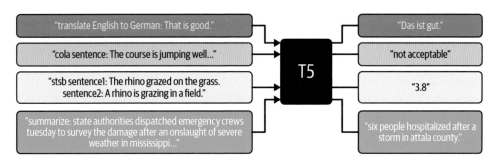

그림 9-12 T5가 번역, 언어적 적합성, 문장 유사성, 문서 요약을 포함하여 다양한 작업을 텍스트 투 텍스트 프레임워크 로 재구성하는 방법(출처: Raffel et al., 2019)

---

12 옮긴이_ 허깅 페이스 팀이 직접 쓴 책으로도 유명하며 다양한 트랜스포머 모델과 허깅 페이스 생태계에 대해 자세히 설명하는 책입니다.

13 Colin Raffel et al., "Exploring the Limits of Transfer Learning with a Unified Text-to-Text Transformer," October 23, 2019, https://arxiv.org/abs/1910.10683.

T5 모델 구조는 원래 트랜스포머 논문에서 사용한 인코더–디코더 구조와 거의 일치합니다(그림 9-13). 주요 차이점은 T5는 750GB의 방대한 텍스트 말뭉치(Colossal Clean Crawled Corpus 또는 C4)에서 훈련됐지만 원래 트랜스포머 논문은 언어 번역에만 중점을 두었기 때문에 1.4GB의 영어–독일어 문장 쌍에서 훈련되었다는 것입니다.

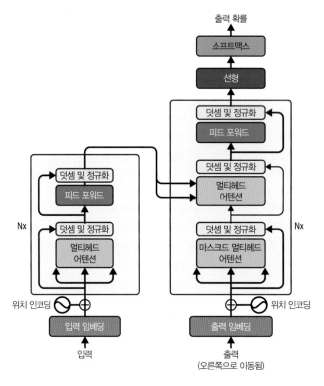

그림 9-13 인코더–디코더 트랜스포머 모델: 회색 상자는 트랜스포머 블록(출처: Vaswani et al., 2017)

이 그림은 대부분 친숙할 것입니다. 트랜스포머 블록이 반복되고 위치 임베딩을 사용해 입력 시퀀스의 순서를 감지합니다. 이 모델과 이 장의 앞부분에서 구축한 GPT 모델의 두 가지 주요 차이점은 다음과 같습니다.

- 왼쪽에 있는 인코더 트랜스포머 블록이 번역 대상 시퀀스를 인코딩합니다. 어텐션 층에는 코잘 마스킹이 없습니다. 이는 텍스트를 추가적으로 생성하여 번역 대상 시퀀스를 늘리지 않기 때문입니다. 시퀀스 전체에 대해 디코더에 주입할 좋은 표현을 학습하고 싶을 뿐입니다. 따라서 인코더의 어텐션 층은 마스킹을 완전히 제거하여 순서에 관계없이 단어 간의 모든 상호 종속성을 학습할 수 있습니다.

- 오른쪽에 있는 디코더 트랜스포머 블록이 번역 텍스트를 생성합니다. 첫 번째 어텐션 층은 자기 참조적이며

(즉, 키, 값, 쿼리가 동일한 입력에서 나옴[14]) 코잘 마스킹을 사용하여 미래 토큰의 정보가 예측할 현재 단어에 유출되지 않도록 합니다. 하지만 두 번째 어텐션 층은 인코더에서 전달한 키와 값을 사용하고 디코더 자체에서 전달된 것은 쿼리에만 사용합니다. 이를 **크로스 어텐션**^{cross attention}이라고 하며 이를 통해 디코더가 입력 시퀀스의 인코더 표현에 주의를 기울일 수 있습니다. 이것이 디코더가 번역에 담겨야 할 의미를 아는 방법입니다!

[그림 9–14]는 크로스 어텐션의 예를 보여줍니다. 디코더 층에 있는 두 개의 어텐션 헤드가 함께 작동하여 the street 구절에 사용된 단어 the에 대한 올바른 독일어 번역을 제공하는 모습을 보여줍니다. 독일어에는 명사의 성에 따라 세 가지 정관사(den, die, das)를 선택적으로 사용합니다.[15] 하지만 한 어텐션 헤드가 단어 street(독일어로 여성 명사)에 주의를 기울이고 다른 한 헤드는 번역할 단어(the)에 주의를 기울이기 때문에 트랜스포머가 die를 선택할 수 있습니다.

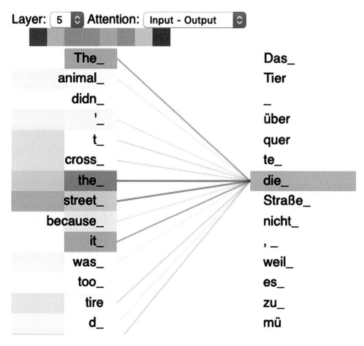

그림 9-14 한 어텐션 헤드가 단어 'the'에 주의를 기울이고 다른 헤드가 단어 'street'에 주의를 기울여 단어 'the'를 'Straße'의 여성 정관사에 맞는 독일어 단어 'die'로 올바르게 번역함

---

14 옮긴이_ 이런 이유로 셀프 어텐션(self attention)이라고 부릅니다.
15 옮긴이_ 순서대로 남성, 여성, 중성 단어에 사용하는 목적격 정관사입니다.

9.3.2 GPT-3 및 GPT-4

2018년 GPT가 처음 공개된 이후 오픈AI는 [표 9-2]와 같이 원본 모델을 개선한 여러 업데이트 버전을 출시했습니다.

표 9-2 오픈AI GPT 모델의 진화[16]

모델	날짜	층	어텐션 헤드	단어 임베딩 크기	문맥 윈도	파라미터 개수	훈련 데이터
GPT	2018년 6월	12	12	768	512	120,000,000	BookCorpus: 미출간 도서 텍스트 4.5GB
GPT-2	2019년 2월	48	48	1,600	1,024	1,500,000,000	WebText: 레딧(Reddit)의 외부 링크에서 수집한 40GB 텍스트
GPT-3	2020년 5월	96	96	12,288	2,048	175,000,000,000	CommonCrawl, WebText, 영어 위키백과, BookCorpus 및 기타: 570GB
GPT-4	2023년 3월	–	–	–	–	–	–

모델이 훨씬 더 크고 훨씬 더 많은 데이터로 훈련된다는 점을 제외하면 GPT-3의 모델 구조는 원래 GPT 모델과 상당히 유사합니다. 이 글을 쓰는 당시 GPT-4는 제한적으로 공개되었습니다. 오픈AI는 모델의 구조와 크기에 관한 세부 정보를 공개하지 않았지만 이미지를 입력

---

16 옮긴이_ 이 글을 쓰는 시점에 GPT-3.5의 문맥 윈도 크기는 최대 16,384개 토큰입니다. 2023년 11월에 공개된 최신 GPT-4 터보의 문맥 윈도 최대 크기는 128,000개 토큰입니다. GPT-4의 파라미터 개수는 약 1.7조 개로 추정되고 있습니다.

으로 받아들일 수 있다고 알려졌으므로 GPT 시리즈의 첫 번째 멀티모달 모델이 될 것입니다. GPT-3 및 GPT-4의 모델 가중치는 오픈 소스가 아니지만 유료 API로 모델을 사용할 수 있습니다(https://platform.openai.com).

또한 GPT-3는 자체 훈련 데이터로 미세 튜닝(https://oreil.ly/B-Koo)할 수 있습니다. 특정 스타일의 프롬프트에 어떻게 반응해야 하는지에 관한 여러 예시를 제공하여 신경망의 가중치를 물리적으로 업데이트할 수 있습니다. 하지만 대부분 이런 미세 튜닝이 필요하지 않을 수 있습니다. GPT-3는 프롬프트 자체에 몇 가지 예시를 전달하기만 해도 해당 스타일의 프롬프트에 반응하는 방법을 배울 수 있기 때문입니다(이를 **퓨샷 학습**few-shot learning이라고 합니다). 미세 튜닝의 이점은 이러한 예시를 매번 입력 프롬프트의 일부로 제공할 필요가 없어 장기적으로 비용을 절감할 수 있다는 것입니다.

프롬프트 문장이 주어졌을 때 GPT-3의 출력 예가 [그림 9-15]에 있습니다.

Write me a short story about a unicorn who defeats an evil dragon.

Luna was out for a leisurely stroll through the forest when she heard a loud, ferocious roar. She immediately knew it was a dragon and ran as fast as she could in the opposite direction.

As she ran, she could feel the dragon's hot breath on her back and knew she wouldn't be able to outrun it for long. She had to think of a plan, and fast.

Just as the dragon was about to snatch her up in its teeth, Luna turned around and stabbed it in the eye with her horn. The dragon screeched in pain and flew into a rage, but Luna was ready for it.

She dodged its fire breath and claws until she finally had an opportunity to strike. She impaled the dragon with her horn and it fell to the ground with a thud, dead.

Luna breathed a sigh of relief and trotted away, knowing that she had saved the forest from the evil dragon.

그림 9-15 GPT-3가 주어진 프롬프트를 확장하는 예시

GPT와 같은 언어 모델은 모델 가중치 수와 데이터셋 크기를 늘려 큰 이점을 얻을 수 있습니다. 대규모 언어 모델은 아직 한계에 도달하지 않았으며, 연구자들은 점점 더 큰 모델과 데이터셋으로 가능한 경계를 계속 넓히고 있습니다.

9.3.3 챗GPT

GPT-4의 베타 버전이 출시되기 몇 달 전에 오픈AI는 사용자가 대화형 인터페이스를 통해 대규모 언어 모델과 상호작용할 수 있는 챗GPT(https://chat.openai.com)를 발표했습니다. 2022년 12월 릴리스된 챗GPT는 GPT-3보다 강력하고 대화 응답에 맞게 미세 튜닝된 모델인 GPT-3.5를 사용합니다.

예시 대화가 [그림 9-16]에 있습니다. 에이전트가 입력 사이의 상태를 유지하는 것에 주목하고, 두 번째 질문에서 언급된 attention은 사람의 주의 집중 능력이 아니라 트랜스포머에 있는 어텐션을 의미함을 이해하고 있습니다.

> DA 트랜스포머 모델이 무엇이고 생성 딥러닝에 어떻게 사용되는지 간략하게 요약해주세요.

> 트랜스포머(Transformer) 모델은 시퀀스 데이터를 처리하기 위한 딥러닝 아키텍처로, 주로 자연어 처리에 사용됩니다. 이 모델은 어텐션 메커니즘을 기반으로 하며, 입력 시퀀스의 모든 위치 간의 상관관계를 파악하여 문맥을 이해하고 결과를 생성하는 데 우수한 성능을 보입니다.
> 트랜스포머는 번역, 요약, 챗봇과 같은 자연어 생성 작업에 적용될 때 주로 '인코더-디코더' 구조로 사용됩니다. 인코더는 입력 문장을 임베딩하고 어텐션을 적용하여 문맥 정보를 추출하며, 디코더는 인코더의 출력과 이전 시점에서의 예측 결과를 사용하여 다음 단어를 생성합니다.
> 이외에도 트랜스포머 모델은 이미지 분야에서도 활용되며, 비전과 언어를 함께 처리하는 모델인 '비전 트랜스포머'도 등장했습니다. 이러한 다양한 활용으로 트랜스포머는 다양한 생성 딥러닝 작업에서 상위 성능을 보이고 있습니다.

> DA 어텐션이 무엇인가요? 5행시로 대답해주세요.

> 단어 사이의 눈치, 어텐션.
> 문맥 파악해 효과적 생성.
> 트랜스포머에 쓰여, 자연어 더 좋게.
> 상관관계 찾아 내용 풍부하게.
> 어텐션은 문장에 생기를 불어넣네.

> DA 트랜스포머가 동물이라면 어떤 동물이고 그 이유가 무엇인가요?

트랜스포머가 동물이라면 '공룡'과 비슷할 것 같습니다. 왜냐하면 공룡은 과거의 땅 위에서 혁신적이고 큰 영향을 미친 존재였듯이, 트랜스포머도 딥러닝 분야에서 혁신적이며, 다양한 자연어 처리 작업에서 큰 영향을 미쳤기 때문입니다. 또한, 트랜스포머와 같이 큰 사이즈와 높은 성능을 가진 모델도 마치 공룡과 같이 대단한 진화를 거친 결과물로 볼 수 있을 것입니다.

그림 9-16 트랜스포머에 관한 질문에 답하는 챗GPT

이 글을 쓰는 시점에는 챗GPT가 어떻게 작동하는지 자세히 설명하는 공식 논문은 없지만 공식 블로그(https://openai.com/blog/chatgpt)에 따르면 챗GPT가 GPT-3.5 모델을 미세 튜닝할 때 **RLHF**Reinforcement Learning from Human Feedback라는 기술을 사용합니다. 이 기술은 챗GPT 연구자들의 이전 논문[17]에서도 사용되었습니다. 이 논문에서는 주어진 지침을 정확하게 따르도록 특별히 설계된 미세 튜닝한 GPT-3 모델인 **InstructGPT**를 소개했습니다.

챗GPT의 훈련 과정은 다음과 같습니다.

1. 지도 학습 미세 튜닝: 사람이 작성한 대화형 입력(프롬프트) 및 원하는 출력으로 구성된 데이터셋을 수집합니다. 이를 사용해 지도 학습으로 기본 언어 모델(GPT-3.5)을 미세 튜닝합니다.

2. 보상 모델링: 레이블을 부여할 사람에게 프롬프트와 몇 가지 샘플링된 모델 출력을 제시하고 최고부터 최악까지 출력 순위를 지정하도록 요청합니다. 대화 기록이 주어지면 각 출력에 부여된 점수를 예측하는 보상 모델reward model을 학습시킵니다.

3. 강화 학습: 1단계에서 미세 튜닝된 모델로 초기화된 언어 모델이 **정책**policy이 되는 강화 학습 환경으로 대화를 처리합니다. 현재 **상태**state(대화 기록)가 주어지면 정책은 **행동**action(토큰 시퀀스)을 출력하고, 2단계에서 학습된 보상 모델이 해당 출력의 점수를 매깁니다. 그런 다음 강화 학습 알고리즘인 PPOProximal Policy Optimization로 보상을 극대화하도록 언어 모델의 가중치를 조정할 수 있습니다.

> **NOTE_ 강화 학습**
> 강화 학습에 관한 소개는 강화 학습 환경에서 생성 모델을 사용하는 방법을 살펴보는 12장을 참조하세요.

RLHF 과정이 [그림 9-17]에 있습니다.

---

[17] Long Ouyang et al., "Training Language Models to Follow Instructions with Human Feedback," March 4, 2022, https://arxiv.org/abs/2203.02155.

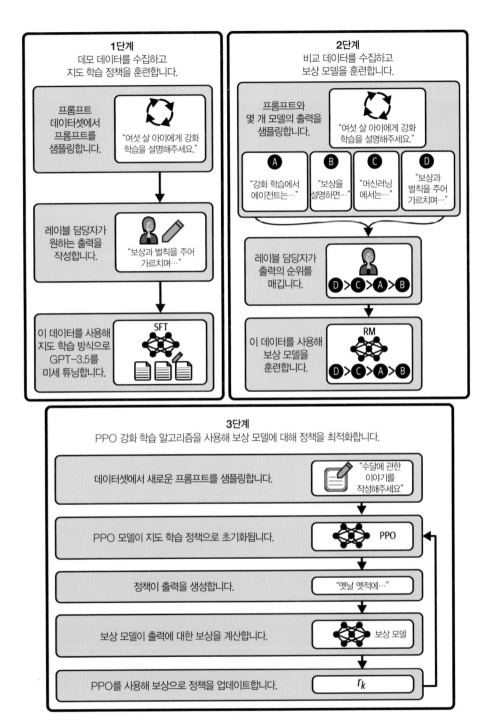

그림 9-17 챗GPT에서 사용하는 RLHF 미세 튜닝 과정(출처: 오픈AI)

챗GPT에는 (잘못된 정보를 진짜처럼 '환각'[18]하는 등) 여전히 많은 제한 사항이 있습니다. 하지만 사람이 만든 텍스트와 구별이 안 될 만큼 복잡하며 길고 참신한 출력을 생성하는 생성 모델을 트랜스포머로 어떻게 구축하는지를 보여주는 강력한 사례입니다. 챗GPT와 같은 모델이 지금까지 이룬 발전은 AI의 잠재력과 AI가 세상에 미치는 혁신적인 영향의 증거입니다.

AI 기반 커뮤니케이션 및 상호작용은 앞으로도 계속해서 빠르게 발전할 것이 분명합니다. **비주얼 챗GPT**Visual ChatGPT[19]와 같은 프로젝트는 챗GPT의 언어 능력과 스테이블 디퓨전과 같은 시각 기반 모델을 결합하여 사용자가 텍스트뿐만 아니라 이미지를 사용해서도 챗GPT와 상호작용합니다. 비주얼 챗GPT 및 GPT-4와 같은 프로젝트에서 언어와 시각 기능의 융합은 인간-컴퓨터 상호작용의 새로운 시대를 예고할 가능성이 있습니다.

9.4 요약

이 장에서는 트랜스포머 모델 구조를 살펴보고 최첨단 텍스트 생성 모델인 GPT의 간소화 버전을 만들어보았습니다.

GPT는 어텐션 메커니즘을 사용하여 순환 층(예: LSTM)의 필요성을 제거합니다. 정보 검색 시스템처럼 작동하며 쿼리, 키, 값을 활용하여 각 입력 토큰에서 추출할 정보의 양을 결정합니다.

어텐션 헤드는 그룹화되어 멀티헤드 어텐션 층을 구성합니다. 그런 다음 층 정규화 및 어텐션 층 주변의 스킵 연결을 포함하는 트랜스포머 블록으로 감싸집니다. 이런 트랜스포머 블록을 쌓아 매우 깊은 신경망을 만들 수 있습니다.

코잘 마스킹을 사용해 GPT가 현재 예측에 미래 토큰의 정보를 활용할 수 없도록 만듭니다. 또한 위치 인코딩을 사용해 입력 시퀀스의 순서를 놓치지 않습니다. 위치 인코딩은 기존의 단어 임베딩과 합쳐져 입력으로 주입됩니다.

GPT의 출력을 분석할 때 새로운 텍스트 구절을 생성하는 것뿐만 아니라 신경망의 어텐션 층

---

[18] 옮긴이_ 이를 할루시네이션(hallucination)이라고 합니다.

[19] Chenfei Wu et al., "Visual ChatGPT: Talking, Drawing and Editing with Visual Foundation Models," March 8, 2023, https://arxiv.org/abs/2303.04671.

을 조사하여 예측을 개선하기 위해 문장의 어느 위치에서 정보를 수집하는지 이해할 수 있습니다. GPT는 어텐션 점수가 병렬로 계산되고 순환 신경망에서처럼 신경망을 통해 순차적으로 전달되는 은닉 상태에 의존하지 않기 때문에 신호 손실이 없이 멀리 떨어진 정보를 참조할 수 있습니다.

트랜스포머의 세 가지 유형(인코더, 디코더, 인코더-디코더)과 트랜스포머를 사용하여 수행할 수 있는 다양한 작업을 살펴보았습니다. 마지막으로 구글의 T5 및 오픈AI의 챗GPT와 같은 다른 대규모 언어 모델의 구조와 훈련 과정을 살펴보았습니다.

CHAPTER 10

고급 GAN

이 장의 목표

- ProGAN 모델이 GAN을 점진적으로 훈련시켜 고해상도 이미지를 생성하는 방법을 알아봅니다.
- ProGAN이 이미지 합성용 고성능 GAN인 StyleGAN을 구축하는 데 어떻게 적용되었는지 이해합니다.
- StyleGAN이 어떻게 개선되어 최첨단 모델인 StyleGAN2가 만들어졌는지 살펴봅니다.
- 점진적 훈련, 적응적 인스턴스 정규화, 가중치 변조 및 복조, 경로 길이 정규화 모델의 주요 특징을 배웁니다.
- 어텐션 메커니즘을 GAN 프레임워크에 통합하는 SAGAN^{Self-Attention GAN}의 구조를 살펴봅니다.
- BigGAN이 SAGAN 논문의 아이디어를 확장하여 고품질 이미지를 생성하는 방법을 알아봅니다.
- VQ-GAN이 코드북을 사용하여 이미지를 트랜스포머로 모델링 가능한 개별 토큰 시퀀스로 인코딩하는 방법을 알아봅니다.
- ViT VQ-GAN이 VQ-GAN 구조를 바꾸어 인코더 및 디코더에서 합성곱 층 대신 트랜스포머를 사용하는 방법을 알아봅니다.

4장에서는 다양한 이미지 생성 작업에서 최첨단 결과를 내는 생성 모델인 GAN을 소개했습니다. 학계와 딥러닝 기술자들은 모델 구조와 훈련 과정의 유연성을 개선하기 위해 새로운 GAN 구조와 훈련 방법을 개발했습니다. 이 장에서 이런 고급 구조들을 살펴보겠습니다.

10.1 소개

모든 GAN 모델과 그 영향을 자세히 설명하려면 책 한 권의 분량이 필요합니다. 깃허브의 GAN Zoo 저장소(https://oreil.ly/Oy6bR)에는 다양한 논문 링크와 함께 500개 이상의 GAN 예제가 있습니다.

이 장에서는 이 분야에서 영향력을 행사한 주요 GAN의 모델 구조 및 훈련 과정을 자세히 알아보겠습니다.

먼저 이미지 생성의 한계를 뛰어넘은 NVIDIA의 세 가지 중요한 모델인 ProGAN, StyleGAN, StyleGAN2를 살펴보겠습니다. 이런 모델을 자세히 분석하여 모델 구조를 뒷받침하는 기본 개념을 이해하고 이전 논문의 아이디어를 기반으로 각 모델이 어떻게 만들어졌는지 알아보겠습니다.

또한 어텐션을 통합한 두 개의 다른 중요한 GAN 구조도 살펴보겠습니다. SAGAN과 (SAGAN의 여러 아이디어를 기반으로 한) BigGAN입니다. 우리는 이미 9장에서 트랜스포머를 살펴보면서 어텐션 메커니즘의 성능을 확인했습니다.

마지막으로 다양한 오토인코더, 트랜스포머, GAN의 아이디어를 혼합한 VQ-GAN과 ViT VQ-GAN을 다룹니다. VQ-GAN은 구글의 최첨단 텍스트 투 이미지 생성 모델인 Muse[1]의 핵심 구성 요소입니다. 멀티모달 모델은 13장에서 더 자세히 살펴보겠습니다.

> **NOTE_** 이 책의 코드 저장소에 이런 모델을 직접 만드는 코드를 포함하지 않았습니다. 하지만 공개적으로 사용할 수 있는 구현을 소개하므로 원한다면 직접 자신만의 모델을 훈련할 수 있습니다.

10.2 ProGAN

ProGAN은 NVIDIA Labs가 GAN 훈련의 속도와 안정성을 향상하려고 2017년에 개발한 기술입니다.[2] ProGAN 논문은 전체 해상도 이미지에서 바로 GAN을 훈련하는 대신 먼저 4×4 픽셀의 저해상도 이미지로 생성자와 판별자를 훈련한 다음 훈련 과정에 층을 점진적으로 추가하여 해상도를 높입니다.

점진적 훈련의 개념을 좀 더 자세히 살펴보겠습니다.

----

1   Huiwen Chang et al., "Muse: Text-to-Image Generation via Masked Generative Transformers," January 2, 2023, https://arxiv.org/abs/2301.00704.

2   Tero Karras et al., "Progressive Growing of GANs for Improved Quality, Stability, and Variation," October 27, 2017, https://arxiv.org/abs/1710.10196.

NOTE_ ProGAN 훈련하기

케라스를 사용하여 ProGAN을 훈련하는 방법은 Paperspace 블로그(**https://oreil.ly/b2CJm**)에 바라스 K [Bharath K]가 쓴 튜토리얼을 참고하세요. ProGAN을 훈련해서 논문과 같은 결과를 얻으려면 컴퓨팅 성능이 상당히 좋아야 함을 유념하세요.

10.2.1 점진적 훈련

GAN에서 항상 그렇듯이 생성자와 판별자라는 두 개의 독립적인 신경망을 구축하면 훈련 과정에서 서로 이기기 위한 싸움이 벌어집니다.

일반 GAN에서 생성자는 훈련의 초기 단계에서도 항상 전체 해상도 이미지를 출력합니다. 이 전략이 최적이 아니라고 생각할 수 있습니다. 생성자가 처음부터 복잡한 고해상도 이미지에서 작동하기 때문에 훈련 초기 단계에서 고수준의 구조를 학습하는 속도가 느릴 수 있습니다. 먼저 정확한 저해상도 이미지를 출력하도록 경량 GAN을 훈련시킨 다음 이를 기반으로 해상도를 점진적으로 높이는 것이 낫지 않을까요?

그림 10-1 데이터셋에 있는 이미지를 보간을 사용하여 낮은 해상도로 압축함

이 간단한 아이디어는 ProGAN 논문의 핵심 요소인 **점진적 훈련**progressive training으로 이어집니다. ProGAN은 [그림 10-1]과 같이 보간을 사용하여 4×4픽셀 이미지로 압축된 훈련 세트부터 시작하여 단계적으로 훈련됩니다.

그런 다음 처음에 (예를 들어 길이가 512인) 잠재 입력 잡음 벡터 z를 4×4×3의 이미지로 변환하도록 생성자를 훈련시킬 수 있습니다. 이에 대응되는 판별자는 크기가 4×4×3인 입력 이미지를 하나의 스칼라 예측으로 변환해야 합니다. 이 첫 번째 단계의 신경망 구조가 [그림 10-2]에 있습니다.

생성자의 파란색 상자는 특성 맵을 RGB 이미지로 변환하는 합성곱 층(toRGB)을 나타내고, 판별자의 파란색 상자는 RGB 이미지를 특성 맵으로 변환하는 합성곱 층(fromRGB)을 나타냅니다.

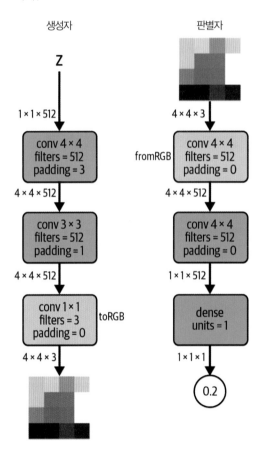

그림 10-2 ProGAN 훈련 과정 첫 번째 단계의 생성자 및 판별자 구조

이 논문에서 저자는 판별자가 진짜 이미지 800,000개를 볼 때까지 이 신경망 쌍을 훈련시킵니다. 이제 생성자와 판별자를 확장하여 8×8픽셀 이미지에서 작동하는 방법을 이해해보죠.

생성자와 판별자를 확장하려면 층을 추가해야 합니다. 이는 [그림 10-3]과 같이 전환 및 안정화의 두 단계로 관리됩니다.

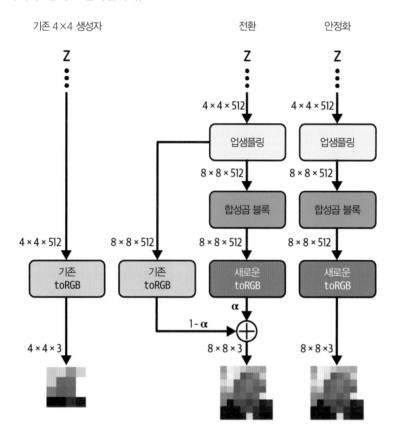

그림 10-3 4×4 이미지에서 8×8 이미지로 신경망을 확장하는 ProGAN 생성자 훈련 과정(점선은 신경망의 나머지 부분을 나타냄)

먼저 생성자를 살펴보겠습니다. **전환 단계**transition phase에서 새로운 업샘플링 층과 합성곱 층이 기존 신경망에 추가되고, 기존에 훈련된 toRGB 층의 출력을 유지하기 위해 잔차 연결이 추가됩니다. 결정적으로 새 층은 처음에 파라미터 α를 사용하여 마스킹됩니다. α는 전환 단계 동안 0에서 1로 점진적으로 증가하여 기존 toRGB 층의 출력을 줄이고 새로운 toRGB 층의 출력을 늘립니다. 이는 새 층으로 이전될 때 신경망이 받을 변화의 충격을 피하게 해줍니다.

결국, 기존 toRGB 층을 통과하는 데이터가 사라지면 신경망은 **안정화 단계**[stabilization phase]로 들어 갑니다. 이 단계에서는 기존 toRGB 층을 통한 데이터 흐름 없이 추가 훈련을 해서 신경망의 출력을 미세 조정합니다.

판별자도 비슷한 과정을 따릅니다(그림 10-4).

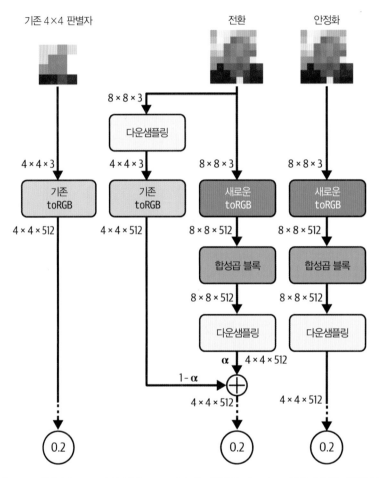

그림 10-4 신경망을 4×4 이미지에서 8×8 이미지로 확장하는 ProGAN 판별자 훈련 과정(점선은 신경망의 나머지 부분을 나타냄)

여기서는 다운샘플링과 합성곱 층을 추가해야 합니다. 이번에는 신경망이 시작될 때 입력 이미지 바로 뒤에 추가됩니다. 기존 fromRGB 층은 잔차 연결로 연결되며 전환 단계에서 새 층으로 전환됨에 따라 점진적으로 제거됩니다. 안정화 단계에서는 판별자가 새 층을 사용하여 미세 조정할 수 있습니다.

모든 전환 및 안정화 단계는 판별자가 진짜 이미지 800,000개를 볼 때까지 계속됩니다. 신경 망이 점진적으로 훈련되지만 어떤 층도 동결되지 않습니다. 훈련 과정 전반에 걸쳐 모든 층은 완전히 훈련 가능한 상태로 유지됩니다.

이 과정은 4×4 이미지부터 8×8, 16×16, 32×32 등으로 계속 증가시켜서 전체 해상도 (1,204×1,024)에 도달할 때까지 계속됩니다(그림 10-5).

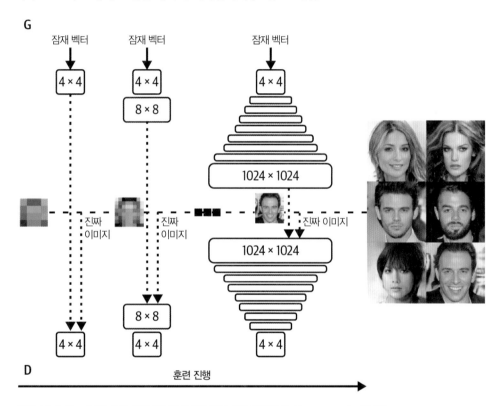

그림 10-5 ProGAN 훈련 메커니즘 및 생성된 일부 샘플 얼굴(출처: Karras et al., 2017)

점진적 훈련 과정이 완료된 후 생성자와 판별자의 전체 구조는 [그림 10-6]에 있습니다.

Generator	Act.	Output shape	Params
Latent vector	–	512 × 1 × 1	–
Conv 4 × 4	LReLU	512 × 4 × 4	4.2M
Conv 3 × 3	LReLU	512 × 4 × 4	2.4M
Upsample	–	512 × 8 × 8	–
Conv 3 × 3	LReLU	512 × 8 × 8	2.4M
Conv 3 × 3	LReLU	512 × 8 × 8	2.4M
Upsample	–	512 × 16 × 16	–
Conv 3 × 3	LReLU	512 × 16 × 16	2.4M
Conv 3 × 3	LReLU	512 × 16 × 16	2.4M
Upsample	–	512 × 32 × 32	–
Conv 3 × 3	LReLU	512 × 32 × 32	2.4M
Conv 3 × 3	LReLU	512 × 32 × 32	2.4M
Upsample	–	512 × 64 × 64	–
Conv 3 × 3	LReLU	256 × 64 × 64	1.2M
Conv 3 × 3	LReLU	256 × 64 × 64	590k
Upsample	–	256 × 128 × 128	–
Conv 3 × 3	LReLU	128 × 128 × 128	295k
Conv 3 × 3	LReLU	128 × 128 × 128	148k
Upsample	–	128 × 256 × 256	–
Conv 3 × 3	LReLU	64 × 256 × 256	74k
Conv 3 × 3	LReLU	64 × 256 × 256	37k
Upsample	–	64 × 512 × 512	–
Conv 3 × 3	LReLU	32 × 512 × 512	18k
Conv 3 × 3	LReLU	32 × 512 × 512	9.2k
Upsample	–	32 × 1024 × 1024	–
Conv 3 × 3	LReLU	16 × 1024 × 1024	4.6k
Conv 3 × 3	LReLU	16 × 1024 × 1024	2.3k
Conv 1 × 1	linear	3 × 1024 × 1024	51
Total trainable parameters			23.1M

Discriminator	Act.	Output shape	Params
Input image	–	3 × 1024 × 1024	–
Conv 1 × 1	LReLU	16 × 1024 × 1024	64
Conv 3 × 3	LReLU	16 × 1024 × 1024	2.3k
Conv 3 × 3	LReLU	32 × 1024 × 1024	4.6k
Downsample	–	32 × 512 × 512	–
Conv 3 × 3	LReLU	32 × 512 × 512	9.2k
Conv 3 × 3	LReLU	64 × 512 × 512	18k
Downsample	–	64 × 256 × 256	–
Conv 3 × 3	LReLU	64 × 256 × 256	37k
Conv 3 × 3	LReLU	128 × 256 × 256	74k
Downsample	–	128 × 128 × 128	–
Conv 3 × 3	LReLU	128 × 128 × 128	148k
Conv 3 × 3	LReLU	256 × 128 × 128	295k
Downsample	–	256 × 64 × 64	–
Conv 3 × 3	LReLU	256 × 64 × 64	590k
Conv 3 × 3	LReLU	512 × 64 × 64	1.2M
Downsample	–	512 × 32 × 32	–
Conv 3 × 3	LReLU	512 × 32 × 32	2.4M
Conv 3 × 3	LReLU	512 × 32 × 32	2.4M
Downsample	–	512 × 16 × 16	–
Conv 3 × 3	LReLU	512 × 16 × 16	2.4M
Conv 3 × 3	LReLU	512 × 16 × 16	2.4M
Downsample	–	512 × 8 × 8	–
Conv 3 × 3	LReLU	512 × 8 × 8	2.4M
Conv 3 × 3	LReLU	512 × 8 × 8	2.4M
Downsample	–	512 × 4 × 4	–
Minibatch stddev	–	513 × 4 × 4	–
Conv 3 × 3	LReLU	512 × 4 × 4	2.4M
Conv 4 × 4	LReLU	512 × 1 × 1	4.2M
Fully-connected	linear	1 × 1 × 1	513
Total trainable parameters			23.1M

그림 10-6 1,024×1,024픽셀의 CelebA 얼굴을 생성하는 데 사용되는 ProGAN 생성자 및 판별자(출처: Karras et al., 2018)

이 논문은 미니 배치 표준 편차, 균등 학습률, 픽셀별 정규화와 같은 몇 가지 다른 중요한 기술도 소개했습니다. 다음 절에서 이를 간략하게 설명하겠습니다.

미니 배치 표준 편차

미니 배치 표준 편차minibatch standard deviation 층은 특성값의 표준 편차를 모든 픽셀과 미니 배치에 걸쳐 평균하여 (상수) 특성으로 판별자에 추가하는 층입니다.[3] 이렇게 하면 생성자가 출력에서 더 많은 다양성을 부여하는 데 도움이 됩니다. 미니 배치에서 다양성이 낮으면 표준 편차가 작아지고 판별자는 이 특성을 사용하여 가짜 배치와 진짜 배치를 구별할 수 있습니다. 따라서 생성자는 진짜 훈련 데이터와 비슷한 양의 다양성을 만들도록 독려됩니다.

---

3 옮긴이_ 먼저 미니 배치에 있는 모든 샘플의 첫 번째 특성 맵에 대해서 각 픽셀의 표준 편차를 계산합니다. 그다음 두 번째 특성 맵에 대해서 픽셀별로 표준 편차를 계산합니다. 이런 식으로 전체 특성 맵에 대해 각 픽셀의 표준 편차를 계산한 후 다시 픽셀별로 표준 편차의 평균을 계산하여 하나의 특성 맵을 만듭니다.

균등 학습률

ProGAN의 모든 밀집 층과 합성곱 층은 **균등 학습률**equalized learning rate을 사용합니다. 일반적으로 신경망의 가중치는 **He 초기화**(표준 편차가 층에 대한 입력 개수의 제곱근에 반비례한 가우스 분포)와 같은 방법을 사용하여 초기화됩니다. 이렇게 하면 입력 개수가 많은 경우 0에서 가까운 값으로 층의 가중치가 초기화되어 일반적으로 훈련 과정의 안정성이 향상됩니다.

ProGAN 논문의 저자는 이를 Adam 또는 RMSProp과 같은 최신 옵티마이저와 함께 사용할 때 문제가 발생한다는 사실을 발견했습니다. 이러한 방식은 가중치에 대한 그레이디언트 업데이트를 정규화합니다. 따라서 업데이트 크기가 가중치의 스케일(크기)과 무관합니다. 하지만 이는 범위가 큰 가중치(즉, 입력 개수가 적은 층)가 범위가 작은 가중치(즉, 입력 개수가 많은 층)보다 조정하는 데 상대적으로 더 오래 걸림을 의미합니다. 이에 따라 ProGAN에서 생성자와 판별자의 여러 층에서 훈련 속도 간의 불균형이 발생함이 밝혀졌고 이 문제를 해결하는 데 균등 학습률을 사용했습니다.

ProGAN의 가중치는 층에 대한 입력 개수와 관계없이 간단한 표준 가우스 분포를 사용하여 초기화됩니다. 정규화는 초기화할 때가 아니라 층의 정방향 계산 시 동적으로 적용됩니다. 이러한 방식으로 옵티마이저는 각 가중치의 범위가 거의 동일하다고 보고 동일한 학습률을 적용합니다. 즉, 층이 호출될 때마다 He 초기화 계수에 따라 가중치의 스케일이 조정됩니다.

픽셀별 정규화

마지막으로 ProGAN의 생성자에서는 배치 정규화가 아닌 **픽셀별 정규화**pixelwise normalization를 사용합니다. 이렇게 하면 각 픽셀의 특성 벡터가 단위길이로 정규화되고 신호가 신경망으로 전파될 때 제어 불능 상태가 되는 문제를 방지할 수 있습니다. 픽셀별 정규화 층에는 훈련 가능한 가중치가 없습니다.

10.2.2 출력

CelebA 데이터셋 외에도 [그림 10-7]과 같이 ProGAN을 LSUN^Large-scale Scene Understanding 데이터셋 이미지에 적용하여 우수한 결과를 얻었습니다. 이는 이전 GAN 구조보다 ProGAN의 강력한 성능을 보여주며 StyleGAN 및 StyleGAN2와 같은 후속 모델의 기반이 되었습니다. 이런 모델에 관해서는 다음 절에서 살펴보겠습니다.

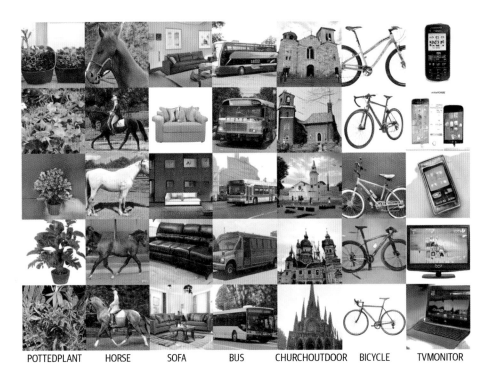

POTTEDPLANT HORSE SOFA BUS CHURCHOUTDOOR BICYCLE TVMONITOR

그림 10-7 LSUN 데이터셋에서 점진적으로 훈련된 ProGAN에서 생성된 256×256 해상도의 샘플(출처: Karras et al., 2017)

10.3 StyleGAN

StyleGAN[4]은 2018년에 나온 GAN 구조로, ProGAN 논문의 초기 아이디어를 기반으로 합니다. 사실, 판별자는 동일하고 생성자만 바뀌었습니다.

GAN을 훈련할 때 고수준의 속성에 해당하는 잠재 공간 벡터를 구별하기가 어려운 경우가 많습니다. 이런 속성들은 자주 얽힙니다. 예를 들어 얼굴에 주근깨를 많이 넣으려고 잠재 공간의 이미지를 조정하면 의도치 않게 배경색이 변경될 수 있습니다. ProGAN은 놀랍도록 사실적인 이미지를 생성하지만 이 일반적인 규칙에서는 예외가 아닙니다. 이상적으로는 이미지의 스타일을 완전히 제어하기를 원하며, 이를 위해서는 잠재 공간에서 얽힌 특성을 잘 구분해야 합니다.

---

4 Tero Karras et al., "A Style-Based Generator Architecture for Generative Adversarial Networks," December 12, 2018, https://arxiv.org/abs/1812.04948.

StyleGAN은 다양한 지점에서 스타일 벡터를 신경망에 명시적으로 주입해서 이를 달성합니다. 일부는 고수준의 특성(예: 얼굴 방향)을, 일부는 저수준의 세부 사항(예: 머리카락이 이마를 가로지르는 방식)을 제어합니다.

StyleGAN 생성자의 전체 구조는 [그림 10-8]에 있습니다. 매핑 신경망부터 시작하여 이 구조를 단계별로 살펴보겠습니다.

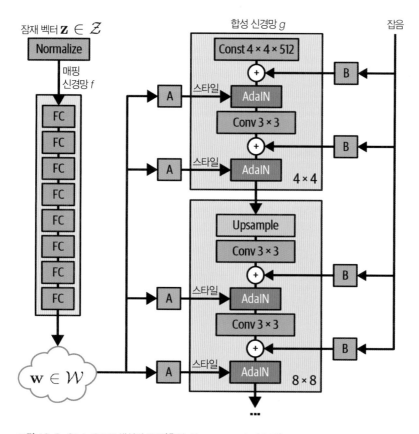

그림 10-8 StyleGAN 생성자 구조(출처: Karras et al., 2018)

NOTE_ StyleGAN 훈련하기

케라스 웹사이트에 StyleGAN을 훈련하는 방법을 소개한 순야오 청Soon-Yau Cheong의 튜토리얼(https://oreil.ly/MooSe)이 있습니다. StyleGAN을 훈련해서 논문과 같은 결과를 얻으려면 컴퓨팅 성능이 상당히 좋아야 함을 유념하세요.

10.3.1 매핑 신경망

매핑 신경망mapping network f는 입력 잡음 $z \in Z$를 다른 잠재 공간 $w \in W$로 변환하는 간단한 피드 포워드 신경망입니다. 이를 통해 생성자는 잡음이 있는 입력 벡터를 후속 스타일 생성 층에서 쉽게 선택할 수 있는 서로 다른 변동 요소로 해체할 수 있습니다.

이 작업의 요점은 주어진 스타일을 가진 이미지를 생성하는 과정(합성 신경망)과 이미지 스타일을 선택하는 과정(매핑 신경망)을 분리하는 것입니다.

10.3.2 합성 신경망

합성 신경망synthesis network은 매핑 신경망에서 제공하는 스타일로 실제 이미지를 생성합니다. [그림 10-8]에서 볼 수 있듯이 스타일 벡터 w가 합성 신경망의 여러 지점에서 매번 서로 다른 밀집 연결 층 A_i를 통해 주입됩니다. 이 밀집 층은 편향 벡터 $y_{b,i}$와 스케일 벡터 $y_{s,i}$ 두 개를 출력합니다. 이 벡터가 신경망의 해당 지점에 주입해야 할 특정 스타일을 정의합니다. 즉, 특성 맵을 조정해서 생성될 이미지를 특정 스타일 방향으로 이동시키는 방법을 합성 신경망에 알려 줍니다.

이 조정은 **적응적 인스턴스 정규화**Adaptive Instance Normalization(AdaIN) 층을 통해 이루어집니다.

적응적 인스턴스 정규화

AdaIN 층은 참조 스타일의 편향 $y_{b,i}$와 스케일 $y_{s,i}$를 사용해 각 특성 맵 x_i의 평균과 분산을 조정하는 신경망 층입니다.[5] 두 벡터의 길이는 합성 신경망의 이전 합성곱 층에서 출력되는 채널 수와 같습니다. 적응적 인스턴스 정규화 공식은 다음과 같습니다.

$$AdaIN(x_i, y) = y_{s,i} \frac{x_i - \mu(x_i)}{\sigma(x_i)} + y_{b,i}$$

5　Xun Huang and Serge Belongie, "Arbitrary Style Transfer in Real-Time with Adaptive Instance Normalization," March 20, 2017. https://arxiv.org/abs/1703.06868.

적응적 인스턴스 정규화 층은 층 간에 스타일 정보가 새지 않도록 방지하여 각 층에 주입되는 스타일 벡터가 해당 층의 특성에만 영향을 미치도록 만듭니다. 이를 통해 원본 z 벡터보다 훨씬 덜 얽힌 잠재 벡터 w를 만들 수 있습니다.

합성 신경망은 ProGAN 구조 기반이므로 점진적으로 훈련됩니다. 합성 신경망의 앞쪽 층 (가장 낮은 해상도인 4×4, 8×8픽셀)에 있는 스타일 벡터는 신경망의 후반 층(64×64에서 1,024×1,024픽셀 해상도)보다 거친 특성에 영향을 줍니다. 이는 잠재 벡터 w를 통해 생성된 이미지를 완전히 제어할 수 있을 뿐만 아니라, 합성 신경망의 여러 지점에서 w 벡터를 바꾸어 다양한 수준의 스타일을 변경할 수 있다는 의미입니다.

스타일 혼합

스타일 혼합style mixing이라는 트릭을 사용하여 생성자가 훈련 중에 인접한 스타일 간의 상관관계를 활용할 수 없도록 합니다(즉, 각 층에 삽입된 스타일이 가능한 한 얽히지 않도록 합니다). 하나의 잠재 벡터 z만 샘플링하지 않고 두 스타일 벡터(w_1, w_2)에 대응하는 두 잠재 벡터(z_1, z_2)가 샘플링됩니다. 그런 다음 각 층에서 둘 중 하나(w_1 또는 w_2)를 랜덤하게 선택해서 벡터 간의 가능한 모든 상관관계를 끊습니다.

확률적 변동

합성 신경망은 개별 머리카락의 배치 또는 얼굴 뒤의 배경과 같은 확률적 세부 사항을 위해 합성곱 층 다음에 (학습된 브로드캐스팅 층 B를 통해서) 잡음을 추가합니다. 여기에서도 잡음이 주입되는 깊이가 이미지에 미치는 영향의 정도를 결정합니다.

이는 또한 합성 신경망에 대한 초기 입력이 잡음 대신에 단순히 학습된 상수가 될 수 있음을 의미합니다. 스타일 입력과 잡음 입력에는 이미지에서 충분한 분산을 생성할 만큼의 확률성이 이미 존재합니다.

10.3.3 StyleGAN의 출력

[그림 10-9]는 StyleGAN의 실제 결과를 보여줍니다.

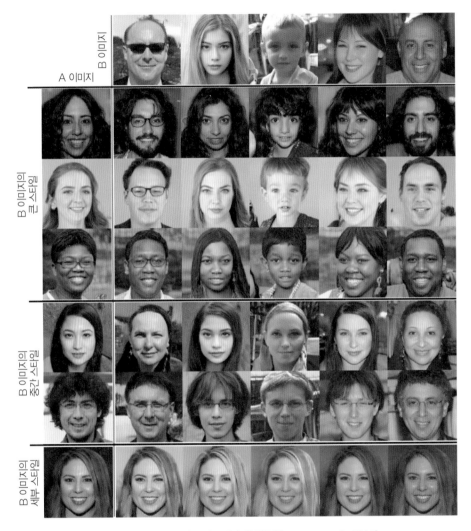

그림 10-9 생성된 두 이미지 사이의 상세 수준별 스타일 합성(출처: Karras et al., 2018)

여기에서 두 이미지 A와 B는 다른 **w** 벡터로 생성되었습니다. 두 이미지를 합치려고 A의 **w** 벡터를 합성 네트워크에 통과시키지만 어떤 지점에서 B의 **w** 벡터로 바꿉니다. 이런 변경이 초기(4×4 또는 8×8 해상도)에 일어나면 자세, 얼굴 모양, 안경 같은 B에 있는 큰 스타일이 A

로 전달됩니다. 하지만 변경이 나중에 일어나면 B에서 색깔, 얼굴의 미세 형태 같은 미세한 스타일이 전달됩니다. 반면에 A 이미지의 큰 특징은 유지됩니다.

10.4 StyleGAN2

이런 GAN 모델의 발전은 최종적으로 StyleGAN2로 이어졌습니다.[6] 이 모델은 StyleGAN 구조를 기반으로 하며, 생성된 출력의 품질을 높이는 몇 가지 주요 변경 사항이 있습니다. 특히 StyleGAN2는 [그림 10-10]에서 볼 수 있듯이 이미지의 아티팩트artifact(물방울이 번진 것 같은 현상)가 거의 발생하지 않습니다. 이런 아티팩트는 StyleGAN의 적응적 인스턴스 정규화 층으로 인해 발생하는 것으로 밝혀졌습니다.

그림 10-10 StyleGAN로 생성한 얼굴 이미지에 있는 아티팩트(출처: Karras et al., 2019)

StyleGAN2의 생성자와 판별자는 모두 StyleGAN과 다릅니다. 다음 절에서는 두 구조의 주요 차이점을 살펴보겠습니다.

> **NOTE_ StyleGAN2 훈련하기**
> 텐서플로로 StyleGAN을 훈련하는 코드는 공식 깃허브(https://oreil.ly/alB6w)에서 확인할 수 있습니다. StyleGAN2를 훈련해서 논문과 같은 결과를 얻으려면 컴퓨팅 성능이 상당히 좋아야 함을 유념하세요.

----

6 Tero Karras et al., "Analyzing and Improving the Image Quality of StyleGAN," December 3, 2019, https://arxiv.org/abs/1912.04958. 옮긴이_ 2021년 6월 StyleGAN3가 발표되었습니다(https://nvlabs.github.io/stylegan3).

10.4.1 가중치 변조 및 복조

아티팩트 문제를 해결하기 위해 [그림 10-11]과 같이 생성자에서 AdaIN 층을 제거하고 가중치 변조modulation 및 복조demodulation 단계로 대체합니다. **w**는 합성곱 층의 가중치를 나타내며, 런타임에 StyleGAN2의 변조 및 복조 단계에서 직접 업데이트됩니다. 이에 비해 StyleGAN의 AdaIN 층은 이미지 텐서가 신경망을 통과할 때 해당 텐서에 대해서 작동합니다.

StyleGAN의 AdaIN 층은 단순히 인스턴스 정규화에 이은 스타일 변조(스케일 및 편향)에 해당합니다. StyleGAN2의 아이디어는 [그림 10-11]과 같이 합성곱 층의 출력이 아닌 런타임에 합성곱 층의 가중치에 직접 스타일 변조 및 정규화(복조)를 적용하는 것입니다. 이 논문은 이미지 스타일에 대한 제어를 유지하면서 아티팩트 문제를 제거하는 방법을 보여줍니다.

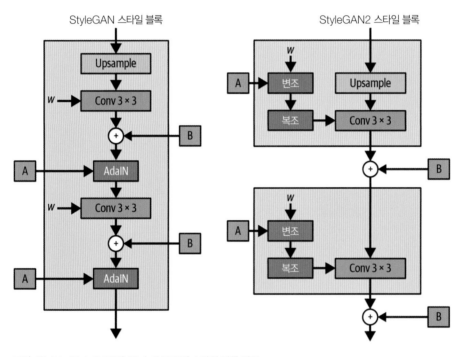

그림 10-11 StyleGAN과 StyleGAN2의 스타일 블록 비교

StyleGAN2에서 각각의 밀집 층은 하나의 스타일 벡터 s_i를 출력합니다. 여기서 i는 해당하는 합성곱 층에 있는 입력 채널의 인덱스입니다. 이 스타일 벡터는 다음과 같이 합성곱 층의 가중치에 적용됩니다.

$$w^{'}_{i,j,k} = s_i \cdot w_{i,j,k}$$

여기 j는 층의 출력 채널 인덱스이고 k는 공간 차원의 인덱스입니다. 이 과정이 **변조** 단계입니다.

그런 다음 가중치를 정규화하여 다시 단위 표준 편차를 갖도록 해서 훈련 과정의 안정성을 보장해야 합니다. 이것이 **복조** 단계입니다.

$$w^{''}_{i,j,k} = \frac{w^{'}_{i,j,k}}{\sqrt{\sum_{i,k} {w^{'}_{i,j,k}}^2 + \varepsilon}}$$

여기서 ϵ은 0 나눗셈을 방지하는 작은 상숫값입니다.

이 논문에서는 이 간단한 변경으로 물방울 아티팩트를 방지하고 스타일 벡터를 통해 생성된 이미지를 제어하면서 출력 품질을 높게 유지하는 방법을 보여줍니다.

10.4.2 경로 길이 규제

StyleGAN 구조에 가한 또 다른 변경 사항은 손실 함수에 **경로 길이 규제**[path length regularization]라는 추가 페널티[penalty] 항을 포함하는 것입니다.

잠재 공간이 가능한 한 매끄럽고 균일하여 잠재 공간에서 어떤 방향으로든 고정된 크기의 거리를 이동하면 이미지에 고정된 크기의 변화가 발생하는 것이 좋습니다.

이 속성을 장려하기 위해 StyleGAN2는 그레이디언트 페널티가 있는 일반적인 와서스테인[Wasserstein] 손실과 함께 다음 항을 최소화하는 것을 목표로 합니다.

$$\mathbb{E}_{w,y}\left(\left\| \mathbf{J}_w^\top y \right\|_2 - a\right)^2$$

여기서 w는 매핑 신경망에 의해 생성된 스타일 벡터의 집합이고, y는 $N(0,\mathbf{I})$에서 뽑은 잡음 이미지 집합입니다. $\mathbf{J}_w = \frac{\partial g}{\partial w}$는 스타일 벡터에 대한 생성자 신경망의 야코비 행렬입니다.

$\left\| \mathbf{J}_w^\top y \right\|_2$ 항은 야코비 행렬에 있는 그레이디언트로 변환된 이미지 y의 크기를 측정합니다. 이 값이 훈련이 진행됨에 따라 $\left\| \mathbf{J}_w^\top y \right\|_2$의 지수 이동 평균을 사용해 동적으로 계산되는 상수 a에

가깝게 되어야 합니다.

이 추가 항 덕분에 잠재 공간을 더 안정적이고 일관되게 탐색할 수 있습니다. 또한 손실 함수의 규제 항은 효율성을 높이려고 16개의 미니 배치마다 한 번만 적용됩니다. **게으른 규제**^{lazy} regularization라고 하는 이 기술 때문에 눈에 띌 정도의 성능 저하가 발생하지는 않습니다.

10.4.3 점진적 훈련 없음

또 다른 주요 변경 사항은 StyleGAN2를 훈련하는 방식입니다. StyleGAN2는 일반적인 점진적 훈련 메커니즘을 채택하는 대신 생성자의 스킵 연결과 판별자의 잔차 연결을 활용하여 전체 신경망을 하나로 훈련합니다. 더는 각기 다른 해상도에서 독립적으로 훈련하고 혼합할 필요가 없습니다. [그림 10-12]는 StyleGAN2의 생성자 및 판별자 블록을 보여줍니다.

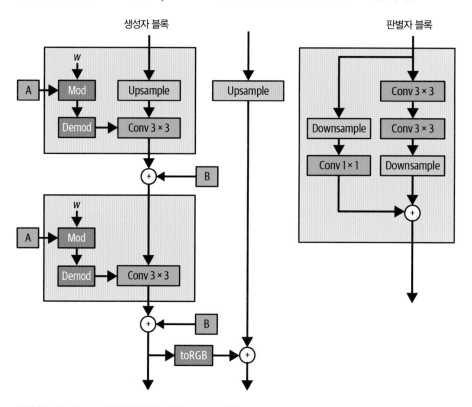

그림 10-12 StyleGAN2의 생성자 블록과 판별자 블록

StyleGAN2는 저해상도 특성 학습부터 시작해서 훈련이 진행됨에 따라 출력을 점진적으로 향상하는 속성을 유지할 수 있어야 합니다. 저자들은 이 구조를 사용해 이런 속성이 실제로 보존된다는 사실을 보여줍니다. 각 신경망은 훈련의 초기 단계에서 저해상도 층의 합성곱 가중치를 미세 조정함으로써 이점을 얻을 수 있으며, 스킵 연결과 잔차 연결을 사용해 대부분 영향을 받지 않고 고해상도 층으로 출력을 전달할 수 있습니다. 훈련이 진행되면서 생성자가 판별자를 속이도록 진짜 같은 이미지를 만드는 더 복잡한 방법을 발견함에 따라 고해상도 층이 지배적인 역할을 하기 시작합니다. 이 과정이 [그림 10-13]에 있습니다.

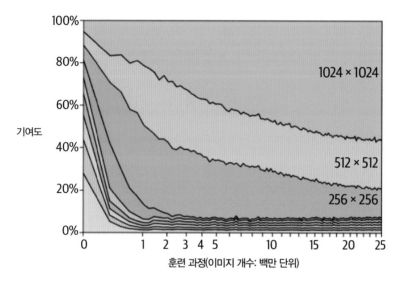

그림 10-13 훈련 시간에 따른 생성자 출력에 대한 각 해상도 층의 기여도(출처: Karras et al., 2019)

10.4.4 StyleGAN2의 출력

StyleGAN2 출력의 몇 가지 예시가 [그림 10-14]에 있습니다. 이 글을 쓰는 시점에 벤치마킹 웹사이트인 Papers with Code(`https://oreil.ly/VwH2r`)에 따르면 StyleGAN2 구조(그리고 StyleGAN-XL과 같은 확장된 변형)[7]는 FFHQ[Flickr-Faces-HQ]와 CIFAR-10과 같은 데이터셋의 이미지 생성 분야에서 최상위에 올라 있습니다.

----

7 Axel Sauer et al., "StyleGAN-XL: Scaling StyleGAN to Large Diverse Datasets," February 1, 2022, `https://arxiv.org/abs/2202.00273v2`.

FFHQ

LSUN
자동차

그림 10-14 FFHQ 얼굴 데이터셋 및 LSUN 자동차 데이터셋으로 만든 StyleGAN2 출력(출처: Karras et al., 2019)

10.5 그 외 중요한 GAN

이 절에서는 GAN 개발에 크게 기여한 두 가지 구조인 SAGAN과 BigGAN을 더 살펴보겠습니다.

10.5.1 SAGAN

SAGAN[Self-Attention GAN][8]은 트랜스포머와 같이 순차 모델에 사용하는 어텐션 메커니즘을 어떻게 이미지 생성을 위한 GAN 기반 모델에 적용하는지 보여주는 GAN 분야의 주요한 발전입니다. [그림 10-15]는 이 논문에 소개된 셀프 어텐션 메커니즘을 보여줍니다.

---

8 Han Zhang et al., "Self-Attention Generative Adversarial Networks," May 21, 2018, https://arxiv.org/abs/1805.08318.

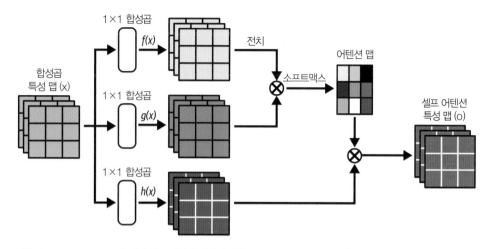

그림 10-15 SAGAN 모델 내의 셀프 어텐션 메커니즘(출처: Zhang et al., 2018)

어텐션을 사용하지 않는 GAN 기반 모델은 합성곱 특성 맵이 지역적인 정보만 처리할 수 있다는 문제점이 있습니다. 이미지 한쪽의 픽셀 정보를 다른 쪽에 연결하려면 여러 개의 합성곱 층으로 채널 개수를 늘리면서 이미지의 크기를 감소시켜야 합니다. 이 과정에서 고수준 특성을 잡는 대신 정확한 위치 정보는 잃게 됩니다. 모델이 이런 방식으로 멀리 떨어진 픽셀 사이의 광범위한 의존성을 학습하는 방식은 비효율적입니다. SAGAN은 앞에서 보았던 어텐션 메커니즘을 GAN에 적용하여 이 문제를 해결합니다. 이 방식의 효과는 [그림 10-16]에 나타나 있습니다.

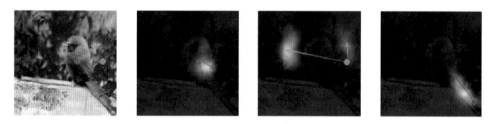

그림 10-16 SAGAN으로 생성한 새 이미지와 어텐션 기반 생성자의 마지막 층에서 3개의 점 부분에 대한 어텐션 맵 (출처: Zhang et al., 2018)

붉은 점은 새의 몸통 부분의 픽셀입니다. 따라서 어텐션이 몸통 부분의 픽셀에 집중합니다. 초록 점은 배경 부분입니다. 이 어텐션은 새 머리의 뒷부분과 배경에 집중합니다. 파란 점은 새의 꼬리 부분입니다. 이 어텐션은 파란 점에서 멀리 떨어진 다른 꼬리 픽셀에도 집중합니다. 어텐션을 사용하지 않고 이렇게 넓은 범위의 픽셀 의존성을 유지하기는 어렵습니다. 특히 (새의 꼬리와 같이) 이미지에 있는 길고 얇은 구조에서 그렇습니다.

> **NOTE_ SAGAN 훈련하기**
> 텐서플로를 사용하여 SAGAN을 학습시키는 코드는 공식 깃허브(`https://oreil.ly/rvej0`)에서 확인할 수 있습니다. SAGAN을 훈련해서 논문과 같은 결과를 얻으려면 컴퓨팅 성능이 상당히 좋아야 함을 유념하세요.

10.5.2 BigGAN

BigGAN[9]은 딥마인드DeepMind에서 개발한 모델로 SAGAN 논문의 아이디어를 확장합니다. [그림 10-17]은 128×128 해상도의 ImageNet 데이터셋에서 훈련한 BigGAN으로 생성한 이미지입니다.

그림 10-17 BigGAN으로 생성한 샘플 이미지(출처: Brock et al., 2018)

기본 SAGAN 모델을 수정했을 뿐만 아니라 논문에는 모델의 수준을 한 단계 위로 높이는 몇 가지 혁신적인 내용이 있습니다. 한 가지 혁신은 **절단 기법**truncation trick입니다. 훈련할 때 잠재 벡터의 분포로 $z \sim N(0, \mathbf{I})$를 사용하지만 샘플링에서는 **절단 정규 분포**truncated normal distribution를 사용합니다(어떤 임곗값보다 작은 z를 샘플링합니다). 절단 임곗값이 작을수록 다양성은 줄어들지만 생성된 샘플의 신뢰도가 커집니다. [그림 10-18]에 이런 개념이 나타나 있습니다.

---

9 Andrew Brock et al., "Large Scale GAN Training for High Fidelity Natural Image Synthesis," September 28, 2018, `https://arxiv.org/abs/1809.11096`.

그림 10-18 절단 기법: 임곗값이 왼쪽에서부터 순서대로 2, 1, 0.5, 0.04임(출처: Brock et al., 2018)

이름에서 알 수 있듯이 BigGAN은 규모가 크다는 점에서 SAGAN보다 좋아졌습니다. BigGAN의 배치 크기는 2,048로 SAGAN의 256보다 8배 더 큽니다. 각 층의 채널 크기도 50% 증가했습니다. 그리고 BigGAN은 SAGAN을 구조적으로도 향상했습니다. 여기에는 공유 임베딩shared embedding, 직교 정규화orthogonal regularization가 포함됩니다. 또한 잠재 벡터 z를 첫 번째 층뿐만 아니라 생성자의 층마다 사용합니다.

BigGAN에 사용된 혁신에 관한 전체 설명은 원본 논문과 밀라Mila 연구소에서 만든 프리젠테이션(http://bit.ly/31g3tza)을 참고하세요.

> **NOTE_ BigGAN 사용하기**
> 사전 학습된 BigGAN을 사용하여 이미지를 생성하는 방법에 관한 튜토리얼은 텐서플로 웹사이트 (https://oreil.ly/YLbLb)에서 확인할 수 있습니다.

10.5.3 VQ-GAN

2020년에 소개된 VQ-GANVector Quantized GAN도 중요한 GAN입니다.[10] 이 모델 구조는 2017년 논문 「Neural Discrete Representation Learning」[11]에 소개된 아이디어, 즉 VAE에서 학습한 표현은 연속적이 아니라 이산적일 수 있음을 기반으로 만들어졌습니다. 새로운 형태의 모델인 VQ-VAEVector Quantized VAE는 **사후 붕괴**posterior collapse(지나치게 강력한 디코더로 인해 학습된

---

10 Patrick Esser et al., "Taming Transformers for High-Resolution Image Synthesis," December 17, 2020, https://arxiv.org/abs/2012.09841.

11 Aaron van den Oord et al., "Neural Discrete Representation Learning," November 2, 2017, https://arxiv.org/abs/1711.00937v2.

잠재 공간이 유용하지 않은 경우)와 같이 연속적인 잠재 공간을 형성하는 기존의 VAE에서 흔히 볼 수 있는 몇 가지 문제를 피하면서 고품질 이미지를 생성합니다.

TIP_ 오픈AI가 2021년에 발표한 텍스트 투 이미지 모델인 DALL·E(13장 참고)의 첫 번째 버전이 VQ-VAE와 유사한 이산적인 잠재 공간이 있는 VAE를 활용했습니다.

이산 잠재 공간discrete latent space은 해당 인덱스에 연관된 학습된 벡터 목록(**코드북**codebook)을 의미합니다. VQ-VAE에서 인코더는 입력 이미지를 코드북과 비교할 수 있는 더 작은 벡터 그리드로 축소하는 역할을 합니다. 그런 다음 [그림 10-19]와 같이 각 그리드 정시각형 벡터에 (유클리드 거리 기준으로) 가장 가까운 코드북 벡터를 디코더로 전달하여 디코딩합니다. 코드북은 길이가 d(임베딩 크기)인 학습된 벡터의 목록입니다. 이 길이는 인코더 출력 및 디코더 입력의 채널 수와 일치합니다. 예를 들어 e_1은 배경으로 해석할 수 있는 벡터입니다.

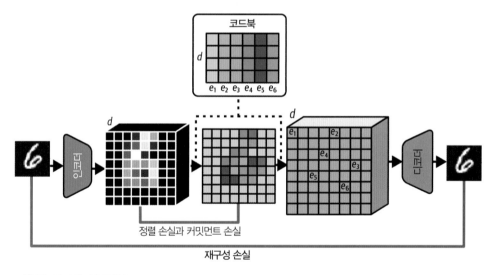

그림 10-19 VQ-VAE 구조

코드북은 주어진 이미지의 내용을 이해하려고 인코더와 디코더가 공유하는 학습된 이산적인 개념의 집합으로 생각할 수 있습니다. VQ-VAE는 이러한 이산적인 개념 집합을 가능한 한 유익하게 만드는 방법을 찾아야 합니다. 이를 통해 인코더가 그리드 사각형의 레이블을 디코더에게 의미 있는 특정 코드 벡터로 채울 수 있습니다. 따라서 VQ-VAE의 손실 함수는 인코더의 출력 벡터가 코드북의 벡터에 최대한 가까워지도록 하는 두 가지 항(정렬alignment 손실과 커밋먼트commitment 손실)을 더한 재구성 손실입니다. 이 항이 일반적인 VAE에 있는 인코딩된 분포와 표준 가우스 분포 사이의 KL 발산 항을 대신합니다.

그러나 이 구조는 새 이미지를 생성할 때 디코더에 전달할 새로운 코드 그리드를 어떻게 샘플링해야 할지 질문을 제기합니다. 분명히 균일한 사전 분포prior (각 그리드 사각형에 대해 동일한 확률로 각 코드를 선택함)를 사용하면 작동하지 않습니다. 예를 들어 MNIST 데이터셋에서 왼쪽 상단 그리드 사각형은 배경으로 코딩될 가능성이 높지만 이미지 중앙 그리드 사각형은 그렇게 코딩될 것 같지 않습니다. 이 문제를 해결하려고 또 다른 모델인 자기회귀 PixelCNN(5장 참조)을 사용하여 이전 코드 벡터가 주어지면 그리드의 다음 코드 벡터를 예측합니다. 즉, 기본 VAE처럼 사전 분포가 정적이 아니라 모델에 의해 학습됩니다.

> **NOTE_ VQ-VAE 훈련하기**
>
> 케라스 웹사이트에 케라스로 VQ-VAE를 훈련하는 방법을 설명하는 사야크 폴Sayak Paul의 튜토리얼이 있습니다(https://oreil.ly/dmcb4).

VQ-GAN은 [그림 10-20]과 같이 VQ-VAE 구조에 몇 가지 주요한 변경 사항을 적용합니다.

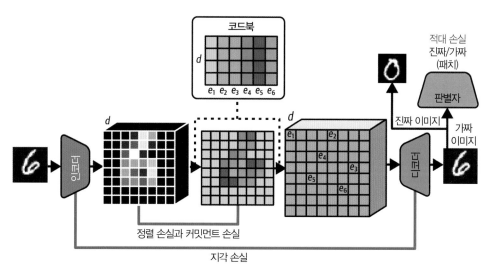

그림 10-20 VQ-GAN 구조: 적대적 손실 항을 추가해서 GAN 판별자는 VAE가 덜 흐릿한 이미지를 생성하도록 도움

첫째, 이름에서 알 수 있듯이 손실 함수에 적대적 항을 추가하여 VAE 디코더의 출력과 실제 이미지를 구별하는 GAN 판별자를 포함합니다. GAN은 VAE보다 더 선명한 이미지를 생성하는 편이므로 이렇게 추가하면 전반적인 이미지 품질이 향상됩니다. 이름에서는 빠졌지만 VQ-GAN 모델에는 여전히 VAE가 들어 있으며, GAN 판별자는 VAE를 대체하는 것이 아니라 추가 구성 요소입니다. VAE와 GAN 판별자(VAE-GAN)를 결합하는 아이디어는 라르센Larsen 등이 2015년 논문[12]에서 처음 소개했습니다.

둘째, GAN 판별자는 전체 이미지를 한 번에 보지 않고 이미지의 작은 패치가 진짜인지 가짜인지 예측합니다. 이 아이디어(PatchGAN)는 이솔라Isola 등이 2016년에 소개한 pix2pix 이미지-투-이미지 모델에 성공적으로 적용되었습니다.[13] 또 다른 이미지-투-이미지 스타일 전이 모델인 CycleGAN에도 성공적으로 적용되었습니다.[14] PatchGAN 판별자는 전체 이미지에 대한 단일 예측이 아닌 예측 벡터(각 패치에 대한 예측)를 출력합니다. PatchGAN 판별자를 사용하면 손실 함수가 판별자가 콘텐츠가 아닌 스타일에 따라 이미지를 얼마나 잘 구별하는지 측정할 수 있다는 이점이 있습니다. 판별자 예측의 개별 요소는 이미지의 작은 정사각형 기반이므로 콘텐츠가 아닌 패치 스타일을 사용하여 결정을 내려야 합니다. VAE가 실제 이미지보다 스타일적으로 더 흐릿한 이미지를 생성합니다. 따라서 PatchGAN 판별자는 VAE 디코더가 자연적으로 생성할 때보다 더 선명한 이미지를 생성하도록 독려할 수 있습니다.

셋째, VQ-GAN은 입력 이미지 픽셀을 VAE 디코더의 출력 픽셀과 비교하는 단일 MSE 재구성 손실을 사용하지 않습니다. 그 대신 인코더의 중간 층과 이에 해당하는 디코더의 층에서 특성 맵 간의 차이를 계산하는 **지각 손실**perceptural loss 항을 사용합니다. 이런 손실 함수 변경이 더욱 사실적인 이미지를 만든다는 것을 보여준 허우Hou 등의 2016년 논문에서 이 아이디어를 가져 왔습니다.[15]

마지막으로 PixelCNN 대신 트랜스포머를 모델의 자기회귀 부분으로 사용하고 코드 시퀀스를 생성하도록 훈련합니다. 트랜스포머는 VQ-GAN이 완전히 훈련된 후 별도의 단계에서 훈련

12 Anders Boesen Lindbo Larsen et al., "Autoencoding Beyond Pixels Using a Learned Similarity Metric," December 31, 2015, https://arxiv.org/abs/1512.09300.

13 Phillip Isola et al., "Image-to-Image Translation with Conditional Adversarial Networks," November 21, 2016, https://arxiv.org/abs/1611.07004v3.

14 Jun-Yan Zhu et al., "Unpaired Image-to-Image Translation using Cycle-Consistent Adversarial Networks," March 30, 2017, https://arxiv.org/abs/1703.10593.

15 Xianxu Hou et al., "Deep Feature Consistent Variational Autoencoder," October 2, 2016, https://arxiv.org/abs/1610.00291.

됩니다. 이전의 모든 토큰을 완전한 자기회귀 방식으로 사용하는 대신 예측할 토큰 주변의 슬라이딩 윈도 내에 있는 토큰만 사용합니다. 이렇게 하면 더 큰 이미지로 모델을 확장할 수 있습니다. 이렇게 하려면 더 큰 잠재 그리드가 필요하므로 트랜스포머에서 더 많은 토큰을 생성해야 합니다.

10.5.4 ViT VQ-GAN

위[Yu] 등은 2021년 논문 「Vector-Quantized Image Modeling with Improved VQGAN」에서 VQ-GAN을 더 확장하였습니다.[16] 이 논문은 [그림 10-21]과 같이 VQ-GAN의 합성곱 인코더와 디코더를 트랜스포머로 교체하였습니다.

인코더에는 **비전 트랜스포머**[Vision Transformer](ViT)를 사용합니다.[17] ViT는 원래 자연어 처리용으로 설계된 트랜스포머 모델을 이미지 데이터에 적용한 신경망 구조입니다. 합성곱 층을 사용하여 이미지에서 특성을 추출하는 대신 ViT는 이미지를 일련의 패치로 나누고 이 패치를 토큰화하여 인코더 트랜스포머에 입력으로 주입합니다.

구체적으로 ViT VQ-GAN은 겹치지 않는 (8×8 크기의) 입력 패치를 먼저 펼친 다음 저차원 임베딩 공간으로 투영하고 위치 임베딩을 추가합니다. 그런 다음 이 시퀀스를 표준 인코더 트랜스포머에 주입하고 만들어진 임베딩은 학습된 코드북에 따라 양자화됩니다. 그리고 디코더 트랜스포머 모델이 이러한 정수 코드를 처리합니다. 전체 출력은 패치의 시퀀스이며 다시 연결하여 원본 이미지를 형성할 수 있습니다. 전체 인코더-디코더 모델은 하나의 오토인코더로 엔드 투 엔드[end-to-end]로 훈련됩니다.

---

16 Jiahui Yu et al., "Vector-Quantized Image Modeling with Improved VQGAN," October 9, 2021, https://arxiv.org/abs/2110.04627.

17 Alexey Dosovitskiy et al., "An Image Is Worth 16x16 Words: Transformers for Image Recognition at Scale," October 22, 2020, https://arxiv.org/abs/2010.11929v2.

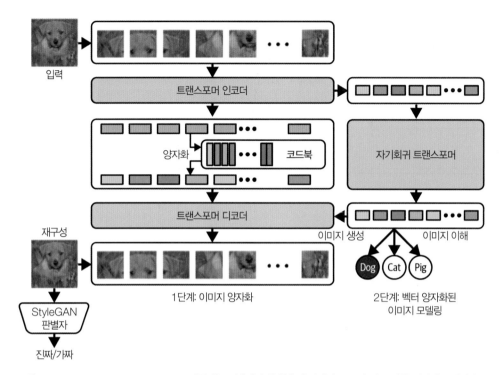

그림 10-21 ViT VQ-GAN 구조: GAN 판별자는 적대적 손실 항을 추가해서 VAE가 덜 흐릿한 이미지를 생성하도록 독려함[18]

원래 VQ-GAN 모델과 마찬가지로 훈련의 두 번째 단계에서 자기회귀 디코더 트랜스포머를 사용하여 코드 시퀀스를 생성합니다. 따라서 ViT VQ-GAN에는 GAN 판별자 및 학습된 코드북 외에 총 세 개의 트랜스포머가 있습니다. ViT VQ-GAN이 생성한 이미지의 예는 [그림 10-22]에 있습니다.

18 출처: Jiahui Yu and Jing Yu Koh, "Vector-Quantized Image Modeling with Improved VQGAN," May 18, 2022, https://ai.googleblog.com/2022/05/vector-quantized-image-modeling-with.html.

그림 10-22 ImageNet에서 훈련된 ViT VQ-GAN이 생성한 샘플 이미지(출처: Yu et al., 2021)

10.6 요약

이 장에서는 2017년 이후 가장 중요하고 영향력 있는 GAN 논문을 살펴보았습니다. 특히 ProGAN, StyleGAN, StyleGAN2, SAGAN, BigGAN, VQ-GAN, ViT VQ-GAN을 살펴보았습니다.

먼저 2017 ProGAN 논문에서 선구적으로 개발한 점진적 훈련의 개념을 살펴보았습니다. 2018년 StyleGAN 논문에서는 특정 스타일 벡터를 만드는 매핑 신경망과 다양한 해상도로 스타일을 삽입하는 합성 신경망과 같이 이미지 출력을 더 잘 제어하게 해주는 몇 가지 주요 변경 사항을 소개했습니다. 그리고 StyleGAN2는 경로 규제와 같은 추가 개선 사항과 함께 StyleGAN의 적응적 인스턴스 정규화를 가중치 변조 및 복조 단계로 대체했습니다. 이 논문은 신경망을 점진적으로 훈련시키지 않고도 점진적 해상도 개선이라는 좋은 속성을 유지하는 방법을 보여주었습니다.

또한 2018년에 나온 SAGAN을 소개하면서 어텐션 개념이 어떻게 GAN에 포함될 수 있는지도 보았습니다. 이를 통해 신경망은 이미지의 공간 차원에 정보를 분산시키는 심층 합성곱 맵에 의존하지 않고 이미지 반대편의 비슷한 배경색과 같은 장거리 종속성을 감지할 수 있습니다. BigGAN은 이 아이디어를 확장하여 몇 가지 주요 변경 사항을 적용하고 이미지 품질을 더욱 향상하도록 더 큰 신경망을 훈련했습니다.

VQ-GAN 논문에서 저자는 여러 가지 유형의 생성 모델을 결합하여 큰 효과를 내는 방법을 보여줬습니다. 이산적 잠재 공간이 있는 VAE의 개념을 도입한 원본 VQ-VAE 논문을 기반으로 만든 VQ-GAN은 판별자가 적대 손실 항을 추가해서 VAE가 덜 흐릿한 이미지를 생성하도록 독려합니다. 자기회귀 트랜스포머를 사용하여 새로운 코드 토큰 시퀀스를 만들고 이를 사용해 VAE 디코더에서 디코딩하여 새로운 이미지를 생성할 수 있습니다. ViT VQ-GAN 논문은 이 아이디어를 더 확장하여 VQ-GAN의 합성곱 인코더 및 디코더를 트랜스포머로 대체합니다.

CHAPTER 11

음악 생성

이 장의 목표

- 음악 생성을 시퀀스 예측 문제로 취급하여 트랜스포머와 같은 자기회귀 모델을 적용하는 방법을 이해합니다.
- music21 패키지를 사용하여 MIDI 파일을 파싱하고 토큰화하여 훈련 세트를 만드는 방법을 알아봅니다.
- 사인sine 위치 인코딩을 사용하는 방법을 알아봅니다.
- 음표와 지속 시간duration을 처리하기 위해 다중 입력과 출력을 가진 음악 생성 트랜스포머를 훈련합니다.
- 그리드grid 토큰화 및 이벤트 기반 토큰화를 포함하여 다성 음악polyphony[1]을 처리하는 방법을 이해합니다.
- MuseGAN 모델을 훈련하여 멀티트랙multitrack 음악을 생성합니다.
- MuseGAN을 사용해 생성된 마디의 다양한 속성을 조정합니다.

음악 작곡은 멜로디, 하모니, 리듬, 음색 등 다양한 음악적 요소를 결합하는 복잡하고 창의적인 과정입니다. 전통적으로 작곡은 인간의 고유한 활동으로 여겨졌지만, 최근의 발전으로 귀를 즐겁게 하면서도 장기적인 구조를 가진 음악을 생성할 수 있게 되었습니다.

음악은 시퀀스 예측 문제로 생각할 수 있으므로 트랜스포머 모델을 음악 생성에 널리 사용합니다. 이 모델은 문장의 단어와 유사하게 음표를 토큰의 시퀀스로 취급하도록 합니다. 즉, 트랜스포머 모델은 이전 음표를 기반으로 시퀀스의 다음 음표를 예측하는 방법을 학습하여 음악을 생성합니다.

MuseGAN은 음악을 생성하는 데 완전히 다른 접근 방식을 취합니다. 음표별로 음악을 생성하는 트랜스포머와 달리 MuseGAN은 음악을 피치 축과 시간 축으로 구성된 이미지로 취급하여 전체 음악 트랙을 한 번에 생성합니다. 또한 코드, 스타일, 멜로디, 그루브 등 다양한 음악적 구성 요소를 분리하여 독립적으로 제어할 수 있습니다.

---

1 옮긴이_ 다성 음악은 두 개 이상의 독립적인 멜로디로 구성된 음악입니다.

이 장에서는 음악 데이터를 처리하고 트랜스포머와 MuseGAN을 적용하여 훈련 세트와 스타일이 유사한 음악을 생성하는 방법을 배우겠습니다.

11.1 소개

컴퓨터로 듣기 좋은 음악을 작곡하려면 9장에서 텍스트와 관련해 보았던 여러 기술적인 과제를 해결해야 합니다. 특히 모델이 순차적인 음악의 구조를 학습하고 재생성할 수 있어야 합니다. 또한 이산적인 확률 집합을 사용하여 연속적인 악보를 만들 수 있어야 합니다.

하지만 음악 창작은 텍스트 생성에 없었던 피치pitch[2]와 리듬rhythm이 있어 더 어렵습니다. 음악에는 여러 선율이 있는 경우가 많습니다. 여러 가지 선율을 동시에 다른 악기로 연주하여 불협화음이나 조화로운 화음을 만듭니다. 텍스트 생성은 하나의 텍스트 스트림만 처리하면 됩니다. 하지만 음악은 화음의 스트림을 동시에 처리해야 합니다.

또한 텍스트 생성에서는 한 번에 한 단어씩 처리합니다. 텍스트 데이터와 달리 음악은 여러 부분으로 구성된 소리의 짜임으로, 반드시 동시에 전달되지는 않습니다. 음악을 듣고 호감을 느끼는 것은 여러 리듬의 합주가 상호작용한 결과이기 때문입니다. 예를 들어 피아니스트가 한 코드chord[3]를 길게 끄는 동안 기타리스트는 매우 빠르게 음을 연달아 연주합니다. 따라서 음표 하나씩 생성하여 음악을 만드는 일은 어렵습니다. 모든 악기가 동시에 음표를 바꿔서는 안 되기 때문입니다.

먼저 이 장에서 선율이 하나인 단성 음악monophonic 생성에 초점을 맞추어 문제를 단순화하겠습니다. 9장에서 텍스트 생성에 사용한 여러 가지 RNN 기술을 음악 생성에도 사용할 수 있습니다. 두 작업은 공통점이 많습니다. 먼저 트랜스포머를 훈련시켜 바흐J.S. Bach 첼로 모음곡 스타일의 음악을 생성하고, 어텐션 메커니즘을 사용해 모델이 어떻게 이전 음에 집중하여 가장 자연스러운 후속 음을 결정하는지 살펴볼 것입니다. 그다음 선율이 여러 개인 다성 음악을 생성하는 작업을 다루고 GAN에 기반을 둔 구조를 사용하여 여러 성부[4]로 구성된 음악을 생성하는 방법을 알아보겠습니다.

....

2 옮긴이_ 피치는 음의 높이를 말합니다.

3 옮긴이_ 문맥에 따라 chord를 '코드' 또는 '화음'으로 옮겼습니다.

4 옮긴이_ 성부는 소프라노, 알토, 테너, 베이스와 같이 다성 음악을 구성하는 파트를 말합니다.

11.2 음악 생성을 위한 트랜스포머

여기서 구축할 모델은 디코더 트랜스포머입니다. 이전 음표의 시퀀스가 주어졌을 때 다음 음표를 예측하도록 훈련된 (GPT–3와 비슷한) 디코더 트랜스포머를 활용하는 오픈AI의 MuseNet에서 영감을 얻었습니다.

음악 생성 작업에서 시퀀스 N의 길이는 음악이 진행되면서 커지며, 이는 각 헤드에 대한 N×N 어텐션 행렬을 저장하고 계산하는 데 많은 비용이 듦을 의미합니다. 사람 작곡가처럼 모델이 장기적인 구조를 중심으로 곡을 구성하고 몇 분 전의 모티프motif와 소절phrase을 반복해야 하므로 입력 시퀀스의 토큰 개수를 짧게 만드는 것은 이상적이지 않습니다.

이 문제를 해결하려고 MuseNet은 **희소 트랜스포머**Sparse Transformer(`https://oreil.ly/euQiL`)라는 트랜스포머의 한 형태를 활용합니다. 어텐션 행렬의 각 출력 위치가 입력의 일부 위치에 대한 가중치만 계산하므로 모델을 학습시키는 데 필요한 계산 복잡성과 메모리가 줄어듭니다. 따라서 MuseNet은 4,096개 이상의 토큰에 대해 완전한 어텐션을 구성하여 작동할 수 있으며 다양한 스타일에 걸쳐 장기적인 구조와 멜로디 구조를 학습할 수 있습니다(예를 들어 오픈AI의 MuseNet 소개 페이지에 있는 쇼팽Chopin 스타일로 만든 음악을 참조하세요(`https://openai.com/research/musenet`)).

음악 진행이 몇 마디 전 음표의 영향을 어떻게 받는지 보여주는 예시로 바흐의 첼로 모음곡 1번 서곡의 첫 악절을 살펴보겠습니다(그림 11-1).

그림 11-1 바흐의 첼로 모음곡 1번(서곡)의 첫 악절

> **NOTE_ 마디**
> 마디bar는 몇 개의 고정된 박자를 포함하는 작은 음악 단위로, 오선지를 가로지르는 세로선으로 표시합니다. 음악에 맞춰 '1, 2, 1, 2'를 셀 수 있다면 각 마디에 두 박자가 있는 행진곡을, '1, 2, 3, 1, 2, 3'을 셀 수 있다면 각 마디에 세 박자가 있는 왈츠를 듣고 있을 수 있습니다.

다음 음표는 무엇일까요? 음악 교육을 받은 적이 없더라도 짐작해볼 수는 있습니다. (이 악보의 첫 번째 음과 같은) G라고 답했다면 정답입니다. 어떻게 알았나요? 모든 마디 시작과 마디 중간이 같은 음으로 시작함을 확인하고 이 정보에 기반하여 결정을 내릴 수 있습니다. 모델도 이와 같은 역할을 수행해야 합니다. 특히, 이전 마디 중간에 있는 낮은 G에 주의를 기울여야 합니다. 트랜스포머와 같은 어텐션 기반 모델은 순환 신경망처럼 여러 마디에 걸쳐 은닉 상태를 유지할 필요 없이 이러한 장기적인 정보를 활용할 수 있습니다.

음악 생성 작업을 수행하려면 먼저 기본 음악 이론을 이해해야 합니다. 다음 절에서는 악보를 읽는 데 필요한 기본 지식과 이를 수치로 표현하는 방법을 살펴보겠습니다. 이를 통해 악보를 트랜스포머 훈련을 위한 입력 데이터로 변환하는 방법을 살펴보겠습니다.

> **NOTE_ 예제 코드 실행하기**
> 이 예제 코드는 책 저장소에 있는 주피터 노트북 `notebooks/11_music/01_transformer/transformer.ipynb`에 있습니다.

11.2.1 바흐 첼로 모음곡 데이터셋

여기서 사용할 데이터셋은 바흐의 첼로 모음곡을 담은 MIDI 파일입니다. [예제 11-1]처럼 책의 깃허브 저장소에서 데이터셋 다운로드 스크립트를 실행하여 이 데이터셋을 다운로드할 수 있습니다.[5] 이렇게 하면 MIDI 파일이 `/data` 폴더에 저장됩니다.

예제 11-1 바흐 첼로 모음곡 데이터셋 다운로드하기

```
bash scripts/downloaders/download_bach_cello_data.sh
```

모델이 생성한 음악을 보고 들으려면 악보를 생성하는 소프트웨어가 필요합니다. MuseScore (https://musescore.org)는 훌륭한 악보 생성 도구이며 무료로 다운로드할 수 있습니다.

---

5 옮긴이_ 이 스크립트는 도커를 사용합니다. 코랩에서 바흐 첼로 모음곡 데이터셋을 다운로드받는 방법은 주피터 노트북을 참고하세요.

11.2.2 MIDI 파일 파싱하기

여기서는 MIDI 파일을 처리할 때 파이썬 라이브러리 music21을 사용하겠습니다. [예제 11-2]는 MIDI 파일을 로드하고 이를 악보와 구조적인 데이터로 시각화하는 방법을 보여줍니다(그림 11-2).

그림 11-2 음악 기호

예제 11-2 MIDI 파일 불러오기

```python
import music21

file = "/app/data/bach-cello/cs1-2all.mid"
example_score = music21.converter.parse(file).chordify()
```

> **NOTE_ 옥타브**
>
> 각 음표 이름 뒤의 숫자는 해당 음표가 속한 옥타브^octave를 나타냅니다. 음표 이름(A~G)이 반복되므로 음표의 고유한 음정을 구별하는 데 필요합니다. 예를 들어 G2는 G3보다 한 옥타브 아래입니다.

이제 악보를 텍스트와 같은 형태로 변환할 차례입니다! 먼저 각 악보를 순회하면서 곡에 포함된 각 요소의 음표와 지속 시간을 두 개의 개별 텍스트 문자열로 추출하고 각 요소를 공백으로 구분합니다. 음악의 음표와 박자표^{time signature}는 지속 시간이 0인 특수 기호로 인코딩합니다.

> **NOTE_ 단성 음악 대 다성 음악**
>
> 이 첫 번째 예제에서는 음악을 단성 음악(선율이 하나인 음악)으로 처리하여 모든 화음의 맨 위 음만 사용합니다. 때로는 파트를 분리해서 다성 음악을 만들고 싶을 수 있습니다. 그러려면 추가 작업이 필요하므로 이 장의 뒷부분에서 살펴봅니다.

이 과정의 결과가 [그림 11-3]에 있습니다. [그림 11-2]와 비교하면 원시 음악 데이터가 두 문자열로 어떻게 변환되었는지 확인할 수 있습니다.

음표 문자열
```
 START G:major 4/4TS rest B3 B3 B3 A3 G3 F#3 G3 D3 E3 F#3 G
3 A3 B3 C4 D4 B3 G3 F#3 G3 E3 D3 C3 B2 C3 D3 E3 F#3 G3 A3 B
3 C4 A3 G3 F#3 G3 E3 F#3 G3 A2 D3 F#3 G3 A3 B3 C4 A3 B3 ...
```

지속 시간 문자열
```
 0.0 0.0 0.0 3.75 0.25 1.0 0.25 0.25 0.25 0.25 0.25 0.25 0.
25 0.25 0.25 0.25 0.25 0.25 0.25 0.25 0.25 0.25 0.25 0.25
0.25 0.25 0.25 0.25 0.25 0.25 0.25 0.25 0.25 0.25 0.25 0.25
0.25 0.25 0.25 0.25 0.25 0.25 0.25 0.25 0.25 0.25 0.25 0.25
0.25 0.25 0.25 ...
```

그림 11-3 [그림 11-2]에 해당하는 음표와 지속 시간을 나타낸 텍스트 문자열

이는 이전에 다루었던 텍스트 데이터와 많이 비슷해 보입니다. 단어는 음표와 지속 시간의 조합이며, 이전 음표와 지속 시간의 시퀀스가 주어지면 다음 음표와 지속 시간을 예측하는 모델을 구축해야 합니다. 음악과 텍스트 생성의 주요 차이점은 음표와 지속 시간을 동시에 예측하는 모델을 만들어야 한다는 점입니다. 즉, 9장에서 살펴본 단일 텍스트 스트림과 달리 처리해야 할 정보의 스트림이 두 개입니다.

11.2.3 토큰화

모델을 훈련할 데이터셋을 만들려면 텍스트 말뭉치에 있는 단어에 했듯이 먼저 각 음표와 지속 시간을 토큰화해야 합니다. [예제 11-3]처럼 `TextVectorization` 층을 음표와 지속 시간에 개별 적용하여 이를 수행할 수 있습니다.

```
def create_dataset(elements):
    ds = (
        tf.data.Dataset.from_tensor_slices(elements)
        .batch(BATCH_SIZE, drop_remainder = True)
        .shuffle(1000)
    )
    vectorize_layer = layers.TextVectorization(
        standardize = None, output_mode="int"
    )
    vectorize_layer.adapt(ds)
    vocab = vectorize_layer.get_vocabulary()
    return ds, vectorize_layer, vocab

notes_seq_ds, notes_vectorize_layer, notes_vocab = create_dataset(notes)
durations_seq_ds, durations_vectorize_layer, durations_vocab = create_dataset(
    durations
)
seq_ds = tf.data.Dataset.zip((notes_seq_ds, durations_seq_ds))
```

파싱과 토큰화 전체 과정이 [그림 11-4]에 있습니다.

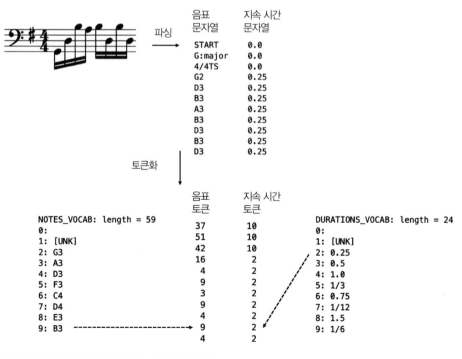

그림 11-4 MIDI 파일 파싱과 음표, 지속 시간 토큰화

11.2.4 훈련 세트 만들기

전처리 마지막 단계는 트랜스포머에 주입할 훈련 세트를 만드는 일입니다.

슬라이딩 윈도^{sliding window} 기법을 사용하여 음표와 지속 시간 문자열을 50개의 원소로 분할하겠습니다. 출력은 단순히 음표 하나씩 이동된 입력 윈도이므로, 트랜스포머는 이전 윈도가 주어지면 한 타임 스텝 앞의 음표와 지속 시간을 예측하도록 훈련됩니다. 4개의 원소로 구성된 슬라이딩 윈도를 사용한 예시가 [그림 11-5]에 있습니다.

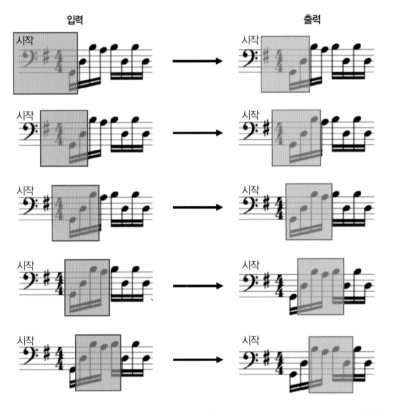

그림 11-5 음악 생성 트랜스포머 모델의 입력과 출력. 이 예시에서는 너비가 4인 슬라이딩 윈도를 사용하여 입력을 만들고 원소 하나를 이동하여 타깃 출력을 만듦

트랜스포머 구조는 9장에서 텍스트 생성에 사용했던 것과 같지만 몇 가지 사항이 다릅니다.

11.2.5 사인 위치 인코딩

먼저 다른 방식의 토큰 위치 인코딩을 소개하겠습니다. 9장에서는 토큰의 위치를 인코딩하기 위해 Embedding 층을 사용하여 정수 위칫값을 모델이 학습한 고유한 벡터에 효과적으로 매핑했습니다. 따라서 시퀀스의 최대 길이(N)를 정의하고 이 길이의 시퀀스에 대해 학습해야 했습니다. 이 방식의 단점은 이 최대 길이보다 긴 시퀀스로 늘릴 수 없다는 것입니다. 입력을 마지막 N개의 토큰으로 잘라내야 하므로 긴 형식의 콘텐츠를 생성하려는 경우에는 적합하지 않습니다.

이 문제를 피하고자 **사인 위치 임베딩**sine position embedding을 사용합니다. 이는 8장에서 확산 모델의 잡음 분산을 인코딩할 때 사용한 임베딩과 유사합니다. 구체적으로 다음 함수를 사용해 입력 시퀀스에 있는 단어의 위치(pos)를 길이가 d인 고유한 벡터로 변환합니다.

$$
\begin{aligned}
PE_{pos,2i} &= \sin\left(\frac{pos}{10,000^{2i/d}}\right) \\
PE_{pos,2i+1} &= \cos\left(\frac{pos}{10,000^{(2i+1)/d}}\right)
\end{aligned}
$$

i가 작으면 이 함수의 파장이 짧아지므로 위치 축을 따라 함숫값이 빠르게 변합니다. i 값이 크면 파장이 길어집니다. 따라서 각 위치는 여러 파장의 조합으로 이루어진 고유한 인코딩을 가집니다.

> **TIP_** 이 임베딩은 가능한 모든 위칫값에 대해 정의됩니다. 삼각 함수를 사용하여 가능한 각 위치에 대해 고유한 인코딩을 정의하는 결정론적 함수입니다(즉, 모델에 의해 학습되지 않습니다).

케라스 NLP 모듈에는 이 임베딩을 구현하는 층이 내장되어 있으므로 [예제 11-4]처럼 TokenAndPositionEmbedding 사용자 정의 층을 만들 수 있습니다.

예제 11-4 음표와 지속 시간 토큰화하기

```
class TokenAndPositionEmbedding(layers.Layer):
    def __init__(self, vocab_size, embed_dim):
        super(TokenAndPositionEmbedding, self).__init__()
        self.vocab_size = vocab_size
        self.embed_dim = embed_dim
        self.token_emb = layers.Embedding(input_dim=vocab_size, output_dim=embed_dim)
        self.pos_emb = keras_nlp.layers.SinePositionEncoding()
```

```
def call(self, x):
    embedding = self.token_emb(x)
    positions = self.pos_emb(embedding)
    return embedding + positions
```

[그림 11-6]은 두 개의 임베딩(토큰과 위치)을 더해 만든 시퀀스를 위한 전체 임베딩을 보여 줍니다.

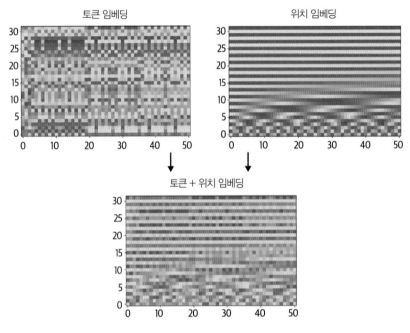

그림 11-6 TokenAndPositionEmbedding 층이 토큰 임베딩과 사인 위치 임베딩을 더해 시퀀스를 위한 전체 임베딩을 만듦

11.2.6 다중 입력과 다중 출력

이제 두 개의 입력 스트림(음표와 지속 시간)과 두 개의 출력 스트림(예상 음표와 지속 시간)이 준비되었습니다. 따라서 이를 수용할 수 있도록 트랜스포머 구조를 조정해야 합니다.

두 개의 입력 스트림을 처리하는 방법에는 여러 가지가 있습니다. 음표-지속 시간 쌍을 나타내는 토큰을 생성한 다음 이 시퀀스를 단일 토큰 스트림으로 처리할 수 있습니다. 하지만 이 방법은 훈련 세트에 없는 음표-지속 시간 쌍을 표현할 수 없다는 단점이 있습니다(예를 들어 G#2

음표와 1/3 지속 시간을 따로 본 적은 있지만 함께 있는 것을 본 적이 없다면 G#2:1/3에 대한 토큰이 없을 것입니다).

대신 음표와 지속 시간 토큰을 개별적으로 임베딩한 다음 Concatenate 층을 사용하여 단일 입력 표현을 만듭니다. 뒤따르는 트랜스포머 블록에서 이 표현을 사용할 수 있습니다. 마찬가지로 트랜스포머 블록의 출력은 예측된 음표와 지속 시간 확률을 나타내는 두 개의 밀집 층으로 전달됩니다. 전체 구조는 [그림 11-7]에 있습니다. 층의 출력 크기는 배치 크기 b와 시퀀스 길이 l로 표시됩니다.

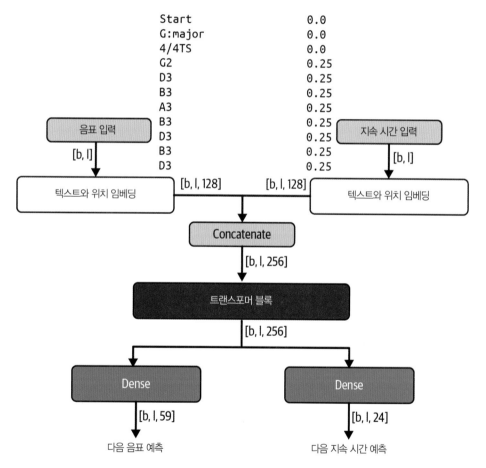

그림 11-7 음악 생성 트랜스포머 구조

또 다른 방법은 음표와 지속 시간 토큰을 번갈아 배치하여 단일 입력 스트림으로 만들고 모델이 음표와 지속 시간 토큰이 번갈아 나타나는 단일 스트림을 출력하도록 학습합니다. 이 경우 모델이 토큰을 올바르게 번갈아 배치하는 방법을 아직 학습하지 못했을 때도 출력을 파싱해야 하는 복잡성이 추가됩니다.

TIP_ 모델을 설계하는 데 옳고 그른 방법은 없습니다. 다양한 설정을 실험해보고 가장 적합한 설정을 찾는 재미를 느껴보세요!

11.2.7 음악 생성 트랜스포머 분석

START 음표 토큰과 0.0 지속 시간 토큰을 신경망에 주입하여 완전히 처음부터 음악을 생성해보겠습니다(즉, 악보의 처음부터 시작한다고 모델에 알려줍니다). 그다음 9장에서 텍스트 시퀀스를 생성할 때 사용했던 반복적인 기법을 동일하게 사용하여 음악 악보를 생성합니다. 과정은 다음과 같습니다.

1. (음표와 지속 시간에 대한) 현재 시퀀스가 주어지면 모델은 다음 음표 이름과 지속 시간에 대해 각각 하나씩 두 개의 확률분포를 예측합니다.
2. 이 확률분포에서 샘플링할 때 temperature 매개변수를 사용하여 샘플링 과정에 얼마나 많은 변동성을 부여할지 제어합니다.
3. 선택된 음표와 지속 시간을 각각의 시퀀스 뒤에 추가합니다.
4. 생성하고 싶은 만큼 이 새로운 시퀀스로 과정을 반복합니다.

[그림 11-8]은 훈련 과정의 일부 에폭에서 모델이 처음부터 생성해낸 음악 샘플입니다. 음표와 지속 시간 생성에 온도 0.5를 사용했습니다.

그림 11-8 START 음표 토큰과 0.0 지속 시간 토큰만 주입하여 모델이 생성한 악절

이 절에서 분석하는 내용은 대부분 지속 시간보다는 음표 예측에 초점을 맞춥니다. 바흐의 첼로 모음집에서 화음을 잡아내기가 훨씬 더 어렵기 때문입니다. 하지만 동일한 분석을 모델의 박자 예측에 적용할 수도 있습니다. 다른 스타일의 음악(예: 드럼 연주)으로 이 모델을 훈련할 때 특히 도움이 될 수 있습니다.

[그림 11-8]에 생성된 악절에 관해 몇 가지 언급할 사항이 있습니다. 첫째, 훈련이 진행됨에 따라 음악이 점점 복잡해짐을 볼 수 있습니다. 처음(에폭 2)에는 모델이 같은 음표 종류와 리듬으로 고정되어 연주합니다. 에폭 10에서 모델이 8분음표를 생성하기 시작했습니다. 에폭 20에서 흥미로운 리듬을 만들고 완전히 하나의 키(내림 마장조$^{E\flat\text{ major}}$)로 구성하였습니다.

둘째, 각 타임 스텝에서 예측한 확률분포를 히트맵으로 그려서 시간에 따른 음표 분포를 분석할 수 있습니다. [그림 11-9]는 [그림 11-8]의 에폭 20에 대한 히트맵입니다.

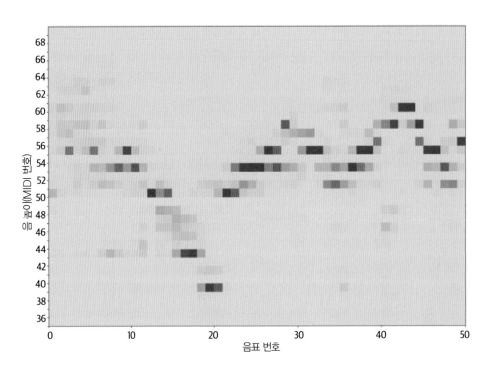

그림 11-9 시간에 따라 가능한 다음 음표의 확률분포(에폭 20): 색깔이 진할수록 모델이 다음 음표로 확신함

모델이 특정 키에 속한 음표를 명확하게 학습했다는 점이 흥미롭습니다. 키에 속하지 않은 음표는 분포에서 비어 있습니다. 예를 들어 (Gb/F#에 해당하는) 음표 54번의 행은 비어 있으므로 내림 마장조 키로 된 음악에는 해당 음이 등장할 가능성이 거의 없습니다. 모델은 생성 프로세스 초기에 키를 설정하고, 악보가 진행됨에 따라 키를 나타내는 토큰에 주목하여 이 키에 포함될 가능성이 높은 음표를 선택합니다.

바흐의 스타일은 한 악절을 낮은 첼로 음으로 끝내고 다음 악절을 시작할 때 다시 높입니다. 모델이 이런 바흐의 스타일을 배웠다는 점도 주목할 만합니다. 음표 20번 근처에서 낮은 Eb으로 악절이 끝납니다. 이는 바흐 첼로 모음집에서 자주 등장하며 다음 악절을 시작할 때 더 높고 듣기 편한 악기 음역으로 돌아갑니다. 모델이 예측한 악보와 패턴이 정확히 같습니다. 낮은 Eb(피치 번호 39)과 다음 음표(피치 번호 50) 사이에는 간격이 큽니다. 악기의 음역을 모두 사용하여 연주하지 않고 피치 번호 50번 근처에서 예측합니다.

마지막으로 어텐션 메커니즘이 기대했던 대로 작동하는지 확인해보겠습니다. [그림 11-10]의 수평축은 생성된 음표의 시퀀스입니다. 수직축은 수평축을 따라 음표를 예측할 때 신경망의 어텐션이 주목하는 곳을 보여줍니다. 각 사각형의 색은 생성된 시퀀스의 각 지점에서 모든 헤드의 어텐션 가중치 최댓값을 나타냅니다. 사각형 색이 진할수록 시퀀스에서 이 위치에 더 많은 어텐션이 집중됨을 의미합니다. 단순화하려고 이 그림에는 음표만 표시했지만, 신경망은 음표의 지속 시간에도 주목합니다.

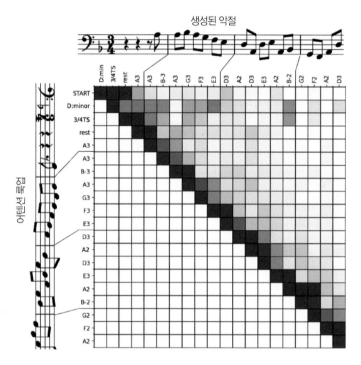

그림 11-10 행렬의 각 상자 색깔은 수평축에 있는 예측 음표에서 수직축 음표에 주목하는 어텐션의 양을 나타냄

초기의 조표^{key signature}, 박자표, 쉼표와 관련해서는 신경망이 거의 모든 관심을 **START** 토큰에 집중합니다. 이러한 현상은 음악이 시작될 때 항상 나타나므로 당연한 결과입니다. 음표가 진행되면 **START** 토큰에 더 이상 신경을 쓰지 않습니다.

처음 몇 음을 지나가면 신경망은 대략 마지막 2개에서 4개 음에 가장 많은 관심을 기울이고, 4개 이전 음에는 거의 큰 비중을 두지 않습니다. 이는 당연한 결과입니다. 이전 4개의 음표에 포함된 정보만으로도 이 악절이 어떻게 진행될지 충분히 이해할 수 있기 때문입니다. 또한 E3(7번째 음표)와 B-2(B♭-14번째 음)와 같이 D 단조 조표에 더 강한 비중을 두는 음표도 있습니다. 이는 모호함을 해소하기 위해 D 단조 키를 참고하는 음표라 매우 흥미롭습니다. 신경망은 키에 (B가 아닌) B♭이 있고 E♭이 없는지(E를 사용해야 함) 확인하려고 조표를 다시 살펴봅니다.

또한 신경망이 특정 음이나 근처의 쉼표를 무시하는 경우도 있습니다. 이는 악절을 이해하는 데 추가 정보를 제공하지 않기 때문입니다. 예를 들어 끝에서 두 번째 음표(A2)는 세 음표 뒤의 B-2에는 특별히 주의를 기울이지 않지만, 네 음표 뒤의 A2에는 약간 더 주의를 기울입니다. 모델이 단순히 지나가는 음표로 박자에서 벗어난 B-2보다 박자에 맞는 A2를 주목하는 것이 흥미롭습니다.

모델에게 어떤 음이 어떤 음과 관련이 있는지, 어떤 음이 어떤 조표에 속하는지 알려주지 않았습니다. 이 모델은 바흐의 음악을 연구하여 스스로 알아냈습니다.

11.2.8 다성 음악을 위한 토큰화

이 절에서 살펴본 트랜스포머는 선율이 하나인 음악(단성 음악)에 잘 맞지만 선율이 여러 개인 음악(다성 음악)에도 적용할 수 있을까요?

다성 음악을 하나의 토큰 시퀀스로 표현하기는 어렵습니다. 이전 절에서는 음표와 지속 시간을 두 개의 입력과 출력으로 나누었습니다. 하지만 이러한 토큰을 번갈아 나열하여 하나의 스트림으로 만들 수도 있습니다. 동일한 아이디어를 사용하여 다성 음악을 처리할 수 있습니다. 여기서는 2018년 논문 「Music Transformer: Generating Music with Long-Term Structure」[6]에서 소개한 **그리드 토큰화**grid tokenization와 **이벤트 기반 토큰화**event-based tokenization라는 두 가지 방식을 소개합니다.

---

6 Cheng-Zhi Anna Huang et al., "Music Transformer: Generating Music with Long-Term Structure," September 12, 2018. https://arxiv.org/abs/1809.04281.

그리드 토큰화

[그림 11-11]의 바흐 코랄^{chorale}[7]에 나오는 두 마디를 살펴보죠. 서로 다른 오선지에 그린 네 개의 파트(소프라노[S], 알토[A], 테너[T], 베이스[B])가 있습니다.

그림 11-11 바흐 코랄의 처음 두 마디

이 음악을 하나의 그리드에 그려볼 수 있습니다. 여기서 y축은 음의 높낮이를 나타내고 x축은 곡이 시작된 이후 경과한 16분음표의 수를 나타냅니다. 그리드에 있는 사각형이 채워지면 해당 시점에 연주되는 음표라는 뜻입니다. 네 파트를 모두 같은 그리드에 그립니다. 이 그리드는 디지털 시스템이 발명되기 전에 녹음 메커니즘으로 사용되던 구멍이 뚫린 실제 종이 롤을 닮아서 **피아노 롤**^{piano roll}이라고도 합니다.

먼저 네 파트를 이동하고 그다음 순차적으로 타임 스텝을 따라 이동하여 이 그리드를 토큰의 스트림으로 직렬화할 수 있습니다. 이렇게 하면 [그림 11-12]에서처럼 S_1, A_1, T_1, B_1, S_2, A_2, T_2, B_2, … 같은 토큰 시퀀스가 만들어집니다. 여기서 아래 첨자는 타임 스텝을 나타냅니다.

---

7 옮긴이_ 코랄은 개신교회의 찬송가를 말합니다.

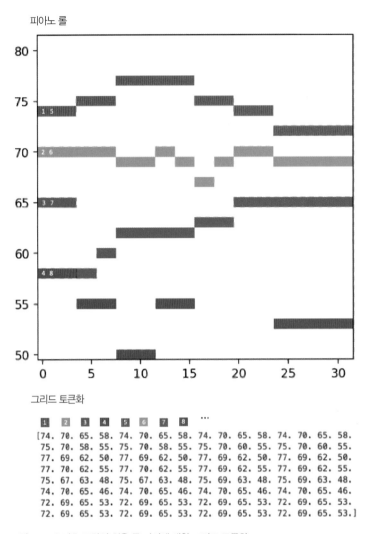

그림 11-12 바흐 코랄의 처음 두 마디에 대한 그리드 토큰화

그런 다음 이 토큰 시퀀스에 대해 트랜스포머를 훈련하고 이전 토큰이 주어지면 다음 토큰을 예측합니다. 생성된 시퀀스를 시간 순서대로 (파트당 하나씩) 4개의 음표 그룹으로 복원하여 그리드 구조로 다시 디코딩할 수 있습니다. 이 기술은 동일한 음표가 여러 개의 토큰으로 분할되고 그 사이에 다른 파트의 토큰이 있는 경우에도 놀랍도록 잘 작동합니다.

하지만 몇 가지 단점이 있습니다. 첫째, 모델이 하나의 긴 음표와 음정이 같고 연속된 두 개의 짧은 음표 사이의 차이를 구분할 방법이 없다는 점입니다. 이 토큰화가 음표의 지속 시간을 명시적으로 인코딩하지 않고 각 타임 스텝에 음표가 있는지만 인코딩하기 때문입니다.

둘째, 이 방법을 사용하려면 음악이 적당한 크기의 덩어리로 나눌 수 있는 규칙적인 박자를 가져야 합니다. 예를 들어 현재 시스템으로는 셋잇단음표(한 박자에 연주할 세 개의 음표 그룹)를 인코딩할 수 없습니다. 음악을 4분음표당 4개가 아니라 12단계로 나누면 동일한 음악 구절을 표현하는 데 필요한 토큰 수가 세 배로 늘어나 훈련 과정에 오버헤드가 추가되고 모델의 룩백^{lookback} 용량에 영향을 미칩니다.

마지막으로 다이내믹^{dynamic}(각 파트에서 음악이 얼마나 크거나 작은지) 또는 템포 변화와 같은 다른 구성 요소를 토큰화에 추가하는 방법이 명확하지 않습니다. 피아노 롤의 2차원 격자 구조는 음정과 타이밍을 표현하는 데는 편리하지만, 음악을 듣는 재미를 더하는 다른 구성 요소를 통합하는 데 사용하기는 쉽지 않습니다.

이벤트 기반 토큰화

이벤트 기반 토큰화는 더 유연한 방식입니다. 이를 다양한 토큰을 사용하여 음악이 어떻게 이벤트의 시퀀스로 생성되는지를 설명하는 어휘 사전으로 생각할 수 있습니다.

예를 들어 [그림 11-13]에서는 세 가지 유형의 토큰을 사용합니다.

- NOTE_ON<피치>(주어진 피치의 음표 재생 시작)
- NOTE_OFF<피치>(주어진 피치의 음표 재생 중지)
- TIME_SHIFT<스텝>(주어진 스텝만큼 앞으로 이동)

이 어휘 사전을 사용하여 음악 구성을 일련의 명령으로 설명하는 시퀀스를 만들 수 있습니다.

이벤트 토큰화

```
[NOTE_ON<74>, NOTE_ON<70>, NOTE_ON<65>, NOTE_ON<58>
, TIME_SHIFT<1.0>
, NOTE_OFF<74>, NOTE_OFF<65>, NOTE_OFF<58>
, NOTE_ON<75>, NOTE_ON<58>, NOTE_ON<55>
, TIME_SHIFT<0.5>
, NOTE_OFF<58>, NOTE_ON<60>
, TIME_SHIFT<0.5>
, NOTE_OFF<75>, NOTE_OFF<70>, NOTE_OFF<60>, NOTE_OFF<55>
, NOTE_ON<77>, NOTE_ON<69>, NOTE_ON<62>, NOTE_ON<50>
, TIME_SHIFT<1.0>
, NOTE_OFF<69>, NOTE_OFF<50>, NOTE_ON<70>, NOTE_ON<55>
, TIME_SHIFT<0.5>
, NOTE_OFF<70>, NOTE_ON<69>
, TIME_SHIFT<0.5>
, NOTE_OFF<77>, NOTE_OFF<69>, NOTE_OFF<62>, NOTE_OFF<55>
, ...
```

그림 11-13 바흐 코랄의 첫 마디에 대한 이벤트 토큰화

이 어휘 사전에 다른 종류의 토큰을 쉽게 통합하여 후속 음표의 다이내믹 및 템포 변화를 나타낼 수 있습니다. 또한 4분음표를 바탕으로 셋잇단음표를 생성하는 방법도 제공합니다. 셋잇단음표를 TIME_SHIFT<0.33> 토큰으로 분리하는 것입니다. 전반적으로 이 방식은 표현력이 풍부한 토큰화 프레임워크이지만, 그리드 방식보다 구조화가 덜 되어 있으므로 트랜스포머가 훈련 세트 음악에 내재된 패턴을 학습하기가 더 어려울 수 있습니다.

> TIP_ 이 책에서 지금까지 쌓은 모든 지식을 사용해 이러한 다성 음악 기법을 구현하고 새로운 토큰화된 데이터셋으로 트랜스포머를 훈련해보세요. 또한 딥러닝을 사용한 음악 생성에 대한 다양한 논문을 포괄적으로 소개하는 트리스탄 베렌스Tristan Behrens 박사의 음악 생성 연구를 위한 가이드(https://oreil.ly/YfaiJ)를 추천합니다.

다음 절에서는 GAN을 사용해 완전히 다른 접근 방식으로 음악을 생성해보겠습니다.

11.3 MuseGAN

[그림 11-12]에 표시된 피아노 롤이 마치 현대미술 작품처럼 보인다고 생각했을 수 있습니다. 그렇다면 실제로 이 피아노 롤을 그림으로 간주하고 시퀀스 생성 기법 대신 이미지 생성 방법을 활용할 수 있을까요?

이 질문에 대한 답은 '예'이며, 음악 생성을 이미지 생성 문제로 처리할 수 있습니다. 즉, 트랜스포머를 사용하는 대신 이미지 생성 문제에 잘 작동하는 합성곱 기반 기법, 특히 GAN을 적용할 수 있습니다.

MuseGAN은 2017년 「MuseGAN: Multi-Track Sequential Generative Adversarial Networks for Symbolic Music Generation and Accompaniment」 논문에서 소개되었습니다.[8] 저자는 새로운 GAN 프레임워크를 사용해 다중 선율, 다중 트랙, 다중 마디를 가진 음악을 생성하는 모델을 어떻게 훈련하는지를 보여주었습니다. 또한 생성자에 주입되는 잡음 벡터의 책임을 나누어 시간과 트랙 기반의 음악적 고수준 특징을 미세 조정하는 방법을 선보였습

---

8 Hao-Wen Dong et al., "MuseGAN: Multi-Track Sequential Generative Adversarial Networks for Symbolic Music Generation and Accompaniment," September 19, 2017, https://arxiv.org/abs/1709.06298.

니다.

먼저 바흐 코랄 데이터셋을 소개하겠습니다.

> **NOTE_ 예제 코드 실행하기**
> 이 예제 코드는 책 저장소에 있는 주피터 노트북 `notebooks/11_music/02_musegan/musegan.`
> `ipynb`에 있습니다.

11.3.1 바흐 코랄 데이터셋

이 예제를 시작하려면 먼저 MuseGAN 훈련에 사용할 MIDI 파일을 다운로드해야 합니다. 깃허브(`http://bit.ly/2HYISrC`)에 공개된 4성부로 이루어진 바흐 코랄 229번[9] 데이터셋을 사용하겠습니다.

[예제 11–5]처럼 책의 깃허브 저장소에서 데이터셋 다운로드 스크립트를 실행하여 이 데이터셋을 다운로드할 수 있습니다.[10] 이렇게 하면 MIDI 파일이 `/data` 폴더에 저장됩니다.

예제 11-5 바흐 코랄 데이터셋 다운로드하기

```
bash scripts/downloaders/download_bach_chorale_data.sh
```

이 데이터셋은 타임 스텝마다 숫자가 4개인 배열로 이루어집니다. 4성부에 해당하는 MIDI 음표의 피치입니다. 데이터셋의 한 타임 스텝은 16분음표와 같습니다. 예를 들어 4분음표 4개로 이루어진 하나의 마디에는 16개의 타임 스텝이 있습니다. 이 데이터셋은 자동으로 훈련, 검증, 테스트 세트로 나눠집니다. 훈련 데이터셋을 사용해서 MuseGAN을 훈련하겠습니다.

먼저 데이터를 GAN에 주입하기에 적절한 형태로 바꾸어야 합니다. 이 예제에서는 두 마디 음악을 생성하겠습니다. 따라서 먼저 각 성부에서 처음 두 마디만 추출합니다. 각 마디는 16개의

---

9 옮긴이_ 바흐의 229번의 제목은 「오소서, 예수여, 오소서」로 1731–1732년경에 파울 티미히(Paul Thymich)의 시를 가사로 하여 장례식용으로 작곡한 것으로 추정하고 있습니다.

10 옮긴이_ 이 스크립트는 도커를 사용합니다. 코랩에서 바흐 코랄 데이터셋을 다운로드하는 방법은 주피터 노트북을 참고하세요.

타임 스텝으로 이루어지며 4개 트랙에 걸쳐 84개의 피치가 있습니다.[11]

TIP_ 원본 논문과 용어를 통일하고자 여기부터는 성부를 트랙이라고 표현하겠습니다.

따라서 변환된 데이터의 크기는 다음과 같습니다.

```
[BATCH_SIZE, N_BARS, N_STEPS_PER_BAR, N_PITCHES, N_TRACKS]
```

각 변수의 값은 다음과 같습니다.

```
BATCH_SIZE = 64
N_BARS = 2
N_STEPS_PER_BAR = 16
N_PITCHES = 84
N_TRACKS = 4
```

이 크기의 데이터를 얻으려면 피치 번호를 길이가 84인 벡터로 원핫 인코딩하고 음표의 각 시퀀스를 16개의 두 타임 스텝으로 구성된 두 개의 마디로 나눕니다. 데이터셋 각 트랙의 마디가 4박자라는 가정은 합리적입니다. 만약 그렇지 않더라도 모델 훈련에 불리한 영향을 미치지 않을 것입니다.

[그림 11-14]는 두 마디의 원시 데이터가 어떻게 GAN 훈련에 사용할 피아노 롤 데이터셋으로 변환되는지 보여줍니다.

---

11 옮긴이_ 바흐 코랄 229번 노래는 피치 36~79로 이루어집니다. 여기에서는 7 옥타브에 해당하는 84 피치까지 범위의 데이터를 생성합니다.

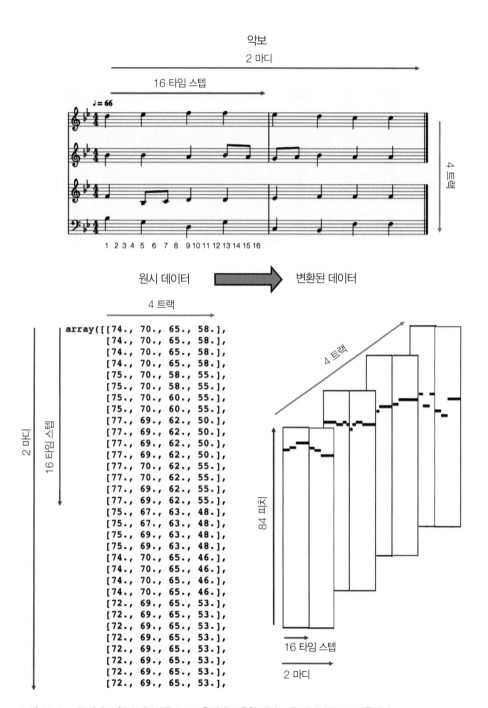

그림 11-14 두 마디의 원시 데이터를 GAN 훈련에 사용할 피아노 롤 데이터셋으로 변환하기

11.3.2 MuseGAN 생성자

다른 모든 GAN처럼 MuseGAN도 생성자와 비평자로 구성됩니다. 생성자는 생성된 음악으로 비평자를 속이려 합니다. 비평자는 생성자의 가짜 바흐 코랄과 진짜 사이의 차이점을 구분하여 속지 않도록 노력합니다.

MuseGAN은 생성자가 하나의 잡음 벡터를 입력으로 받지 않고 4개의 입력을 받는다는 점이 다릅니다. 이 입력은 음악의 네 가지 특징인 화음, 스타일, 멜로디, 리듬 파트에 해당합니다. 이 입력을 독립적으로 조작하여 생성될 음악의 고수준 속성을 바꿀 수 있습니다.

[그림 11-15]는 생성자의 거시적인 구성도입니다.

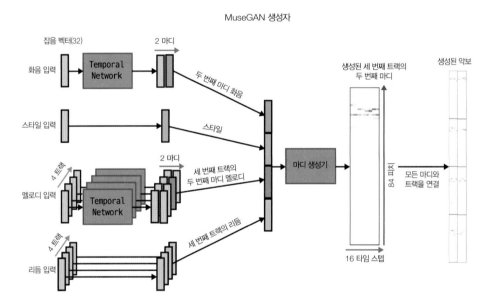

그림 11-15 MuseGAN 생성자의 구성도

이 그림에서 화음과 멜로디 입력이 먼저 TemporalNetwork를 통과해 텐서로 출력됩니다. 이 텐서의 차원 중 하나는 생성될 마디 개수와 동일합니다. 스타일과 리듬 입력은 연주 내내 변하지 않기 때문에 마디 길이에 맞춰 늘어나지 않습니다.

그다음 특정 트랙의 마디를 생성하려고 네트워크의 화음, 스타일, 멜로디, 리듬 파트에서 전달된 벡터를 연결하여 긴 벡터를 만듭니다. 이 벡터를 마디 생성자에게 전달하고 특정 트랙의 마디를 출력합니다.

생성된 모든 트랙의 마디를 연결하여 만든 비평자가 진짜와 비교할 악보를 만듭니다.

먼저 TemporalNetwork를 만드는 방법을 살펴보겠습니다.

TemporalNetwork

전치 합성곱 층으로 구성된 신경망인 TemporalNetwork가 하는 일은 길이 Z_DIM = 32인 입력 잡음 벡터 하나를 각 마디에 대한 (역시 길이 32인) 잡음 벡터로 변환하는 것입니다. 이를 만드는 케라스 코드가 [예제 11-6]에 있습니다.

예제 11-6 TemporalNetwork 만들기

```
def conv_t(x, f, k, s, a, p, bn):
    x = layers.Conv2DTranspose(
                filters = f
                , kernel_size = k
                , padding = p
                , strides = s
                , kernel_initializer = initializer
                )(x)
    if bn:
        x = layers.BatchNormalization(momentum = 0.9)(x)

    x = layers.Activation(a)(x)
    return x

def TemporalNetwork():
    input_layer = layers.Input(shape=(Z_DIM,), name='temporal_input') ❶
    x = layers.Reshape([1,1,Z_DIM])(input_layer) ❷
    x = conv_t(
        x, f=1024, k=(2,1), s=(1,1), a = 'relu', p = 'valid', bn = True
    ) ❸
    x = conv_t(
        x, f=Z_DIM, k=(N_BARS - 1,1), s=(1,1), a = 'relu', p = 'valid', bn = True
    )
    output_layer = layers.Reshape([N_BARS, Z_DIM])(x) ❹
    return models.Model(input_layer, output_layer)
```

❶ TemporalNetwork에 대한 입력은 길이가 32인 벡터(Z_DIM)입니다.

❷ 2D 전치 합성곱 연산을 적용할 수 있도록 이 벡터를 채널이 32개인 1×1 텐서로 변환합니다.

❸ Conv2DTranspose 층을 적용하여 텐서의 크기를 한 축을 따라 확장하여 **N_BARS**와 같은 길이가 되도록 합니다.[12]

❹ Reshape 층으로 불필요한 차원을 삭제합니다.

두 개의 독립적인 벡터 대신 합성곱 연산을 사용하는 이유는 신경망이 일관된 방식으로 한 마디가 다른 마디를 따라야 하는 방법을 학습하기를 원하기 때문입니다. 신경망을 사용하여 시간 축을 따라 입력 벡터를 확장하면 모델이 각 마디를 마지막 마디와 완전히 독립적으로 취급하지 않고 마디 간에 음악이 어떻게 진행되는지 학습할 수 있습니다.

화음, 스타일, 멜로디, 리듬

생성자에 주입되는 네 개의 입력을 조금 더 자세히 살펴보겠습니다.

화음

화음 입력은 길이 **Z_DIM**의 단일 잡음 벡터입니다. 이 벡터의 역할은 시간이 지남에 따라 음악의 일반적인 진행을 제어하고 트랙 전체에 공유하는 것이므로 **TemporalNetwork**를 사용하여 이 단일 벡터를 각 마디에 대한 잠재 벡터로 변환합니다. 이를 입력 화음이라고 부르지만, 실제로는 특정 트랙에 국한되지 않고 일반적인 리듬 스타일과 같이 마디마다 바뀌는 음악의 모든 것을 제어할 수 있습니다.

스타일

스타일 입력도 **Z_DIM** 길이의 벡터입니다. 이 벡터는 변환 없이 전달되므로 모든 마디와 트랙에서 동일하게 적용됩니다. 이를 곡의 전반적인 스타일을 제어하는 벡터로 생각할 수 있습니다 (즉, 모든 마디와 트랙에 일관되게 영향을 미칩니다).

멜로디

멜로디 입력은 **[N_TRACKS, Z_DIM]** 크기의 배열입니다. 즉 트랙마다 **Z_DIM** 길이의 랜덤한 잡

---

12 옮긴이_ 배치 차원을 제외하면 첫 번째 전치 합성곱에서 (1, 1, 32) 차원의 텐서에 (2, 1) 크기의 커널, (1, 1) 크기의 스트라이드, 'valid' 패딩이 적용되어 (2, 1, 1024) 크기의 텐서로 변환됩니다. 두 번째 전치 합성곱에서는 커널의 크기가 마디보다 하나 작으므로 첫 번째 차원의 크기가 그대로 2가 됩니다. 즉, 결과 텐서의 크기에 변화가 없습니다. 전치 합성곱의 출력에 거꾸로 합성곱을 적용해 전치 합성곱의 입력 차원을 계산하면 이해가 쉽습니다.

음 벡터를 모델에 제공합니다.

벡터마다 트랙 간에 가중치가 공유되지 않는 트랙 전용 `TemporalNetwork`를 통과합니다. 출력은 각 트랙의 마디마다 `Z_DIM` 길이의 벡터가 됩니다. 따라서 모델은 이 벡터를 사용하여 모든 마디와 트랙의 내용을 독립적으로 미세 조정할 수 있습니다.

리듬

리듬 입력도 `[N_TRACKS, Z_DIM]` 크기의 배열입니다. 트랙마다 `Z_DIM` 길이의 랜덤한 잡음 벡터입니다. 멜로디 입력과는 달리 `TemporalNetwork`를 통과하지 않고 스타일 벡터처럼 변경 없이 바로 주입됩니다. 따라서 리듬 벡터가 모든 마디에 걸쳐 트랙의 전반적인 속성에 영향을 미칩니다.

[표 11-1]과 같이 MuseGAN 생성자에 있는 구성 요소의 책임을 요약할 수 있습니다.

표 11-1 MuseGAN 생성자의 구성 요소

	출력이 마디마다 다른가요?	출력이 파트마다 다른가요?
스타일	X	X
리듬	X	V
화음	V	X
멜로디	V	V

MuseGAN 생성자의 마지막 요소는 **마디 생성자**bar generator입니다. 이를 사용해 화음, 스타일, 멜로디, 리듬 출력을 하나로 묶는 방법을 살펴보겠습니다.

마디 생성자

마디 생성자는 화음, 스타일, 멜로디, 리듬 요소에서 각각 하나씩 총 4개의 잠재 벡터를 받습니다. 이를 연결하여 길이가 `4 * Z_DIM`인 입력 벡터를 만듭니다. 출력은 단일 트랙 단일 마디의 피아노 롤 표현, 즉 `[1, n_steps_per_bar, n_pitches, 1]` 크기의 텐서입니다.[13]

마디 생성자는 전치 합성곱 층을 사용하여 입력 벡터의 타임 스텝과 피치 차원을 확장하는 신

---

13 옮긴이_ 첫 번째 차원이 마디 차원이고 마지막 차원이 트랙 차원입니다.

경망입니다. 트랙마다 하나의 마디 생성자를 만들겠습니다. 따라서 트랙마다 가중치는 공유되지 않습니다. [예제 11-7]은 **BarGenerator**를 만드는 케라스 코드입니다.

예제 11-7 BarGenerator 만들기

```
def BarGenerator():

    input_layer = layers.Input(shape=(Z_DIM * 4,), name='bar_generator_input') ❶

    x = layers.Dense(1024)(input_layer) ❷
    x = layers.BatchNormalization(momentum = 0.9)(x)
    x = layers.Activation('relu')(x)
    x = layers.Reshape([2,1,512])(x)

    x = conv_t(x, f=512, k=(2,1), s=(2,1), a= 'relu',  p = 'same', bn = True) ❸
    x = conv_t(x, f=256, k=(2,1), s=(2,1), a= 'relu', p = 'same', bn = True)
    x = conv_t(x, f=256, k=(2,1), s=(2,1), a= 'relu', p = 'same', bn = True)
    x = conv_t(x, f=256, k=(1,7), s=(1,7), a= 'relu', p = 'same', bn = True) ❹
    x = conv_t(x, f=1, k=(1,12), s=(1,12), a= 'tanh', p = 'same', bn = False) ❺

    output_layer = layers.Reshape([1, N_STEPS_PER_BAR , N_PITCHES ,1])(x) ❻

    return models.Model(input_layer, output_layer)
```

❶ 마디 생성자의 입력은 4 * Z_DIM 길이의 벡터입니다.

❷ Dense 층을 통과한 다음 전치 합성곱 연산에 맞도록 텐서의 크기를 바꿉니다.

❸ 먼저 텐서를 타임 스텝 축을 따라 확장합니다.[14]

❹ 그다음 피치 축을 따라 확장합니다.[15]

❺ WGAN-GP를 사용하여 신경망을 훈련할 것이므로 마지막 층에는 tanh 활성화 함수를 적용합니다.[16]

❻ 다른 마디, 트랙과 연결할 수 있도록 텐서에 크기가 1인 두 개의 차원을 추가합니다.

---

14 옮긴이_ (2, 1, 512) 크기의 텐서에 전치 합성곱이 적용되어 (4, 1, 512) 크기의 텐서로 바뀝니다. 그 이후 필터가 256개인 전치 합성곱이 두 번 더 적용되어 (16, 1, 256) 크기의 텐서가 됩니다.

15 옮긴이_ (16, 1, 256) 크기의 텐서에 (1, 7) 크기의 커널이 있는 전치 합성곱이 적용되어 (16, 7, 256) 크기의 텐서가 됩니다. 그다음 전치 합성곱에서 커널의 크기가 (1, 12)이고 필터가 1개이므로 (16, 84, 1) 크기의 텐서가 됩니다.

16 옮긴이_ 이 음악 입력 데이터는 피치에 해당하는 위치는 1, 그 외에는 −1이 되도록 원핫 인코딩되었습니다.

모두 적용하기

이 MuseGAN 생성자는 4개의 텐서(화음, 스타일, 멜로디, 리듬)를 입력으로 받아 다중 트랙, 다중 마디의 악보로 변환합니다. [예제 11-8]이 MuseGAN 생성자를 만드는 케라스 코드입니다.

예제 11-8 MuseGAN 생성자 만들기

```python
def Generator():
    chords_input = layers.Input(shape=(Z_DIM,), name='chords_input') ❶
    style_input = layers.Input(shape=(Z_DIM,), name='style_input')
    melody_input = layers.Input(shape=(N_TRACKS, Z_DIM), name='melody_input')
    groove_input = layers.Input(shape=(N_TRACKS, Z_DIM), name='groove_input')

    chords_tempNetwork = TemporalNetwork() ❷
    chords_over_time = chords_tempNetwork(chords_input)

    melody_over_time = [None] * N_TRACKS
    melody_tempNetwork = [None] * N_TRACKS
    for track in range(N_TRACKS):
        melody_tempNetwork[track] = TemporalNetwork() ❸
        melody_track = layers.Lambda(lambda x, track = track: x[:,track,:])(
            melody_input
        )
        melody_over_time[track] = melody_tempNetwork[track](melody_track)

    barGen = [None] * N_TRACKS
    for track in range(N_TRACKS):
        barGen[track] = BarGenerator() ❹

    bars_output = [None] * N_BARS
    c = [None] * N_BARS
    for bar in range(N_BARS): ❺
        track_output = [None] * N_TRACKS

        c[bar] = layers.Lambda(lambda x, bar = bar: x[:,bar,:])(chords_over_time)
        s = style_input

        for track in range(N_TRACKS):

            m = layers.Lambda(lambda x, bar = bar: x[:,bar,:])(
                melody_over_time[track]
```

```
    )
    g = layers.Lambda(lambda x, track = track: x[:,track,:])(
        groove_input
    )

    z_input = layers.Concatenate(
        axis = 1, name = 'total_input_bar_{}_track_{}'.format(bar, track)
    )([c[bar],s,m,g])

    track_output[track] = barGen[track](z_input)

    bars_output[bar] = layers.Concatenate(axis = -1)(track_output)

generator_output = layers.Concatenate(axis = 1, name = 'concat_bars')(
    bars_output
) ❻

return models.Model(
    [chords_input, style_input, melody_input, groove_input], generator_output
) ❼

generator = Generator()
```

❶ 생성자의 입력을 정의합니다.

❷ 화음 입력을 `TemporalNetwork`에 전달합니다.

❸ 멜로디 입력을 `TemporalNetwork`에 전달합니다.

❹ 트랙마다 독립적인 마디 생성자 신경망을 만듭니다.

❺ 마디와 트랙을 순회하면서 각 조합에 따라 마디를 생성합니다.

❻ 모든 출력을 하나의 텐서로 연결합니다.

❼ MuseGAN 모델은 4개의 잡음 텐서를 입력으로 받고 다중 트랙, 다중 마디 악보를 생성합니다.

11.3.3 MuseGAN 비평자

생성자와 비교하면 비평자 구조는 훨씬 직관적입니다(GAN에서 흔히 보이는 구조입니다).

비평자는 생성자가 만든 다중 트랙, 다중 마디 악보와 바흐 코랄의 진짜 악보를 구별해야 합니다. 이는 악보를 하나의 출력값으로 만드는 Conv3D 층으로 대부분 구성된 합성곱 신경망입니다.

지금까지는 3차원(너비, 높이, 채널) 입력 이미지에 적용할 수 있는 **Conv2D** 층만 사용했습니다. 여기에서는 **Conv2D** 층과 비슷하지만 4차원 입력 텐서(**n_bars, n_steps_per_bar, n_pitches, n_tracks**)를 받는 **Conv3D** 층을 사용해야 합니다.

또한, GAN 네트워크의 훈련은 WGAN–GP 프레임워크를 사용하기 때문에 비평자에서는 배치 정규화 층을 사용하지 않습니다.

[예제 11-9]는 비평자를 만드는 케라스 코드입니다.

예제 11-9 MuseGAN 비평자 만들기

```python
def conv(x, f, k, s, p):
    x = layers.Conv3D(filters = f,
                      kernel_size = k,
                      padding = p,
                      strides = s,
                      kernel_initializer = initializer)(x)
    x = layers.LeakyReLU()(x)
    return x

def Critic():
    critic_input = layers.Input(
        shape=(N_BARS, N_STEPS_PER_BAR, N_PITCHES, N_TRACKS),
        name='critic_input'
    ) ❶

    x = critic_input
    x = conv(x, f=128, k = (2,1,1), s = (1,1,1), p = 'valid') ❷
    x = conv(x, f=128, k = (N_BARS - 1,1,1), s = (1,1,1), p = 'valid')

    x = conv(x, f=128, k = (1,1,12), s = (1,1,12), p = 'same') ❸
    x = conv(x, f=128, k = (1,1,7), s = (1,1,7), p = 'same')

    x = conv(x, f=128, k = (1,2,1), s = (1,2,1), p = 'same') ❹
    x = conv(x, f=128, k = (1,2,1), s = (1,2,1), p = 'same')
    x = conv(x, f=256, k = (1,4,1), s = (1,2,1), p = 'same')
    x = conv(x, f=512, k = (1,3,1), s = (1,2,1), p = 'same')

    x = layers.Flatten()(x)
```

```
    x = layers.Dense(1024, kernel_initializer = initializer)(x)
    x = layers.LeakyReLU()(x)

    critic_output = layers.Dense(
        1, activation=None, kernel_initializer = initializer
    )(x) ❺

    return models.Model(critic_input, critic_output)

critic = Critic()
```

❶ 비평자의 입력은 다중 트랙, 디중 미디 악보로, [N_BARS, N_STEPS_PER_BAR, N_
   PITCHES, N_TRACKS] 크기의 배열입니다.
❷ 먼저 마디 차원을 따라 텐서를 압축합니다. 비평자는 4D 텐서를 다루려고 Conv3D 층을 적
   용합니다.
❸ 그다음 피치 차원을 따라 텐서를 압축합니다.
❹ 마지막으로 타임 스텝 차원을 따라 텐서를 압축합니다.
❺ WGAN-GP 프레임워크를 사용하기 때문에 하나의 유닛과 활성화 함수가 없는 Dense 층
   의 출력이 비평자의 출력입니다.

11.3.4 MuseGAN 분석

악보를 생성하는 MuseGAN을 실험합니다. 입력 잡음의 파라미터를 바꾸어 출력에 미치는 영
향을 확인할 수 있습니다.

생성자의 출력은 (마지막 층의 **tanh** 활성화 함수 때문에) [-1, 1] 범위의 값이 있는 배열입니
다. 이를 트랙마다 하나의 음표로 변환하려면 타임 스텝마다 84개 피치 전체에서 가장 큰 값의
음표를 선택합니다. 트랙마다 여러 개의 음표가 나올 수 있으므로 원본 MuseGAN 논문 저자
들은 임곗값 0을 사용했습니다. 하지만 여기에서 살펴보는 바흐 코랄은 각 트랙의 타임 스텝마
다 음표가 하나이므로 간단히 최댓값을 고릅니다.

[그림 11-16]은 정규 분포를 따르는 랜덤한 잡음 벡터에서 모델이 생성한 악보(1)를 보여줍
니다. 데이터셋에서 (유클리드 거리로) 가장 가까운 악보(3)를 찾을 수 있습니다. 생성된 악
보가 데이터셋에 이미 존재하는 음악을 복사한 것이 아닌지 확인해보죠. 바로 아래에 있는 가
장 가까운 악보도 생성된 악보와 비슷하지 않습니다.

그림 11-16 MuseGAN이 생성한 악보 샘플. 훈련 세트에서 가장 가까운 진짜 악보와 입력 잡음을 바꾸었을 때 생성된 악보에 얼마나 영향을 미치는지 보여줌

입력 잡음을 변경하면서 생성된 악보를 살펴보죠. 먼저 화음 잡음 벡터를 바꿀 수 있습니다. [그림 11-16]에 있는 5번 악보입니다. 예상대로 모든 트랙이 변경되었고 두 마디는 다른 특색을 띕니다. 마지막 소절은 두 번째 마디에서 훨씬 역동적입니다. 첫 번째 소절은 첫 번째 마디보다 두 번째 마디의 피치가 더 높습니다. 이는 입력 화음 벡터가 `TemporalNetwork`를 통과하면서 두 막대에 영향을 미치는 잠재 벡터가 달라졌기 때문입니다.

스타일 벡터를 바꾸면(2번 악보) 두 마디가 비슷한 방식으로 바뀝니다. 전체 소절이 원래 생성된 악보에서 일관된 스타일로 변경되었습니다(즉, 모든 트랙과 마디를 변경하는 데 동일한 잠재 벡터를 사용합니다).

멜로디와 리듬 입력을 사용해 개별 트랙을 바꿀 수 있습니다. [그림 11-16]에 있는 4번 악보의 첫 번째 소절에서 멜로디 잡음 벡터가 변경된 영향을 볼 수 있습니다. 다른 소절은 영향을 받지 않았지만 첫 번째 소절의 음표는 크게 바뀌었습니다. 또한 첫 번째 소절에 있는 두 마디 사이에서 리듬의 변화를 볼 수 있습니다. 첫 번째 마디보다 두 번째 마디 음표의 박자가 더 역동적이고 빠릅니다.

마지막으로 6번 악보는 마지막 소절의 리듬 입력 파라미터를 바꾸었을 때 만들어진 악보를 보여줍니다. 여기에서도 다른 소절들은 영향을 받지 않고 마지막 소절만 달라졌습니다. 또한 예상대로 이 소절의 전반적인 패턴이 마디 사이에서 달라지지 않았습니다.

이처럼 입력 파라미터는 생성된 음악 시퀀스의 고수준 특징에 직접 영향을 줄 수 있습니다. 이전 장에서 생성된 이미지 모습을 바꾸기 위해 VAE와 GAN의 잠재 공간 벡터를 조정했던 것과 같은 방식입니다. 이 모델의 한 가지 단점은 생성할 마디의 개수를 미리 지정해야 한다는 점입니다. 저자는 이를 해결하려고 모델을 확장하여 이전 마디를 입력으로 주입하였습니다. 가장 최근에 생성한 마디를 다시 모델에 추가 입력으로 계속 제공하여 모델이 긴 악보를 생성하도록 합니다.

11.4 요약

이 장에서 음악 생성에 사용하는 두 종류의 모델을 살펴보았습니다. 트랜스포머와 MuseGAN입니다.

트랜스포머는 9장에서 살펴본 텍스트 생성 신경망과 설계가 유사합니다. 음악과 텍스트 생성은 많은 특징을 공유하며, 비슷한 기술을 두 곳에 모두 사용할 수 있을 때가 많습니다. 음표와 지속 시간을 처리하려고 트랜스포머 구조를 두 개의 입력 및 출력 스트림으로 확장했습니다. 바흐의 음악에서 올바른 생성 방법을 학습하기만 해도 모델이 키나 음계와 같은 개념을 배울 수 있습니다.

또한 다성(멀티트랙) 음악 생성을 처리하려면 토큰화 과정을 어떻게 바꿔야 하는지 살펴봤습니다. 그리드 토큰화는 악보의 피아노 롤 표현을 직렬화합니다. 이를 통해 각 성부에 어떤 음표가 있는지 설명하는 (시간 간격이 동일하며 이산적인) 단일 토큰 스트림으로 트랜스포머를 훈련시킬 수 있습니다. 이벤트 기반 토큰화는 명령 스트림 하나로 여러 선율의 음악을 순차적으로 생성하는 방법을 기술할 수 있습니다. 두 방법 모두 장단점이 있으며, 트랜스포머 기반 음악 생성의 성공 여부는 토큰화 방법의 선택에 따라 크게 좌우되는 경우가 많습니다.

음악을 생성하는 데 순차 데이터를 다루는 방식이 꼭 필요하지는 않습니다. MuseGAN은 합성곱을 사용하여 다중 선율, 다중 트랙의 악보를 생성합니다. 악보를 하나의 이미지로 다룹니다. 여기에서 트랙은 이미지의 개별 채널이 됩니다. MuseGAN은 음악의 고수준 특징을 완전히 조절하기 위해 4개의 입력 잡음 벡터(화음, 스타일, 멜로디, 리듬)를 사용합니다. 아직 바흐만큼 완벽하거나 다채로운 조화를 이루지 못하지만 해결하기 매우 어려운 문제를 다뤄보는 좋은 시도이고 다양한 종류의 문제에 적용할 수 있는 GAN의 능력을 보여줍니다.

CHAPTER 12

월드 모델

이 장의 목표

- 강화 학습reinforcement learning(RL)의 기본 사항을 살펴봅니다.
- 월드 모델world model 접근 방식으로 생성 모델링을 강화 학습에 사용하는 방법을 이해합니다.
- 저차원 잠재 공간에서 환경 관측을 포착하기 위해 변이형 오토인코더(VAE)를 훈련하는 방법을 알아봅니다.
- 잠재 변수를 예측하는 MDN-RNNmixture density network-recurrent neural network의 훈련 과정을 살펴봅니다.
- CMA-EScovariance matrix adaptation evolution strategy를 사용하여 환경 내에서 지능적인 행동을 취하는 컨트롤러를 훈련합니다.
- 훈련된 MDN-RNN을 환경으로 사용하여 에이전트가 실제 환경이 아닌 자신의 꿈속에서 컨트롤러를 훈련하는 방법을 이해합니다.

이 장에서는 최근 몇 년 동안 생성 모델의 흥미로운 응용 분야가 된 월드 모델의 사용법을 소개합니다.

12.1 소개

2018년 3월 데이비드 하David Ha와 유르겐 슈미트후버Jürgen Schmidhuber가 「월드 모델World Model」 논문을 발표하였습니다.[1] 이 논문은 모델이 스스로 생성한 꿈속 환경 속에서 수행한 실험을 통해 특정 작업을 처리하는 방법을 배우는 방법을 보여주었습니다. 강화 학습과 같은 다른 머신러닝 모델 기법과 함께 생성 모델링을 적용했을 때 실용적인 문제를 해결하는 방법을 보여주는 훌륭한 사례입니다.

---

1 David Ha and Jürgen Schmidhuber, "World Models," March 27, 2018, https://arxiv.org/abs/1803.10122.

이 구조의 핵심 요소는 현재 상태state와 행동action이 주어졌을 때 다음 상태에 대한 확률분포를 만드는 생성 모델입니다. 무작위로 이동하면서 환경environment의 물리적 특성을 이해하고 나면 모델이 새로운 작업에 대해 처음부터 스스로를 훈련할 수 있습니다. 이런 훈련은 전적으로 모델이 만든 환경의 자체 표현 안에서 수행됩니다. 이 방식은 두 개의 작업[2]에서 최고 수준의 테스트 성능을 달성하였습니다.

이 장에서는 논문의 모델을 자세히 살펴보겠습니다. 특히 자동차가 가능한 한 빨리 가상의 경주 트랙을 주행하는 방법을 배우는 에이전트에 초점을 맞추겠습니다. 여기서는 2D 컴퓨터 시뮬레이션 환경을 사용하지만, 라이브 환경으로 전략을 테스트하는 것이 매우 비싸거나 불가능할 때도 동일한 기법을 적용할 수 있습니다.

> **TIP_** 이 장에서는 깃허브에 공개된 「월드 모델」 논문의 텐서플로 구현(https://oreil.ly/_OlJX)을 참조합니다. 이 저장소를 클론clone하여 직접 실행해보세요!

모델을 만들기 전에 강화 학습의 개념을 먼저 자세히 알아보겠습니다.

12.2 강화 학습

강화 학습은 다음과 같이 정의할 수 있습니다.

> **강화 학습**Reinforcement learning(RL)은 주어진 환경에서 에이전트agent가 특정 목적과 관련해서 최적의 성능을 발휘하는 것을 목표로 하는 머신러닝 분야입니다.

판별 모델링과 생성 모델링 모두 샘플 데이터셋에서 손실 함수를 최소화하는 것이 목적이지만 강화 학습은 주어진 환경에서 에이전트가 받을 장기간 보상reward을 최대화하는 것이 목적입니다. 강화 학습은 머신러닝의 주요한 세 가지 분류 중 하나입니다. 다른 두 가지는 (레이블이 있는 데이터에서 예측을 수행하는) **지도 학습**supervised learning과 (레이블이 없는 데이터에서 구조를 학습하는) **비지도 학습**unsupervised learning입니다.

---

2 옮긴이_ CarRacing 환경과 DoomTakeCover 환경입니다.

먼저 강화 학습의 핵심 용어를 소개하겠습니다.

환경environment

에이전트가 작동하는 세상입니다. 에이전트의 이전 행동과 현재 상태가 주어졌을 때 정의된 일련의 규칙으로 상태 업데이트 과정과 보상 할당을 관장합니다. 예를 들어 강화 학습 알고리즘에 체스 게임을 가르친다면 주어진 행동(예: e4 이동[3])이 다음 게임 상태(체스판에 놓인 말의 새로운 위치)에 미치는 영향을 결정하는 규칙으로 환경이 구성됩니다. 또한 주어진 위치가 체크메이트인지 판단하고 게임에서 이겼을 때 보상 1을 승자에게 할당하는 규칙을 가집니다.

에이전트agent

환경에서 행동을 수행하는 객체입니다.

상태state[4]

에이전트가 만날 수 있는 특정 상황을 표현하는 데이터입니다. 예를 들면 선수가 말을 다음 위치로 옮기는 것과 같은 게임의 정보에 따른 체스판의 구성입니다.

행동action

에이전트가 수행할 수 있는 움직임입니다.

보상reward

행동이 수행되고 나서 에이전트가 환경으로부터 받을 값입니다. 에이전트의 목적은 이 보상의 장기간 합을 최대화하는 것입니다. 예를 들어 체스 게임에서 상대의 킹을 체크메이트한다면 보상 1을 받고 그 외 다른 모든 이동은 보상 0을 받습니다. 어떤 게임은 에피소드를 진행하면서 지속해서 보상을 부여합니다(예: 〈스페이스 인베이더Space Invaders〉 게임의 포인트).

---

3 옮긴이_ 체스판은 가로 좌표(a~h)와 세로 좌표(1~8) 위치를 표시합니다. e4는 킹 앞의 폰(pawn)을 두 칸 전진한 위치로 체스에서 가장 인기 있는 첫수입니다.

4 옮긴이_ 원서는 강화 학습의 일반적인 '상태(state)'를 언급할 때 '게임 상태(game state)'를 혼용하여 사용합니다. 번역서에서는 일반적인 강화 학습의 개념을 의미하는 경우 '상태'라고 옮겼습니다.

에피소드episode

에이전트가 환경에서 1회 실행하는 것을 의미하며 롤아웃rollout이라고도 부릅니다.

타임 스텝timestep

이산적인 이벤트 환경을 위해 모든 상태, 행동, 보상의 값은 타임 스텝 t의 첨자로 표시합니다.

[그림 12-1]은 앞서 정의한 용어 간의 관계입니다.

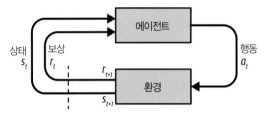

그림 12-1 강화 학습

먼저 환경을 현재 상태(s_0)로 초기화합니다. 에이전트는 타임스텝(t)에서 현재 상태(s_t)를 전달받고 이를 사용하여 다음에 수행할 최선의 행동(a_t)을 결정합니다. 환경이 행동(a_t)을 받으면 다음 상태(s_{t+1})와 보상(r_{t+1})을 계산합니다. 그다음 상태와 보상을 에이전트에 전달하여 이 과정을 다시 반복합니다. 이 순환 과정은 에피소드의 종료 조건을 만족할 때까지 계속됩니다(예: 지정된 타임 스텝 횟수가 지나거나 에이전트가 이기거나 질 때까지).

주어진 환경에서 보상의 합을 최대화하려면 어떤 에이전트를 설계해야 할까요? 상태마다 응답 규칙이 있는 에이전트를 만들어볼 수는 있지만 이런 방식은 환경이 아주 복잡해지면 사용할 수 없습니다. 하드코딩한 규칙으로는 특정 작업에서 사람의 능력을 능가하는 에이전트를 만들 수 없습니다. 강화 학습은 반복해서 에피소드를 실행하여 복잡한 환경에서 스스로 최적의 전략을 학습하는 에이전트를 만듭니다.

이제 트랙 주위를 주행하는 자동차를 시뮬레이션하는 CarRacing 환경을 알아보죠.

12.2.1 CarRacing 환경

CarRacing은 Gymnasium 패키지(`https://gymnasium.farama.org`)에서 제공하는 환경입니다. Gymnasium은 강화 학습 알고리즘을 개발하기 위한 파이썬 라이브러리로, CartPole 및 Pong과 같은 몇 가지 고전적인 강화 학습 환경뿐만 아니라 에이전트가 고르지 않은 지형에서 걷거나 아타리 게임을 플레이하는 등 더 복잡한 과제를 제시하는 환경을 포함합니다.

> **NOTE_ Gymnasium**
> Gymnasium은 오픈AI의 Gym의 후속 라이브러리입니다. 2021년부터 Gym에 대한 추가 개발은 모두 Gymnasium으로 이관되었습니다. 따라서 이 책에서는 Gymnasium 환경을 Gym 환경이라 생각합니다.

모든 환경은 특정 행동을 전달하는 step 메서드를 제공하며, 환경은 다음 상태와 보상을 반환합니다. 에이전트가 선택한 동작으로 step 메서드를 반복해서 호출하면 환경에서 한 에피소드를 플레이할 수 있습니다. 환경을 초기 상태로 되돌리는 reset 메서드와 에이전트가 주어진 환경에서 플레이하는 것을 보여주는 render 메서드도 있습니다. 이 메서드는 에이전트를 개선할 수 있는 영역을 찾고 디버깅하는 데 유용합니다.

CarRacing 환경에서 게임 상태, 행동, 보상, 에피소드가 어떻게 정의되는지 살펴보겠습니다.

상태[5]

　트랙과 자동차의 항공뷰를 나타낸 64×64 픽셀 크기의 RGB 이미지입니다.

행동

　방향(-1에서 1까지), 가속(0에서 1까지), 브레이크(0에서 1까지) 값의 집합입니다. 에이전트는 타임 스텝마다 3개의 값을 모두 설정해야 합니다.

보상

　타임 스텝마다 음수 페널티 -0.1과 새로운 트랙 타일에 진입하면 $1000/N$의 양수 보상을 받습니다. N은 트랙을 구성하는 타일의 총개수입니다.

5 　옮긴이_ 에이전트가 파악한 환경의 상태를 관측(observation)이라고 합니다. Gym의 환경에서 제공하는 step 메서드가 환경의 상태를 관측으로 반환합니다. 종종 상태와 관측을 혼용하여 사용합니다.

에피소드

자동차가 환경 끝까지 주행하여 트랙을 완주하거나 3,000 타임 스텝이 지나면 에피소드는 끝이 납니다.

[그림 12-2]에 게임 상태를 이미지로 표현했습니다.

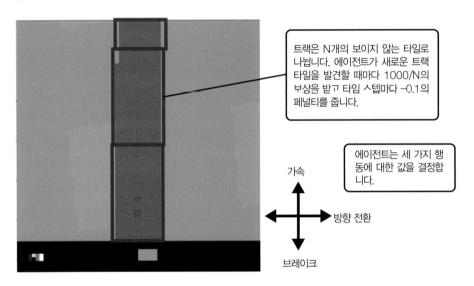

> 트랙은 N개의 보이지 않는 타일로 나뉩니다. 에이전트가 새로운 트랙 타일을 발견할 때마다 1000/N의 보상을 받고 타임 스텝마다 −0.1의 페널티를 줍니다.

> 에이전트는 세 가지 행동에 대한 값을 결정합니다.

가속

방향 전환

브레이크

그림 12-2 CarRacing 환경의 상태를 표현한 이미지

NOTE_ 관점
에이전트가 운전자의 관점에서 트랙을 보는 것이 아니라 드론처럼 하늘 위에서 자동차를 제어한다고 상상해보세요.

12.3 월드 모델 개요

각 구성 요소를 자세히 알아보기 전에 월드 모델 전체 구조와 훈련 과정에 관한 고수준의 개요를 살펴보겠습니다.

12.3.1 구조

[그림 12-3]과 같이 전체 구조는 개별적으로 훈련되는 3개의 부분으로 구성됩니다.

V

변이형 오토인코더

M

MDN^{mixture density network}을 사용한 순환 신경망(MDN-RNN)

C

컨트롤러^{controller}

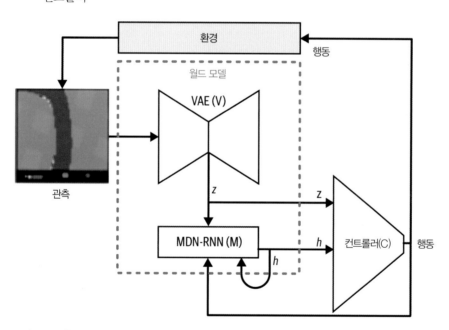

그림 12-3 월드 모델 구조

변이형 오토인코더(VAE)

우리는 운전 중에 벌어지는 상황을 결정할 때 보이는 모든 상황(픽셀)을 분석하지 않습니다. 대신 시각 정보를 작은 개수의 잠재된 객체로 압축하여 다음 행동을 선택합니다. 예를 들면 길의 직진성, 앞쪽의 커브, 도로에서 상대적인 자신의 위치 등입니다.

3장에서 VAE가 고차원 입력 이미지를 압축하여 표준 가우스 분포를 따르는 잠재 공간의 랜덤 변수로 압축하는 방법을 보았습니다. 이를 위해 재구성 손실과 KL 발산을 최소화합니다. 이런 손실 함수는 잠재 공간을 연속적으로 만들고 이 공간에서 손쉽게 샘플링하여 의미 있는 새로운 샘플을 생성할 수 있습니다.

자동차 주행 예제에서 VAE는 $64 \times 64 \times 3$ (RGB) 입력 이미지를 mu와 log_var 변수로 정의되는 32차원의 정규 분포 랜덤 변수로 압축합니다. 여기에서 log_var는 분포의 분산에 로그를 취한 값입니다. 이 분포에서 잠재 벡터 z를 샘플링하여 현재 상태를 표현할 수 있습니다. 이 벡터는 네트워크 그다음 부분인 MDN-RNN으로 전달됩니다.

MDN-RNN

운전하면서 앞으로 벌어질 일을 걱정하지 않습니다. 도로가 왼쪽으로 휘어져 있으면 길을 따라 핸들을 왼쪽으로 돌려 차와 도로를 나란히 맞춥니다.

이런 능력이 없다면 도로를 뱀처럼 꼬불꼬불 운전하게 됩니다. 중앙에서 조금 벗어나면 다음 타임 스텝에서 더 나빠진다는 것을 알 수 없기 때문입니다.

이처럼 미래를 고려하는 것이 MDN-RNN의 일입니다. 네트워크는 이전 잠재 상태와 행동을 기반으로 다음 잠재 상태의 분포를 예측합니다.

MDN-RNN은 256개의 은닉 유닛이 있는 LSTM 층입니다. 그 뒤에 MDN 출력층이 뒤따릅니다. 이는 다음 잠재 상태가 실제로 여러 개의 정규 분포 중 하나에서 샘플링된다는 사실을 감안한 것입니다.

「월드 모델」 저자 중 한 명인 데이비드 하가 동일한 기법을 손 글씨 생성 작업(http://bit.ly/2Wm9X01)에 적용하였습니다. [그림 12-4]는 가능한 펜의 다음 위치를 붉은 영역으로 보여 줍니다.

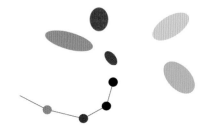

그림 12-4 MDN을 사용한 손 글씨 생성

자동차 경주 예제에서는 다음에 관찰되는 잠재 상태의 각 요소를 5개의 정규 분포 중 하나에서 추출할 수 있습니다.

컨트롤러

지금까지 행동 선택에 관해서는 전혀 언급하지 않았습니다. 컨트롤러가 이를 담당합니다. 컨트롤러는 완전 연결 신경망입니다. 이 신경망은 z(VAE가 인코딩한 분포에서 샘플링한 현재 잠재 상태)와 RNN의 은닉 상태를 연결해 입력합니다. 3개의 출력 뉴런은 3개의 행동(회전, 가속, 브레이크)에 대응하며 적절한 범위로 스케일을 조정합니다.

행동이 옳고 그름을 알려 주는 훈련 데이터셋이 없기 때문에 강화 학습을 사용하여 컨트롤러를 훈련해야 합니다. 에이전트는 반복 실험을 통해 스스로 좋은 행동과 나쁜 행동을 찾습니다.

나중에 이 장에서 보겠지만 「월드 모델」에서 가장 중요한 부분은 Gym 대신 자신이 만든 생성 모델 안에서 에이전트가 강화 학습을 어떻게 수행하는지 보여준 것입니다. 다른 말로 에이전트는 진짜 환경[6]이 아닌 환경의 작동 방식을 상상한 버전에서 수행합니다.

다음 대화를 살펴보며 3개의 구성 요소의 역할과 작동 방식을 이해해보겠습니다.

- **VAE(가장 최근의 64×64×3 샘플을 봅니다)**: 자동차가 직진 도로에 진입하고 앞에는 왼쪽으로 휘어진 길이 있습니다(z).
- **RNN**: 현재 상태(z)와 이전 타임 스텝에서 컨트롤러가 크게 가속했다는 행동(action)을 바탕으로 다음 상태를 예측하려고 은닉 상태(h)를 업데이트합니다. 여전히 직진 도로이지만 왼쪽으로 휘어진 길이 예측됩니다.
- **컨트롤러**: VAE의 설명(z)과 RNN의 현재 은닉 상태(h)를 바탕으로 다음 행동에 대한 신경망의 출력은 [0.34, 0.8, 0]입니다.

컨트롤러가 출력한 행동을 환경으로 전달하고 관측을 업데이트합니다. 그다음 순환 과정이 다시 시작됩니다.

---

6 옮긴이_ 이 장에서 진짜 환경은 실제 세상이 아니라 Gym의 환경을 말합니다.

12.3.2 훈련 과정

훈련 과정은 다섯 단계로 구성되며 순서대로 실행됩니다. 각 단계는 다음과 같습니다.

1. 랜덤한 롤아웃 데이터를 모읍니다. 에이전트는 수행하는 작업에 상관없이 단순히 랜덤한 행동으로 환경을 탐험합니다. 여러 개의 에피소드가 시뮬레이션되고 타임 스텝마다 관측된 상태, 행동, 보상이 저장됩니다. 여기에서 환경의 물리적 작동 방식을 설명할 수 있는 데이터셋을 만듭니다. 데이터셋을 사용하여 VAE가 상태를 잠재 벡터로 표현하도록 훈련합니다. 이어서 MDN-RNN이 잠재 벡터가 시간에 따라 어떻게 변하는지 학습합니다.

2. VAE를 훈련합니다. 랜덤하게 수집한 데이터를 사용하여 관측 이미지에 대한 VAE를 훈련합니다.

3. MDN-RNN을 훈련할 데이터를 모읍니다. VAE를 훈련하고 수집한 샘플을 mu와 logvar 벡터로 인코딩합니다. 이와 함께 현재 행동과 보상을 저장합니다.

4. MDN-RNN을 훈련합니다. 에피소드의 배치와 3단계에서 생성한 각 타임 스텝의 mu, logvar, action, reward 변수를 적재합니다. 그다음 mu와 logvar 벡터에서 z 벡터를 샘플링합니다. 현재 z 벡터, action, reward가 주어졌을 때 MDN-RNN이 그다음 z 벡터와 reward를 예측하도록 훈련합니다.

5. 컨트롤러를 훈련합니다. 훈련된 VAE와 RNN으로 컨트롤러를 훈련하여 현재 z 벡터와 RNN의 은닉 상태 h가 주어졌을 때 행동을 출력할 수 있습니다. 컨트롤러는 CMA-ES 진화 알고리즘evolutionary algorithm을 옵티마이저로 사용합니다. 이 알고리즘은 작업에 대해 전반적으로 높은 점수를 내는 행동을 생성하는 행렬 가중치를 높입니다. 다음 세대는 이런 행동을 상속할 가능성이 높을 것입니다.

이 단계를 조금 더 자세히 살펴보겠습니다.

12.4 랜덤한 롤아웃 데이터 수집

첫 번째 단계는 에이전트가 랜덤한 행동을 수행하여 환경에서 롤아웃 데이터를 수집하는 것입니다. 궁극적으로 에이전트가 지능적으로 행동하는 방법을 학습해야 한다는 점을 생각하면 이상하게 보일 수 있지만, 이 단계는 세상이 어떻게 작동하는지, (처음에는 랜덤하지만) 에이전트의 동작이 후속 관측에 어떤 영향을 미치는지 학습하는 데 사용할 데이터를 에이전트에 제공합니다.

개별 환경 인스턴스를 실행하는 여러 파이썬 프로세스를 실행하여 여러 에피소드를 병렬로 수집할 수 있습니다. 각 프로세스는 별도의 코어에서 실행되므로 컴퓨터에 코어가 많은 경우 훨씬 빠르게 데이터를 수집할 수 있습니다.

이 단계에서 사용하는 하이퍼파라미터는 다음과 같습니다.

parallel_processes

실행할 병렬 프로세스의 수(예: 컴퓨터에 코어가 8개 이상인 경우 8)

max_trials

각 프로세스가 실행할 에피소드의 총개수(예: 125이면 8개 프로세스가 총 1,000개의 에피소드를 실행함)

max_frames

에피소드당 최대 타임 스텝 수(예: 300)

[그림 12-5]는 한 에피소드의 40에서 59까지 프레임을 보여줍니다. 랜덤하게 선택한 행동으로 보상을 받으면서 자동차가 코너에 접근합니다. 자동차가 새로운 트랙 타일에 진입할 때마다 보상이 3.22로 바뀌고 그 외에는 −0.1입니다.

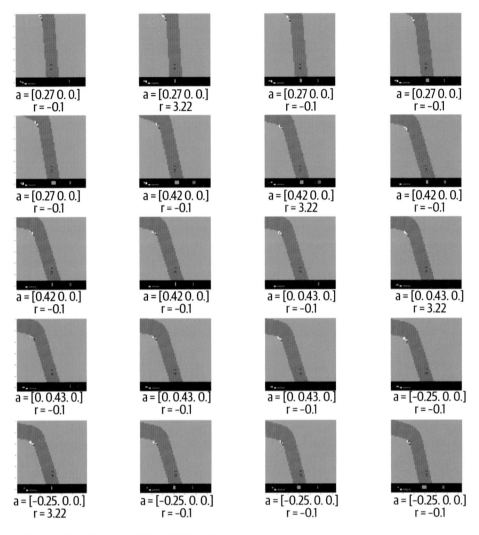

그림 12-5 한 에피소드의 40에서 59까지의 프레임

12.5 VAE 훈련

이제 수집된 데이터에서 생성 모델(VAE)을 만들 수 있습니다. VAE의 목적은 $64 \times 64 \times 3$ 크기의 이미지를 정규 분포를 따르는 랜덤 변수로 압축하는 것입니다. 이 분포는 mu와 logvar 벡터로 정의합니다. 각 벡터의 길이는 32입니다. 이 단계에서 사용하는 하이퍼파라미터는 다음과 같습니다.

vae_batch_size

    VAE를 훈련할 때 사용할 배치 크기(배치당 관측 개수)(예: 100)

z_size

    잠재 z 벡터의 길이(그리고 mu와 logvar 변수의 길이)(예: 32)

vae_num_epoch

    훈련 에폭 수(예: 10)

12.5.1 VAE 구조

이전에 보았듯이 케라스를 사용하면 훈련할 전체 VAE 모델을 정의할 뿐만 아니라 훈련된 신경망의 인코더와 디코더에 해당하는 모델을 추가로 만들 수 있습니다. 특정 이미지를 인코딩하거나 주어진 z 벡터를 디코딩할 때 유용합니다. VAE 모델과 세 개의 서브모델을 다음과 같이 정의하겠습니다.

vae

    엔드 투 엔드로 훈련할 VAE입니다. $64 \times 64 \times 3$ 이미지를 입력으로 받고 재구성된 $64 \times 64 \times 3$ 이미지를 출력합니다.

encod_mu_logvar

    이 모델은 $64 \times 64 \times 3$ 크기의 이미지를 입력으로 받고 이 입력에 대응하는 mu와 logvar 벡터를 출력합니다. 동일한 입력 이미지로 이 모델을 여러 번 실행하면 매번 같은 mu와 logvar 벡터가 만들어집니다.

encod

    이 모델은 $64 \times 64 \times 3$ 크기의 이미지를 입력으로 받고 샘플링된 z 벡터를 출력합니다. 동일한 입력 이미지로 이 모델을 여러 번 실행하면 샘플링 분포를 정의하는 mu와 logvar 값을 사용하여 매번 다른 z 벡터가 만들어집니다.

decod

이 모델은 z 벡터를 입력으로 받아 $64 \times 64 \times 3$ 크기의 재구성된 이미지를 반환합니다.

[그림 12-6]에 VAE 모델과 서브모델이 있습니다.

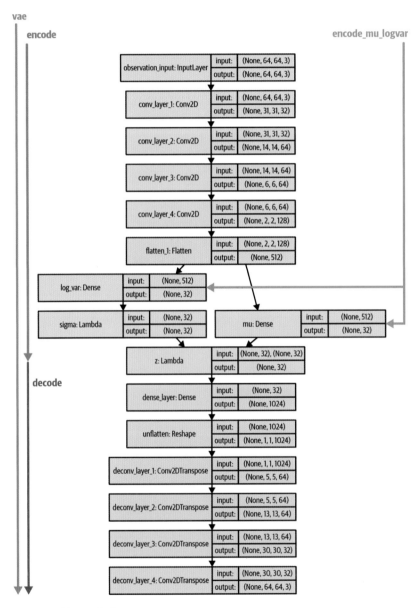

그림 12-6 「월드 모델」의 VAE 구조

12.5.2 VAE 살펴보기

이제 VAE와 각 서브모델의 출력을 살펴보겠습니다. 그다음 어떻게 VAE를 사용해 완전히 새로운 트랙 관측을 생성하는지 보겠습니다.

VAE 모델

VAE에 관측 하나를 주입하면 [그림 12-7]처럼 정확하게 원본 이미지를 재구성할 수 있습니다. VAE가 올바르게 작동하는지 확인하기 좋습니다.

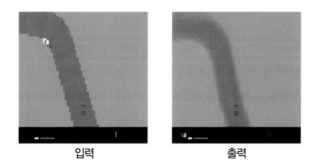

입력　　　　　　출력

그림 12-7 VAE 모델의 입력과 출력

인코더 모델

encod_mu_logvar 모델에 관측을 주입하면 생성된 mu와 logvar 벡터가 출력됩니다. 이 벡터는 다변량 정규 분포를 정의합니다. encod 모델은 이 분포에서 특정 z 벡터를 샘플링하여 한 스텝 더 진행합니다.

두 인코더 모델의 출력이 [그림 12-8]에 있습니다.

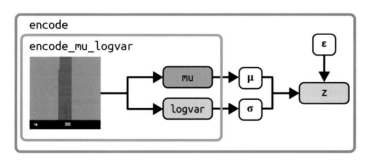

그림 12-8 인코더 모델의 출력

표준 가우스 분포에서 잠재 변수 z를 샘플링하고 mu와 logvar를 사용해 스케일을 조정하고 이 동합니다(예제 12-1).

예제 12-1 mu와 logvar로 정의된 다변량 정규 분포에서 z 샘플링하기

```
eps = tf.random_normal(shape=tf.shape(mu))
sigma = tf.exp(logvar * 0.5)
z = mu + eps * sigma
```

디코더 모델

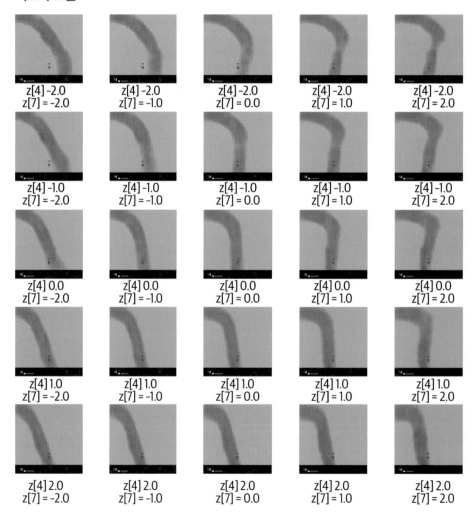

그림 12-9 z의 두 차원에 대한 선형 보간

decoder 모델은 z 벡터를 입력받아 원본 이미지를 재구성합니다. [그림 12-9]에서 z의 두 차원을 선형 보간하여 어떤 차원이 트랙의 특정 요소를 인코딩하는지 나타냈습니다. 이 예에서 z[4]는 자동차에 가장 가까운 트랙의 왼쪽/오른쪽 방향을 제어하고 z[7]은 다가오는 왼쪽 코너의 정도를 제어합니다.

VAE가 학습한 잠재 공간이 연속적이므로 에이전트는 이전에 본 적 없는 새로운 트랙을 생성할 수 있음을 보여줍니다.

12.6 MDN-RNN 훈련 데이터 수집

VAE를 훈련했으므로 이를 사용해 RNN을 위한 훈련 데이터를 생성하겠습니다.

이 단계에서 랜덤한 롤아웃 데이터를 encode_mu_logvar 모델로 전부 통과시키고 각 관측에 대응하는 mu와 logvar 벡터를 저장합니다. 이렇게 인코딩한 데이터와 앞서 수집한 action, reward, done 변수를 사용해 MDN-RNN을 훈련합니다. 이 과정이 [그림 12-10]에 있습니다.

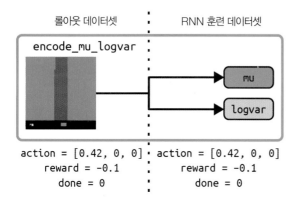

그림 12-10 MDN-RNN 훈련 데이터셋 만들기

12.7 MDN-RNN 훈련

이제 MDN-RNN을 훈련하여 현재 z 값, 현재 행동, 이전의 보상이 주어지면 다음 z 벡터의 분포와 한 스텝 앞의 보상을 예측할 수 있습니다.[7] 그다음 (현재 환경 동역학에 대한 모델의 이해라 생각할 수 있는) RNN 내부의 은닉 상태를 컨트롤러 입력의 일부로 사용하여 궁극적으로 선택할 최상의 다음 행동을 결정합니다.

이 단계의 하이퍼파라미터는 다음과 같습니다.

rnn_batch_size

> MDN-RNN을 훈련할 때 사용할 배치 크기(배치당 시퀀스 수)(예: 100)

rnn_num_steps

> 훈련 반복 총횟수(예: 4000)

12.7.1 MDN-RNN 구조

[그림 12-11]에 MDN-RNN의 구조가 있습니다.

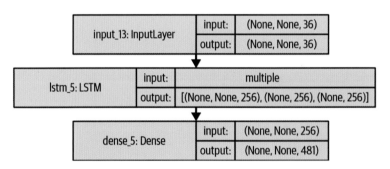

그림 12-11 MDN-RNN 구조

---

7 옮긴이_ 이전 타임 스텝에서 선택한 행동으로 얻은 보상이므로 이전 보상이라고 표현합니다. MDN-RNN을 훈련할 때 z 벡터와 보상에 대한 타깃은 한 타임 스텝 앞의 z 벡터와 보상값입니다.

MDN-RNN은 LSTM 층(RNN)과 그 뒤에 놓인 완전 연결 층(MDN)으로 구성됩니다. 완전 연결 층은 LSTM의 은닉 상태를 혼합 분포mixture distribution에 파라미터로 변환합니다. 단계별로 이 네트워크를 살펴보겠습니다.

LSTM 층의 입력은 길이가 36인 벡터입니다. VAE로부터 인코딩된 z 벡터(길이 32)와 현재 행동(길이 3), 이전 보상(길이 1)을 연결한 것입니다.

LSTM 층의 출력은 길이가 256인 벡터입니다. LSTM 층은 셀마다 하나의 값을 출력합니다. 이 값이 완전 연결 층인 MDN으로 전달됩니다. MDN은 길이가 256인 벡터를 길이가 481인 벡터로 변환합니다.

왜 길이가 481일까요? [그림 12-12]에서 MDN의 출력 구성을 볼 수 있습니다. MDN의 목적은 가능한 여러 분포 중 하나에서 어떤 확률로 다음 z 벡터를 샘플링하는 것입니다. 자동차 주행 예제는 5개의 정규 분포를 선택했습니다. 이 분포를 정의하려면 몇 개의 파라미터가 필요할까요? 각 분포에 대해서 z 벡터의 32개 차원마다 (분포를 정의하기 위해) mu와 logvar, 이 분포가 선택될 로그 확률(logpi)이 필요합니다. 따라서 5×3×32=480개가 됩니다. 나머지 하나는 보상 예측에 관한 파라미터입니다.

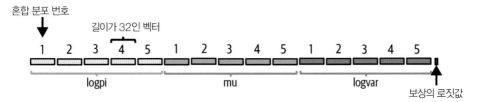

그림 12-12 MDN의 출력

12.7.2 MDN-RNN에서 샘플링하기

MDN 출력에서 샘플링하여 다음 타임 스텝의 z 벡터와 보상에 대한 예측을 생성할 수 있습니다. 과정은 다음과 같습니다.

1. 481차원의 출력 벡터를 3개의 변수(logpi, mu, logvar)와 보상값으로 나눕니다.
2. logpi에 지수 함수를 적용한 다음 5개의 혼합 분포 합이 1이 되도록 정규화한 후 다시 로그 함수를 적용합니다. 따라서 이 값을 5개의 혼합 분포 인덱스에 대한 32개 확률로 이해할 수 있습니다.

3. z의 32개 차원을 `logpi`의 확률을 기반으로 샘플링합니다(즉, z의 차원마다 5개의 분포 중 사용할 하나를 선택합니다).[8]

4. 이 분포에 해당하는 `mu`와 `logvar`를 추출합니다.

5. 차원마다 `mu`와 `logvar`로 정의되는 정규 분포에서 z의 값을 샘플링합니다.

MDN–RNN의 손실 함수는 z 벡터 재구성 손실과 보상 손실의 합입니다. z 벡터 재구성 손실은 진짜 z 값에 대해 MDN–RNN이 예측한 분포의 음의 로그 확률입니다. 보상 손실은 예측한 보상과 진짜 보상 간의 평균 제곱 오차입니다.

12.8 컨트롤러 훈련

마지막 단계는 CMA–ES^{Covariance Matrix Adaptation Evolution Strategy}라 불리는 진화 알고리즘을 사용하여 컨트롤러(선택 행동을 출력하는 네트워크)를 훈련합니다.

이 단계의 하이퍼파라미터는 다음과 같습니다.

controller_num_worker

    병렬로 솔루션을 테스트할 워커^{worker}의 수입니다.

controller_num_worker_trial

    각 세대에서 워커가 테스트할 솔루션 수입니다.

controller_num_episode

    평균 보상을 계산하기 위해 각 솔루션을 테스트할 에피소드 수입니다.

controller_eval_steps

    최상의 파라미터 집합을 평가할 세대 간격입니다.

----

8 옮긴이_ 샘플링을 할 때는 logpi 값에 다시 지수 함수를 적용하여 확률로 바꿉니다. 이 확률의 합은 1이므로 순서대로 늘어놓은 다음 정규 분포 난수를 발생시켜 해당되는 분포를 고를 수 있습니다.

12.8.1 컨트롤러 구조

컨트롤러의 구조는 매우 간단합니다. 은닉층이 없는 완전 연결 신경망입니다. 즉, 입력 벡터가 바로 행동 벡터에 연결됩니다.

입력 벡터는 현재 z 벡터(길이 32)와 현재 LSTM의 은닉 상태(길이 256)를 연결해 길이가 288인 벡터입니다. 각 입력은 3개의 출력 유닛에 직접 연결되기 때문에 총가중치 개수는 $288 \times 3 = 864$에 3개의 편향을 더한 867개입니다.

이 네트워크를 어떻게 훈련해야 할까요? 이것은 지도 학습 문제가 아닙니다. 정확한 행동을 예측하는 것이 아닙니다. 주어진 환경의 상태에서 최적의 행동을 모르기 때문에 정확한 행동에 대한 훈련 세트가 없습니다. 이런 점이 강화 학습 문제가 지도 학습과 다른 점입니다. 에이전트가 환경 안에서 행동을 시도하고 받은 피드백으로 가중치를 업데이트하면서 최적의 가중칫값을 스스로 찾아야 합니다.

진화 전략은 강화 학습 문제를 해결하는 데 널리 사용합니다. 간단하고 효율적이며 확장성이 좋기 때문입니다. 여기에서는 CMA-ES라고 불리는 전략을 사용하겠습니다.

12.8.2 CMA-ES

진화 전략은 일반적으로 다음 과정을 따릅니다.

1. 에이전트의 개체군^{population}을 만들고 최적화할 파라미터를 랜덤하게 초기화합니다.
2. 다음 과정을 반복합니다.
    a. 환경 안에서 여러 에피소드를 수행하여 얻은 평균적인 보상으로 각 에이전트를 평가합니다.
    b. 가장 좋은 점수의 에이전트를 사용해 새로운 개체를 만듭니다.
    c. 새로운 개체의 파라미터에 무작위성을 주입합니다.
    d. 새로 만든 에이전트를 추가하고 나쁜 성능의 에이전트를 제거하는 식으로 개체군을 업데이트합니다.

이 과정은 동물의 진화와 비슷해 진화 전략^{evolutionary strategy}이라고 부릅니다. 여기에서 교배^{breeding}는 가장 좋은 점수를 얻은 에이전트를 합쳐 높은 성능을 낼 수 있는 다음 세대^{generation}를 만드는 것을 의미합니다. 모든 강화 학습 알고리즘에는 국부적인 최적의 솔루션을 탐욕적^{greedily}

으로 찾는 것과 가능성 있는 솔루션을 개선하려고 파라미터 공간의 알려지지 않은 지역을 탐색하는 것 사이에 균형점이 있습니다. 이런 이유로 탐색 범위가 너무 좁혀지지 않도록 개체군에 무작위성을 추가하는 것이 중요합니다.

CMA-ES는 진화 전략 중 하나입니다. 간단하게 말해 이 진화 전략은 새로운 에이전트의 파라미터를 샘플링하는 정규 분포를 관리합니다. 이전 타임 스텝에서 고득점 에이전트를 샘플링할 가능성이 최대화되도록 세대마다 분포의 평균을 업데이트합니다. 동시에 주어진 이전 평균에서 고득점 에이전트를 샘플링할 가능성이 최대화되도록 공분산 행렬covariance matrix을 업데이트합니다. 이를 경사 하강법의 한 형태로 자연스럽게 생각할 수 있습니다. 하지만 미분을 하지 않는다는 장점이 있습니다. 즉, 그레이디언트를 계산하거나 추정하는 비용을 들일 필요가 없습니다.[9]

[그림 12-13]은 CMA-ES 알고리즘을 적용한 한 세대를 보여주는 간단한 예제입니다. 여기에서 2차원에 비선형 함수의 최솟값을 찾으려고 합니다. 이미지에서 빨간색/검은색 영역값이 흰색/노란색 영역값보다 큽니다.

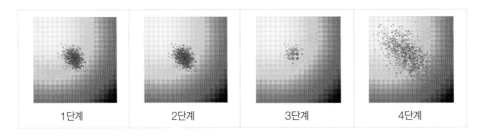

그림 12-13 CMA-ES 알고리즘의 업데이트 단계[10]

이 단계는 다음과 같습니다.

1. 랜덤하게 생성된 2D 정규 분포에서 [그림 12-13]의 파란색으로 나타난 후보 개체군을 샘플링합니다.
2. 각 후보에 함숫값을 계산하고 상위 25%를 [그림 12-13]의 보라색으로 분리합니다. 이를 포인트 P의 집합으로 부르겠습니다.

---

9   옮긴이_ 진화 전략에서는 최소화할 손실 함수가 없어 손실 함수 미분이나 경사 하강법을 사용하지 않습니다.
10 David Ha, "A Visual Guide to Evolution Strategies," October 29, 2017, https://blog.otoro.net/2017/10/29/visual-evolution-strategies.

3. 포인트 P의 평균으로 새로운 정규 분포의 평균을 설정합니다. 이를 교배 단계로 생각할 수 있습니다. 최선의 후보만 사용하여 새로운 분포의 평균을 생성합니다. 또한 포인트 P의 공분산 행렬로 새로운 정규 분포의 공분산 행렬을 설정합니다. 기존의 평균과 포인트 P의 평균의 차이가 클수록 다음 정규 분포의 분산이 커집니다. 이는 자연적으로 최적의 파라미터를 찾는 과정에 가속도momentum를 높이는 효과를 냅니다.

4. 그다음 업데이트된 평균과 공분산 행렬로 정의된 새로운 정규 분포에서 후보 개체군을 샘플링합니다.

[그림 12-14]는 이 과정을 몇 세대 진행한 것입니다. 포인트 P 평균이 최솟값이 있는 방향으로 크게 움직이므로 공분산이 커집니다. 하지만 평균이 최솟값에 안착하면 다시 작아집니다.

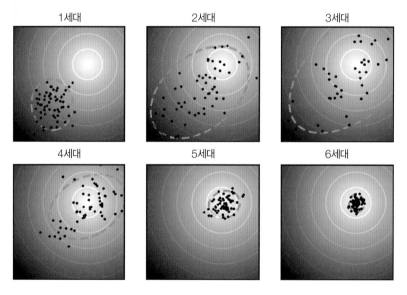

그림 12-14 CMA-ES[11]

자동차 주행 문제에서는 최대화를 하는 잘 정의된 함수는 없지만 환경이 있습니다. 최적화된 867개의 파라미터는 에이전트가 높은 점수를 얻을 수 있도록 결정합니다. 초기에 일부 파라미터 조합이 우연히 다른 것보다 높은 점수를 만듭니다. 하지만 알고리즘이 정규 분포를 환경 안에서 높은 점수를 내는 파라미터 방향으로 점진적으로 움직이도록 합니다.

---

11 출처: https://en.wikipedia.org/wiki/CMA-ES

12.8.3 CMA-ES 병렬화

CMA-ES 알고리즘은 쉽게 병렬화할 수 있다는 큰 장점이 있습니다. 이 알고리즘에서 대부분 시간을 차지하는 곳은 주어진 파라미터 집합에서 점수를 계산하는 것입니다. 이 파라미터로 에이전트를 환경 안에서 시뮬레이션해야 하기 때문입니다. 하지만 개별 시뮬레이션 사이에는 의존성이 없으므로 이 과정을 병렬화할 수 있습니다.

오케스트레이터orchestrator 프로세스가 테스트할 파라미터 집합을 여러 노드node 프로세스로 동시에 전달합니다. 노드는 오케스트레이터에 결과를 반환합니다. 오케스트레이터는 결과를 누적하여 전체 세대의 결과를 CMA-ES 객체에 전달합니다. 이 객체는 [그림 12-13]처럼 평균과 정규 분포의 공분산 행렬을 업데이트하고 테스트할 새로운 세대를 오케스트레이터에 제공합니다. 그리고 이 과정을 다시 반복합니다. [그림 12-15]는 CMA-ES 병렬화 과정을 설명합니다.

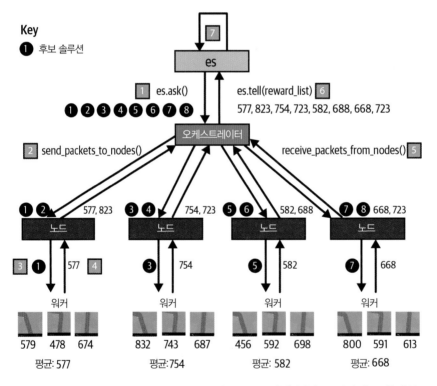

그림 12-15 CMA-ES 병렬화: 개체군의 크기는 8이고 노드는 4개임(따라서 노드마다 테스트할 개수는 t=2임)

1 오케스트레이터는 CMA-ES 객체(es)에 테스트할 파라미터 집합을 요청합니다.

2 오케스트레이터는 파라미터를 가능한 노드 개수로 나눕니다. 여기에서 4개의 노드 프로세스가 파라미터 집합을 2개씩 받았습니다.

3 노드는 파라미터 집합마다 워커 프로세스를 반복합니다. 각 반복은 여러 번의 에피소드를 실행합니다. 여기에서는 파라미터 집합마다 3개의 에피소드를 실행합니다.

4 각 에피소드의 보상을 평균화하여 파라미터 집합에 대한 점수를 만듭니다.

5 노드는 점수 리스트를 오케스트레이터에 반환합니다.

6 오케스트레이터 그룹은 모든 점수를 모아 es 객체에 전달합니다.

7 es 객체는 보상 리스트를 사용해 [그림 12-13]처럼 새로운 정규 분포를 계산합니다.

약 200세대가 지나면 [그림 12-16]과 같이 자동차 경주 환경에 대한 평균 보상 점수가 약 840점에 도달합니다.

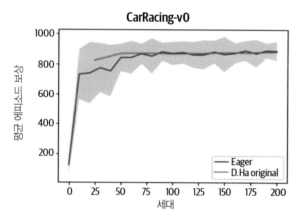

그림 12-16 컨트롤러 훈련 프로세스의 세대별 평균 에피소드 보상(출처: Zac Wellmer, 「월드 모델」)

12.9 꿈속에서 훈련하기

지금까지 컨트롤러 훈련은 Gym의 CarRacing 환경을 사용하여 수행하였습니다. 이 환경에는 현재 상태에서 다음 상태로 시뮬레이션을 이동하는 step 메서드가 구현되어 있습니다. 이 메서드는 현재 환경 상태와 선택한 행동을 바탕으로 다음 상태와 보상을 계산합니다.

step 메서드는 이 모델에서 MDN-RNN과 매우 비슷한 기능을 수행합니다. 현재 z 벡터와 선택한 행동이 주어지면 MDN-RNN으로부터 샘플링하여 다음 z 벡터와 보상에 대한 예측을 출력합니다.

사실 MDN-RNN을 자체적으로 하나의 환경이라고 생각할 수 있습니다. 하지만 원본 이미지 공간이 아니라 z 공간에서 작동합니다. 놀랍게도 이는 MDN-RNN을 복사하여 실제 환경을 대체할 수 있음을 의미합니다. 환경의 작동 방식에 대해 MDN-RNN이 만든 꿈속에서 전적으로 컨트롤러를 훈련할 수 있습니다.

다른 말로 하면 MDN-RNN은 랜덤하게 이동한 원본 데이터셋에서 실제 환경의 물리적 특성을 충분히 학습했습니다. 컨트롤러를 훈련할 때 실제 환경의 대용물로 사용할 수 있습니다. 이는 매우 놀라운 성과입니다. 에이전트가 꿈속 환경에서 보상을 최대화하는 법을 훈련하여 새로운 작업을 스스로 배울 수 있다는 뜻입니다. 그다음 실전에서 시도해본 적 없는 작업을 한 번만에 잘 수행할 수 있습니다.

실제 환경과 꿈속 환경에서 훈련하는 구조를 비교하면 다음과 같습니다. [그림 12-17]은 실제 환경의 구조이고 [그림 12-18]은 꿈속에서 훈련하는 환경을 보여줍니다.

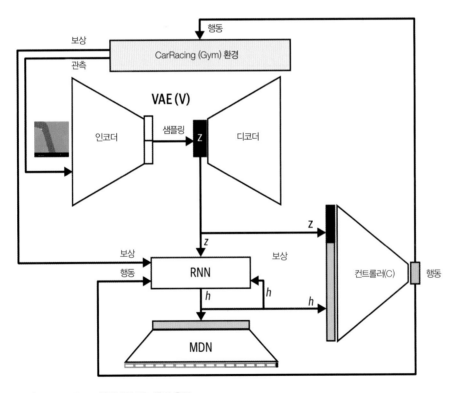

그림 12-17 Gym 환경에서 컨트롤러 훈련

컨트롤러 훈련은 전적으로 z 공간에서 수행합니다. z 벡터가 인식 가능한 트랙 이미지로 바뀔 필요가 없습니다. 에이전트의 성능을 시각적으로 확인하려면 이미지로 변환할 수 있지만 훈련을 위해서 바꿀 필요는 없습니다.

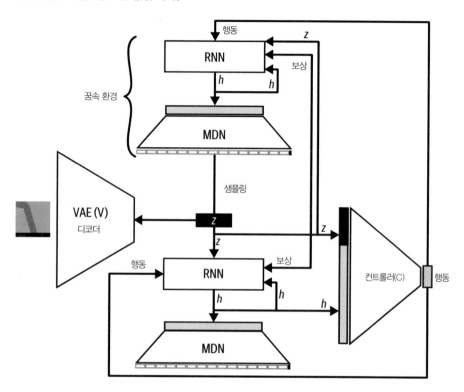

그림 12-18 MDN-RNN 꿈속 환경에서 컨트롤러 훈련

온전히 MDN-RNN 꿈속 환경에서 에이전트를 훈련하면서 부딪히는 도전 과제 중 하나는 과대적합입니다. 에이전트가 꿈속 환경에서 보상을 받는 전략을 찾았지만 실제 환경에 잘 일반화되지 않을 때 과대적합이 일어납니다. MDN-RNN이 어떤 조건하에서 진짜 환경의 행동을 완전히 이해하지 못하기 때문입니다.

원본 논문의 저자들은 이런 과제를 강조하고 모델의 불확실성을 조절하기 위해 temperature 매개변수를 추가하여 이 문제를 완화할 수 있는지 보여주었습니다. 이 매개변수를 크게 하면 MDN-RNN에서 z를 샘플링할 때 분산이 커집니다. 이는 꿈속 환경에서 훈련할 때 더 변덕스러운 롤아웃을 만듭니다. 컨트롤러는 잘 이해할 수 있는 상태를 만드는 안정적인 전략에 대해 높은 보상을 받습니다. 따라서 실제 환경에서 더 일반화가 잘 되는 경향이 있습니다. 그러나 temperature를 증가시키면 꿈속 환경의 진화 방식에 충분한 일관성이 없기 때문에 컨트롤러가 어떤 전략도 배울 수 없을 정도로 환경을 불안정하게 만들지 않도록 균형을 잡아야 합니다.

원본 논문에서 저자들은 이 기법을 〈둠Doom〉 컴퓨터 게임 기반의 DoomTakeCover 환경에 성공적으로 적용하였습니다. [그림 12-19]는 temperature 매개변수를 바꾸어 가상(꿈속) 점수와 실제 환경의 점수에 어떻게 영향을 미치는지 보여줍니다.

temperature 매개변수 τ	가상 점수	실제 점수
0.10	2086 ± 140	193 ± 58
0.50	2060 ± 277	196 ± 50
1.00	1145 ± 690	868 ± 511
1.15	918 ± 546	1092 ± 556
1.30	732 ± 269	753 ± 139
RANDOM POLICY	N/A	210 ± 108
GYM LEADER	N/A	820 ± 58

그림 12-19 temperature 매개변수를 사용하여 꿈속 환경의 변덕성 조절하기[12]

최적의 온도 설정 1.15는 실제 환경에서 1,092점을 달성하여 당시 Gym 리더보드의 최고 점수를 능가하는 점수를 기록했습니다. 이는 놀라운 성과입니다. 컨트롤러가 실제 환경에서 이 작업을 시도한 적이 없다는 점을 기억하세요. (VAE 및 MDN-RNN 꿈 모델을 훈련하려고) 실제 환경에서 무작위로 스텝을 수행한 후 꿈속 환경을 사용하여 컨트롤러를 훈련했을 뿐입니다.

생성한 월드 모델을 강화 학습의 한 방식으로 사용하는 주요 이점은 꿈속 환경에서의 각 세대 훈련이 실제 환경에서의 훈련보다 훨씬 빠르다는 것입니다. 이는 MDN-RNN에 의한 z 및 보상 예측이 Gym 환경에 의한 z 및 보상 계산보다 빠르기 때문입니다.

---

12 출처: Ha and Schmidhuber, 2018. https://arxiv.org/abs/1803.10122.

12.10 요약

이 장에서 생성 모델(VAE)을 강화 학습에 어떻게 사용할 수 있는지 보았습니다. 진짜 환경이 아니라 스스로 생성한 꿈속 환경에서 정책을 테스트하여 에이전트가 효과적인 전략을 학습할 수 있습니다.

VAE는 환경의 잠재 표현을 학습하도록 훈련됩니다. 그다음 이를 순환 신경망의 입력으로 사용하여 잠재 공간 안에서 미래 궤적을 예측합니다. 놀랍게도 에이전트는 이 생성 모델을 의사 환경pseudo-environment으로 사용하여 진화 전략을 기반으로 정책을 반복해서 테스트하면 실제 환경에 잘 일반화될 수 있습니다.

이 모델에 대한 자세한 내용은 원본 논문의 저자가 작성한 인터랙티브하고 훌륭한 온라인 문서 (https://worldmodels.github.io)를 참고하세요.

CHAPTER 13

멀티모달 모델

이 장의 목표

- 멀티모달multimodal 모델의 의미를 배웁니다.

- 오픈AI의 대규모 텍스트 투 이미지 모델인 DALL · E 2의 작동 방식을 살펴봅니다.

- CLIP 및 GLIDE 같은 확산 모델이 DALL · E 2의 전체 구조에서 어떻게 중요한 역할을 하는지 이해합니다.

- 논문에서 강조한 바와 같이 DALL · E 2의 한계를 분석합니다.

- 구글 브레인의 대규모 텍스트 투 이미지 모델인 Imagen의 구조를 살펴봅니다.

- 오픈 소스 텍스트 투 이미지 모델인 스테이블 디퓨전Stable Diffusion에서 사용하는 잠재 확산 과정을 배웁니다.

- DALL · E 2, Imagen, 스테이블 디퓨전의 유사점과 차이점을 이해합니다.

- 텍스트 투 이미지 모델을 평가하는 벤치마킹 도구인 DrawBench를 알아봅니다.

- 딥마인드DeepMind의 새로운 시각 언어 모델인 플라밍고Flamingo의 구조를 배웁니다.

- 플라밍고의 다양한 구성 요소를 분해하여 각 구성 요소가 전체적으로 모델에 어떻게 기여하는지 배웁니다.

- 대화식 프롬프트를 포함한 플라밍고의 몇 가지 능력을 살펴봅니다.

지금까지 우리는 텍스트, 이미지 또는 음악과 같이 한 가지 데이터 양식modality에만 초점을 맞춘 생성 학습 문제를 분석했습니다. GAN과 확산 모델이 어떻게 최첨단 이미지를 생성하는지, 그리고 트랜스포머가 텍스트와 이미지 생성 방법을 어떻게 개척하고 있는지 보았습니다. 하지만 사람은 주어진 사진에서 일어나는 일을 글로 설명하거나, 책에 있는 가상의 판타지 세계를 묘사하는 디지털 아트를 만들거나, 영화의 한 장면에서 받은 감동을 점수로 매기는 것과 같이 여러 가지 양식을 넘나드는 데 어려움이 없습니다. 기계도 그렇게 하도록 훈련시킬 수 있을까요?

13.1 소개

멀티모달 학습multimodal learning에서는 두 종류 이상의 데이터 사이를 변환하도록 생성 모델을 훈련합니다. 지난 2년 동안 소개된 인상적인 생성 모델 중 일부는 멀티모달이었습니다. 이 장에서는 이들이 어떻게 작동하는지 자세히 살펴보고 대규모 멀티모달 모델의 영향으로 생성 모델링의 미래가 어떻게 전개될 것인지 고찰해보겠습니다.

이 장에서는 네 가지 시각 언어vision-language 모델을 살펴봅니다. 오픈AI의 **DALL·E 2**, 구글 브레인의 **Imagen**, 스태빌리티Stability AI, CompVis, 런웨이Runway의 **스테이블 디퓨전**stable diffusion, 딥마인드DeepMind의 **플라밍고**Flamingo입니다.

> **TIP_** 이 장의 목적은 각 모델의 작동 방식을 간결하게 설명하는 것이며 세부적인 설계 사항을 모두 다루지 않습니다. 설계와 구조 결정에 관한 자세한 내용은 각 모델의 논문을 참고하세요.

텍스트 투 이미지 생성은 주어진 텍스트 프롬프트에서 최신 이미지를 생성하는 데 초점을 맞춥니다. 예를 들어 'A head of broccoli made of modeling clay, smiling in the sun'[1]이라는 입력이 주어졌을 때, 모델이 이 텍스트 프롬프트와 정확하게 일치하는 [그림 13-1]과 같은 이미지를 출력해야 합니다.

이는 분명히 매우 어려운 문제입니다. 텍스트 이해와 이미지 생성은 이전 장에서 보았듯이 그 자체로도 해결하기 어렵습니다. 이와 같은 멀티모달 모델링은 모델이 두 도메인 사이를 전환하는 방법을 학습하고 정보 손실 없이 텍스트를 고화질 이미지로 정확하게 변환할 수 있는 공유 표현을 학습해야 하기 때문에 추가적인 과제를 안고 있습니다.

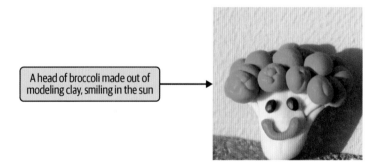

그림 13-1 DALL · E 2로 만든 텍스트 투 이미지 생성의 예

---

1 옮긴이_ 이를 번역하면 '햇살을 받으며 웃고 있는 모델링 클레이로 만든 브로콜리 머리'입니다.

또한 모델이 성공하려면 이전에는 본 적 없었던 개념과 스타일을 결합할 수 있어야 합니다. 예를 들어, 가상 현실 헤드셋을 착용한 사람들을 그린 미켈란젤로 프레스코화는 없지만, 모델에 요청하면 이런 이미지를 만들 수 있어야 합니다. 마찬가지로 모델은 텍스트 프롬프트를 기반으로 생성한 이미지 안에서 객체들이 서로 어떻게 관련되는지를 정확하게 추론해야 합니다. 예를 들어 '우주를 가로질러 도넛을 타고 있는 우주 비행사'의 사진은 '많은 사람이 붐비는 곳에서 도넛을 먹는 우주 비행사'의 사진과 매우 다르게 보여야 합니다. 모델은 문맥을 통해 단어에 의미를 부여하는 방법과 텍스트에 드러난 객체 사이의 명시적 관계를 동일한 의미의 이미지로 변환하는 방법을 학습해야 합니다.

13.2 DALL · E 2

이 장에서 살펴볼 첫 번째 모델은 오픈AI에서 텍스트 투 이미지 생성용으로 만든 DALL · E 2입니다. 이 모델의 첫 번째 버전인 DALL · E 2[2]는 2021년 2월에 출시되어 생성형 멀티모달 모델에 새로운 관심을 불러일으켰습니다. 이 절에서는 그로부터 1년 후 2022년 4월에 출시된 이 모델의 두 번째 버전인 DALL · E 2[3]의 작동 방식을 살펴보겠습니다.

DALL · E 2는 멀티모달 문제를 해결하는 AI의 능력을 보여준 매우 인상적인 모델입니다. 학문적으로 파급 효과를 일으켰을 뿐만 아니라 사람에게만 있다고 여겨지던 창의성에서 AI의 역할에 관한 커다란 질문을 던집니다. 앞부분에서 이미 살펴본 핵심적인 기본 아이디어를 기반으로 DALL · E 2의 작동 방식을 먼저 살펴보겠습니다.

13.2.1 구조

DALL · E 2의 작동 방식을 이해하려면 먼저 [그림 13−2]에 있는 전체적인 구조를 살펴보아야 합니다.

....

2 Aditya Ramesh et al., "Zero-Shot Text-to-Image Generation," February 24, 2021, https://arxiv.org/abs/2102.12092.

3 Aditya Ramesh et al., "Hierarchical Text-Conditional Image Generation with CLIP Latents," April 13, 2022, https://arxiv.org/abs/2204.06125. 옮긴이_ 2023년 9월 DALL · E 3가 출시되었으며 챗GPT를 통해 사용할 수 있습니다.

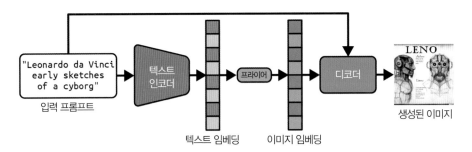

그림 13-2 DALL · E 2 구조

앞으로 살펴볼 부분은 **텍스트 인코더**, **프라이어**[prior], **디코더** 세 가지입니다. 먼저 텍스트가 텍스트 인코더를 통과하여 임베딩 벡터가 만들어집니다. 이 벡터는 프라이어에 의해 변환되어 이미지 임베딩 벡터가 됩니다. 마지막으로 이미지 임베딩 벡터가 원본 텍스트와 함께 디코더에 전달되어 이미지를 생성합니다. DALL · E 2의 작동 방식을 완전하게 이해하기 위해 각 구성 요소를 차례로 하나씩 살펴보겠습니다.

13.2.2 텍스트 인코더

텍스트 인코더의 목적은 텍스트 프롬프트를 임베딩 벡터로 변환하는 것입니다. 이 임베딩 벡터는 잠재 공간 내에서 텍스트 프롬프트의 개념적 의미를 나타냅니다. 이전 장에서 보았듯이 이산적인 텍스트를 연속적인 잠재 공간 벡터로 변환하는 작업은 모든 후속 작업을 위해 필수입니다. 특정 목표에 따라 이 벡터를 계속 더 조작할 수 있기 때문입니다.

DALL · E 2에서는 텍스트 인코더를 처음부터 훈련하지 않고 오픈AI에서 만든 **CLIP**[Contrastive Language-Image Pre-training]이라는 기존 모델을 사용합니다. 따라서 텍스트 인코더를 이해하려면 먼저 CLIP의 작동 방식을 이해해야 합니다.

13.2.3 CLIP

CLIP[4]은 (첫 번째 DALL · E 논문 발표 이후 며칠 지나서) 2021년 2월 오픈AI에서 발표한 논

---

4 Alec Radford et al., "Learning Transferable Visual Models From Natural Language Supervision," February 26, 2021, https://arxiv.org/abs/2103.00020.

문에서 공개되었습니다. 논문에서 CLIP을 '자연어 감독으로부터 시각적 개념을 효율적으로 학습하는 신경망'이라고 설명했습니다.

CLIP은 **대조 학습**contrastive learning이라는 기술을 사용하여 이미지와 텍스트 설명을 매칭합니다. 이 모델은 인터넷에서 수집한 4억 개의 텍스트–이미지 쌍으로 구성된 데이터셋으로 훈련됩니다. 몇 가지 샘플 쌍이 [그림 13-3]에 있습니다. 비교를 위해 ImageNet에는 사람이 주석을 단 이미지가 1,400만 개 있습니다. 이미지와 가능성 있는 텍스트 설명 목록이 주어지면 모델의 임무는 이미지와 실제로 일치하는 설명을 찾는 것입니다.

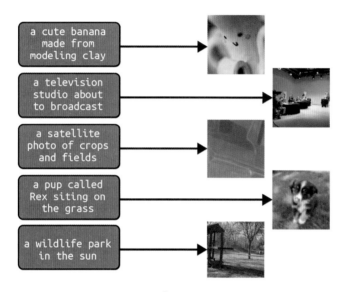

그림 13-3 텍스트–이미지 샘플 예시[5]

대조 학습의 핵심 아이디어는 간단합니다. 텍스트를 텍스트 임베딩으로 변환하는 **텍스트 인코더** text encoder와 이미지를 이미지 임베딩으로 변환하는 **이미지 인코더**image encoder의 두 가지 신경망을 학습합니다. 그런 다음 텍스트–이미지 쌍의 배치가 주어지면 **코사인 유사도**cosine similarity를 사용하여 모든 텍스트 및 이미지 임베딩 조합을 비교해서 일치하는 텍스트–이미지 쌍 간의 점수를 최대화하고 잘못된 텍스트–이미지 쌍 간의 점수를 최소화하도록 신경망을 훈련시킵니다. 이 과정이 [그림 13-4]에 있습니다.

---

5 옮긴이_ 이 프롬프트를 번역하면 위에서부터 차례대로 '모델링 클레이로 만든 귀여운 바나나', '방송을 앞둔 텔레비전 스튜디오', '농작물과 들판의 위성 사진', '잔디 위에 앉아 있는 강아지 렉스', '햇볕이 내리쬐는 야외 공원'입니다.

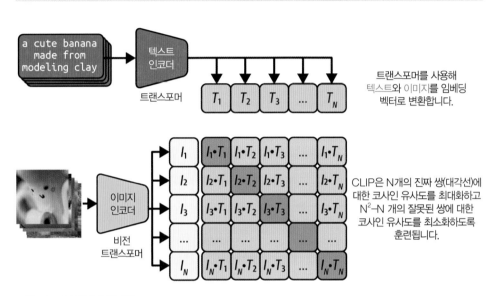

그림 13-4 CLIP의 훈련 과정

텍스트 인코더와 이미지 인코더는 모두 트랜스포머입니다. 이미지 인코더는 이미지에 동일한 어텐션 개념을 적용한 10.5.4절 'ViT VQ–GAN'에서 소개한 비전 트랜스포머(ViT)입니다. 저자들은 다른 모델 구조를 테스트했지만 이 조합이 가장 좋은 결과를 냈습니다.

특히 흥미롭게도 한 번도 경험한 적이 없는 작업에서 CLIP을 사용하여 **제로샷 예측**zero-shot prediction을 수행할 수 있습니다. 예를 들어 CLIP을 사용하여 ImageNet 데이터셋에서 특정 이미지의 레이블을 예측한다고 가정해보겠습니다. 먼저 [그림 13–5]와 같이 템플릿(예: 'a photo of a〈레이블〉')을 사용하여 ImageNet 레이블을 문장으로 변환할 수 있습니다.

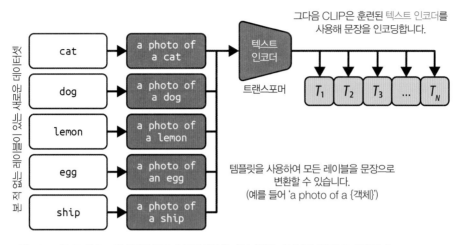

그림 13-5 CLIP 텍스트 임베딩을 만들기 위해 새로운 데이터셋의 레이블을 캡션으로 변환하기

이미지의 레이블을 예측하기 위해 [그림 13-6]과 같이 CLIP 이미지 인코더에 이미지를 전달하고 이미지 임베딩과 가능한 모든 텍스트 임베딩 간의 코사인 유사도를 계산하여 최대 점수를 가진 레이블을 찾을 수 있습니다.

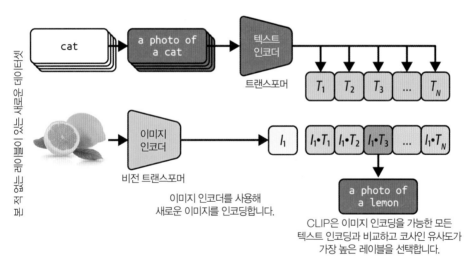

그림 13-6 CLIP을 사용하여 이미지 내용 예측하기

새로운 작업에 적용하려고 CLIP 신경망을 재훈련할 필요가 없습니다. 모든 레이블을 표현할 수 있는 공통 영역으로 언어를 사용하기 때문입니다.

이런 방식을 사용하면 CLIP이 다양한 이미지 데이터셋 레이블 지정 문제를 잘 수행합니다(그림 13-7). 특정 데이터셋에서 특정 레이블 집합을 예측하도록 훈련된 모델은 훈련 데이터셋에 고도로 최적화되어 있기 때문에 동일한 레이블이 있는 다른 데이터셋에 적용하면 실패하는 경우가 많습니다. CLIP은 데이터셋에 있는 특정 이미지에 하나의 레이블을 할당하는 작업만 잘하는 것이 아니라 전체 텍스트 설명과 이미지의 깊은 개념을 이해하도록 학습되었으므로 훨씬 더 강력합니다.

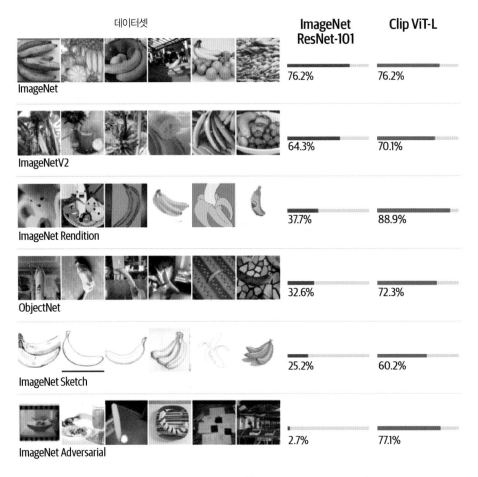

그림 13-7 CLIP은 다양한 이미지 데이터셋에서 잘 수행됨(출처: Radford et al., 2021)

앞서 언급했듯이 CLIP은 판별 능력을 기준으로 평가됩니다. 그렇다면 DALL · E 2와 같은 생성 모델을 구축하는 데 어떻게 도움이 될까요?

훈련된 텍스트 인코더의 가중치를 고정한 다음 DALL · E 2와 같이 더 큰 모델의 한 부분으로 사용할 수 있습니다. 훈련된 인코더는 텍스트를 텍스트 임베딩으로 변환하는 일반화된 모델로, 이미지 생성과 같은 후속 작업에 유용합니다. 텍스트 인코더는 텍스트에 담긴 풍부한 개념을 포착할 수 있습니다. 해당 텍스트와 쌍을 이룬 이미지에서 만들어진 이미지 임베딩과 최대한 유사하도록 훈련되었기 때문입니다. 따라서 텍스트 영역에서 이미지 영역으로 넘어가려면 필요한 다리의 첫 번째 부분이 바로 텍스트 인코더입니다.

13.2.4 프라이어

다음 단계는 텍스트 임베딩을 CLIP 이미지 임베딩으로 변환하는 것입니다. DALL · E 2 저자들은 프라이어 모델을 훈련할 때 두 가지 다른 방법을 시도했습니다.

- 자기회귀 모델
- 확산 모델

저자들은 확산 모델이 자기회귀 모델보다 성능이 우수하고 계산 효율이 더 높다는 사실을 발견했습니다. 이 절에서는 두 가지 방법을 모두 살펴보고 무엇이 다른지 알아보겠습니다.

자기회귀 사전

자기회귀 모델은 출력 토큰(예: 단어, 픽셀)에 순서를 지정하고 이전 토큰을 다음 토큰의 조건으로 삼아 순차적으로 출력을 생성합니다. 이전 장에서 순환 신경망(예: LSTM), 트랜스포머, PixelCNN에서 어떻게 사용하는지 살펴보았습니다.

DALL · E 2의 자기회귀 프라이어는 인코더-디코더 트랜스포머입니다. [그림 13-8]에서처럼 CLIP 텍스트 임베딩이 주어지면 CLIP 이미지 임베딩을 재현하도록 훈련합니다. 원본 논문에서 언급한 자기회귀 모델에는 몇 가지 추가 구성 요소가 있지만 여기에서는 생략합니다.

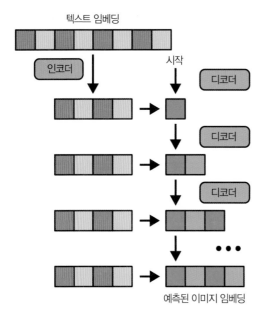

그림 13-8 DALL · E 2의 자기회귀 프라이어를 단순화한 그림

이 모델은 CLIP의 텍스트–이미지 쌍 데이터셋으로 훈련됩니다. 텍스트 영역에서 이미지 영역으로 이동하는 데 필요한 다리의 두 번째 부분이라고 생각하면 됩니다. 즉, 텍스트 임베딩의 잠재 공간에 있는 벡터를 이미지 임베딩의 잠재 공간으로 변환하는 것입니다.

입력 텍스트 임베딩은 트랜스포머의 인코더에서 처리되어 현재 생성된 출력 이미지 임베딩과 함께 디코더로 공급되는 또 다른 표현을 생성합니다. 출력은 한 번에 한 원소씩 생성되며, 티처 포싱teacher forcing[6]을 사용해 예측된 다음 원소를 실제 CLIP 이미지 임베딩과 비교합니다.

순차적으로 생성되는 이런 속성 때문에 다음 절에 살펴볼 방법보다 자기회귀 모델의 계산 효율이 낮습니다.

확산 프라이어

8장에서 보았듯이 확산 모델은 트랜스포머와 함께 생성 모델링 개발자들이 선호하는 모델이 되었습니다. DALL · E 2에서는 확산 과정으로 훈련된 디코더 전용 트랜스포머를 프라이어로

---

6 옮긴이_ 다음 항목을 예측하기 위해 이전 타임 스텝의 정답을 입력의 하나로 사용하는 방법을 티처 포싱이라고 하며 인코더–디코더 신경망의 훈련 과정에 종종 사용합니다.

사용합니다.

훈련과 생성 과정은 [그림 13-9]에 있습니다. 다시 말하지만, 이것은 단순화된 버전입니다. 확산 모델의 전체 구성은 원본 논문을 참고하세요.

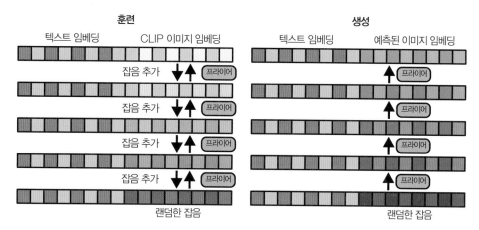

그림 13-9 DALL · E 2 확산 프라이어의 훈련과 생성 과정을 단순화한 그림

훈련하는 동안 CLIP 텍스트와 이미지 임베딩 쌍은 먼저 단일 벡터로 연결됩니다. 그런 다음 이미지 임베딩과 랜덤한 잡음이 구별되지 않을 때까지 1,000번 이상의 타임 스텝에 걸쳐 잡음을 추가합니다. 그다음 이전 타임 스텝의 잡음이 추가되기 전 이미지 임베딩을 예측하도록 확산 프라이어를 훈련합니다. 프라이어는 텍스트 임베딩을 참조할 수 있으므로 이 정보로 예측에 조건을 부여하여 랜덤한 잡음을 CLIP 이미지 임베딩으로 점진적으로 변환할 수 있습니다. 손실 함수는 전체 잡음 제거 단계에 걸친 평균 제곱 오차입니다.

새로운 이미지 임베딩을 생성하려면 랜덤한 벡터를 샘플링하여 관련 텍스트 임베딩을 그 앞에 추가하고, 훈련된 확산 프라이어에 이를 여러 번 통과시키면 됩니다.

13.2.5 디코더

DALL · E 2의 마지막 부분은 디코더입니다. 이 모델은 텍스트 프롬프트와 프라이어가 출력한 이미지 임베딩을 기반으로 최종 이미지를 생성하는 부분입니다.

디코더 구조와 훈련 과정은 2021년 12월에 발표된 초기 오픈AI 논문에서 가져왔으며, 이 논문에서는 GLIDE^Guided Language to Image Diffusion for Generation and Editing라는 생성 모델을 소개했습니다.[7]

GLIDE는 DALL·E 2와 거의 동일한 방식으로 텍스트 프롬프트에서 사실적인 이미지를 생성할 수 있습니다. [그림 13-10]과 같이 GLIDE는 CLIP 임베딩을 사용하지 않고 원시 텍스트 프롬프트를 사용하여 전체 모델을 처음부터 훈련한다는 차이가 있습니다.

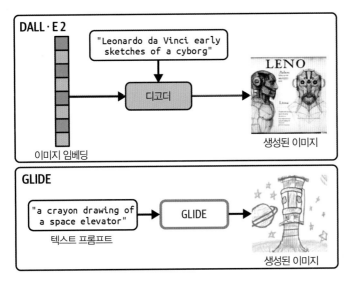

그림 13-10 DALL·E 2와 GLIDE의 비교: DALL·E 2는 초기 텍스트 프롬프트의 정보를 전달하는 데 CLIP 임베딩을 사용하지만 GLIDE는 전체 생성 모델을 처음부터 학습시킴

먼저 GLIDE의 작동 방식을 알아보죠.

GLIDE

GLIDE는 잡음 제거용으로 U-Net 구조를 사용하고 텍스트 인코더로 트랜스포머 구조를 사용하여 하나의 확산 모델로 훈련됩니다. 텍스트 프롬프트에 따라 이미지에 추가된 잡음을 제거하는 방법을 학습합니다. 마지막으로 **업샘플러**^Upsampler는 생성된 이미지를 1,024×1,024픽셀로 확장하도록 훈련됩니다.

------

7 Alex Nichol et al., "GLIDE: Towards Photorealistic Image Generation and Editing with Text-Guided Diffusion Models," December 20, 2021. https://arxiv.org/abs/2112.10741.

GLIDE는 35억 개의 매개변수 모델(모델의 시각적 부분(U-Net 및 업샘플러)에 23억 개의 매개변수, 트랜스포머에 12억 개의 매개변수)을 2억 5천만 개의 텍스트-이미지 쌍으로 밑바닥부터 훈련합니다.

확산 과정은 [그림 13-11]에 있습니다. 트랜스포머를 사용해 입력 텍스트 프롬프트의 임베딩을 만들고 이 임베딩으로 잡음 제거 프로세스 전반에 걸쳐 U-Net을 안내합니다. 8장에서 U-Net 구조를 살펴봤는데, 이미지의 전체 크기가 동일하게 유지되어야 하는 경우(예: 스타일 전이style transfer, 잡음 제거)에 선택할 수 있는 최선의 모델입니다.

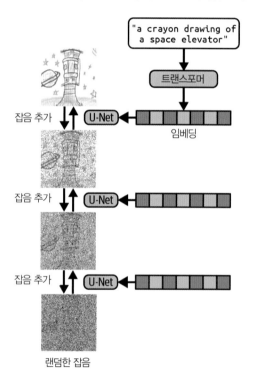

그림 13-11 GLIDE 확산 과정

DALL · E 2 디코더는 여전히 잡음 제거용으로 U-Net을 사용하고 텍스트 인코더로 트랜스포머 구조를 사용하지만, 추가로 예측된 CLIP 이미지 임베딩을 조건으로 사용합니다. [그림 13-12]에서 보듯이 GLIDE와 DALL · E 2의 주요 차이점이 이미지 임베딩입니다.

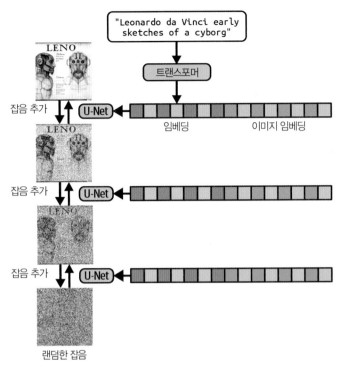

그림 13-12 DALL·E 2 디코더는 프라이어에서 생성된 이미지 임베딩을 추가 조건으로 사용함

다른 확산 모델과 마찬가지로 새로운 이미지를 생성하려면 랜덤한 잡음을 샘플링하고 트랜스포머 텍스트 인코딩 및 이미지 임베딩을 사용해 U-Net 잡음 제거 신경망을 여러 번 실행하면 됩니다. 출력은 64×64픽셀 이미지입니다.

업샘플러

디코더의 마지막 부분은 업샘플러(두 개의 개별 확산 모델)입니다. 첫 번째 확산 모델은 이미지를 64×64에서 256×256픽셀로 변환합니다. 두 번째 모델은 [그림 13-13]에서처럼 256×256에서 1,024×1,024 픽셀로 다시 변환합니다.

업샘플링을 사용하기 때문에 고차원 이미지를 처리하려고 앞단에 대규모 모델을 구축할 필요가 없습니다. 즉, 업샘플러를 적용하는 마지막 단계까지 작은 이미지로 작업할 수 있습니다. 이를 통해 모델 파라미터를 절약하고 훈련 과정을 더 효율적으로 유지할 수 있습니다.

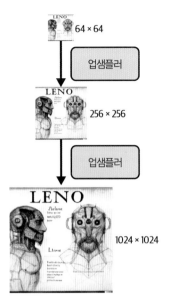

그림 13-13 첫 번째 업샘플링 확산 모델은 이미지를 64×64픽셀에서 256×256픽셀로 변환하고, 두 번째 모델은 256×256픽셀에서 1,024×1,024픽셀로 변환함

이것으로 DALL · E 2의 모델 설명을 마칩니다. 요약하면, DALL · E 2는 사전 훈련된 CLIP 모델을 사용하여 입력 프롬프트의 텍스트 임베딩을 생성합니다. 그다음 프라이어라고 부르는 확산 모델을 사용하여 이미지 임베딩으로 변환합니다. 마지막으로 GLIDE 스타일의 확산 모델을 구현하여 프라이어가 예측한 이미지 임베딩과 트랜스포머로 인코딩된 입력 프롬프트에 맞춰 출력 이미지를 생성합니다.

13.2.6 DALL · E 2의 예

DALL · E 2로 생성한 더 많은 이미지의 예는 공식 웹사이트(`https://openai.com/dall-e-2`)에서 확인할 수 있습니다. 이 모델이 복잡하고 이질적인 개념을 사실적이고 안정적으로 결합하는 능력은 놀라우며 AI 및 생성 모델링 분야의 큰 발전입니다.

이 논문에서 저자들은 이 모델을 텍스트 투 이미지 생성 이외의 다른 용도로 사용하는 방법을 보여줍니다. 이러한 응용 분야 중 하나는 주어진 이미지의 변형을 만드는 것으로, 다음 절에서 살펴보겠습니다.

이미지 변형

앞서 설명한 것처럼 DALL · E 2 디코더를 사용하여 이미지를 생성하려면 먼저 완전하게 랜덤한 잡음으로 구성된 이미지를 샘플링합니다. 그다음 주어진 이미지 임베딩에 따라 잡음 제거 확산 모델을 사용하여 잡음의 양을 점진적으로 줄입니다. 랜덤한 초기 잡음 샘플이 달라지면 생성되는 이미지도 달라집니다.

따라서 주어진 이미지의 변형을 생성하려면 디코더에 공급할 이미지 임베딩을 준비하면 됩니다. 이미지를 CLIP 이미지 임베딩으로 변환하도록 설계된 원본 CLIP 이미지 인코더를 사용하여 이런 임베딩을 얻을 수 있습니다. 이 과정이 [그림 13-14]에 있습니다.

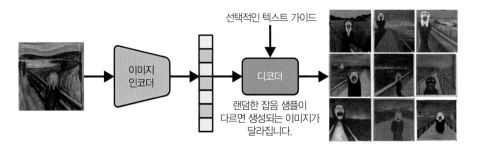

그림 13-14 DALL · E 2를 사용해 주어진 이미지의 변형을 만들 수 있음

프라이어의 중요성

저자들은 DALL · E 2를 프라이어의 중요성을 확인하는 용도로도 사용했습니다. 프라이어의 목적은 미리 학습된 CLIP 모델을 활용하여 생성될 이미지의 유용한 표현을 디코더에 제공하는 것입니다. 하지만 이 단계가 필요하지 않을 수도 있습니다. 이미지 임베딩 대신 텍스트 임베딩을 디코더에 직접 전달하거나 CLIP 임베딩을 완전히 무시하고 텍스트 프롬프트로만 조건을 부여할 수 있습니다. 이렇게 하면 생성 품질에 영향을 미칠까요?

이를 테스트하는 데 저자들은 세 가지 다른 접근 방식을 시도했습니다.

1. 디코더에 텍스트 프롬프트(그리고 이미지 임베딩을 위한 0 벡터)만 제공했습니다.
2. 디코더에 텍스트 프롬프트와 (이미지 임베딩인 것처럼) 텍스트 임베딩을 함께 제공합니다.
3. 디코더에 텍스트 프롬프트와 이미지 임베딩(즉, 완전한 모델)을 입력합니다.

예시 결과는 [그림 13-15]에 있습니다. 디코더에 이미지 임베딩 정보가 부족하면 계산기 calculator와 같은 핵심 정보를 빠트리고 텍스트 프롬프트 내용의 일부만 생성합니다. 텍스트 임베딩을 이미지 임베딩처럼 사용하면 고슴도치hedgehog와 계산기 사이의 관계를 포착할 수는 없지만 약간 더 나은 성능을 보입니다. 프라이어를 사용한 전체 모델만이 프롬프트에 포함된 모든 정보를 정확하게 반영하는 이미지를 생성합니다.

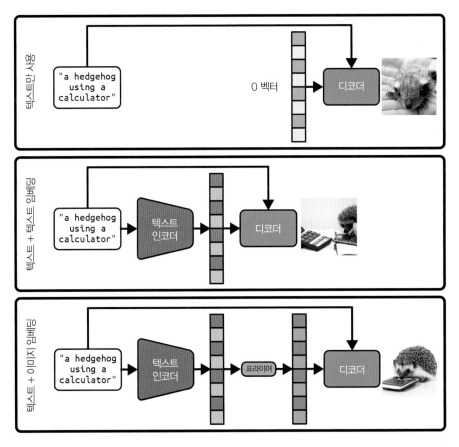

그림 13-15 프라이어는 모델에 추가 맥락을 제공하고 디코더가 더 정확하게 이미지를 생성하는 데 도움을 줌(출처: Ramesh et al., 2022)[8]

----

8   옮긴이_ 그림의 프롬프트를 번역하면 '계산기를 사용하는 고슴도치'입니다.

한계

DALL · E 2 논문에서 저자들은 이 모델의 몇 가지 알려진 한계도 강조합니다. 이 중 두 가지 (속성 바인딩과 텍스트 생성)가 [그림 13-16]에 있습니다.

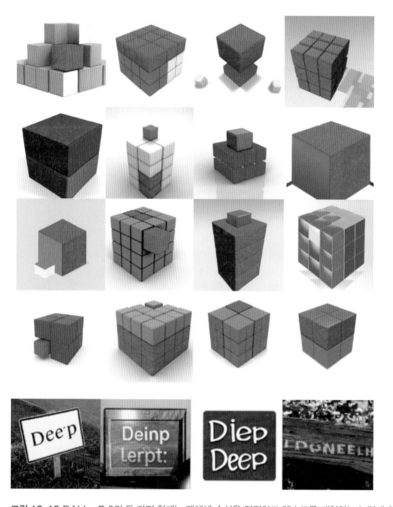

그림 13-16 DALL · E 2의 두 가지 한계는 객체에 속성을 연결하고 텍스트를 재현하는 능력에 있음. 상단 이미지의 프롬프트: 'A red cube on top of a blue cube'. 하단 이미지의 프롬프트: 'A sign that says deep learning'(출처: Ramesh et al., 2022)[9]

---

9 옮긴이_ 두 프롬프트를 번역하면 '파란색 큐브 위에 놓인 빨간색 큐브'와 'deep learning이라 쓰인 표지판'입니다.

속성 바인딩attribute binding은 주어진 텍스트 프롬프트에서 단어 간의 관계, 특히 속성이 객체와 어떻게 관련되는지를 이해하는 모델의 능력입니다. 예를 들어 'A red cube on top of a blue cube'라는 프롬프트는 'A blue cube on top of a red cube'와 시각적으로 구분되어 나타나야 합니다. DALL·E는 GLIDE와 같은 이전 모델보다 이 부분에서 다소 어려움을 겪지만 전반적인 생성 품질이 더 우수하고 다양합니다.

또한 DALL·E 2는 텍스트를 정확하게 재현할 수 없는데, 이는 클립 임베딩이 철자가 아니라 텍스트의 고수준 표현만 담기 때문일 수 있습니다. 이러한 표현은 부분적으로 텍스트 디코딩에 성공할 수 있지만(예: 개별 문자는 대부분 정확함), 전체 단어를 구성할 만큼 충분히 이해하지는 못합니다.

13.3 Imagen

오픈AI가 DALL·E 2를 출시한 지 한 달이 조금 넘은 시점에 구글 브레인 팀은 Imagen[10]이라는 텍스트 투 이미지 모델을 출시했습니다. 이 장에서 이미 살펴본 핵심 내용 중 상당수는 Imagen과도 관련이 있습니다. 예를 들면 Imagen은 텍스트 인코더와 확산 모델 디코더를 사용합니다.

다음 절에서 Imagen의 전체 구조를 살펴보고 DALL·E 2와 비교해보겠습니다.

13.3.1 구조

Imagen의 대략적 구조가 [그림 13-17]에 있습니다.

---

10 Chitwan Saharia et al., "Photorealistic Text-to-Image Diffusion Models with Deep Language Understanding," May 23, 2022, https://arxiv.org/abs/2205.11487.

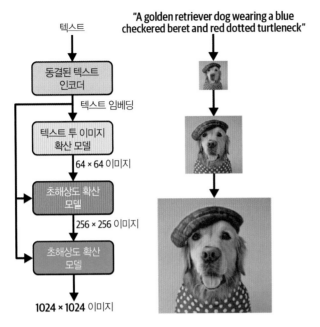

그림 13-17 Imagen 구조(출처: Saharia et al., 2022)[11]

동결된frozen 텍스트 인코더는 대규모 인코더-디코더 트랜스포머인 사전 훈련된 T5-XXL 모델입니다. CLIP과 달리 이미지가 아닌 텍스트로만 학습되었기 때문에 멀티모달 모델은 아닙니다. 하지만 저자들은 이 모델이 Imagen의 텍스트 인코더로써 매우 잘 작동하며, 이 모델을 확장하는 것이 확산 모델 디코더를 확장하는 것보다 전체 성능에 더 큰 영향을 미친다는 사실을 발견했습니다.

DALL · E 2와 마찬가지로 Imagen의 디코딩 확산 모델은 텍스트 임베딩을 조건으로 사용하는 U-Net 구조가 기반입니다. 표준 U-Net 구조에 몇 가지 개선 사항을 적용하여 **효율적인 U-Net**Efficient U-Net을 만들었습니다. 이 모델은 이전 U-Net 모델보다 메모리를 덜 사용하고, 더 빠르게 수렴하며, 샘플 품질이 더 좋습니다.

생성된 이미지를 64×64에서 $1,024 \times 1,024$픽셀로 변환하는 초해상도super-resolution 업샘플러 모델도 업샘플링 과정을 가이드하는 데 텍스트 임베딩을 사용하는 확산 모델입니다.

---

11 옮긴이_ 그림의 프롬프트를 번역하면 '파란 체크무늬 베레모를 쓰고 빨간 물방울 터틀넥을 입은 골든리트리버'입니다.

13.3.2 DrawBench

Imagen 논문의 또 다른 기여는 텍스트 투 이미지를 평가하는 200개의 텍스트 프롬프트 모음인 **DrawBench**입니다. 텍스트 프롬프트는 Counting(지정된 개수의 객체를 생성하는 능력), Description(복잡하고 긴 텍스트 프롬프트로 설명된 객체를 생성하는 능력), Text(인용 텍스트를 생성하는 능력) 등 11가지 범주가 있습니다.[12] 두 모델을 비교하려면 각 모델에 DrawBench 텍스트 프롬프트를 전달하고 평가자에게 출력을 제공하여 두 개의 측정 지표를 평가합니다.

- **정렬:** 어떤 이미지가 캡션을 더 정확하게 설명하나요?
- **충실도:** 어떤 이미지가 더 사실적인가요(더 진짜처럼 보이나요)?

[그림 13-18]에 DrawBench 평가 결과가 있습니다.

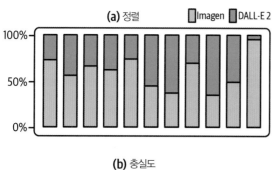

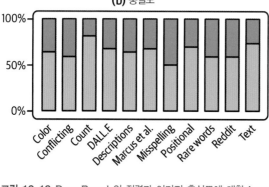

그림 **13-18** DrawBench의 정렬과 이미지 충실도에 대한 Imagen과 DALL · E 2 비교(출처: Saharia et al., 2022)

---

12 옮긴이_ DrawBench의 11개 범주에 사용된 프롬프트는 `https://bit.ly/drawbench-prompt`에서 확인할 수 있습니다.

DALL·E 2와 Imagen은 모두 텍스트 투 이미지 생성 분야에 상당한 공헌을 한 뛰어난 모델입니다. 많은 DrawBench 벤치마크에서 Imagen이 DALL·E 2보다 성능이 뛰어나지만, DALL·E 2는 Imagen에 없는 추가 기능을 제공합니다. 예를 들어 DALL·E 2는 CLIP(멀티모달 텍스트 투 이미지 모델)을 활용하기 때문에 이미지를 입력으로 받아 이미지 임베딩을 생성할 수 있습니다. 즉, DALL·E 2는 이미지 편집 및 이미지 변형 기능을 제공할 수 있습니다. 반면 Imagen의 텍스트 인코더는 순수 텍스트 모델이기 때문에 이미지를 입력할 방법이 없습니다.

13.3.3 Imagen의 예

Imagen의 생성한 이미지 예시가 [그림 13-19]에 있습니다.

Three spheres made of glass falling into the ocean. Water is splashing. Sun is setting.

Vines in the shape of text "Imagen" with flowers and butterflies bursting out of an old TV.

A strawberry splashing in the coffee in a mug under the starry sky.

그림 13-19 Imagen이 생성한 이미지 예시(출처: Saharia et al., 2022)[13]

13.4 스테이블 디퓨전

마지막으로 살펴볼 텍스트 투 이미지 확산 모델은 스태빌리티 AI[Stability AI](https://stability.ai)가 루트비히–막시밀리안 뮌헨 대학교[Ludwig Maximilian University of Munich] CompVis[Computer Vision and

---

13 옮긴이_ 그림의 프롬프트를 왼쪽부터 차례대로 번역하면 다음과 같습니다. '유리로 만든 세 개의 구슬이 바다로 떨어집니다. 물이 튑니다. 해가 집니다', '오래된 TV 밖으로 튀어나온 꽃과 나비로 둘러싸인 'Imagen' 텍스트 형태의 넝쿨', '별이 빛나는 밤에 머그잔에 담긴 커피로 출렁이며 떨어지는 딸기'

Learning research group(`https://ommer-lab.com`) 및 런웨이^{Runway}(`https://runwayml.com`)와 협력해 2022년 8월에 출시한 **스테이블 디퓨전**^{Stable Diffusion}입니다. 허깅 페이스^{Hugging Face}(`https://oreil.ly/BTrWI`)에 코드와 모델 가중치가 공개되었다는 점에서 DALL · E 2 및 Imagen과 차별화됩니다. 즉, 독점적인 API를 사용하지 않고 누구나 자신의 하드웨어에서 이 모델을 사용할 수 있습니다.

13.4.1 구조

스테이블 디퓨전은 기본 생성 모델로 **잠재 확산**^{latent diffusion}을 사용한다는 점에서 앞서 설명한 텍스트 투 이미지 모델 구조와 차이가 있습니다. 잠재 확산 모델(LDM)은 2021년 12월 롬바흐^{Rombach} 등이 「High-Resolution Image Synthesis with Latent Diffusion Models」 논문에서 소개했습니다.[14] 이 논문의 핵심 아이디어는 [그림 13-20]과 같이 확산 모델을 오토인코더로 감싸서 확산 과정이 이미지 자체가 아니라 이미지의 잠재 공간 표현에서 작동한다는 것입니다.

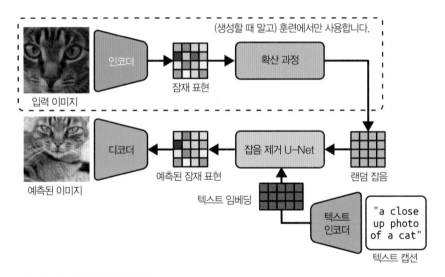

그림 13-20 스테이블 디퓨전 구조

---

14 Robin Rombach et al., "High Resolution Image Synthesis with Latent Diffusion Models," December 20, 2021, `https://arxiv.org/abs/2112.10752`.

이 획기적인 기술은 전체 이미지에서 작동하는 U-Net 모델보다 잡음 제거 U-Net 모델을 상대적으로 가볍게 유지할 수 있음을 의미합니다. 오토인코더에서 이미지 디테일을 잠재 공간으로 인코딩하고 잠재 공간을 고해상도 이미지로 다시 디코딩하는 무거운 작업을 처리하므로 확산 모델은 개념적인 잠재 공간에서만 수행됩니다. 이를 통해 훈련 과정의 속도와 성능이 크게 향상됩니다.

텍스트 인코더를 통과한 텍스트 프롬프트를 통해 잡음 제거 과정을 선택적으로 안내할 수도 있습니다. 스테이블 디퓨전의 첫 번째 버전은 (DALL·E 2와 동일하게) 오픈AI의 사전 훈련된 CLIP 모델을 활용했습니다. 하지만 스테이블 디퓨전 2에서는 처음부터 맞춤형으로 훈련된 CLIP 모델인 OpenCLIP(`https://oreil.ly/RaCbu`)을 사용합니다.

13.4.2 스테이블 디퓨전의 예

[그림 13-21]은 스테이블 디퓨전 2.1의 출력 예시입니다. 허깅 페이스(`https://oreil.ly/LpGW4`)에 호스팅된 모델을 사용해 직접 다양한 프롬프트를 테스트할 수 있습니다.

"an insect robot preparing a delicious meal"   "a high tech solarpunk utopia in the the Amazon rainforest"   "a small cabin on top of a snowy mountain in the style of Disney, artstation"

그림 13-21 스테이블 디퓨전 2.1의 출력 예시[15]

---

15 옮긴이_ 그림에 나온 프롬프트를 왼쪽부터 차례대로 번역하면 다음과 같습니다. '맛있는 음식을 준비하는 곤충 로봇', '아마존 열대우림의 하이테크 솔라펑크 유토피아', '디즈니와 아트스테이션 스타일의 눈 덮인 산꼭대기에 있는 작은 오두막'

13.5 플라밍고

지금까지 세 가지 종류의 텍스트 투 이미지 변환 모델을 살펴보았습니다. 이 절에서는 텍스트와 시각 데이터 스트림이 주어지면 텍스트를 생성하는 멀티모달 모델을 살펴보겠습니다. 2022년 4월 딥마인드의 논문에서 소개된 플라밍고[Flamingo][16]는 사전 훈련된 시각 전용 모델과 언어 전용 모델 사이의 가교 역할을 하는 시각 언어 모델[visual language model] (VLM)입니다.

이 절에서는 플라밍고 모델의 구조를 살펴보고 지금까지 살펴본 텍스트 투 이미지 모델과 비교해보겠습니다.

---

16 Jean-Baptiste Alayrac et al., "Flamingo: A Visual Language Model for Few-Shot Learning," April 29, 2022, `https://arxiv.org/abs/2204.14198`.

13.5.1 구조

플라밍고의 전체 구조는 [그림 13-22]에 있습니다. 여기서는 복잡성을 제외하고 플라밍고의 고유한 핵심 아이디어를 강조하기 위해 이 모델의 핵심 구성 요소인 비전 인코더Vision Encoder, 퍼시비어 리샘플러Perceiver Resampler, 언어 모델Language Model만 자세히 살펴보겠습니다. 모델의 각 부분을 자세히 살펴보려면 원본 논문을 읽어보기를 추천합니다.

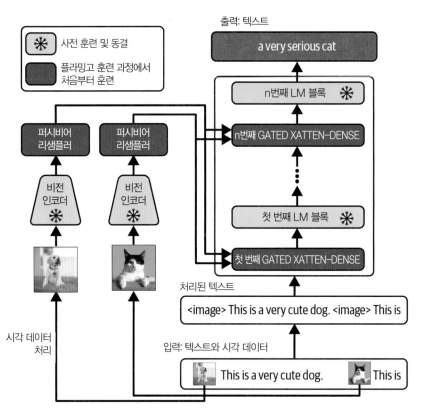

그림 13-22 플라밍고 구조(출처: Alayrac et al., 2022)

13.5.2 비전 인코더

DALL · E 2나 Imagen과 같은 순수 텍스트 투 이미지 모델과 플라밍고 모델의 첫 번째 차이점은 플라밍고는 텍스트와 시각 데이터의 조합을 사용할 수 있다는 것입니다. 여기서 시각 데이터는 이미지뿐만 아니라 비디오도 포함합니다.

비전 인코더의 역할은 (CLIP의 이미지 인코더와 유사하게) 입력에 포함된 시각 데이터를 임베딩 벡터로 변환하는 것입니다. 플라밍고의 비전 인코더는 사전 훈련된 NFNet[Normalizer-Free ResNet]입니다.[17] 이 모델은 브록[Brock] 등이 2021년에 소개했으며 플라밍고는 NFNet-F6(NFNet 모델은 크기와 성능이 늘어남에 따라 F0에서 F6까지 있습니다)을 사용합니다. CLIP 이미지 인코더와 플라밍고 비전 인코더의 주요 차이점은 전자는 ViT 구조를 사용하지만 후자는 ResNet 구조를 사용한다는 점입니다.

비전 인코더는 CLIP 논문에 소개된 것과 동일한 대조 손실을 사용하여 이미지-텍스트 쌍에 대해 훈련됩니다. 훈련 후에는 가중치가 동결되어 플라밍고 모델의 추가 훈련이 비전 인코더의 가중치에 영향을 미치지 않습니다.

비전 인코더의 출력은 특성의 2D 그리드이며, 이 그리드는 퍼시비어 리샘플러로 전달되기 전에 1D 벡터로 펼쳐집니다. 비디오는 초당 1프레임으로 샘플링하고 각 스냅숏을 비전 인코더에 독립적으로 통과시켜 여러 개의 특성 그리드를 생성합니다. 그리고 학습된 시간 인코딩을 추가하고 특성을 펼친 다음 그 결과를 단일 벡터로 연결합니다.

13.5.3 퍼시비어 리샘플러

기존 인코더 트랜스포머(예: BERT)의 메모리 요구 사항이 입력 시퀀스 길이에 따라 제곱으로 늘어나기 때문에 일반적으로 입력 시퀀스를 정해진 토큰 수(예: BERT에서는 512)로 제한합니다. 하지만 비전 인코더의 출력은 가변 길이의 벡터이므로 매우 길 수 있습니다(입력 이미지의 해상도와 비디오 프레임 개수가 가변적입니다).

퍼시비어 구조는 긴 입력 시퀀스를 효율적으로 처리할 목적으로 특별히 설계되었습니다. 전체 입력 시퀀스에 대해 셀프 어텐션을 수행하는 대신 고정 길이의 잠재 벡터와 입력 시퀀스로 크로스 어텐션을 수행합니다. 구체적으로 플라밍고 퍼시비어 리샘플러에서 키와 값은 입력 시퀀스와 잠재 벡터를 연결한 것을 사용하고 쿼리는 잠재 벡터만 사용합니다. 비디오 데이터에 대한 비전 인코더 및 퍼시비어 리샘플러 과정은 [그림 13-23]에 있습니다.

---

17 Andrew Brock et al., "High-Performance Large-Scale Image Recognition Without Normalization," February 11, 2021, https://arxiv.org/abs/2102.06171.

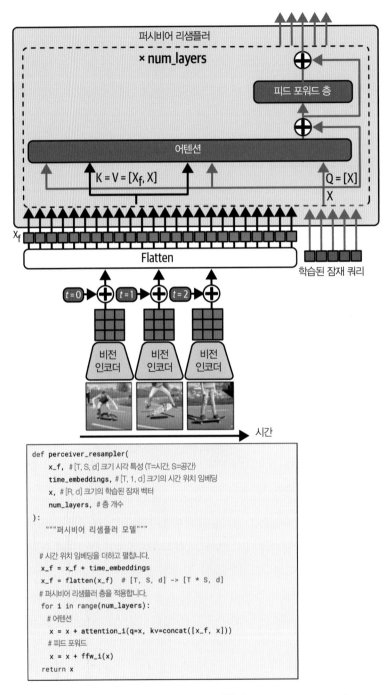

```
def perceiver_resampler(
    x_f, # [T, S, d] 크기 시각 특성 (T=시간, S=공간)
    time_embeddings, # [T, 1, d] 크기의 시간 위치 임베딩
    x, # [R, d] 크기의 학습된 잠재 벡터
    num_layers, # 층 개수
):
    """퍼시비어 리샘플러 모델"""

    # 시간 위치 임베딩을 더하고 펼칩니다.
    x_f = x_f + time_embeddings
    x_f = flatten(x_f) # [T, S, d] -> [T * S, d]
    # 퍼시비어 리샘플러 층을 적용합니다.
    for i in range(num_layers):
      # 어텐션
      x = x + attention_i(q=x, kv=concat([x_f, x]))
      # 피드 포워드
      x = x + ffw_i(x)
    return x
```

그림 13-23 비디오 입력에 적용된 퍼시비어 리샘플러(출처: Alayrac et al., 2022)

퍼시비어 리샘플러의 출력은 언어 모델에 전달되는 고정 길이의 잠재 벡터입니다.

13.5.4 언어 모델

언어 모델은 예측 텍스트를 출력하는 디코더 트랜스포머 스타일의 블록을 여러 개 쌓아 구성됩니다. 실제로 언어 모델의 대부분은 사전 훈련된 딥마인드의 **친칠라**Chinchilla 모델에서 가져왔습니다. 2022년 3월에 발표된 친칠라 논문[18]에서는 동급 모델보다 훨씬 더 작은 크기(예: 친칠라의 파라미터는 70억 개, GPT-3는 170억 개)로 설계된 언어 모델을 소개하지만 훈련에 훨씬 더 많은 토큰을 사용합니다. 저자들은 이 모델이 다양한 작업에서 더 큰 모델보다 성능이 뛰어남을 보여줍니다. 이를 통해 더 큰 모델을 훈련하는 것과 훈련 중에 더 많은 수의 토큰을 사용하는 것 사이의 균형을 최적화하는 작업이 중요하다는 점을 강조합니다.

플라밍고 논문의 핵심적인 기여 중 하나는 언어 데이터(Y)에 포함된 비전 데이터(X)를 친칠라에서 어떻게 처리하는지 보여주는 것입니다. 먼저 언어와 비전 데이터가 어떻게 합쳐져서 언어 모델의 입력을 구성하는지 살펴보겠습니다(그림 13-24).

먼저 비전 데이터(예: 이미지)를 `<image>` 태그로 대체하고 `<EOC>`(청크chunk의 끝) 태그를 사용해 텍스트를 **청크**로 나눕니다. 각 청크에는 최대 하나의 이미지가 포함되며, 이 이미지는 항상 청크의 시작 부분에 있습니다. 즉, 뒤따르는 텍스트는 해당 이미지와만 관련 있다고 간주합니다. 시퀀스의 시작 부분도 `<BOS>`(문장의 시작) 태그로 표시합니다.

다음으로 시퀀스가 토큰화되고 각 토큰에는 앞선 이미지 인덱스에 해당하는 인덱스(phi)가 부여됩니다(청크에 앞의 이미지가 없는 경우에는 0). 이렇게 하면 텍스트 토큰(Y)이 마스킹을 통해 특정 청크에 해당하는 이미지 토큰(X)과만 크로스 어텐션되도록 강제할 수 있습니다. 예를 들어 [그림 13-24]에서 첫 번째 청크에는 이미지가 포함되지 않으므로 퍼시비어 리샘플러의 모든 이미지 토큰이 마스킹됩니다. 두 번째 청크에는 이미지 1이 포함되므로 이 토큰은 이미지 1의 이미지 토큰과 상호작용할 수 있습니다. 마찬가지로 마지막 청크에는 이미지 2가 포함되므로 이 토큰은 이미지 2의 이미지 토큰과 상호작용할 수 있습니다.

---

18 Jordan Hoffmann et al., "Training Compute-Optimal Large Language Models," March 29, 2022, `https://arxiv.org/abs/2203.15556v1`.

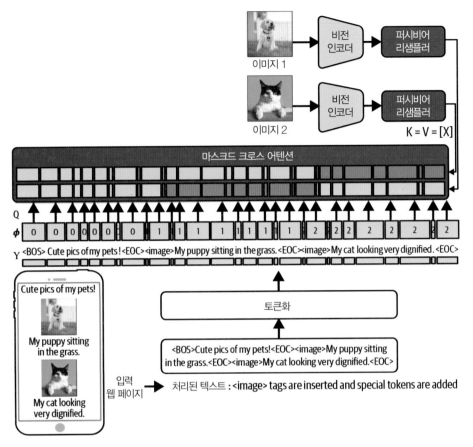

그림 13-24 비전 데이터와 텍스트 데이터를 결합하는 마스크드 크로스 어텐션Masked cross-attention(XATTN): 하늘색 항목은 마스킹되고 진한 파란색 항목은 마스킹되지 않음을 나타냄(출처: Alayrac et al., 2022)

이제 마스크드 크로스 어텐션이 언어 모델의 전체 구조에 어떤 역할을 하는지 확인해보죠(그림 13-25).

파란색 LM 층은 친칠라의 동결 층이므로 훈련 과정에서 업데이트되지 않습니다. 보라색 GATED XATTN-DENSE 층은 플라밍고의 일부로 학습되며 언어와 시각 정보를 혼합하는 마스크드 크로스 어텐션과 피드 포워드(밀집) 층을 포함합니다.

이 층은 크로스 어텐션과 피드 포워드의 출력을 두 개의 서로 다른 tanh 게이트에 통과시킵니다. 이 게이트는 모두 0으로 초기화됩니다. 따라서 신경망이 초기화될 때 GATED XATTN-DENSE 층이 기여하는 바가 없고 언어 정보가 바로 전달됩니다. alpha 게이트 파라미터가 신경망에 의해 학습되어 훈련이 진행됨에 따라 비전 데이터의 정보를 점차 혼합합니다.

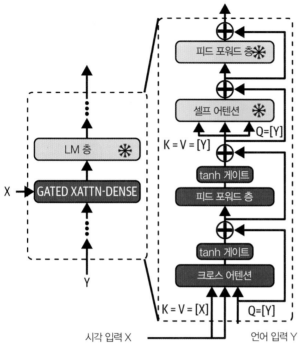

```
def gated_xattn_dense(
    y,    # 언어 입력 특성
    x,    # 시각 입력 특성
    alpha_xattn,    # 크로스 어텐션 게이트 파라미터 – 0으로 초기화
    alpha_dense,    # 피드 포워드 게이트 파라미터 – 0으로 초기화
):
    """"""GATED XATTN-DENSE 층을 적용합니다."""""

    # 1. 게이티드 크로스 어텐션
    y = y + tanh(alpha_xattn) * attention(q=y, kv=x)
    # 2. 게이티드 피드 포워드(밀집) 층
    y = y + tanh(alpha_dense) * ffw(y)

    # 언어에 대한 일반 셀프 어텐션과 피드 포워드 층
    y = y + frozen_attention(q=y, kv=y)
    y = y + frozen_ffw(y)
    return y    # 시각 정보가 추가된 언어 특성 출력
```

그림 13-25 친칠라의 동결된 언어 모델(LM) 층과 GATED XATTN-DENSE 층으로 구성된 플라밍고 언어 모델 블록(출처: Alayrac et al., 2022)

13.5.5 플라밍고의 예

플라밍고는 이미지 및 비디오 이해, 대화식 프롬프트conversational prompting, 시각적 대화visual dialogue 등 다양한 용도로 사용할 수 있습니다. [그림 13-26]에 플라밍고 기능의 몇 가지 예가 있습니다.

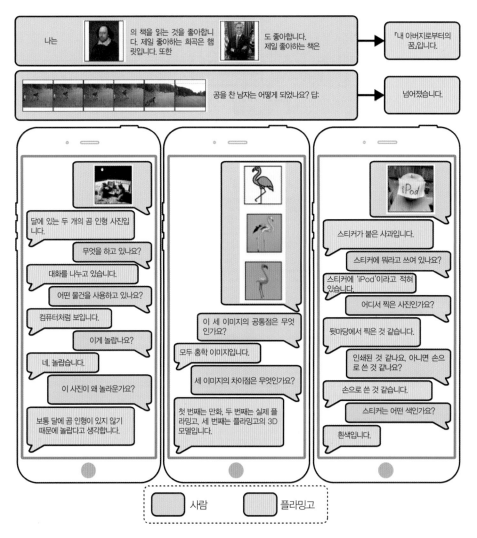

그림 13-26 800억 개의 파라미터가 있는 플라밍고 모델의 입력과 출력 예시(출처: Alayrac et al., 2022)

각 예제를 보면 진정한 멀티모달 스타일로 플라밍고가 텍스트와 이미지의 정보를 혼합하고 있음을 확인할 수 있습니다. 첫 번째 예에서 단어 대신 이미지를 사용하고 적절한 책을 제안하여 프롬프트를 계속 진행할 수 있습니다. 두 번째 예는 비디오의 프레임을 보여주며 플라밍고는 작동 결과를 정확하게 식별합니다. 마지막 세 개는 모두 플라밍고를 대화형으로 사용하는 예시입니다. 대화를 해서 추가 정보를 제공하거나 질문을 하면서 정보를 확인할 수 있습니다.

기계가 이렇게 다양한 양식과 입력 작업에 걸친 복잡한 질문에 답할 수 있다는 사실이 놀랍습니다. 이 논문에서 저자들은 일련의 벤치마크 작업에서 플라밍고의 능력을 정량화했으며, 여러 벤치마크에서 플라밍고가 작업 하나에 최적화된 모델의 성능을 능가할 수 있음을 발견했습니다. 이는 대규모 멀티모달 모델을 다양한 작업에 빠르게 적용할 수 있다는 의미입니다. 또한 단일 작업에 국한하지 않고 추론 시 사용자가 가이드할 수 있는 진정한 범용 AI 에이전트를 개발하는 길을 열어줍니다.

13.6 요약

이 장에서는 네 가지 최신 멀티모달 모델을 살펴보았습니다. DALL·E 2, Imagen, 스테이블 디퓨전, 플라밍고입니다.

DALL·E 2는 텍스트 프롬프트가 주어지면 다양한 스타일에 걸쳐 사실적인 이미지를 생성하는 오픈AI의 대규모 텍스트 투 이미지 모델입니다. 이 모델은 사전 훈련된 모델(예: CLIP)과 이전에 발표한 확산 모델 구조(GLIDE)를 결합했습니다. 또한 텍스트 프롬프트를 통해 이미지를 편집하고 주어진 이미지의 변형을 제공하는 등의 추가 기능도 있습니다. 일관되지 않은 텍스트 렌더링이나 속성 바인딩과 같은 몇 가지 한계가 있긴 하지만, DALL·E 2는 생성 모델링 분야에 새로운 시대를 여는 데 기여한 매우 강력한 AI 모델입니다.

이전의 벤치마크를 뛰어넘은 또 다른 모델은 구글 브레인의 Imagen입니다. 이 모델은 텍스트 인코더와 확산 모델 디코더 등 DALL·E 2와 상당히 유사합니다. 두 모델의 주요 차이점 중 하나는 Imagen 텍스트 인코더는 순수한 텍스트 데이터로 훈련되는 반면, DALL·E 2 텍스트 인코더의 훈련 과정에는 (CLIP의 대조 학습 목표를 통해) 이미지 데이터가 포함된다는 점입니다. 논문 저자들은 이 접근 방식이 다양한 작업에서 최첨단 성능으로 이어진다는 것을

DrawBench 평가를 통해 보여주었습니다.

스테이블 디퓨전은 스태빌리티 AI, CompVis, 런웨이에서 제공하는 오픈 소스입니다. 모델 가중치와 코드를 자유롭게 사용할 수 있는 텍스트 투 이미지 모델이므로 자신의 하드웨어에서 실행할 수 있습니다. 스테이블 디퓨전은 이미지 자체가 아닌 오토인코더의 잠재 공간에서 작동하는 잠재 확산 모델을 사용하기 때문에 특히 빠르고 가볍습니다.

마지막으로 딥마인드의 플라밍고는 시각 언어 모델로서, 텍스트와 시각 데이터(이미지 및 비디오)가 혼합된 스트림을 받고 디코더 트랜스포머 스타일로 프롬프트에 이어 텍스트를 추가할 수 있습니다. 이 모델의 핵심적인 기여는 시각 입력 특성을 적은 개수의 시각 토큰으로 인코딩하는 시각 인코더와 퍼시비어 리샘플러를 통해 시각 정보가 어떻게 트랜스포머에 공급될 수 있는지 보여주는 것입니다. 언어 모델 자체는 딥마인드의 초기 친칠라 모델을 확장한 것으로, 시각 정보를 혼합할 수 있도록 조정되었습니다.

이 네 가지 모두 멀티모달 모델의 힘을 보여주는 놀라운 사례입니다. 앞으로 생성 모델링은 더욱 멀티모달화될 가능성이 높으며, AI 모델은 대화형 언어 프롬프트를 통해 여러 양식과 작업을 쉽게 넘나들게 될 것입니다.

CHAPTER 14

결론

이 장의 목표

- 주요 모델 및 개발 타임라인을 포함하여 2014년부터 현재까지 생성 AI의 역사를 살펴봅니다.
- 이 분야를 주도하는 광범위한 주제를 포함하여 생성 AI의 현황을 이해합니다.
- 생성 AI의 미래와 일상생활, 직장 및 교육에 어떤 영향을 미칠지 예측해봅니다.
- 앞으로 생성 AI가 직면한 중요한 윤리적, 실용적 과제에 관해 배웁니다.
- 생성 AI의 깊은 의미를 생각해보고 인공 일반 지능 탐구에 혁명을 일으킬 잠재력에 관해 고찰해봅니다.

2018년 5월에 이 책의 초판 작업을 시작했습니다. 5년이 지난 지금, 생성 AI의 무한한 가능성과 잠재된 영향력 때문에 그 어느 때보다 흥분됩니다.

그동안 이 분야에 놀라운 진전이 일어났으며 실전 애플리케이션에도 무한한 잠재력이 있음이 확인되었습니다. 지금까지 이룩한 성과에 경외감과 놀라움을 감출 수 없고 앞으로 생성 AI가 세상에 미칠 영향을 바라볼 수 있기를 간절히 기대합니다. 생성 딥러닝은 우리가 상상조차 할 수 없는 방식으로 미래를 변화시킬 힘을 가지고 있습니다.

또한 이 책의 콘텐츠를 연구하면서 이 분야가 단순히 이미지, 텍스트, 음악을 만드는 데 그치지 않는다는 사실이 더욱 분명해졌습니다. 생성 딥러닝의 핵심에는 지능 그 자체의 비밀이 숨어 있다고 생각합니다.

이 장의 첫 번째 절에서는 생성 AI가 어떤 여정을 거쳐 여기까지 도달했는지 요약합니다. 2014년 이후 생성 AI 개발의 타임라인을 시간 순서대로 살펴보고 각 기술이 현재까지 생성 AI의 역사에서 어떤 위치에 있는지 확인해봅니다. 두 번째 절에서는 최첨단 생성 AI의 현재 상황을 설명합니다. 생성 딥러닝에 대한 접근 방식의 현재 동향과 일반 대중이 사용할 수 있는 상용 모델에 관해 논의합니다. 다음으로 생성 AI의 미래와 그 앞에 놓인 기회와 과제를 살펴봅니다. 5년 후의 생성 AI의 모습과 사회와 비즈니스에 미칠 잠재적 영향을 고려하고 윤리적, 실용적인 주요 관심사를 다룰 것입니다.

14.1 생성 AI의 타임라인

[그림 14-1]에 이 책에서 함께 살펴본 생성 모델링의 주요 발전 사항을 연대표로 정리했습니다. 색상은 다양한 모델 유형을 나타냅니다.

생성 AI 분야는 모델이 대규모 데이터셋에서 복잡한 관계를 학습하는 길을 열어준 역전파 및 합성곱 신경망과 같은 딥러닝의 초기 발전을 바탕으로 성장했습니다. 이 절에서는 2014년 이후 놀라운 속도로 발전해 온 생성 AI의 현대사를 살펴봅니다.

각 기술이 어떻게 서로 연결되는지 이해하기 위해 이 역사를 크게 세 가지 시대로 나눌 수 있습니다.

1. 2014~2017: VAE 및 GAN 시대
2. 2018~2019: 트랜스포머 시대
3. 2020~2022: 대규모 모델 시대

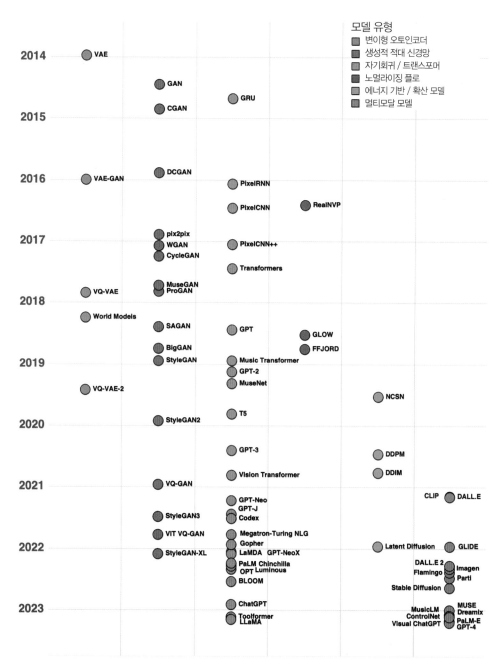

그림 14-1 2014년부터 2023년까지 생성 AI의 간략한 역사(참고: 이 타임라인에 앞서 LSTM과 초기 에너지 기반 모델(예: 볼츠만 머신) 같은 일부 중요한 개발이 있었음)

14.1.1 2014~2017: VAE 및 GAN 시대

2013년 12월에 발표된 VAE의 발명은 생성 AI의 도화선에 불을 붙인 불꽃이라고 할 수 있습니다. 이 논문은 MNIST 숫자와 같은 단순한 이미지뿐만 아니라 얼굴과 같은 복잡한 이미지도 생성할 수 있으며 이런 잠재 공간을 부드럽게 이동할 수 있음을 보여주었습니다. 이어서 2014년에는 생성 모델링 문제를 해결하는 완전히 새로운 적대적 프레임워크인 GAN이 소개되었습니다.

그 후 3년 동안은 GAN 포트폴리오가 점진적으로 확장되었습니다. GAN의 모델 구조(DCGAN, 2015), 손실 함수(와서스테인 GAN, 2017), 훈련 과정(ProGAN, 2017)에 관한 근본적인 변화 외에도 이미지-투-이미지 변환(pix2pix, 2016, CycleGAN, 2017), 음악 생성(MuseGAN, 2017)과 같은 새로운 영역에 GAN이 사용되었습니다.

이 시기에는 VAE-GAN(2015)과 이후 VQ-VAE(2017)와 같은 중요한 VAE 개선 사항도 등장했으며, 「월드 모델」 논문(2018)에서 강화 학습의 적용 사례를 볼 수 있습니다.

이 기간에 텍스트 생성에는 LSTM 및 GRU와 같은 기존의 자기회귀 모델이 여전히 지배적이었습니다. 이미지 생성에 대한 새로운 접근 방식으로 텍스트 생성과 동일하게 자기회귀 방식을 사용한 PixelRNN(2016)과 PixelCNN(2016)이 소개되었습니다. 이후 노멀라이징 플로 모델을 위한 길을 닦은 RealNVP 모델(2016)과 같은 이미지 생성에 대한 다른 접근 방식도 테스트되고 있었습니다.

2017년 6월에는 트랜스포머를 중심으로 차세대 생성 AI 시대를 여는 획기적인 논문 「Attention Is All You Need」가[1] 발표되었습니다.

14.1.2 2018~2019: 트랜스포머 시대

트랜스포머의 핵심은 LSTM과 같은 자기회귀 모델에 존재하는 반복 층의 필요성을 없애는 어텐션 메커니즘입니다. 트랜스포머는 2018년에 GPT(디코더 전용 트랜스포머)와 BERT(인코더 전용 트랜스포머)가 도입되면서 빠르게 주목받기 시작했습니다. 이듬해에는 광범위한 작업을 순수한 텍스트 투 텍스트 생성 문제로 바꾸어 탁월한 성능을 발휘하는 점점 더 큰 규모의 언

---

1 옮긴이_ 해당 논문은 다음을 참고하세요. https://arxiv.org/abs/1706.03762

어 모델이 구축되었으며, GPT-2(2018년, 15억 개의 파라미터)와 T5(2019년, 110억 개의 파라미터)가 그 대표적인 예입니다.

트랜스포머는 뮤직 트랜스포머^{Music Transformer}(2018) 및 MuseNet(2019) 모델 등 음악 생성에도 성공적으로 적용되기 시작했습니다.

이 기간에 이미지 생성을 위한 최첨단 접근 방식으로 입지를 확고히 한 몇 가지 인상적인 GAN도 출시되었습니다. 특히, SAGAN(2018)과 더 큰 규모의 BigGAN(2018)은 어텐션 메커니즘을 GAN 프레임워크에 통합하여 놀라운 결과를 얻었으며, StyleGAN(2018)과 이후 StyleGAN2(2019)는 특정 이미지의 스타일과 콘텐츠를 매우 세밀하게 제어하여 이미지를 생성하는 방법을 보여주었습니다.

생성 AI의 또 다른 분야는 점수 기반 모델(NCSN, 2019)로, 이는 결국 생성 AI 분야가 다음 단계(확산 모델)로 나아가는 길을 열어주었습니다.

14.1.3 2020~2022: 대규모 모델 시대

이 시대에는 다양한 생성 모델링의 아이디어를 통합하고 기존 구조를 강화한 여러 모델이 소개되었습니다. 예를 들어 VQ-GAN(2020)은 GAN 판별자를 VQ-VAE 구조에 도입했으며, 비전 트랜스포머(2020)는 이미지에 대해 작동하는 트랜스포머를 훈련하는 방법을 보여주었습니다. 2022년에는 1,024×1,024픽셀 이미지를 생성할 수 있도록 StyleGAN 구조를 업데이트한 StyleGAN-XL이 출시되었습니다.

2020년에는 향후 모든 대규모 이미지 생성 모델의 토대가 될 두 가지 모델이 출시되었습니다. DDPM과 DDIM입니다. 2021년 논문 「Diffusion Models Beat GANs on Image Synthesis」[2]에 명시된 것처럼 확산 모델은 이미지 생성 품질 측면에서 GAN의 라이벌이었습니다. 확산 모델의 이미지 품질은 믿을 수 없을 정도로 뛰어나며, GAN의 이중 신경망 설정이 아닌 단일 U-Net 신경망만 학습하면 되기 때문에 훈련 과정이 훨씬 더 안정적입니다.

비슷한 시기에 거의 모든 주제에서 놀라운 방식으로 텍스트를 생성하는 1,750억 파라미터의 거대 트랜스포머인 GPT-3(2020)가 출시되었습니다. 이 모델은 웹 애플리케이션과 API로

----

2 옮긴이_ 해당 논문은 다음을 참고하세요. https://arxiv.org/abs/2105.05233

출시되어 기업들이 이를 기반으로 제품과 서비스를 구축할 수 있습니다. 챗GPT(2022)는 사용자가 모든 주제에 관해 AI와 자연스러운 대화를 나눌 수 있는 오픈AI의 최신 GPT 버전으로 구현한 웹 애플리케이션이자 API입니다.

2021년과 2022년에 걸쳐 마이크로소프트와 NVIDIA의 메가트론-튜링^{Megatron-Turing} NLG(2021), 딥마인드의 Gopher(2021) 및 친칠라(2022), 구글의 LaMDA(2022) 및 PaLM(2022), 알레프 알파^{Aleph Alpha}의 Luminous(2022) 등 GPT-3에 대항할 다른 대규모 언어 모델들이 대거 출시되었습니다. 또한, 일부 오픈 소스 모델도 출시되었는데, EleutherAI의 GPT-Neo(2021), GPT-J(2021), GPT-NeoX(2022), 메타^{Meta}의 660억 파라미터를 가진 OPT 모델(2022), 구글의 미세 튜닝된 Flan-T5 모델(2022), 허깅 페이스의 BLOOM(2022) 등이 그 예입니다. 이러한 모델은 방대한 말뭉치 데이터를 기반으로 훈련된 트랜스포머의 변형 입니다.

텍스트 생성을 위한 강력한 트랜스포머와 이미지 생성을 위한 최첨단 확산 모델이 급부상하면서 지난 2년간 생성 AI 개발의 많은 부분이 멀티모달 모델, 즉 둘 이상의 도메인에서 작동하는 모델(예: 텍스트 투 이미지 모델)에 집중되었습니다.

이러한 추세는 2021년에 오픈AI가 (VQ-VAE와 유사한) 이산^{discrete} VAE와 (이미지/텍스트 쌍을 예측하는 트랜스포머 모델인) CLIP을 기반으로 하는 텍스트 투 이미지 모델인 DALL·E 를 출시하면서 확립되었습니다. 이어서 GLIDE(2021년)와 DALL·E 2(2022년)가 출시되었는데, 이 모델은 이산 VAE가 아닌 확산 모델을 사용하도록 모델의 생성 부분을 업데이트하여 매우 인상적인 결과를 보여주었습니다. 이 시기에는 구글에서 세 가지 텍스트 투 이미지 변환 모델도 출시되었습니다. Imagen(2022년, 트랜스포머와 확산 모델 사용), Parti(2022년, 트랜스포머와 ViT VQ-GAN 모델 사용), 그리고 이후 MUSE(2023년, 트랜스포머와 VQ-GAN 사용)가 출시되었습니다. 딥마인드는 또한 이미지를 프롬프트 데이터의 일부로 사용하도록 함으로써 대규모 언어 모델인 친칠라 기반의 시각 언어 모델인 플라밍고(2022년)를 출시했습니다.

2021년에 소개된 또 다른 중요한 확산 모델의 발전은 오토인코더의 잠재 공간 내에서 확산 모델을 훈련하는 잠재 확산입니다. 이 기술은 2022년 스태빌리티 AI, CompVis, 런웨이의 공동 협력으로 출시된 스테이블 디퓨전 모델의 기반이 됩니다. DALL·E 2, Imagen, 플라밍고와 달리 스테이블 디퓨전의 코드와 모델 가중치는 오픈 소스이기 때문에 누구나 자신의 하드웨어에서 모델을 실행할 수 있습니다.

14.2 생성 AI의 현재 상태

생성 AI의 역사를 살펴보는 여정의 막바지에 이르렀으므로, 이제 현재의 최첨단 애플리케이션과 모델 측면에서 어디까지 도달했는지 생각해봐야 합니다. 지금까지의 발전 과정과 이 분야의 주요 성과에 대해 잠시 평가해보겠습니다.

14.2.1 대규모 언어 모델

텍스트용 생성 AI는 이제 거의 전적으로 **대규모 언어 모델**large language model (LLM)을 구축하는 데 초점을 맞추고 있습니다. 이 모델의 유일한 목적은 방대한 텍스트 말뭉치에서 언어를 직접 모델링하는 것, 즉 디코더 트랜스포머 스타일로 다음 단어를 예측하도록 학습하는 것입니다.

대규모 언어 모델 접근 방식은 유연하고 다양한 작업에서 탁월한 능력을 발휘하기 때문에 널리 채택되었습니다. 궁극적으로 특정 작업 지침(**프롬프트**)을 모델 입력의 일부로 제공하는 텍스트 투 텍스트 문제로 여러 가지 사용 사례에 적용할 수 있으므로 동일한 모델을 질의응답, 텍스트 요약, 콘텐츠 생성 등에 사용할 수 있습니다.

GPT-3(https://oreil.ly/Pga1w)를 예로 들어보겠습니다. [그림 14-2]는 동일한 모델을 콘텐츠 생성과 텍스트 요약에 어떻게 사용하는지를 보여줍니다.

Write an exciting and impactful opening paragraph for a textbook about generative AI that ends on a cliffhanger.

Generative AI is one of the most revolutionary technologies of our time, transforming the way we interact with machines. Its potential to revolutionize the way we live, work, and play has been the subject of countless conversations, debates, and predictions. But what if there was an even greater potential to this powerful technology? What if the possibilities of generative AI extend beyond our current imagination? The future of generative AI may be more exciting than we ever thought possible...

Write a short one stanza rhyming poem about the following paragraph:

Until recently, discriminative modeling has been the driving force behind most progress in machine learning methodology. This is because for any discriminative problem, the corresponding generative modeling problem is typically much more difficult to tackle. For example it is much easier to train a model to predict if a painting is by Van Gogh than it is to train a model to generate a Van Gogh styled paining from scratch. Similarly, it is much easier to train a model to predict if a page of text was written by Charles Dickens than it is build a model to generate a set of paragraphs in the style of Dickens. Until recently, most generative challenges were simply out of reach and many doubted that they could ever be solved. Creativity was considered a purely human capability that couldn't be rivaled by AI.

Discriminative tasks so easily done,
Generative ones so hard to be won,
Creativity thought to be a human thing,
Until AI showed what it can bring!

그림 14-2 GPT-3의 출력: 강조 표시하지 않은 텍스트는 프롬프트이고 녹색으로 표시된 텍스트는 GPT-3의 출력임

두 경우 모두 프롬프트에 작업 관련 지침이 포함됩니다. GPT-3의 역할은 한 번에 한 토큰씩 프롬프트를 계속 이어나가는 것입니다. 정보를 조회할 수 있는 데이터베이스나 답변으로 복사할 수 있는 텍스트 문장이 없습니다. 기존 토큰 다음에 올 가능성이 가장 높은 토큰을 예측한 다음 이 예측을 프롬프트에 추가하여 다음 토큰을 생성하는 작업만 수행합니다.

[그림 14-2]에서 볼 수 있듯이 놀랍게도 이 간단한 설계만으로도 언어 모델이 다양한 작업에서 뛰어난 성능을 발휘할 수 있습니다. 또한 언어 모델에 놀라운 유연성을 부여하여 어떤 프롬프트에 대해서도 응답으로 사실적인 텍스트를 생성할 수 있으므로 부족한 것은 상상력일 뿐입니다!

[그림 14-3]은 2018년 최초의 GPT 모델이 발표된 이후 대규모 언어 모델의 크기가 어떻게 성장했는지 보여줍니다. 파라미터 수는 2021년 말까지 기하급수적으로 증가하여 메가트론 튜링 NLG는 5,300억 개의 파라미터에 달했습니다. 최근에는 제품 환경에서 대규모 모델을 사용하기에 많은 비용이 들고 속도가 느리기 때문에 더 적은 수의 파라미터를 사용하는 효율적인 언어 모델을 구축하는 데 더욱 중점을 둡니다.

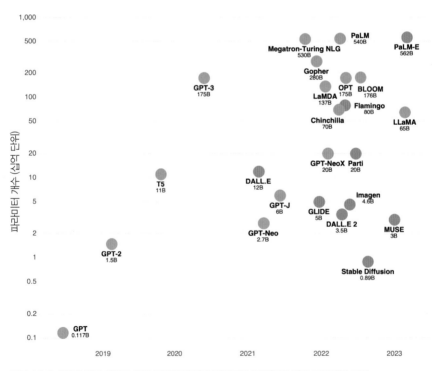

그림 14-3 시간에 따른 대규모 언어 모델(주황색)과 멀티모달 모델(분홍색)의 파라미터 크기

오픈AI의 GPT 제품군(GPT-3, GPT-3.5, GPT-4 등)은 개인 및 상업용으로 사용할 수 있는 가장 강력한 최신 언어 모델로 간주됩니다. 이 언어 모델들은 웹 애플리케이션(`https://platform.openai.com/playground`)과 API(`https://openai.com/api`)를 통해 사용할 수 있습니다.

최근에 등장한 또 다른 대규모 언어 모델은 공개적으로 사용 가능한 데이터셋으로만 학습된 70억~650억 개의 파라미터 크기의 모델군을 가진 메타의 **LLaMA**Large Language Model Meta AI[3]입니다.

현존하는 가장 강력한 LLM을 [표 14-1]에 요약했습니다. LLaMA와 같이 모델의 크기가 여러 개인 경우 가장 큰 모델의 크기를 표시했습니다. 일부 모델은 사전 훈련된 가중치를 완전한 오픈 소스로 제공하므로 누구나 자유롭게 사용하고 모델을 구축할 수 있습니다.

표 14-1 대규모 언어 모델

모델	날짜	개발사	파라미터 개수	오픈 소스 여부
GPT-3	2020년 5월	오픈AI	175,000,000,000	N
GPT-Neo	2021년 3월	EleutherAI	2,700,000,000	Y
GPT-J	2021년 6월	EleutherAI	6,000,000,000	Y
메가트론-튜링 NLG	2021년 10월	마이크로소프트 & NVIDIA	530,000,000,000	N
Gopher	2021년 12월	딥마인드	280,000,000,000	N
LaMDA	2022년 1월	구글	137,000,000,000	N
GPT-NeoX	2022년 2월	EleutherAI	20,000,000,000	Y
친칠라	2022년 3월	딥마인드	70,000,000,000	N
PaLM	2022년 4월	구글	540,000,000,000	N
Luminous	2022년 4월	알레프 알파	70,000,000,000	N
OPT	2022년 5월	메타	175,000,000,000	Y (660억 개 파라미터 모델)
BLOOM	2022년 7월	허깅 페이스	175,000,000,000	Y
Flan-T5	2022년 10월	구글	11,000,000,000	Y
GPT-3.5	2022년 11월	오픈AI	비공개	N
LLaMA	2023년 2월	메타	65,000,000,000	N
GPT-4	2023년 3월	오픈AI	비공개	N

---

3 Hugo Touvron et al., "LLaMA: Open and Efficient Foundation Language Models," February 27, 2023, `https://arxiv.org/abs/2302.13971`.

대규모 언어 모델의 능력은 인상적이지만 여전히 극복해야 할 과제가 많습니다. 특히, 이런 모델은 사실을 창조하는 경향이 있으며 논리적 사고 과정을 안정적으로 수행할 수 없습니다(그림 14-4).

What is the fastest time to cross the Atlantic Ocean by foot?

The fastest time to cross the Atlantic Ocean by foot is 42 days, 5 hours, and 12 minutes, set by Andrew Towne in 2020.

If I was double my sister's age when I was 8, how old am I now my sister is 70?

You are now 70 x 2 = 140 years old.

그림 14-4 대규모 언어 모델은 일부 작업에서 탁월하지만 사실 또는 논리적 추론과 관련된 실수를 범하기 쉬움(이 그림은 GPT-3의 출력임)

LLM이 다음 단어를 예측하게만 학습된다는 점을 기억하세요. 사실이나 논리적 오류를 안정적으로 식별할 수 있는 현실과의 연결 고리가 없습니다. 따라서 이러한 강력한 텍스트 예측 모델을 실제 업무에 사용할 때는 매우 신중해야 하며, 정밀한 추론이 필요한 작업에는 아직 안정적으로 활용할 수 없습니다.

14.2.2 텍스트 투 코드 모델

대규모 언어 모델의 또 다른 응용 분야는 코드 생성입니다. 2021년 7월, 오픈AI는 깃허브 코드에서 미세 튜닝한 GPT 언어 모델인 Codex를 발표했습니다.[4] 이 모델은 해결할 문제에 관한 설명이나 함수 이름만 프롬프트로 제공하면 다양한 문제를 위한 코드를 성공적으로 작성합니다. 이 기술은 현재 사용자 입력에 따라 실시간으로 코드를 제안하는 AI 페어 프로그래머[pair programmer]인 깃허브 코파일럿[GitHub Copilot](`https://oreil.ly/P5WXo`)에 적용되었습니다. 코파일럿은 유료 구독 서비스이며 무료 평가판 기간을 제공합니다.

---

4 Mark Chen et al., "Evaluating Large Language Models Trained on Code," July 7, 2021, `https://arxiv.org/abs/2107.03374`.

[그림 14-5]는 자동 완성된 두 가지 예를 보여줍니다. 첫 번째 예는 트위터^{twitter} API를 사용하여 특정 사용자의 트윗^{tweet}을 가져오는 함수입니다. 함수 이름과 매개변수가 주어지면 코파일럿은 나머지 함수 정의를 자동으로 완성할 수 있습니다. 두 번째 예는 입력 매개변수의 형식과 작업에 관련된 구체적인 지침을 설명하는 텍스트 설명을 독스트링^{docstring}에 추가하여 코파일럿에 비용 목록을 파싱하도록 요청합니다. 코파일럿은 설명만으로 전체 기능을 자동 완성할 수 있습니다.

이 놀라운 기술은 이미 프로그래머가 주어진 작업에 접근하는 방식을 바꾸기 시작했습니다. 프로그래머는 보통 기존 솔루션의 예제를 검색하고, 스택 오버플로^{Stack Overflow} 같은 커뮤니티 Q&A 포럼을 읽고, 패키지 문서에서 사용법을 찾는 데 상당한 시간을 할애합니다. 즉, 코딩 중인 IDE(통합 개발 환경)에서 나와 웹 브라우저로 전환하고 웹에서 코드 조각을 복사하여 붙여넣어 특정 문제를 해결할 수 있는지 확인해야 합니다. 코파일럿을 사용하면 달성하고자 하는 목표에 대한 간단한 설명을 작성한 후 IDE 내에서 AI가 생성한 솔루션을 선택하면 되므로 대부분 이러한 작업을 수행할 필요가 없습니다.

```python
import tweepy, os # secrets in environment variables

def fetch_tweets_from_user(user_name):
    # authentification
    auth = tweepy.OAuthHandler(os.environ['TWITTER_KEY'], os.environ['TWITTER_SECRET'])
    auth.set_access_token(os.environ['TWITTER_TOKEN'], os.environ['TWITTER_TOKEN_SECRET'])
    api = tweepy.API(auth)

    # fetch tweets
    tweets = api.user_timeline(screen_name=user, count=200, include_rts=False)
    return tweets
```

```python
import datetime

def parse_expenses(expenses_string):
    """Parse the list of expenses and return the list of triples (date, value, currency).
    Ignore lines starting with #.
    Parse the date using datetime.
    Example expenses_string:
        2016-01-02 -34.01 USD
        2016-01-03 2.59 DKK
        2016-01-03 -2.72 EUR
    """
    expenses = []
    for line in expenses_string.splitlines():
        if line.startswith("#"):
            continue
        date, value, currency = line.split(" ")
        expenses.append((datetime.datetime.strptime(date, "%Y-%m-%d"),
                        float(value),
                        currency))
    return expenses
```

그림 14-5 깃허브 코파일럿 기능의 두 가지 예(출처: 깃허브 코파일럿)

14.2.3 텍스트 투 이미지 모델

현재 최첨단 이미지 생성은 주어진 텍스트 프롬프트를 이미지로 변환하는 대규모 멀티모달 모델이 주도하고 있습니다. 텍스트 투 이미지 모델은 사용자가 자연어를 사용해 생성된 이미지를 쉽게 조작할 수 있기 때문에 매우 유용합니다. StyleGAN과 같은 모델은 매우 인상적이긴 하지만 생성하려는 이미지를 설명할 수 있는 텍스트 인터페이스가 없기 때문에 이와 대조됩니다.

현재 상업용 및 개인용으로 사용할 수 있는 세 가지 중요한 텍스트 투 이미지 생성 모델로는 DALL · E 2, 미드저니, 스테이블 디퓨전이 있습니다.

오픈AI의 DALL · E 2는 웹 애플리케이션과 API(https://labs.openai.com)를 통해 사용할 수 있는 종량제 서비스입니다. 미드저니(https://midjourney.com)는 디스코드[Discord] 채널을 통한 구독 기반의 텍스트 투 이미지 변환 서비스를 제공합니다. DALL · E 2와 미드저니는 모두 플랫폼에 가입하는 사람들에게 초기 실험용 무료 크레딧을 제공합니다.[5]

> **NOTE_ 미드저니**
> 미드저니는 2부에 있는 이야기의 일러스트를 제작하는 데 사용한 서비스입니다!

스테이블 디퓨전은 완전한 오픈 소스이기 때문에 다릅니다. 모델 가중치와 훈련을 위한 코드가 깃허브(https://oreil.ly/C47vN)에 공개되어 있으므로 누구나 자신의 하드웨어에서 모델을 실행할 수 있습니다. 스테이블 디퓨전을 훈련하는 데 사용되는 데이터셋인 LAION-5B(https://oreil.ly/20758)도 오픈 소스입니다. 이 데이터셋에는 58억 5천만 개의 이미지-텍스트 쌍이 있으며, 현재 전 세계에서 공개적으로 사용할 수 있는 가장 큰 이미지-텍스트 데이터셋입니다.

이 접근 방식은 스테이블 디퓨전 모델을 기반으로 다양한 사례에 맞게 모델을 구축하고 조정할 수 있다는 점에서 중요합니다. 이를 잘 보여주는 예가 추가 조건으로 스테이블 디퓨전의 출력을 세밀하게 제어할 수 있는 ControlNet[6]입니다. 예를 들어 [그림 14-6]에서처럼 입력 이미지의 캐니 에지 맵[Canny Edge map](https://oreil.ly/8v9Ym)을 사용하여 출력 이미지를 조절할 수 있습니다.

---

5 옮긴이_ 이 글을 쓰는 시점에 미드저니는 가입자에게 더 이상 무료 크레딧을 제공하지 않습니다.
6 Lvmin Zhang and Maneesh Agrawala, "Adding Conditional Control to Text-to-Image Diffusion Models," February 10, 2023, https://arxiv.org/abs/2302.05543.

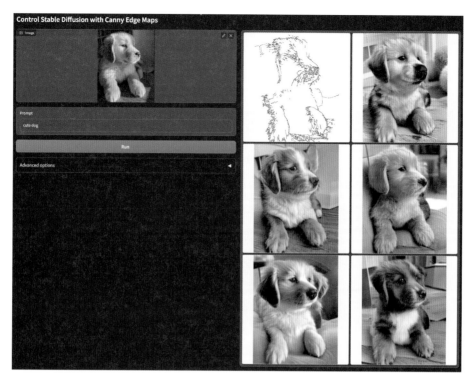

그림 14-6 캐니 에지 맵과 ControlNet을 사용하여 스테이블 디퓨전의 출력 조절하기[7]

ControlNet에는 완전한 스테이블 디퓨전 모델의 고정된 사본과 스테이블 디퓨전 인코더의 훈련 가능한 사본이 포함됩니다. 훈련 가능한 인코더의 역할은 입력 조건(예: 캐니 에지 맵)을 처리하는 방법을 학습하는 것이며, 고정된 사본은 원본 모델의 성능을 유지합니다. 이렇게 하면 적은 수의 이미지 쌍을 사용하여 스테이블 디퓨전을 미세 조정할 수 있습니다. 제로 합성곱 zero convolution은 모든 가중치와 편향이 0인 1×1 합성곱으로, 훈련 전에는 ControlNet이 아무런 영향을 미치지 않습니다.

---

7 출처: Lvmin Zhang, ControlNet, `https://github.com/lllyasviel/ControlNet`

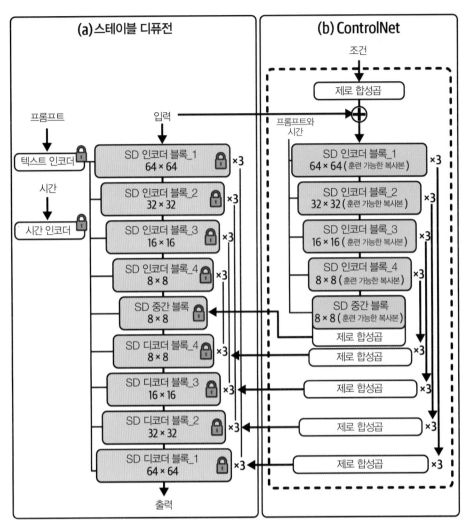

그림 14-7 파란색으로 표시된 훈련 가능한 스테이블 디퓨전 인코더 블록의 복사본을 가진 ControlNet 구조(출처: Lvmin Zhang, ControlNet)

스테이블 디퓨전의 또 다른 장점은 8GB의 VRAM이 있는 단일 GPU에서 실행할 수 있어 클라우드 서비스를 호출하지 않고 에지^edge 디바이스에서 실행할 수 있다는 점입니다. 텍스트 투 이미지 변환 서비스가 제품에 포함됨에 따라 생성 속도가 점점 더 중요해지고 있습니다. 이것이 멀티모달 모델의 크기가 감소하는 추세에 있는 이유 중 하나입니다(그림 14-3).

세 가지 모델을 모두 사용한 출력 결과는 [그림 14-8]에서 볼 수 있습니다. 이 모델들은 모두 매우 뛰어나며 주어진 설명의 내용과 스타일을 포착할 수 있습니다.

A unicorn leaping over a magnificent river, beautiful oil painting, stunning natural scenery, award-winning art, golden lighting, intricate detail

스테이블 디퓨전 v2.1   미드저니   DALL·E 2

그림 14-8 동일한 프롬프트에 대한 스테이블 디퓨전 v2.1, 미드저니, DALL·E 2의 출력[8]

현재 존재하는 가장 강력한 텍스트 투 이미지 변환 모델을 [표 14-2]에 요약했습니다.

표 14-2 텍스트 투 이미지 변환 모델

모델	날짜	개발사	파라미터 개수	오픈 소스 여부
DALL·E 2	2022년 4월	오픈AI	3,500,000,000	N
Imagen	2022년 5월	구글	4,600,000,000	N
Parti	2022년 6월	구글	20,000,000,000	N
스테이블 디퓨전	2022년 8월	스태빌리티 AI, CompVis, 런웨이	890,000,000	Y
MUSE	2023년 1월	구글	3,000,000,000	N

텍스트 투 이미지 변환 모델을 활용하는 기교 중 하나는 생성하려는 이미지의 내용을 설명하고, 모델이 특정 스타일이나 타입의 이미지를 생성하게 만드는 키워드를 사용하여 프롬프트를 만드는 것입니다. 예를 들어 stunning 또는 award-winning 등의 형용사를 사용하여 생성 이미지의 품질을 향상할 수 있습니다. 하지만 동일한 프롬프트가 여러 모델에서 항상 잘 작동

---

8 옮긴이_ 그림에 나온 프롬프트를 번역하면 다음과 같습니다. '넓은 강 위로 뛰어오르는 유니콘, 아름다운 유화, 멋진 자연경관, 수상 경력이 있는 예술, 황금빛 조명, 정교한 디테일'

하지는 않습니다. 모델 훈련에 사용되는 텍스트-이미지 데이터셋에 따라 달라집니다. 특정 모델에 적합한 프롬프트를 찾아내는 기술을 **프롬프트 엔지니어링**prompt engineering이라고 합니다.

14.2.4 기타 애플리케이션

생성 AI는 강화 학습부터 여러 종류의 텍스트 투 X 멀티모달 모델에 이르기까지 다양하고 새로운 영역에서 빠르게 응용 분야를 넓혀가고 있습니다.

예를 들어 메타는 2022년 11월에 보드게임 디플로머시Diplomacy를 플레이하도록 훈련된 AI 에이전트인 CICERO(`https://oreil.ly/kBQvY`)에 관한 논문을 발표했습니다. 이 게임에서 플레이어는 제1차 세계대전 이전 유럽의 여러 국가를 대표하여 대륙을 장악하기 위해 서로 협상하고 속여야 합니다. 특히 플레이어가 동맹국을 확보하고, 작전을 조율하고, 전략적 목표를 제안하기 위해 다른 플레이어와 계획을 논의해야 하는 커뮤니케이션 요소가 있기 때문에 AI 에이전트가 마스터하기에는 매우 복잡한 게임입니다. 이를 위해 CICERO에는 대화를 시작하고 다른 플레이어의 메시지에 응답할 수 있는 언어 모델이 포함됩니다. 결정적으로 끊임없이 진화하는 시나리오에 적응하려면 모델의 다른 부분에서 생성되는 에이전트의 전략 계획과 대화에서 일관성이 유지되어야 합니다. 여기에는 에이전트가 다른 플레이어와 대화할 때 허세를 부리는 기능, 즉 다른 플레이어가 에이전트의 계획에 협조하도록 설득한 후 다음 차례에 플레이어를 상대로 공격적인 작전을 실행하는 기능도 포함됩니다. 놀랍게도 40게임으로 구성된 익명의 온라인 디플로머시 리그에서 CICERO의 점수는 인간 플레이어 평균의 두 배 이상이었으며, 여러 게임을 플레이한 참가자 중 상위 10%에 속하는 성적을 기록했습니다. 이는 생성 AI와 강화 학습을 어떻게 성공적으로 결합하는지를 보여주는 훌륭한 예입니다.

임보디드embodied 대규모 언어 모델[9] 개발은 흥미로운 연구 분야로, 구글의 PaLM-E(`https://palm-e.github.io`)가 그 예입니다. 이 모델은 강력한 언어 모델 PaLM과 비전 트랜스포머를 결합하여 시각 및 센서 데이터를 텍스트 명령에 추가할 수 있는 토큰으로 변환합니다. 이를 통해 로봇이 텍스트 프롬프트와 다른 종류의 센서에서 얻은 연속적인 피드백을 기반으로 작업을 실행할 수 있습니다. PaLM-E 웹사이트에서는 텍스트 설명을 기반으로 블록을 정렬하고 물체를 가져오는 로봇 제어 등 이 모델의 기능을 보여줍니다.

---

9 옮긴이_ 임보디드 AI는 환경과 상호작용이 필요한 작업을 창의적으로 해결하는 방법을 배우는 로봇 같은 에이전트를 만드는 분야입니다.

텍스트 투 비디오 모델은 텍스트 입력에서 비디오를 생성합니다. 텍스트 투 이미지 모델링 개념이 기반인 이 분야에는 시간 차원을 통합해야 하는 추가 과제가 있습니다. 예를 들어 메타는 2022년 9월에 텍스트 프롬프트만 입력하면 짧은 동영상을 제작해주는 생성 모델인 Make-A-Video(https://makeavideo.studio)를 발표했습니다. 이 모델은 또한 두 개의 정적 이미지 사이에 움직임을 추가하고 주어진 입력 비디오의 변형을 생성할 수 있습니다. 흥미로운 점은 이 모델이 텍스트-비디오 쌍에서 직접 훈련하지 않고 텍스트-이미지 쌍 데이터와 비지도unsupervised 비디오 영상으로만 훈련한다는 점입니다. 비지도 비디오 데이터만으로도 세상이 어떻게 움직이는지 모델이 학습할 수 있습니다. 그다음 텍스트-이미지 쌍을 사용하여 텍스트와 이미지를 매핑하는 방법을 학습한 후 애니메이션을 적용합니다. Dreamix(https://oreil.ly/F9wdw) 모델은 입력된 비디오의 다른 스타일 속성을 유지하면서 주어진 텍스트 프롬프트에 따라 변형시키는 비디오 편집을 수행합니다. 예를 들어 우유 한 잔을 따르는 비디오를 원본 비디오의 카메라 각도, 배경, 조명 요소를 유지하면서 커피 한 잔을 따르는 비디오로 변환할 수 있습니다.[10]

마찬가지로 텍스트 투 3D 모델은 기존의 텍스트 투 이미지 접근 방식을 3차원으로 확장합니다. 2022년 9월, 구글은 입력 텍스트 프롬프트가 주어지면 3D 에셋asset을 생성하는 확산 모델인 DreamFusion(https://dreamfusion3d.github.io)을 발표했습니다. 결정적으로 이 모델은 훈련할 때 레이블이 지정된 3D 에셋이 필요하지 않습니다. 대신 사전 훈련된 2D 텍스트 투 이미지 모델(Imagen)을 프라이어로 사용한 다음 3D NeRFNeural Radiance Field를 훈련시켜 임의의 각도에서 렌더링할 때 좋은 이미지를 생성할 수 있습니다. 또 다른 예로는 2022년 12월에 발표된 오픈AI의 Point-E(https://openai.com/research/point-e)가 있습니다. Point-E는 주어진 텍스트 프롬프트에서 3D 포인트 클라우드를 생성하는 순수 확산 기반 시스템입니다. 생성된 결과물의 품질은 DreamFusion만큼 높지는 않지만, 이 접근법의 장점은 NeRF 기반 방식보다 훨씬 빠르다는 점입니다. 단일 GPU에서 1~2분 만에 결과물을 생성할 수 있습니다.

텍스트와 음악의 유사성을 고려할 때 텍스트 투 뮤직 모델을 만들려는 시도가 있다는 것은 놀라운 일이 아닙니다. 2023년 1월 구글에서 출시한 MusicLM(https://oreil.ly/qb7II)은 음악에 대한 텍스트 설명(예: '왜곡된 기타 리프riff가 뒷받침된 잔잔한 바이올린 멜

---

10 옮긴이_ 스테이블 디퓨전의 공동 개발사인 런웨이도 프롬프트로 비디오를 생성할 수 있는 Gen-2(https://research.runwayml.com/gen2)를 공개했습니다. 가입 시 제공되는 무료 크레딧으로 테스트해볼 수 있습니다.

로디')을 정확하게 반영하여 몇 분가량의 오디오로 변환하는 언어 모델입니다. 이전 모델인 AudioLM(https://oreil.ly/0EDRY)을 기반으로 텍스트 프롬프트를 통해 모델을 가이드하는 기능을 추가하여 만들었습니다. 구글 리서치 웹사이트에서 만들어진 샘플 음악을 들어볼 수 있습니다.[11]

14.3 생성 AI의 미래

마지막 절에서는 강력한 생성 AI 시스템이 일상생활, 직장, 교육 분야 등 우리가 살고 있는 세상에 미칠 잠재적 영향을 살펴봅니다. 또한 생성 AI가 사회에 긍정적인 기여를 하는 유비쿼터스 도구가 되려면 풀어야 할 주요한 실용적, 윤리적 과제를 제시합니다.

14.3.1 일상생활에서의 생성 AI

앞으로 생성 AI, 특히 대규모 언어 모델이 사람들의 일상생활에서 점점 더 중요한 역할을 할 것이라는 데는 의심의 여지가 없습니다. 오픈AI의 챗GPT(https://chat.openai.com/chat)를 사용하면 생성 AI로 입사 지원을 위한 완벽한 자기소개서, 동료에게 보내는 전문적인 답변 이메일, 특정 주제에 관한 재미있는 소셜 미디어 게시물을 생성할 수 있습니다. 이 기술은 사용자가 요청한 특정 세부 정보를 포함시키고, 피드백에 응답하고, 명확하지 않은 부분이 있으면 스스로 질문하는 진정한 대화형 기술입니다. 이러한 스타일의 **개인 비서**personal assistant AI는 공상 과학 소설에나 나올 법한 기술이었지만 이제는 그렇지 않습니다. 지금 이 순간 누구나 사용할 수 있습니다.

이런 종류의 애플리케이션이 주류가 되면 어떤 영향이 있을까요? 가장 즉각적인 효과로 문서 커뮤니케이션의 질이 향상될 것입니다. 사용자 친화적인 인터페이스를 갖춘 대규모 언어 모델을 사용하면 대략적인 아이디어를 몇 초 만에 일관성 있는 고품질 문단으로 바꿀 수 있습니다. 이메일 작성, 소셜 미디어 게시물, 심지어 짧은 형식의 인스턴트 메시지도 이 기술에 의해 변화

---

11 옮긴이_ 2023년 6월 메타에서도 텍스트 프롬프트로 원하는 음악을 생성할 수 있는 자기회귀 트랜스포머 모델인 MusicGen(https://github.com/facebookresearch/audiocraft)을 공개했습니다. 허깅 페이스 스페이스(https://huggingface.co/spaces/facebook/MusicGen)에서 바로 테스트해볼 수 있습니다.

될 것입니다. 맞춤법, 문법, 가독성과 같은 일반적인 장벽을 제거하는 것을 넘어 사고 과정이 사용 가능한 결과물로 바로 이어지기 때문에 문장을 구성하는 과정에 전혀 관여할 필요가 없을 것입니다.

잘 짜인 텍스트 생성은 대규모 언어 모델을 사용하는 방법 중 하나일 뿐입니다. 사람들은 아이디어 생성, 조언, 정보 검색에 이러한 모델을 사용하기 시작할 것입니다. 이것을 정보를 습득하고, 공유하고, 검색하고, 종합하는 인간 능력의 네 번째 단계로 볼 수 있습니다. 초기 인류는 주변에서 정보를 얻거나 새로운 장소로 직접 이동하여 지식을 전달했습니다. 인쇄기의 발명으로 책이 아이디어를 공유하는 주요한 도구가 되었습니다. 마침내 인터넷이 탄생했고 버튼 하나만 누르면 즉시 정보를 검색하고 추출할 수 있습니다. 생성 AI는 오늘날 검색 엔진의 많은 용도를 대체할 새로운 정보 합성 시대를 열었습니다.

예를 들어 [그림 14-9]처럼 오픈AI의 GPT 모델은 나에게 맞는 휴가지를 추천하거나 어려운 상황에 대응하는 방법에 관한 조언을 하거나 모호한 개념에 관한 자세한 설명을 제공할 수 있습니다. 이 기술을 사용하면 검색 엔진에 검색어를 입력하는 것이 아니라 친구에게 물어보는 것처럼 느껴지기 때문에 사람들이 매우 빠르게 해당 서비스에 몰려들었습니다. 챗GPT는 가장 빠르게 성장하는 기술 플랫폼으로, 출시 5일 만에 100만 명의 사용자를 확보했습니다. 참고로 그 정도 사용자 수에 도달하는 데 인스타그램은 2.5개월, 페이스북은 10개월이 걸렸습니다.

Provide me with three holiday destination suggestions in Europe that are off-the-beaten track and have both adventurous and relaxing activities nearby, for a family with teenage children. Give examples of why each is a perfect destination.

1. Riga, Latvia: Riga is a great holiday destination for a family with teenage children. It's off-the-beaten track and has something for everyone. It offers a wide range of activities, from adventure sports like kite surfing, kayaking, and rock climbing, to more relaxed activities like sightseeing and touring the city's historic sites. It's also a great base for exploring the Latvian countryside, with plenty of outdoor activities like hiking and camping.

2. Plitvice Lakes National Park, Croatia: Plitvice Lakes National Park is an ideal off-the-beaten-track destination for a family with teenage children. It offers a unique combination of activities, from relaxing boat rides and lake cruises to thrilling zip-lining and hiking. The park is also home to some of the most stunning waterfalls and cascades in Europe, making it a great place to explore and take in the incredible views.

3. Lofoten Islands, Norway: The Lofoten Islands in Norway are a great off-the-beaten-track destination for a family with teenage children. With its beautiful fjords, stunning coastal views, and abundant wildlife, there's plenty to explore in this remote archipelago. There are also plenty of activities to do, from fishing and kayaking to hiking and beachcombing. It's a great combination of adventure and relaxation.

그림 14-9 나에게 맞는 휴가지를 추천하는 GPT-3의 출력

14.3.2 직장에서의 생성 AI

생성 AI는 일반적인 용도뿐만 아니라 창의성이 요구되는 특정 직업에서도 활용할 수 있습니다. 혜택을 받을 수 있는 직종 목록은 다음과 같습니다.

광고

생성 AI는 검색 및 구매 이력을 기반으로 특정 인구 통계를 타겟팅하는 개인화된 광고 캠페인을 만듭니다.

음악 제작

생성 AI를 사용해 오리지널 음악 트랙을 작곡하고 제작할 수 있으므로 무한한 가능성이 열립니다.

건축

생성 AI는 스타일 요소와 레이아웃 제약을 고려해 건물과 구조물을 설계합니다.

패션 디자인

생성 AI는 트렌드와 구매자의 선호도를 고려해 독특하고 다양한 의류 디자인을 제작합니다.

자동차 디자인

생성 AI는 새로운 차량을 디자인 및 개발하고 특정 디자인에 대한 흥미로운 변형을 자동으로 찾습니다.

영화 및 비디오 제작

생성 AI는 특수 효과와 애니메이션을 제작하고 전체 장면이나 스토리라인의 대사를 생성합니다.

제약 연구

생성 AI는 신약 화합물을 생성하는 데 사용되어 새로운 치료법 개발에 도움을 줍니다.

창작 글쓰기

생성 AI는 소설, 시, 뉴스 기사 등과 같은 글 콘텐츠를 생성합니다.

게임 디자인

생성 AI는 새로운 게임 레벨과 콘텐츠를 디자인하고 개발해 무한히 다양한 게임플레이 경험을 제공합니다.

디지털 디자인

생성 AI는 독창적인 디지털 아트와 애니메이션을 제작하고 새로운 사용자 인터페이스와 웹 디자인을 개발합니다.

AI는 이러한 분야의 일자리에 실존적 위협이 될 것이라는 얘기가 자주 나오지만,[12] 저는 실제로는 그렇지 않다고 생각합니다. AI는 이러한 창의적인 역할을 수행하는 데 필요한 또 하나의 도구일 뿐이지 (매우 강력한 도구이긴 하지만) 그 역할 자체를 대체하는 것은 아닙니다. 이 새로운 기술을 수용하기로 선택한 사람들은 새로운 아이디어를 훨씬 더 빠르게 탐색하고 이전에는 불가능했던 방식으로 반복할 수 있음을 알게 될 것입니다.

14.3.3 교육에서의 생성 AI

마지막으로 일상생활에서 큰 영향을 받을 것으로 예상되는 분야는 교육입니다. 생성 AI는 인터넷이 시작된 이래로 이전에 없던 방식으로 교육의 기본 원리에 도전합니다. 인터넷은 학생들에게 즉각적이고 명확하게 정보를 검색할 수 있는 능력을 제공했기 때문에 암기와 기억력만을 테스트하는 시험은 구시대적이고 무의미한 것으로 여겨졌습니다. 이에 따라 사실적인 지식만을 테스트하는 대신 새로운 방식으로 아이디어를 종합하는 능력을 테스트하는 데 초점을 맞추도록 접근 방식의 전환이 필요하게 되었습니다.

생성 AI가 현재의 교육 방법과 평가 기준을 재평가하고 조정하여 교육 분야에서 또 다른 혁신

---

12 옮긴이_ 2023년 6월에 맥킨지McKinsey에서 발표한 생성 AI에 대한 보고서(https://bit.ly/3pkiPnr)에서는 생성 AI가 미칠 산업 분야로 고객 관리, 마케팅, 세일즈, 소프트웨어 엔지니어링을 꼽았습니다.

적 변화를 일으킬 것입니다. 모든 학생이 질문에 대한 참신한 답변을 생성할 수 있는 에세이 작성기를 주머니에 넣고 다닐 수 있게 된다면, 에세이 기반 수업의 목적은 무엇일까요?

많은 사람은 표절 금지와 마찬가지로 이러한 인공지능 도구의 사용을 금지해야 한다고 주장할 것입니다. 그러나 AI가 생성한 텍스트를 탐지하는 것은 표절을 탐지하는 것보다 훨씬 어렵고 의심할 여지없이 증명하는 것은 훨씬 더 어렵기 때문에 그렇게 간단하지 않습니다. 게다가 학생은 AI 도구를 사용하여 에세이의 골격 초안을 생성한 다음 필요에 따라 세부 사항을 추가하거나 사실과 다른 정보를 수정할 수 있습니다. 이는 학생의 창작물일까요, 아니면 AI의 창작물일까요?

교육과 시험이 무결성을 유지하려면 이런 문제를 해결해야 합니다. 제 생각에는 교육 분야에서 AI 도구의 확산을 막는 것은 의미가 없습니다. 그러한 접근 방식은 실패할 수밖에 없으며, 일상생활에 너무 널리 퍼져서 사용을 제한하려는 시도가 무의미해질 것입니다. 대신, 이 기술을 수용하는 방법을 찾고, 오픈 북open book 교과 과정을 허용하는 것처럼 오픈 AI 교과 과정을 설계하고, 학생들이 인터넷과 AI 도구를 사용하여 공개적으로 자료를 조사하도록 장려해야 합니다.

생성 AI가 학습 과정 자체를 도울 수 있는 잠재력 또한 엄청나고 심오합니다. AI 기반 튜터는 학생이 새로운 주제를 배우거나(그림 14-10), 오해를 해소하거나, 완전히 개인화된 학습 계획을 세우는 데 도움을 줄 수 있습니다. 생성된 허구에서 진실을 걸러내는 문제는 현재 우리가 인터넷에서 얻는 정보에도 해당하며, 커리큘럼 전반에 걸쳐 많은 관심이 필요한 삶의 기술입니다.

Explain the the difference between generative and discriminative AI to a high school student.

Generative AI is the process of using algorithms to generate new data based on existing data. It is primarily used for creating new ideas or objects such as music, text, images, etc. It tries to capture the underlying structure and patterns in the data and use it to generate new data from the same distribution.

Discriminative AI is the process of using algorithms to classify or distinguish between different items. It is primarily used for tasks such as image recognition, natural language processing and speech recognition. It tries to identify the differences between different items and then use those differences to classify them.

그림 14-10 GPT-3의 출력: 대규모 언어 모델을 학습에 사용하는 방법의 예

생성 AI는 우수한 교사와 최고의 학습 자료를 접할 수 있는 학생과 그렇지 않은 학생 간의 경쟁을 공평하게 만드는 매우 강력한 도구가 될 수 있습니다. 이 분야의 발전이 전 세계적으로 엄청난 잠재력을 발휘할 수 있다고 믿기 때문에 기대가 큽니다.

14.3.4 생성 AI의 윤리와 도전 과제

생성 AI 분야에서 놀라운 진전이 이루어졌지만, 여전히 극복해야 할 과제가 많습니다. 이러한 과제 중 일부는 실용적이고 다른 일부는 윤리적입니다.

예를 들어 대규모 언어 모델은 익숙하지 않거나 모순되는 주제에 관해 질문할 때 잘못된 정보를 생성하기 쉽다는 점에서 많이 비판받습니다(그림 14-4). 이 경우 생성된 응답에 포함된 정보가 정말 정확한지 알기 어렵다는 위험성이 있습니다. LLM에 추론을 설명하거나 출처를 인용하도록 요청하더라도 논리적으로 서로 이어지지 않는 참조나 일련의 진술을 내뱉을 수 있습니다. LLM은 일련의 입력 토큰이 주어졌을 때 가장 가능성이 높은 다음 단어를 정확하게 포착하는 가중치 집합에 불과하며 참조로 사용할 수 있는 실제 정보 뱅크bank가 없기 때문에 이 문제를 해결하기가 쉽지 않습니다.

이 문제의 잠재적인 해결책은 정확한 실행이나 사실이 필요한 작업을 위해 계산기, 코드 컴파일러, 온라인 정보 소스와 같은 구조화된 도구를 호출하는 기능을 대규모 언어 모델에 제공하는 것입니다.[13] 예를 들어 [그림 14-11]은 메타에서 2023년 2월에 발표한 **Toolformer**라는 모델의 출력입니다.[14]

---

13 옮긴이_ 2023년 3월 오픈AI는 챗GPT 플러스에서 서드 파티 도구와 정보를 활용할 수 있는 챗GPT Plugins(https://openai.com/blog/chatgpt-plugins)을 공개했습니다. 또한 GPT-4 모델 옵션에서 'Browse with Bing'을 선택하면 챗GPT가 최신 정보를 기반으로 응답합니다.

14 Timo Schick et al., "Toolformer: Language Models Can Teach Themselves to Use Tools," February 9, 2023, https://arxiv.org/abs/2302.04761.

The New England Journal of Medicine is a registered trademark of [QA("Who is the publisher of The New England Journal of Medicine?") → Massachusetts Medical Society] the MMS.

Out of 1400 participants, 400 (or [Calculator(400 / 1400) → 0.29] 29%) passed the test.

The name derives from "la tortuga", the Spanish word for [MT("tortuga") → turtle] turtle.

The Brown Act is California's law [WikiSearch("Brown Act") → The Ralph M. Brown Act is an act of the California State Legislature that guarantees the public's right to attend and participate in meetings of local legislative bodies.] that requires legislative bodies, like city councils, to hold their meetings open to the public.

그림 14-11 필요한 경우 Toolformer가 정확한 정보를 얻기 위해 다양한 API를 자동으로 호출하는 예(출처: Schick et al., 2023)

Toolformer는 응답의 일부에 포함할 정보를 얻기 위해 명시적으로 API를 호출할 수 있습니다. 예를 들면 모델 가중치에 포함된 정보에 의존하지 않고 위키피디아 API를 사용해 특정 인물 정보를 검색합니다. 이 접근 방식은 특히 정밀한 수학 연산에 유용합니다. Toolformer는 일반적인 자기회귀 방식으로 답을 생성하지 않고 계산기 API에 어떤 연산을 입력할지 지시합니다.

생성 AI와 관련된 또 다른 윤리적 문제는 대기업이 웹에서 스크랩한 방대한 양의 데이터를 모델 훈련에 사용하면서 원저작자의 명시적인 동의를 얻지 않았다는 사실입니다. 이러한 훈련 데이터는 공개되지 않는 경우가 많기 때문에 자신의 데이터가 대규모 언어 모델이나 멀티모달 텍스트 투 이미지 모델 훈련에 사용되었는지 알 수 없습니다. 아티스트의 입장에서는 우려할 만하며 특히 저작권료나 수수료를 지불하지 않고 자신의 저작물을 사용한다고 주장할 수 있습니다. 또한 아티스트의 이름이 원본과 비슷한 스타일의 예술품을 더 많이 생성하는 프롬프트로 사용되어 콘텐츠의 고유성이 저하되고 스타일이 상품화될 수 있습니다.

이 문제의 해결책은 멀티모달 모델 스테이블 디퓨전을 오픈 소스 LAION-5B 데이터셋의 하위 집합에서 훈련한 스태빌리티 AI가 개척하고 있습니다. 누구나 훈련 데이터셋 내에서 특정 이미지나 텍스트 문장을 검색하고 향후 모델 훈련 과정에 포함되지 않도록 선택할 수 있는 웹 사이트 'Have I Been Trained?(https://haveibeentrained.com)'를 개설했습니다. 이를 통해 원래 제작자에게 제어권을 돌려주고 이와 같은 강력한 도구를 만드는 데 사용되는 데이터의 투명성을 확보할 수 있습니다. 하지만 이러한 관행은 일반적이지 않으며, 시중에 판매되는 많은 생성 AI 모델은 데이터셋이나 모델 가중치를 오픈 소스로 공개하지 않거나 학습 과정에서 옵트아웃$^{opt-out}$하는 옵션을 제공하지 않습니다.[15]

결론적으로 생성 AI는 일상생활, 직장, 교육 분야에서 커뮤니케이션, 생산성, 학습을 돕는 강력한 도구이지만 널리 사용되는 데에는 장단점이 모두 있습니다. 생성 AI 모델의 결과물을 사용할 때 발생할 수 있는 잠재적 위험을 인식하고 항상 책임감 있게 사용하는 것이 중요합니다. 그런데도 저는 생성 AI의 미래에 대해 낙관적이며, 기업과 사람들이 새롭고 흥미로운 이 기술에 어떻게 적응하는지 지켜보고 싶습니다.

14.4 마지막 의견

이 책에서는 지난 10년간의 생성 모델링 연구를 살펴봤습니다. 먼저 VAE, GAN, 자기회귀 모델, 노멀라이징 플로 모델, 에너지 기반 모델, 확산 모델의 기본 아이디어를 알아보고 이러한 토대를 바탕으로 VQ-GAN, 트랜스포머, 월드 모델, 멀티모달 모델과 같은 최신 기술이 다양한 분야에서 생성 모델의 한계를 어떻게 넓혀가고 있는지 이해해봤습니다.

필자는 앞으로 생성 모델링이 특정 작업을 초월하여 기계가 자체적인 보상, 전략, 환경에 대한 인식을 유기적으로 구성하는 더 심층적인 형태의 인공지능에서 핵심이 될 수 있다고 믿습니다. 이런 신념은 칼 프리스턴$^{Karl\ Friston}$이 개척한 **능동적 추론**$^{active\ inference}$의 원리와 밀접하게 연관됩니다. 능동적 추론의 이론은 한 권의 책을 충분히 채울 수 있는 내용입니다. 토머스 파$^{Thomas\ Parr}$ 등의 저서 『Active Inference: The Free Energy Principle in Mind, Brain, and Behavior』 (MIT Press, 2022)에서 잘 설명하므로 이 책을 적극 추천합니다. 여기서는 간략하게만 설명하겠습니다.

---

15 옮긴이_ 구글은 NeurIPS 2023에서 훈련된 가중치에서 특정 데이터를 제외하는 방법을 찾는 머신 언러닝(machine unlearning) 대회(https://unlearning-challenge.github.io)를 열었습니다.

아기일 때 우리는 세상을 더 깊이 이해하려는 목적 외에는 뚜렷한 목표 없이 끊임없이 주변 환경을 탐색하고 가능한 미래에 대한 정신적 모델을 구축합니다. 태어나는 순간부터 우리의 감각을 강타하고 무작위로 흐르는 것처럼 보이는 빛과 음파 데이터에는 어떤 레이블도 없습니다. 누군가가 사과를 가리키며 사과라고 말하더라도, 어린아이의 두뇌가 두 가지 입력을 연결하여 특정 순간에 눈에 들어오는 빛이 어떤 식으로든 귀에 들리는 음파와 관련이 있음을 학습해야 할 이유는 없습니다. 소리와 이미지에 대한 훈련 세트도, 냄새와 맛에 대한 훈련 세트도, 행동과 보상에 대한 훈련 세트도 없이 극도로 시끄러운 무한한 데이터 스트림만 있을 뿐입니다.

하지만 지금 여러분은 시끄러운 카페에서 커피 한 잔을 즐기며 이 문장을 읽고 있을지도 모릅니다. 배경 소음을 신경 쓰지 않고 망막의 작은 부분에 빛이 도달하지 않는 영역을 추상적인 개념으로 변환하는 데 집중하지만 개별적으로는 거의 의미가 없습니다. 하지만 이를 결합하면 이미지, 감정, 아이디어, 신념, 잠재적 행동 등 마음에 표현의 물결을 일으키며 인식되기를 기다리는 모든 것이 당신의 의식에 넘쳐납니다. 아기의 뇌에는 본질적으로 무의미했던 시끄러운 데이터 스트림이 이제 더 이상 시끄럽지 않습니다. 모든 것이 이해됩니다. 모든 곳에서 구조를 볼 수 있습니다. 일상생활 속에 있는 물리 현상에 절대 놀라지 않습니다. 세상은 당신의 뇌가 그렇게 되어야 한다고 결정했기 때문에 그렇게 존재하는 것입니다. 이런 의미에서 우리의 뇌는 입력 데이터의 특정 부분에 주목하고, 신경 경로의 잠재 공간 내에서 개념을 표현하고, 시간에 따라 순차적으로 데이터를 처리하는 능력을 갖춘 매우 정교한 생성 모델입니다.

능동적 추론은 이 아이디어를 기반으로 두뇌가 감각 정보를 처리하고 통합하여 의사 결정과 행동하는 방법을 설명하는 프레임워크입니다. 능동적 추론은 유기체가 자신이 살고 있는 세계에 대한 생성 모델을 가지고 있으며, 이 모델을 사용하여 미래의 사건을 예측한다고 설명합니다. 모델과 현실 사이의 불일치에서 오는 놀라움을 줄이고자 유기체는 그에 따라 행동과 신념을 조정합니다. 프리스턴의 핵심 아이디어는 행동과 인식 최적화는 동전의 양면과 같으며, 둘 다 **자유 에너지**free energe라는 단일 양을 최소화하려고 노력한다는 것입니다.

이 프레임워크의 핵심에는 현실과 끊임없이 비교되는 (뇌에 있는) 환경의 생성 모델이 있습니다. 결정적으로 뇌는 사건을 수동적으로 관찰하는 존재가 아닙니다. 인간의 뇌는 목과 다리에 연결되어 핵심 입력 센서를 입력 데이터의 종류에 비해 무수히 많은 위치에 배치할 수 있습니다. 따라서 생성 가능한 미래의 시퀀스는 환경의 물리학뿐만 아니라 행동하는 방법과 자기 자신에 대한 이해에 따라 달라집니다. 이러한 행동과 인식의 피드백 루프는 매우 흥미로우며, 능동적 추론의 원칙에 따라 주어진 환경 내에서 행동하는 임보디드 생성 모델의 가능성에서 극히 일부만 살펴봤다고 생각합니다.

생성 모델링은 인공지능을 실현하는 열쇠의 하나로써 향후 10년 동안 꾸준히 각광받을 핵심 아이디어입니다.

이를 염두에 두고 온라인과 다른 책에서 제공하는 훌륭한 자료들을 보며 생성 모델에 관해 더 많이 배우길 바랍니다. 시간을 내어 이 책을 끝까지 읽어주어 고맙습니다. 제가 이 책을 만들면서 즐거웠던 만큼 여러분도 즐겁게 읽었기를 바랍니다!

INDEX

INDEX

INDEX

INDEX

INDEX